SILLY WORKS
NYLON100°C

1 9 9 3 - 2 0 1 8

NYLON 100°C

ナイロン100℃の前身となる「劇団健康」は、1985年、当時のインディーズバンドブームの中心的存在にあったバンド「有頂天」のボーカルを務めていたKERAを中心に、犬山犬子（現・犬山イヌコ）、田口トモロヲ、みのすけらによって旗揚げされた。ナンセンス・コメディを中心とした本公演14作品と数々の番外公演を上演し、高い評価と人気を得るも、1992年に解散。翌1993年、再びKERAを主宰として、犬山、みのすけ、峯村リエ、三宅弘城、今江冬子、藤田秀世、手塚とおるらで、ナイロン100℃を立ち上げ、1st SESSIONとして『インタラクティブテクノ活劇　予定外』を発表。

公演をSESSIONと称することに表れているとおり、劇団員に加えて、客演陣やクリエイティブ・スタッフとともにナイロン100℃にしかできない表現を生んでいる。これまでナンセンスな笑いを交えた作品をはじめ、シチュエーション・コメディ、ミステリー・コメディなどを上演してきたが、近年は、岸田國士、フランツ・カフカ、別役実などをオマージュした作品、壮大な群像劇など、多彩な舞台を発表。2018年、ナイロン100℃は結成から25年目を迎える。

CONTENTS

Beginning

ケラリーノ・サンドロヴィッチ …… 6

Company Members' Reflections

ケラリーノ・サンドロヴィッチ …… 18
犬山イヌコ …… 22
みのすけ …… 27
峯村リエ …… 32
三宅弘城 …… 37
長田奈麻 …… 94
松永玲子 …… 98
安澤千草 …… 102
大倉孝二 …… 106
新谷真弓 …… 141
廣川三憲 …… 145
村岡希美 …… 149
藤田秀世 …… 153
喜安浩平 …… 181
吉増裕士 …… 184
眼鏡太郎 …… 187
皆戸麻衣 …… 190
猪俣三四郎 …… 239
水野小論 …… 240
伊与勢我無 …… 241
小園茉奈 …… 242
菊池明明 …… 243
森田甘路 …… 244
木乃江祐希 …… 245
大石将弘 …… 246
今江冬子・澤田由紀子・植木夏十 …… 10 , 11

NYLON 100℃ through the Years

Ⅰ　1993〜1998 …… 42
Ⅱ　1999〜2003 …… 110
Ⅲ　2004〜2009 …… 157
Ⅳ　2010〜2017 …… 193
text by 今村麻子

Sessions

1st『インタラクティブテクノ活劇 予定外』…… 47
2nd『SLAPSTICKS』…… 48
3rd『1979』…… 49
4th『ネクスト・ミステリー』…… 50
5th『ウチハソバヤジャナイ〜Version 100℃〜』…… 54
6th『4 A.M.』…… 59
7th『下北ビートニクス』…… 60
8th『フリドニア〜フリドニア日記#1〜』…… 61
9th『ノンストップサクセスストーリー　ビフテキと暴走』…… 62
side SESSION #1『喜劇　箸の行方』…… 63
side SESSION #2『カメラ≠万年筆』…… 63
side SESSION #3『三宅弘城ソロ・レイトショー　悟空先生対アメリカ先生』…… 64
side SESSION SPECIAL『アリス・イン・アンダーグラウンド』…… 64
10th & 28th『カラフルメリィでオハヨ〜いつもの軽い致命傷の朝〜』…… 69
11th『カメラ≠万年筆〜1985 SUMMER〜』……76
12th『ライフ・アフター・パンク・ロック〜1980 SUMMER〜』…… 77
13th『フランケンシュタイン〜Version100℃〜』…… 78
14th『ザ・ガンビーズ・ショウ』…… 80
side SESSION #4『インスタント・ポルノグラフィ』…… 82
side SESSION #5『吉田神経クリニックの場合』…… 82
NYLON100℃＋猫ニャー合同公演『山脈』…… 83
side SESSION #6『φ』…… 82
side SESSION SPECIAL『偶然の悪夢』…… 83
15th & 23rd『フローズン・ビーチ』…… 84
16th『薔薇と大砲〜フリドニア日記#2〜』…… 116
17th『テイク・ザ・マネー・アンド・ラン』…… 117
18th『テクノ・ベイビー〜アルジャーノン第二の冒険〜』…… 118
19th『絶望居士のためのコント』…… 119
20th & 29th『ナイス・エイジ』…… 120
21st『すべての犬は天国へ行く』…… 122
22nd & 37th『ノーアート・ノーライフ』…… 124
24th『東京のSF』…… 128
25th『ハルディン・ホテル』…… 130
side SESSION #7『イギリスメモリアルオーガニゼイション』…… 131
side SESSION #8『ロンドン→パリ→東京』…… 131
ホリプロ×ナイロン100℃『ドント・トラスト・オーバー30』…… 132

26th『男性の好きなスポーツ』…… 161

side SESSION #9『すなあそび』…… 164

27th & 43rd『消失』…… 165

30th『犬は鎖につなぐべからず～岸田國士一幕劇コレクション～』…… 168

31st & 40th『わが闇』…… 198

32nd『シャープさんフラットさん』…… 202

33rd『神様とその他の変種』……206

34th『世田谷カフカ～フランツ・カフカ「審判」「城」「失踪者」を草案とする～』…… 210

35th『2番目、或いは3番目』…… 212

side SESSION #10『亀の気配』…… 254

36th『黒い十人の女～version 100℃～』…… 214

side SESSION #11『持ち主、登場』…… 255

38th & 45th『百年の秘密』…… 247

39th『デカメロン21～或いは、男性の好きなスポーツ外伝～』…… 252

side SESSION #12『ゴドーは待たれながら』…… 256

41st『パン屋文六の思案～続・岸田國士一幕劇コレクション～』…… 263

42nd『社長吸血記』……268

44th『ちょっと、まってください』…… 270

text by K.T. 小杉厚

Daybreak – Before NYLON 100℃

うにたもみいち　～健康を知らない子供たち、へ。…… 13

Critical Essays

徳永京子　ストレンジャーが起こした奇跡 …… 55

山名宏和　ナンセンスコメディの体組成 …… 65

山口宏子　「ナイロン100℃」の女性たち …… 90

榎本憲男　縦の構図とシミについて …… 133

内田洋一　絶望の先 …… 174

高橋　豊　現代演劇の世界を広げ続けたナイロン100℃の四半世紀 …… 223

佐々木敦　条理なき笑いの彼方に …… 258

長谷部浩　未来にたちこめる暗雲 …… 274

Messages

水野美紀 …… 288

マギー …… 289

山内圭哉 …… 291

坂井真紀 …… 292

萩原聖人 …… 294

植本純米 …… 295

緒川たまき …… 297

山崎　一 …… 298

大岩正弘（本多劇場）…… 262

Affiliated Stage Designers on NYLON 100℃

Ⅰ　福澤諭志　BOKETA　水越佳一　山田美紀 ……176

Ⅱ　上田大樹　関口裕二　鈴木光介　相田剛志　北牧裕幸 ……226

Affiliated Graphic Art Designers on NYLON 100℃

雨堤千砂子　坂村健次　横須賀拓 ……280

Collection of Reviews

72 , 88 , 126 , 136 , 172 , 208 , 218 , 272

KERA's Other Works …… 282

Influences and Inspirations …… 219

Gallery …… 138 , 233 , 277

Chronology …… 300

Ending

ケラリーノ・サンドロヴィッチ …… 306

【 凡例 】 ※再演された作品は初演と合わせて掲載。俳優名は上演当時の表記に準じる。

はじめに

ケラリーノ・サンドロヴィッチ

　演劇人は、とりわけ本番の舞台が近づくと、演劇の夢をみることが多い。大抵の夢は悪夢だ。俳優がみる悪夢の定番と言えば、「袖から舞台に飛び出したものの、まったく台詞が出てこない」「台本をもらってないどころか、誰が出るどんな芝居なのかすら理解していないというのに、気がつくと舞台上にいる」「何らかの事情で遅刻し、開演時刻に間に合わない」etc.etc.……。私は立場が違うので、そうした夢をみることはまず無い。ではどんな夢をみるのか。「台本が書けず、ついに初日を飛ばす」「幕があがると舞台上にいるはずの俳優がいない」「間違えて違う稽古場へ行き、あちこちたらい回しにされながら、いくら奔走しても正しい稽古場に辿り着けない」———。たしかにそんな夢もみることはあるけれど、みている最中は必死でも、起きるとすぐに忘れてしまう。最後に挙げた例は別として、先のふたつに関しては、現実において限りなく似たような経験をしたことがあるからかもしれない。大事には至らなくても、やはり現実の逼迫感は夢を凌駕する。

　いつまでも忘れられない「演劇の夢」は、そうした夢より、過去の記憶が作り出したものに多い。つい先日もそんな夢をみた。

　どの演目なのかは定かでない。私の芝居ではお馴染みとも言える風景が次々と現れては消えた。最初に遠雷。やがて堰を切ったような豪雨とすべてを破壊せんばかりの雷鳴。バチバチというノイズと共に不規則な明滅を始める室内灯。誰かが誰かの頬を張った。男が当然であるかのような表情で女の胸を揉んでいる。女は一度口に含んだ水を男の顔に向かって勢いよく吹きかける。その街に流通している貨幣の単位は「ゲンズブール」。ラジオから流れる古いヨーロッパのジャズは針飛びを起こし、同じフレーズをつんのめるように繰り返す。どの要素も、幾度となく繰り返してきた。手癖のようなもの。綺麗に言えば「スタイル」、少し格好つけるなら「タッチ」。紛れもなく私のタッチ。間違いない、私が書いた舞台だ。そして、夢にはよくあることだが、何故か私は、これが外部のプロデュース公演ではなく、劇団の公演だと確信している。30歳の時に旗揚げしたあの劇団の公演だ。だけど、一体どの作品だろう。新作だろうか。舞台上にいるのは誰だろう。目を凝らして見れば、見知らぬ若い俳優たちが、いかにも未熟ですよという演技で舞台を横切ってゆく。ひどい演技だ。そんな演技で7000円近い入場料は取れないぞ。ウチの若手たちはもうまったく若くないが、もう少しはマシな芝居ができる。

　主要キャストらしい男四人が現れ、ほぼ正面を向いて、四人が四人共、ガラガラに枯らした声で何か言い合っているが、しゃがれてる上に滑舌が悪くてまったく聞き

取れない。誰なんだおまえらは。確固たる確信はないが、おまえらが演じてるのは、私がみのすけと三宅と大倉と廣川の為に書いた役なんじゃないのか。引っ込め。ウチの役者に代われ。突然、私の隣に座っていた中途半端に渋い中年男が擁護するように言う。「いやいや、あれでも随分マシな方でしょう。充分よくやってますよ」。何を言っているのだこいつは。みのすけと三宅と大倉と廣川がやればもっとずっといいんだ。観ればわかる。藤田と吉増と喜安と、ちょっと心配だけど眼だっていい。眼だってあんなガラガラ声にはならないはずだ、ウチの劇団員なのだから。私は声を枯らす俳優が一番嫌いなのだ。一体、どうしてみんな客席に向かって台詞を言うのか。ウチの劇団員なら絶対にこんな恥ずかしい真似はしない。お互いに向けて言葉を発しろ。相手の台詞と状態を受けろ。こっちのことは気にするな。客は勝手に覗き見るのだ。力を抜け。

やがて二人の女優が愉快なポーズで登場する。やはり知らない人たちだ。女を捨てたような下品な仕草と下卑たギャグで戯ける。勘弁してくれ。思わず目を背ける。女優はスマートに笑いをとらなきゃ駄目だ。観客がドッと笑う。犬山と峯村がいてくれたら。同じ下卑たギャグを言うにも言い方ってもんがあるだろう。さも真面目なことを言うかのように言わないと。面白い言葉を強調するな。ポイントとなるワードは立て過ぎたら狙いが見える。ちょっと待て、本当に私が書いたのかこんなひどいギャグ。いや、この際そこは諦めても、犬山と峯村なら百倍面白くなる。隣の席では中途半端に渋い男が、なんか、うんうんと頷きながら笑っている。さも「笑ってあげてる」とでもいうように。

さらに三人の女優が登場。誰も知らない。ロクでもない芝居をするに違いないと思ったら、想像以上にロクでもない芝居を始めた。やめてくれ。松永はいないのか。村岡はどうした。新谷は。長田は。安澤は。皆戸は。たまらず席を立ち、舞台袖に向かう。袖にいたスタッフも知らない顔ばかりだった。しかし向こうは皆、私を認識しているようだ。舞台監督らしき男が、一応わきまえてるのか、小声で言う。「どうしたんですか」。私は少々

気弱になりながら尋ねる。「あいつら、ウチの劇団員だっけ?」面食らったような顔をして、スタッフたちが「はい?」と私を見る。落ち着いてよくよく見てみれば、たしかに舞台上にいるのは、わが劇団、ナイロン100℃の劇団員たちに他ならなかった。四人の男はみのすけと三宅と大倉と廣川だ。二人の女は犬山と峯村だ。彼らがこんなひどい芝居を、と茫然と立ち尽くす私に、見知らぬ舞台監督が言う。「しょうがないですよ。みんなまだ芝居を始めたばっかりなんだから」。見知らぬ舞台監督だと思っていた男は、一緒に仕事を始めた頃の、若き日の福澤諭志だった。スタッフたちも皆、常連組だ。ただ、若い。若いからわからなかった。そうか。そう言えば舞台上の劇団員たちも皆20代に見える。初めて一緒に舞台を作った頃の彼らなのだ。妙に合点がいった。ならば仕方ないじゃないか。きっと自分だって今はまだ駆け出しに違いない。書く台詞やギャグが稚拙なのは当然だ。

舞台上にはいつの間にか、まだひどい猫背だった新谷や、客演先だったウチに入団したいと申し出たばかりの長田や、凶暴で同期の共演者を泣かせる安澤や、水着の写真でオーディションに応募してきたばかりの皆戸もいた。全員、本当にひどい。ひどい役者たちがひどい台本を演じている。演出でどうにかできなかったのか。それは無理な相談だ。私だって始めたばかり。頭の中になんとなくのビジョンはあっても、彼らにどう言えば伝わるのか、まるでわからない。それでただただ怒鳴った。仕方がない。私にもやがてわかる。少しずつ。そう。これから時間をかけて、皆、少しずつ上手くなることを、私は知っている。そして、少なくとも、ずっと先に、劇団が25年目を迎えることもわかっている。わかっているけど、劇団員やスタッフには言わないでおこう。この先の長い長い道程を思い、少し目眩がする。厄介なことと沢山直面する。私の預かり知らないところでも、彼らも泣いたり笑ったり怒ったり悩んだりするだろう。だけど夢中になって七転八倒一喜一憂してるうちに時は経つ。驚くほどの速さで。

客席はどういうわけかそこそこウケてるが、ノセられたら駄目だ。カーテンコールは近い。もうひと頑張り。もうひと頑張り――。

Name	木乃江祐希
初参加	「シャープさんフラットさん」演出部で。
自選ベストアクト	『SEX, LOVE&DEATH』おじいちゃんと猫

Name	吉増裕士
初参加	『φ』
自選ベストアクト	『デカメロン21』バイアグラを欲しがるサラリーマン

Name	小園茉奈
初参加	『世田谷カフカ』
自選ベストアクト	『ちょっと、まってください』ユードラ

Name	水野小論
初参加	『シャープさんフラットさん』
自選ベストアクト	『百年の秘密』ヴェロニカ

Name	伊与勢我無
初参加	『世田谷カフカ』
自選ベストアクト	『2番目、或いは3番目』トビーアス

Name	皆戸麻衣
初参加	『すべての犬は天国へ行く』
自選ベストアクト	『シャープさんフラットさん』砂川

Name	新谷真弓
初参加	『ウチハソバヤジャナイ』
自選ベストアクト	『すべての犬は天国へ行く』リトル・チビ

Name	峯村リエ
初参加	『予定外』
自選ベストアクト	『ちょっと、まってください』ラーラ

Name	みのすけ
初参加	『予定外』
自選ベストアクト	『消失』チャズ・フォルティ

Name	ケラリーノ・サンドロヴィッチ

Name	安澤千草
初参加	『1979』
自選ベストアクト	『フリドニア日記』丸山恵子

Name	村岡希美
初参加	『ウチハソバヤジャナイ』
自選ベストアクト	『薔薇と大砲〜フリドニア日記』シンビ（カタツムリ）

Name	藤田秀世
初参加	『予定外』
自選ベストアクト	『世田谷カフカ』火夫（かま焚き）他、全6役

休団中

今江冬子（いまえ・ふゆこ）

東京都出身。ナイロン100℃初舞台『予定外』。1983年よりオンシアター自由劇場に参加。1998年の退団まで15作品に出演。その後、1991年『カラフルメリィでオハヨ』より劇団健康に参加。『ウチハソバヤジャナイ』のヤン先生、シリーウォークプロデュース『病気』の看護婦が評判を呼ぶ。外部出演作品は、流山寺★事務所『Happy Days』、山崎一プロデュース『メオト綺想曲』など。2002年の『フローズン・ビーチ』（再演）出演後に女児を出産、以降休団中。

撮影：原田ヒロシ

Name	Name	Name
大石将弘	眼鏡太郎	菊池明明
初参加 『社長吸血記』	初参加 東京のSF	初参加 「シャープさんフラットさん」演出部で
自選ベストアクト 『社長吸血記』向井	自選ベストアクト 『パン屋文六の思案』保根	自選ベストアクト 『デカメロン21』劇中映像の、撃たれて死ぬ役

森田甘路
初参加
『世田谷カフカ』

自選ベストアクト
『デカメロン21』童貞役

猪俣三四郎
初参加
『神様とその他の変種』

自選ベストアクト
『神様とその他の変種』男7

喜安浩平
初参加
『φ』

自選ベストアクト
未回答

Name	Name	Name
犬山イヌコ	三宅弘城	松永玲子
初参加 『予定外』	初参加 『予定外』	初参加 『1979』
自選ベストアクト 『フランケンシュタイン』アイゴール	自選ベストアクト 『ちょっと、まってください』男3(金持ちの父親)	自選ベストアクト 『1979』サヨコ他

Name	Name	Name
長田奈麻	廣川三憲	大倉孝二
初参加 『予定外』	初参加 『ウチハソバヤジャナイ』	初参加 『ウチハソバヤジャナイ』
自選ベストアクト 『φ』ローソンの店員役	自選ベストアクト 『ハルディン・ホテル』チンさん	自選ベストアクト 『ナイス・エイジ』小学生の時次

澤田由紀子 (さわだ・ゆきこ)
東京都出身。ナイロン100℃初舞台『ウチハソバヤジャナイ』。1995年のオーディションに合格し、ナイロン100℃劇団員となる。『カラフルメリィでオハヨ'97』では、松永玲子とダブルキャストで菜津子役に抜擢される。2001年の『すべての犬は天国へ行く』出演以降、休団中。近年は映像作品の他、ナレーション・ラジオCMなど声の仕事を中心に活動している。

植木夏十 (うえき・なっと)
宮城県出身。ナイロン100℃初舞台『すべての犬は天国へ行く』。ENBUゼミKERAクラスの生徒だったことから関わりをもち、2001年オーディションにより入団。以後、劇団以外のKERA作品にも多数出演し、さらに映像作品への出演も増える。外部出演作品は映画『俺はまだ本気出してないだけ』『罪とか罰とか』、TV『下北沢ダイハード』『モテキ』『ショムニ2013』など。2013年の『デカメロン21』に出演後に女児を出産、以降休団中。

ナイロン100℃前史
～健康を知らない子供たち、へ。

うにたもみいち（演劇エッセイスト）

　ナイロン100℃（以下「ナイロン」と表記）の『ちょっと、まってください』（2017年）は、別役実へのオマージュであることが標榜されていた。だから劇中で小室等の「雨が空から降れば」が歌われたのは、その曲が別役の『スパイものがたり』（1970年初演）におけるミュージカル・ナンバーだったことを知っていれば、自然な成り行きと受け止められる。だがそれ以外にも、五つの赤い風船の「遠い世界に」や早川義夫の「サルビアの花」が登場したのは、どう考えればよかったのか。

　実はこれら三曲共、かつてURC（アングラ・レコード・クラブ）からリリースされた昭和フォークの名曲だった。URCとは1960年代末に設立された「日本初のインディーズ・レーベル」である。つまりその選曲には、その後の80年代インディーズブームの立役者となったKERA（ケラリーノ・サンドロヴィッチ。以下全て便宜上「KERA」と表記）から、インディーズ・レーベルの先達に対するオマージュが込められていたと解釈できる。と同時に、そこにはまた昭和のフォークを知らない若い世代に名曲を伝承していく狙いも感じられた。

　昭和のフォーク、といえば、昭和38年（1963年）生まれのKERAが人生最初に購入したレコードは「帰って来たヨッパライ」（1968年）だったという。アーティストはザ・フォーク・クルセイダーズ。三人組だったが、そのうち加藤和彦、はしだのりひこ（舞台女優・端田新菜の父）は既にこの世にいない。残る一人の北山修は精神科医にして作詞家でもある。北山作詞の代表作の一つにジローズの「戦争を知らない子供たち」（1970年）がある。だが、今では「半世紀近くも前の歌なんか知らない」という若者も多いだろう。そうなのだ、いつしか世の中は、「戦争を知らない子供たち」を知らない子供たちの時代になりつつある。

　そんな若年の演劇クラスタにとって、2018年に25周年を迎えるナイロン100℃とは、どのような存在なのか。自分の生まれる前から活動してきて、物心のついた時には既に現代演劇シーンのど真ん中を驀進する劇団だった、といった認識だろうか。となると、その始源にまで思いを馳せることはまずないだろうし、ましてやその前史というか、前身があったことなど思いもよらぬことだろう。

　しかし、そう、ナイロンには前身の劇団があったのだ。その名は、劇団健康。1985年に旗揚げ。1990年以降は劇団表記をはずして単に健康と名乗った（以下、全てを便宜上「健康」と表記する）。もちろんKERAが主宰し、現在のナイロンのメンバーの幾人かも在籍していた。1992年に解散する迄の7年間に14本の本公演と10本のプロデュース公演及び番外公演を行った（2005年に一度復活公演あり）。2018年は健康設立33周年となる。

　いま、その、健康を知らない子供たちが増えている。だが「僕らの名前を憶えて欲しい、健康を知らない子供たちさ」などと居直られても困る。それどころか、健康を知らない大人たちさえ多い始末だ。そんな（傍から聞いたら単に病弱だと誤解されるであろう）彼らに向けて、健康という前史があったからこそ現在のナイロンがある、ということを伝えたい。

　昨今、生態系再生を目的とする掻い掘りが流行だ。すなわち「池の水ぜんぶ抜く」である。水抜きをすると、池に棲んでいた生物がすべて白日の下に晒される。そこで在来種の生物と生態系を崩す外来種の生物が分別され、前者が保護される一方で、後者は駆除される。

劇団健康旗揚げ公演『ホワイトソング』（85）
左から犬山犬子、KERA、みのすけ、赤崎真粧美

ナゴムレコードよりリリースされた作品
ジャケット写真、左上から、有頂天『1st.』(83)、ばちかぶり『ばちかぶり』(85)、筋肉少女帯『とろろの脳髄伝説』(85)、人生 (ZIN－SAY!)『9 TUNES (FOR MIRAI)』(86)

しかしコレ、外来種の立場で考えれば、辛い策である。もし人間の話だったら移民の排斥だ。では、ここで現在の日本の演劇界を掘い掘りするとどうなるか。たとえば、いまでこそ日本の演劇界のメインストリームに在るナイロン。しかし、その前身である健康の出自は、演劇界の外部から越境してきた集団だったことが明らかとなるだろう。彼らもまた外来種だった。移民であり、エトランゼであった。だから今の彼らを駆除しよう、などと言いたいのでは勿論ない。だが、その外部性とは何だったのか。

健康は1985年に『ホワイトソング―意味盗り合戦―』で旗揚げした。これは「ナゴムレコード・プロデュース公演」と銘打たれていた。ナゴムレコードとは、1983年に20歳のKERAが立ち上げたインディーズ・レーベルである。KERA自らが率いる有頂天、そして筋肉少女帯、人生（電気グループの前身）、ばちかぶり、たま、など数多くの優れたアーティストたちの音楽を世に放った。設立当初は赤字続きだったというが、1985年になると、ばちかぶりがまず売れ、有頂天も（前年には観客動員ゼロを記録したライブもあったが）ブレイクし、ナゴム旋風が巻き起こった。そんな中でKERAの強い思いによりナゴム事業の延長上に始められたのが健康だったのである。

旗揚げ時には、ばちかぶりの田口トモロヲ、有頂天や筋肉少女帯のドラマーだったみのすけ、世間のギタリスト（心残御密）を経て有頂天のメイク担当だった犬山イヌコ（当時は犬山犬子。彼女は劇団名の名付け親でもある）、そしてKERA自身らが出演していた。さらに翌1986年の第3回公演『カイカイデー』には、筋肉少女帯の大槻ケンヂや人生の石野卓球らも出演している。このように音楽畑の役者が目立った。客席もナゴムギャルと呼ばれた女性ファンたち（髪を二つ分けの団子に結い、ヒラヒラのついた服とオーバーニーソックスを着用）が殆どだったらしい。また内容も、シュールでナンセンスなギャグが次々と繰り出され、ハチャメチャで大バカな展開となる、当時の演劇としては異質のものだった。演劇プロパーではなく、インディーズ音楽界という"演劇の外側"から乗り込んできて、常軌を逸した内容で演劇界の生態系を荒らす異形の「外来種」劇団。初期健康とはそういう存在だった。主宰者の外国人めいた名前もそれを象徴的に物語っていた。

当時の演劇系メディアではそうした異端の情報が流布されにくく、実は筆者自身も彼らのことは全く知らなかった。初めて観劇した健康の舞台は、遅まきながら1988年の第5回公演『ホワイトソング～意味盗り合戦'88～』である。たまたまチラシを見る機会があり、ピンと来るものがあったのだ。おそらくタイトルから察するに、それは旗揚げ作品をベースにしたものであったろう。ということは、初期の雰囲気を多少は伝えるものではあったろう。舞台で全裸になるなど過激さを売りにしていた田口はもはや出演していなかったが、当時人気絶頂だった劇団第三舞台の伊藤正宏が客演し冒頭から『朝日のような夕日を連れて』のセルフパロディをしてみせたり、みのすけが四畳半フォーク男として得も言われぬ凄みある演技を炸裂させ

左から手塚、犬山、三宅

『カイカイデー』(86)
左からおばば（人生）、犬山犬子、松村俊也、KERA

『後ろ姿の素敵な僕達』(89)
左からまつおあきら、犬山犬子、みのすけ、藤田秀世

ていたことで衝撃を受けた。以来、筆者は劇団の常連客となるのだが、個人的には、やはり最初に観たこの公演が最も野蛮でバカで強烈だったという印象がある。

　KERAは「演劇への愛着やこだわりなど一切なく、ただ"笑い"をやりたかっただけ」という理由で健康を始めたという。"笑い"をやるなら演芸という選択肢もあっただろう。ちなみに80年代はテレビで漫才が大ブームだった。しかしKERAの表現したかった"笑い"は、当時のテレビ的演芸の枠にはまるタイプのものではなかったのだろう。その意味で、演劇という自由度の高い表現領域に着目したことは賢明であり必然でもあった。

　ところで、その当時までの日本の現代演劇シーン、とりわけ東京の小劇場界における"笑い"の在り様はどのようであったか。非常にザックリと見てゆくならば、60年代後半から台頭したアングラ演劇のうち状況劇場には、下町育ちの主宰者・唐十郎ならでは、幻想的な劇世界の中に浅草的な笑いが横溢していた。70年代に人気を集めたつかこうへい事務所は毒のある鋭利な笑いをスピーディーに連射した。やがて"笑い"に特化した劇団として、オンシアター自由劇場出身の佐藤B作による東京ヴォードヴィルショーや、やはりオンシアター自由劇場出身の柄本明による東京乾電池が注目を浴びるようになり、所属の個性的俳優たちがテレビに進出していった。80年代に入ると野田秀樹の夢の遊眠社と鴻上尚史の第三舞台が若い演劇ファンの人気を二分するが、どちらの芝居にも"笑い"は不可欠で、特に第三舞台は漫才ブームに負けず劣らずのテンポの速いギャグを次々と繰り出し、モダンな進化を印象づけた。またコメディ特化劇団として、三宅裕司のスーパー・エキセントリック・シアターもエンターテインメントに徹した喜劇で人気を集めた。一方、東京ヴォードヴィルショーから飛び出したWAHAHA本舗は、その初期において、小劇場でしかできない下品で過激な笑いを前面に押し出した（なお、その旗揚げにはKERAも参加している）。こうして時代が80年代後半を迎える中、1985年8月に健康が「外来種」的な旗揚げを行ったのである。この頃から演劇における"笑い"に、不条理、シュール、ナンセンスといった方向への次元的変動が起こる。

日本の"笑い"の演劇史において極めて重要な時期といえるだろう。
　同年の翌9月には、やはり新感覚の笑いを表現する「外来種」的集団が原宿のラフォーレで第一回公演をおこなう。放送作家だった宮沢章夫が作・演出を務め、シティボーイズ、中村ゆうじ、いとうせいこう、竹中直人らが出演したラジカル・ガジベリビンバ・システムである。実はラジカルには、ドラマンスという前身ユニットがあった。そこにはラジオ・コメディの「スネークマンショー」を手掛けた桑原茂一も参加していた。その公演をKERAが観たことで、彼自身も新しい"笑い"の舞台を作りたい、と考えるようになったのだという。マルクス兄弟やキートン、そしてとりわけモンティ・パイソン、日本ならば植木等、ゲバゲバ90分、漫画ならば赤塚不二夫の「レッツラゴン」といった、乾いた"笑い"の系譜があるとすれば、そのスピリッツを時代の最先端モードに適用して舞台表現化する。先行する桑原や宮沢の成果に刺激を受けながら、KERAなりのヴィジョンが大きく前進したであろうことは想像に難くない。

　1986年にはマシュマロウェーブという先鋭的な演劇グループが活動を開始した。主宰は木村健三だが、とりわけ異彩を放ったのが画家にして役者だった爆弾小僧。彼が身体演技面でも創作面でもリードする形で、文字通り起爆力のある短い笑劇スケッチを次々と発表し、当時のトンガリキッズ達を熱狂させた。ちなみに彼らは「"笑い"を目指す」のではなく「舞台表現を突き詰めた結果として"笑い"が生まれる」と言い、通俗的な"笑い"の意識との切り離しを強調してみせた。そして、その2年後の1988年には、後に世間からKERAの好敵手と目されるようになる松尾スズキの大人計画が第一回公演を打つ。

　このように東京の演劇界における"笑い"の地図が目まぐるしく変動してゆく中、健康は『スマナイ。SUMANAI』『牛の人』『テクノカツゲキ　ウチハソバヤジャナイ』といった完成度の高いナンセンス・コメディを次々と発表していく。その成果の背景には、犬と漫才をする（！）などの

『後ろ姿の素敵な僕達』（89）
左から、KERA、立野みちよ、新村量子

ラジカル・ガジベリビンバ・システム
左から、斉木しげる、中村ゆうじ、大竹まこと、いとうせいこう　写真提供：ドゥ・ザ・モンキー

大人計画 VOL.2『マイアミにかかる月』
（89／作・演出：松尾スズキ）
チラシ提供：大人計画

015

"笑い"の基礎実験を番外公演などで着々と重ねていたことも大きいと思う。かくして健康は次第に演劇の"内側"に確固たる独自のポジションを築き上げていった。その流れは、筆者が初めて観た第5回公演の次、つまり第6回公演『カラフルメリィでオハヨ〜いつもの軽い致命傷の朝〜』という"私戯曲"の上演の頃から辿られ始めたと見るのが自然ではないだろうか。そのような転換期に筆者も立ち会うことができたのは幸運だった。

ただ、先に健康を「外来種」と表してはみたものの、実のところ健康は元から演劇性を内包する集団だったともいえる。ＫＥＲＡは父親の仕事の関係もあり子供の頃から喜劇人と接触する機会を持っていた（家の隣人は森川信だった）。小学生時代から古典的喜劇映画にハマっていた彼は、やがて映画製作を志望するようになり、高校時代は映画部・軽音楽部、そして演劇部にも入った。バンド有頂天のライブでは、予め決められた台詞だけで進行してゆくという演劇的スタイルをとったり、なぞなぞ商会という名古屋のシアトリカルなバンドの影響を受けつつ、ハプニングや寸劇を挿入することもあった。一方、五月舎俳優養成所に通っていた犬山は、大堀浩一や峯村リエらと知り合い、健康に入団させた。また初期健康に出演していた田口トモロヲは劇団発見の会の出身だった……等々。このように演劇との親和的要素は随所にあった。そうした下地があったからこそ、藤田秀世、手塚とおる、まつおあきら、三宅弘城、秋山菜津子などなどの達者な俳優たちが加わり中核となることで、中途半端な演劇プロパー出身劇団などよりも遥かにクウォリティの高い舞台を演じられる汎用的劇団へと、瞬く間に成長していったのである。

1991年に、筆者は"笑い"を武器に持つ当時の新進劇団を集めた「Dramatrix」という演劇フェスティバルを企画プロデュースした。当時まだ、実力の割に新聞の劇評などに取り上げられることのなかった健康、大人計画、少年王者舘、リリパット・アーミーらに声をかけ、渋谷西武シードホールという今は消滅した空間で公演を打ってもらった。この時、健康は『SUNDAY AFTERNOON』という、"笑い"の全くないプロデュース公演を、筆者の企画意図に反して上演したのだが、この時、"笑い"にこだわらない演劇も出来るのだということをはっきり示し得たのである。すると翌1992年、夢の遊眠社の解散を追うようにＫＥＲＡは健康を解散させ、さらに翌1993年ＫＥＲＡ30歳の年、ＮＯＤＡ・ＭＡＰの設立を追うようにＫＥＲＡはナイロンを始動させた。外野から不謹慎な言い方をすれば、そうした演劇界のムードの波に積極的に乗れるほど、完全に演劇の"内側"の人になったものだなあ、と思ったものだ。

90年代前半、世の中のバブル崩壊と共に、演劇界も何かが変わりつつあった。一般的に成長を善しとしてきた劇団のありかたにも疑念が生じ始めてきた。健康にもなにがしかの組織的事情は勿論あったのだろうけれど、ＫＥＲＡにとっては何よりも、"笑い"のためだけではなく、幅広く"演劇"表現を追求するために、健康を解散させたうえで、心機一転ナイロンとしてリスタートさせたかったようだ。

しかし、健康時代にも"演劇"色の濃い作品はあったし、ナイロンになってからも"笑い"は重要な構成要素たりえた。役者の顔ぶれも含め、両者にさほどの大きな違いは感じられない。ナイロン設立当初は、健康と違って、プロデュース的な緩やかな演劇集団になる、と云っていたが、ＫＥＲＡの係わる他のユニットこそプロデュース公演には違いないが、ナイロンはもはや普通に劇団という印象である。そう考えると、健康は確かにナイロンの"前身"だったが、ナイロンは健康の"漸進"的横滑りと見なせるのである。出世魚のように名前が変わるだけ、というのともちょっと違う。昆虫学的に言うところの不完全変態のようなものか。とどのつまり両者はほぼ連続体として捉えるべきだというのが筆者の持論だ。であるからして、健康を知らない子供たちよ、今後、大学の演劇学部などでナイロンについての卒業論文を書こうとするなら、健康を切り離して論じないことが肝要である。

『SUNDAY AFTERNOON』
左から、峯村リエ、手塚とおる

『SUNDAY AFTERNOON』三宅弘城

稽古場風景
左から藤田秀世、犬山犬子、今江冬子、KERA

劇団健康 上演作品

1985年8月、バンド「有頂天」のボーカルであったKERAを中心に犬山犬子（現・犬山イヌコ）、みのすけ、田口トモロヲらと『ホワイトソング―意味盛り合戦―』で旗揚げ。1985年から1992年の間に14本の本公演、2本の番外公演と10本のプロデュース公演を行なう。2005年に一度限りの復活公演として『トーキョーあたり』を本多劇場にて上演。

※「劇団健康」は第10回公演から「健康」と名称を変更。
※表記がないものについては、すべてKERAによる作・演出

本公演

1985年	旗揚げ公演	『ホワイトソング―意味盛り合戦―』アートシアター新宿	
1986年	第2回公演	『逆回転アワー～日本一アブナイお芝居～』新宿ACB（アシベ）ホール	
	第3回公演	『カイカイデー』タグチトモロヲとの共同演出／草月ホール	
1987年	第4回公演	『ヒトとアブラ（ソシアル・マネー）』演出＝みのすけ／新宿 タイニィアリス	
1988年	第5回公演	『ホワイトソング～意味盛り合戦'88～』池袋 シアターグリーン	
	第6回公演	『カラフルメリィでオハヨ～いつもの軽い致命傷の朝～』演出＝手塚とおる／下北沢ザ・スズナリ	
1989年	第7回公演	『後ろ姿の素敵な僕達 ナニカ王国のコレシカ探し』新宿THEATER/TOPS	
	第8回公演	『スマナイ。SUMANAI』新宿THEATER/TOPS	
1990年	第9回公演	『牛の人』下北沢ザ・スズナリ	
	第10回公演	『ボーイフレンド』新宿THEATER/TOPS	
1991年	第11回公演	『愛と死～LOVE&DEATH～』新宿スペース・ゼロ	
	第12回公演	『カラフルメリィでオハヨ～いつもの軽い致命傷の朝～』下北沢本多劇場	
1992年	第13回公演	『テクノカツゲキ ウチハソバヤジャナイ』東京芸術劇場小ホール2	
	第14回公演	『スマナイ。PARTY MIX』下北沢本多劇場	
		劇団健康解散。	
2005年	一度限りの復活公演	『トーキョーあたり』下北沢本多劇場	

番外公演

1988年	番外実験公演1	『問題あり』作・演出＝KERA＋劇団健康／渋谷La.mama
1989年	番外実験公演2	『プチ天変地異』作・演出＝KERA＋劇団健康／渋谷La.mama
	プロデュース公演	『季節はずれのヘッピョモソ』作・演出＝みのすけ、大堀浩一、まつおあきら／渋谷La.mama
1990年	プロデュース公演	『BARABARA・2』作・演出＝みのすけ、大堀浩一、まつおあきら／下北沢駅前劇場
	プロデュース公演	『輪島人』作・演出＝高橋洋二／新宿ビブランシアター
	プロデュース公演	『サモアの思春期』作・演出＝三木聡／新宿ビブランシアター
	プロデュース公演	『人の世界―レイトショー』作＝大堀浩一、三宅弘城、高橋洋二 演出＝大堀浩一、三宅弘城／下北沢駅前劇場
	プロデュース公演	『アルタード　ステーツ』作・演出＝宮沢章夫／新宿ビブランシアター
	プロデュース公演	『百』作・演出＝高橋洋二　新宿ビブランシアター
	第1回劇団健康シンポジウム	『人は何故笑うか?』構成・演出＝KERA／浅草常盤座
1991年	プロデュース公演	『ミヤケとデメタン in スペースDEN』新宿スペースデン
	プロデュース公演	『MIYAKE TO DEMETAN NO KARAKURIDANGO』明大前キッド・アイラックホール
	スペシャル・プロデュース公演	『SUNDAY AFTERNOON』／渋谷シードホール

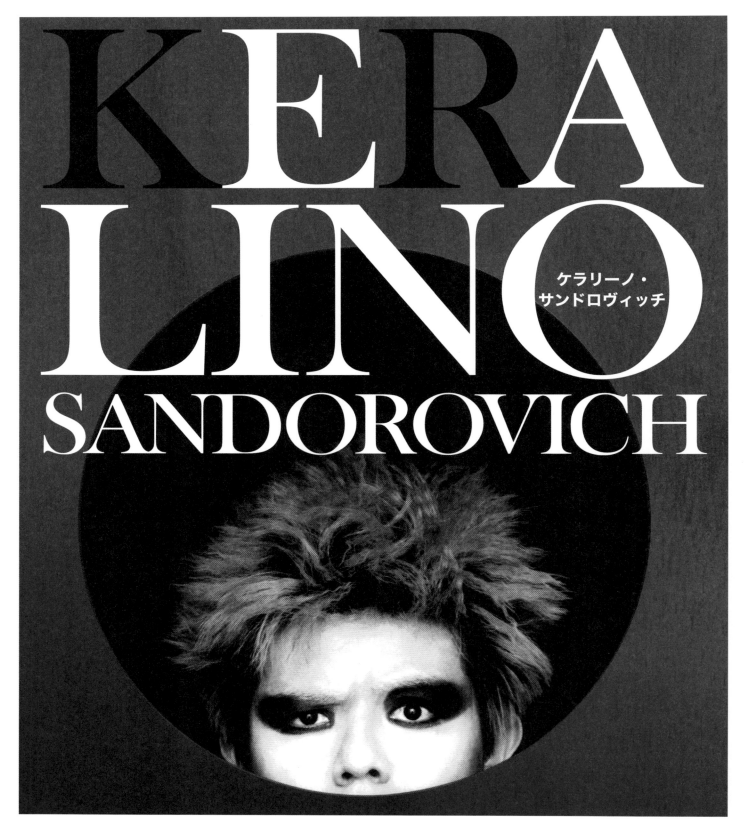

KERALINO SANDOROVICH

ケラリーノ・サンドロヴィッチ

劇作家　演出家　映画監督　音楽家

1963年1月3日生まれ、東京都出身。1982年、ニューウェイヴバンド・有頂天を結成。ほぼ同時に自主レーベル「ナゴムレコード」を立ち上げ、数多くのバンドのアルバムをプロデュースする。1985年に劇団健康を旗揚げ、演劇活動を開始。1992年解散後、1993年にナイロン100℃を始動。1999年『フローズン・ビーチ』で第43回岸田國士戯曲賞を受賞、現在は同賞の選考委員を務める。

舞台活動では劇団公演に加え、KERA・MAP、オリガト・プラスティコなどのユニットも主宰するほか、外部プロデュース公演への参加も多数。またチェーホフ四大戯曲の演出は残すところ『桜の園』のみとなった。

映像活動では、自身の企画である『怪奇恋愛作戦』（シリーズ監督、脚本）が2015年テレビ東京系連続ドラマ（全12話）として放送された。また初監督映画『１９８０』（03年）から映画界にも参入、『おいしい殺し方』（06年）、大槻ケンヂ原作『グミ・チョコレート・パイン』（07年）、『罪とか罰とか』（09年）の脚本・監督をつとめている。

音楽活動では、ケラ＆ザ・シンセサイザーズでボーカルを務めるほか、2013年には鈴木慶一氏とのユニット No Lie-Sense を結成。同年ナゴムレコード設立30周年を機に、鈴木氏と共同で新生ナゴムレコードをスタート。2015年には有頂天を再始動、24年ぶりのアルバム『lost and found』を発売。2016年にはソロアルバム『Brown,White&Black』、No Lie-Sense『Japan's Period』、有頂天『カフカズ・ロック／ニーチェズ・ポップ』をリリース。また、シリーズライブ「ケラリーノ・サンドロヴィッチ・ミューヂック・アワー」を不定期に開催。各種ユニットによるライブ活動や新譜リリースも精力的に続行中。

隔月ペースでロフトプラスワンにて開催している犬山イヌコとのトークライブ「INU-KERA」は2018年で10周年を迎える。Twitterアカウントは「@kerasand」。

受 賞 歴

1999年　第43回岸田國士戯曲賞（ナイロン100℃『フローズン・ビーチ』戯曲）

2000年　東京都千年文化芸術祭優秀作品賞（ナイロン100℃『ナイス・エイジ』）

2002年　第1回朝日舞台芸術賞（2001年の活動全般に）
　　　　第5回鶴屋南北戯曲賞（『室温～夜の音楽～』戯曲）
　　　　第9回読売演劇大賞優秀演出家賞（『室温～夜の音楽～』演出）

2007年　第14回読売演劇大賞最優秀作品賞（『ヴァージニア・ウルフなんかこわくない？』）

2015年　第40回菊田一夫演劇賞（ナイロン100℃『パン屋文六の思案～続・岸田國士一幕劇コレクション～』、
　　　　KERA meets CHEKHOV vol.2/4『三人姉妹』の上演に対して）

2016年　第23回読売演劇大賞最優秀作品賞、優秀演出家賞（KERA・MAP『グッドバイ』）
　　　　平成27年度芸術選奨文部科学大臣賞（KERA・MAP『グッドバイ』の成果により）

2017年　第51回紀伊國屋演劇賞個人賞（KERA・MAP『キネマと恋人』上演台本・演出、
　　　　『ヒトラー、最後の20000年～ほとんど、何もない～』作・演出）
　　　　第24回読売演劇大賞最優秀演出家賞（『8月の家族たち August:Osage County』演出）
　　　　第68回読売文学賞 戯曲・シナリオ部門（KERA・MAP『キネマと恋人』上演台本）
　　　　第4回ハヤカワ『悲劇喜劇』賞（KERA・MAP『キネマと恋人』）

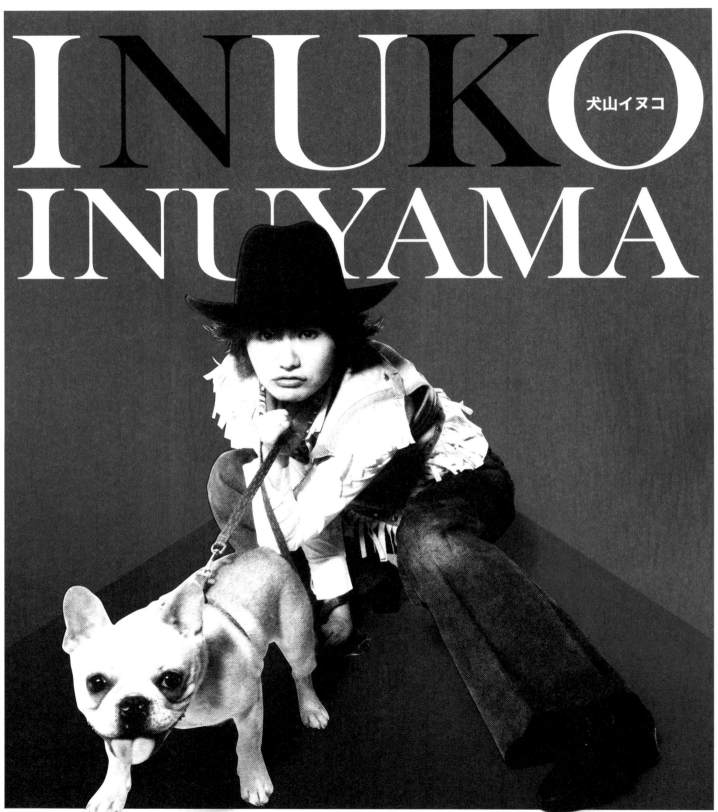

犬山 イヌコ（いぬやま・いぬこ）

東京都出身。高校在学中に始めたバンド活動を通じてKERAと出会う。1985年、劇団健康に参加後、ナイロン100℃旗揚げに加わる。劇団公演以外でもKERA作品に多数出演。アニメ『ポケットモンスター』シリーズ（ニャース役）や『みどりのマキバオー』（マキバオー役）など声優としても活躍。近年の主な出演に舞台『ヒトラー、最後の20000年〜ほとんど、何もない〜』『陥没』、テレビ『怪奇恋愛作戦』『小林賢太郎テレビ』『まさはる君が行く！ポチたまペットの旅』（ナレーション）、映画『DC スーパーヒーローズ VS 鷹の爪団』（声の出演）などがある。

INUKO INUYAMA

『ナイロン100℃』という名前にまつわるおはなし
犬山イヌコ

『ナイロン100℃』という名前。

これ、今でこそだいぶ「は？」と聞き返される事も少なくなりましたけんど、まぁ覚えにくい、意味がわからない、と言われても仕方のないネーミングなわけでして。とにかく人様に伝えるのに苦労したものであります。

やっぱり圧倒的に『ナイロン100％』と間違えられますよね。そりゃそうじゃ。大概の人が知っとる、超有名な合成繊維の名前ですものね。ナイロン100まで来たら、どうしたってパーセントを欲しくなるのが人の性。そこにドシーが来ちゃう。これ、今書いてて思いましたけど、まさにKERAさんの台本です。誰もがパーセントであろうと思うところにドシーですけど何か？ とドシーに揺るぎない確信を持った人が現れ、街の人々は本当はドシーじゃないかと思い始めてしまう。ある日……。みたいな。なんか薄ーいたとえになってしまいましたが（笑）。物語はさておき、KERAさんの書く台詞もまさに、パーセントと行きたいところドシーを心から当たり前に言う的なものが多いのであります。それ故に難しく覚えにくく、でもそこが面白いという。むむぅ。深いわ！『ナイロン100℃』！

名前を決めた当時も「らしいな」とは思いましたけど「本当にいいのかしらん」とも思ったり。記憶では、最終候補が『ナイロン100℃』と『アイロン100％』じゃったんですけど、アイロンは鉄と思えばわりとフツーね。しかも無駄に硬そう（笑）。KERAさんに聞いた他の候補は『ナイロン100キロMHz』『セブン・チャンス』『ザ・ガンビーズ』『フライング・サーカス』『下北ビートニクス』なるほど。舞台のタイトルになっとるものもあるから不思議なカンジ。やっぱり『ナイロン100℃』がらしくて良かったんですなぁ。

こうして『ナイロン100℃』は始動したわけですが、知られてないと、人に伝えるのがなんせ大変。特に電話は一回じゃ無理だね。最初から二段構えの「生地のナイロンに温度のひゃくどしーを英数字で」が間違いない。そして、それ以上に大変だったのは『劇団健康』時代からナイロン前期までを支えてくれた事務所『シリーウォーク』。こりはね一。ホントに伝えるの大変。特に事務所だから、領収書もらわねばいけない機会が多い。まぁー伝わらないよね一。「ちりーおーく？」「してぃうぉーく？」そこでわしは「カタカナで、お尻の尻に横棒つけて、歩くのウォークで、シリーウォークでお願いします」が最も早いと結論を出したのでありました。「急がば回れ」とはこの事だね！

さて『ナイロン100℃』の名前の由来はといえば、このナイロン本でも取り上げられるかと思いますが、渋谷のセンター街を抜けた所にあった伝説のニューウェーブ喫茶『ナイロン100％』でございます。

1978年から1986年まで営業していた『ナイロン100％』。短い。その短い中の後期にわしも行ってたのだなぁ。様々な記憶が薄いことでお馴染みの犬山によります、喫茶ナイロン100％の印象は、①白い②洒落てる③狭い……うん。間違いない（笑）。ここに通ってた方々の世代的には、わしなんかひよっ子世代なわけです。ひよっ子としては、フツー洒落てるところの敷居は高くて、行きづらかったりするわけですが、ナイロン100％は洒落度と相反して、とても行きやすい素敵なお店でありました。戸川純ちゃんのライブを初めて見たのもこのお店で、唄にも美しさにも感動したのは、数少ない鮮明な記憶でございます。

その戸川純ちゃんと、後々、2001年にナイロン100℃の公演『すべての犬は天国へ行く』で共演させていただく事になろうとは、1ミリも思ってないわけで、人生何があるか本当にわかりませんです。ナイロンに通ってた頃の自分に、ナイロンて名前のところで四半世紀も演劇をやり続ける、なんて言っても信じないじゃろな、きっと。

もし、タイムマシンが実用化されて、その頃の自分に教えるチャンスがあっても、教えると、あえて違う事やりそうだから、言わない方がいいか。いや、違う人生も興味あるよね。言ってみようか。んー。でも、よくタイムマシンもので、歴史を変えちゃいけないっていうわよね！ じゃあ言わない！っていうか、タイムマシン無いからどっちでもいいか（笑）。

そんなわけで、タイムマシンも発明されませんでしたので『ナイロン100℃』は無事25周年を迎えることができました。ありがとうございます。こりからも、よろしくお願いします！

みのすけ
東京都出身。高校の軽音学部OBのKERAと出会い、有頂天にドラマーとして参加。1985年劇団健康に参加後、ナイロン100℃旗揚げに加わる。近年の主な出演に舞台『墓場、女子高生』『GS近松商店』など。映画『KABUKI DROP』『日本で一番悪い奴ら』『海難1890』など。テレビに大河ドラマ『おんな城主 直虎』『屋根裏の恋人』など。ミュージシャンとしても精力的に活動中。

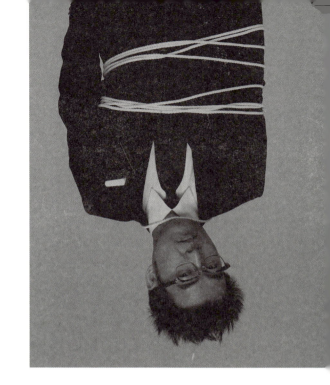

MINOSUKE

ナイロンと僕と
みのすけ

ナイロン25周年おめでとうございます。

しかし「劇団健康」から数えると33年。どちらかと言うと、僕はナイロンと言うか劇団「健康」からの地続きなので僕自身の33年目という目線で振り返りたいと思います。

「劇団健康」の旗揚げが20歳の時。大学生でした。当時はバンドを並行しながらの劇団活動。

舞台の事など何ひとつ分かっていなかったけれど、やってみて面白いとだけ思ったのは確かでした。当時、大学生であり、バンドマンである僕にとって、劇団は、まさかその後こんなに続けることになるとは全く思っておらず、イベント感覚なものでした。犬山などは、はじめから女優を目指していたので、僕とは出所の指針が違う関わりだったように思います。僕はバンドやっている人間の違う楽しみとして劇団をやっていたのです。

だから、その箸休め的なお楽しみが33年続いている意味もすでによくわからなくなって来ています。一番やり続けるつもりのない舞台俳優というものが、主に僕の仕事の中心になってしまっている事は、なんとも不思議としかいいようがないです。そもそも日大鶴ケ丘高校に行かなければ、そして軽音楽部に入っていなければ、そしてそこのOBだったKERAさんに出会っていなかったら全てはじまっていない訳なのですから。

バンドや唄はやっていたかもしれないけれど、まあ、劇団はKERAさんや犬山に出会わなければ絶対やっていなかったジャンルであることは確か。

しかし、もともと変な表現は好きでした。10代はとにかく趣味は音楽、音楽。中学生の時は、フォーク系のコピーバンドをやっていましたが、高校生辺りからだんだんと様々なジャンルの音楽に触れていき、サブカル、ニューウェーブに系統する少し変なバンドを聴いたりするようになった訳です。だからその後、変な演劇や表現に傾倒する事にもおのずと移行したというのは、その頃から見れば自然な流れだったのかもしれません。ここで言う、「変な」と言うのは、個性的で他に類を見ないと言った褒め言葉です。

それまでのライブハウス通いが、小さな劇場通いに変わっていったのです。サブカル、ニューウェーブ好きとして、まっとうなものよりも、やはり変わったことをやっている人達に興味を持っていたので、その辺もKERAさんと趣味が似通っていたからこ

そ続けてこられたことだと思います。

僕の年齢と共に追っていきます。

まず20〜25歳。

21歳。当時ドラムを叩いていたバンド、筋肉少女帯を脱退して「劇団健康」に中心活動をシフト、プロデュース公演やコント公演など、芝居熱熱き頃。20歳で出逢ったお芝居という表現が面白くてたまらない頃ですね。その頃は「劇団健康」旗揚げからお世話になった田口トモロヲさんに影響され、狂った表現や、テンションの高い表現を得意としていたけれど、その後、普通の芝居のスキルの無さを痛感し、普通の事が出来るようになりたいと変化していきました。

しかし当時、大学を卒業しても就職もせず、バンドも辞めてしまって、舞台だけをやっていることには正直不安を抱えてはいました。面白いからやってはいるものの、果たして役者としてプロとしてやって行くつもりが自分の中にあるのかどうかは、まだわからなかった時期です。

26〜30歳。

KERAさんと新たなユニットバンド、LONG VACATIONを結成、そして健康解散からナイロン旗揚げ、弾き語りライブ、など、とにかく過渡期な頃ですね。この頃のナイロン作品では、プロデュース公演『1979』が印象的。バンドありアイドルありと、とにかく賑やかだった思い出があります。今ではアイドルなどが小劇場に出る事なども普通になってきましたが、当時では結構斬新な企画だったと思います。あとは、少人数でしっかりとじっくり演劇を造った作品という記憶が残る『4 A.M.』。やっと自分で少しずつ演技というものを客観的にコントロール出来るようになりはじめた頃でしょうか。

31〜40歳。

役者と呼ばれることにずっと違和感だったけれど、流石にもう逃げられない長さを演劇と共にしてきた、していくのかなとぼんやりと思いはじめた時期ですかね。

37歳『東京のSF』の稽古中に父が他界。公演中、告別式に出てからシアターアプルに向かった記憶が生々しいです。僕は3人兄姉の末っ子なので、割と好きな事をずっとやらせて貰っていましたが、父からすれば兄姉の中で最後まで一番心配だったと思います。

40〜45歳。

ナイロンや他の舞台に出たり、あとはApolo Boyzというバンドで久しぶりにドラムを叩いて、全国を車で廻ってバンドツアーをやったり、あらたな局面の頃。ナイロン作品では、少人数で、とても充実感のあった『消失』初演。これは役と共に好きな作品でした。ナイロンの制作がシリーウォークからキューブに移行する大きな転換期でもありました。シリーウォークのスタッフ達には、一緒にナイロンを育てて貰ってきた思いもあり、オモテ側のナイロンの見られ方は余り変わらないけれど、内部のキャスト達の思いはそれぞれだったと思います。その後の公演では、台本が間に合わなくて初日が飛ぶかもしれないギリギリ感を味わった（笑）『2番目、或いは3番目』。福島いわきにも初めて行きました。やはり上手くいったモノより大変だったことの方がよく覚えています。

45歳〜現在。

一番は私生活の激変です。

結婚、子育て、基本住居を東京から名古屋へ移す、など、ナイロンや他の公演に参加しながらも生活基盤の変化の時期ですね。そんな中、東日本大震災がありました。重苦しい空気の中、稽古がはじまった『黒い十人の女』。最終的には楽しめたのですが、比重も多くて大変だった記憶があります。子どもが生まれて半年で震災があったこともあって、震災前後で、仕事に対しても生活に対しても色んなことが大きく変わりました。逆にハッキリしたというか。

そして、ナイロン初の大河ドラマ『百年の秘密』や最新作、不条理とナンセンスの極み『ちょっと、まってください』。役者のスキルも上がっては来てますが、KERAさんの作演の求めるものも、とても高度なモノになっている気がします。

まあそれにしても、手前味噌ですが、いやはや凄い劇団だと思います。いい役者が揃っています。そして、ここまで続いていることは奇跡的だと。

こう思い返すと、健康〜ナイロンは自分自身の生活や心の変化の中に、いつもあったと言えます。これからも、ナイロンに関しては、いつも初めて参加するかのように新鮮に対していきたいものです。

ナイロン25年周年おめでとうございました！　同時に、自分では勝手に演劇人生33周年を祝いたいと思います。おめでとうございました俺！（笑）

峯村リエ（みねむら・りえ）
東京都出身。犬山の誘いで劇団健康第2回公演から参加し、ナイロン100℃旗揚げから加わる。近年の主な出演に舞台『プレイヤー』『マリアの首』『どどめ雪』など。映画『泥棒役者』『超高速！参勤交代 リターンズ』『スキャナー　記憶のカケラをよむ男』『HERO』『ビリギャル』他。テレビ『アイアングランマ2』『悦ちゃん』『真田丸』『民王』などがある。バラエティ番組でも活躍中。

Minemura Rie

R I E
MINEMURA

概ね楽しい
峯村リエ

いつだって「わたしの居場所はここじゃない」と思っていたし、今もまだ少しはそういう思いがあるのかもしれない。でも反面、ナイロン100℃にとても恋焦がれているのだから面倒くさい。

犬山イヌコさんと養成所が一緒だった私は誘われるままに劇団健康に参加したのですが、ナンセンスや笑いに全くと言っていい程興味のなかった私にとって、劇団健康は何もかもがわからないおそろしい場所でした。

ある日、KERAさんから「劇団健康をやめて新しいユニットを作る」と言われた時も、私は自分がそこに参加するのか、いや、参加出来るのかと戦々恐々としていましたし、とうとうこの世界を離れて普通の仕事を始めるのか、それはそれでいいな、いや、むしろそっちの方がいいなと思っていたものでした。その後ナイロン100℃の旗揚げ公演『インタラクティブテクノ活劇 予定外』のお稽古の時に手塚とおるさんとエチュード（即興劇）で組む事になり、ボケる楽しさ、ツッコまれる気持ち良さを手塚さんから教えてもらい、かろうじて今まで息をつなぎ止めている、と言った所でございましょうか。

1994年の『箸の行方』までは私にとってなんとなく劇団健康の空気感が漂っている感じがしていたのですが、1994年にオーディションで入った大倉孝二、新谷真弓、廣川三憲が舞台でも印象に残る役をやる様になってからは「ナイロン100℃」

というカラーがはっきりしたように思います。そしてその頃が劇団ナイロン100℃にとって最も勢いのある、だからこそ波風もものすごく立っていた頃じゃなかったでしょうか。

私も何回家出した事でしょう……冒頭で言った「わたしの居場所はここじゃない」という想いが高まってこらえきれなくなり、爆発するとKERAさんに「休みます！」と宣言して他の劇団に出させてもらったりしていました。宮城聰さん、その節は大変お世話になりました。今思うと、なんで劇団をやめなかったんだろう何故KERAさんはクビにしなかったのだろう、と不思議な思いに囚われます。KERAさん、その節はすみませんでした。ありがとうございます。

小道具を作り、カツラ・衣装のメンテナンスを手伝い、皆で舞台の仕込みをして、終わるとバラす。生活の殆どがナイロン100℃でした。ケンカももちろんたくさんしたけど概ね楽しかったな。

2008年に舞台の製作がシリーウォークからキューブに変わった時、今までの形が一回壊れて新しい劇団の形になった様に思います。大人の劇団になったというか。ナイロン100℃という核は自分達の中にあるものの、外の世界でもやっていこうじゃないの！という暗黙の了解が各々の心の中に流れた、というか（私だけかも）。そして今、その形が私にはとても居心地が良かったりします。今のナイロン100℃も概ね、楽しいな。振り返ってみると、何故だろうナイロンに対して「むむむ……」

という想いが沸くと必ず状況が変わって私をナイロンにとどまらせてくれる。何かが私に「まだやめちゃ駄目だ」と気付かせてくれるのです。ま、それはメンバー達が外でやっているお芝居を観た時の気持ちであったりするのですけどね。

2017年の『ちょっと、まってください』のお稽古中に、自分の人生の中でも1、2を争う位のショッキングな出来事があって、芝居に関わる多くの方に迷惑をかけてしまったのですが、お稽古中や本番中はそんな事を全く忘れてしまう位濃密で全てが輝いていてあらゆる事にワクワクしてばかりいました。ごめんなさい。ありがとう。

「長年苦楽を共にしたからこそ」という言葉を使うととても恥ずかしいしかっこ悪いし悔しいけれど、今はそんな気持ちです。（悔しい！！）ショッキングな出来事についてはナイロン100℃50周年記念本に細かく記そうと思っていますので、それまでお待ちくださいましね。

劇団ナイロン100℃が25年経った今の素直な気持ちは「この劇団にいてよかった」です。

でも！！「なによ！ ナイロン！ こんなに好きなのにちっとも振り向いてくれない！」という恋焦がれる想いもあって、それが「そうだわ！ 本当はもっと他の場所があるのかもしれない！」という形に変換されるのですね。嗚呼、複雑な乙女心。嗚呼、25年間、ナイロンにずーっと片想いです。

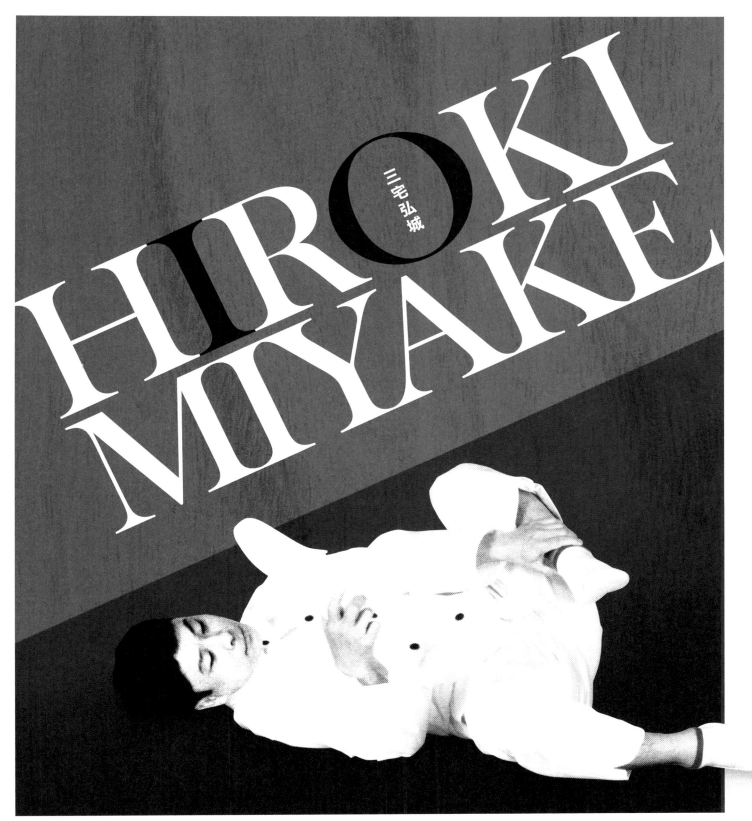

三宅弘城（みやけ・ひろき）

神奈川県出身。劇団健康のオーディションに応募し、1988年から参加。その後、ナイロン100℃旗揚げに加わる。近年の主な出演に舞台『鎌塚氏、腹におさめる』などの『鎌塚氏』シリーズ、『修羅天魔〜髑髏城の七人 Season極』など。映画『中学生円山』『ST 赤と白の捜査ファイル』、テレビ『あさが来た』『世界一難しい恋』『今からあなたを脅迫します』など。Eテレ『みいつけた！』に、みやけマンとして出演中。1999年からグループ魂のドラマー「石鹸」として活躍中。

HIROKI MIYAKE

実を言うと2回ある
三宅弘城

　僕の演劇人生は大学3年の時、劇団健康から始まりました。で、そこからナイロンに移行する時「さあ旗揚げだ!」みたいな自覚は全くありませんでした。それは僕が一番年下で、ただ先輩たちについていくしかないというのと、とにかく「一文字でも多くセリフをもらう」と乞食のようにがむしゃらだったからだと思います。25年ねぇ。この25年間に大きなターニングポイントとなった公演や出来事はいくつもありますが、まずは初期の思い出を少し。

　旗揚げ公演の直前にシリーウォークのプロデュース公演として手塚とおるさんが作・演出した『お茶と同情』では、ちょいといい役をもらいました。これはその作品に役者として出ていたKERAさんにアピールするチャンスなどと、姑息なことを考えた僕は、まあ自分なりに色々考えたりしてがんばったんです。それが功を奏したのかどうかはわかりませんが、ナイロンの1作目『予定外』でいきなり手塚さんと犬山さんと僕で、同じ役を3人でやらせてもらい、2作目の『SLAPSTICKS』では初めて物語の中心になる役をいただきました。しかしこれは、当時の僕には荷が重すぎました。結局KERAさんの期待には応えることはできずに千穐楽を迎えることになりました。せっかくだったのにごめんなさいKERAさん。

　実を言うと、劇団を辞めようと本気で思ったことが2回あるんです。最初は、1年間に劇団公演を5本くらいやっていた90年代後半。僕はそれまでに学校や養成所で演技を学んだことがなく、KERAさんに一から育ててもらったのだから当然なんですが、「KERAさんの芝居しか知らない」ということがコンプレックスでもあったんです。ちょうどその頃、劇団☆新感線に初めて客演させていただいたことも刺激になって、もっといろいろな脚本家、いろいろな演出家に出会ってみたいと強く思うようになり、クッソ生意気にも「ナイロンの劇団員である前にイチ役者でありたい」などと、今聞いたら「寝言は寝て言え!」と言いながらぶんなぐってやりたくなるようなことを思ってたんです。で、『テイク・ザ・マネー・アンド・ラン』のあとに、ファミレスでKERAさんに「一回お休みさせてください」と直訴しました。「ナイロンを一回外から見てみたいので」などとテイのいい言い訳と共に。ダメだって言われたらオレは辞める!とか思ってました。「お前そこに立ってろ」って言って10mくらい助走をつけてドロップキックしてやりたいですね。しかし、次の公演(『テクノベイビー』)をお休みさせてもらったことで、グループ魂に参加することになり、大人計画にマネージメントしてもらうことになりました。あの期間休ませてもらったことは僕にとって新たな、そして大きく世界が広がってゆくきっかけになりました。本当に感謝しています。それもあって、その直後に出演させてもらった『絶望居士のためのコント』はとても新鮮な気持ちで取り組んだような記憶があります。

　もう1回は、2008年に公演の制作が変わった時です。長年ずっと一緒にやってきたスタッフたちが辞めるのなら自分も。そしてその決断をしたKERAさんに納得がいかない……と思いました。けれども、そのことを大人計画の社長に相談したら、

　「KERAさんの作品が嫌いになったの?」

　「いや、そういうわけではないんですけど」

　「嫌いになったのなら辞めてもしょうがないけど、そうじゃないなら今ここで辞めたらきっと後悔するよ。あたし思うんだけど、劇団に所属しているってことは役者としての強みになるし、劇団という帰る場所があるってのは幸せなことだよ」

　「わかりました、じゃあ次の作品で決めます」

　これまた鼻毛を全部抜いてやりたくなるようなエラそなことをほざきながら臨んだのが、KERAさんの身を削るようなものすごい作品『シャープさんフラットさん』。あのタイミングであの作品、しかもKERAさんの分身のような役をやらせてもらったことも、自分にとってはとても大きなポイントだった気がします。もはや辞める理由はなくなりました。

　まあ25年、いろいろなことがあったからこそ、ナイロンは"実家"みたいだし、改まって公演の顔合わせの時にはすごーく照れくさくなるんでしょうね。最近KERAさんもよく言ってますが、劇団だからこそできる作品、劇団じゃないとできない作品、それができる贅沢をやっと感じられるようになりました。やっぱりなんだかんだで25年くらいかかるんですね。『社長吸血記』はなんだかベストアルバムのように、いろいろな場面で劇団員の昔のエピソードが挿入されていたのが印象深いです。

　「昔はよく頭をぶつけて痛いなんて言って可愛かったのねえ」という大倉へのセリフ、みのちゃんには「なんで食べながら喋るんだよ」、僕には「ほらすぐ泣くんだよこの人」というセリフ。

　ここ最近の公演では、大千穐楽の日に自分の台本へ出演者みんなにサインしてって言うKERAさん。思い出づくりも大事だけど、まだまだ攻めて行きましょうぜ、KERAさん。

NYLON 100°C through the Years Part Ⅰ

NYLON100℃
through the Years Part Ⅰ

1993年–1998年

犬山イヌコ　みのすけ　峯村リエ　三宅弘城
KERA

2017年12月20日座談会より記事構成

前身の劇団健康は1992年の夏『スマナイ。PARTY MIX』を上演し、その冬に解散を発表。翌年1993年1月、KERA主宰の演劇制作会社、シリーウォークが発足、2月には本多劇場でシリーウォークプロデュース公演『お茶と同情』が手塚とおる作・演出により上演された。出演はほぼ全員が健康のメンバーで、KERAも役者として出演した。ナイロン100℃の旗揚げ公演『予定外』が同じく本多劇場で上演されたのは同年8月のこと。健康解散から時を置かずしての旗揚げ、当時はどのような心境だったのだろうか。

　PartⅠでは、旗揚げから1998年8月に紀伊國屋ホールで上演された『フローズン・ビーチ』までの軌跡をたどる。KERAが30歳のときから35歳の時期だ。座談会に集められたメンバーは犬山イヌコ、みのすけ、峯村リエ、三宅弘城。まず始めにこの4人とKERAを含めた5人でナイロン100℃創成期について語り合ってもらった。今から25年前は携帯電話もなく、連絡網で連絡を取り合っていたという。

▶旗揚げの頃

「健康はとくに解散公演を銘打つこともなく終わりました。劇団員には "一度リセットしたい" という伝え方をしたんじゃないかな。どうせ同じ顔ぶれで始めるんだし、みんな割と "いいんじゃない？" みたいなノリで、とくに反対もなかったよね」（KERA）。

「健康の最後の公演になった『スマナイ。』上演時には、すでに翌年の本多劇場を2月と7月に押さえてたんですよ。健康からナイロン100℃へと名義は変わるけどそれ以外何か劇的に変わるって感覚じゃなかったかも」（犬山）。

「やってきたメンバーで続いていく感じ。周りの人からは名前を変えただけじゃねえか！　と言われた（笑）」（みのすけ）。

　劇団健康からナイロン100℃の旗揚げまで、劇的な変化はなかったが、『予定外』は好評だった。

「（峯村）リエちゃんが『予定外』で初めてボケ役をやって本当に面白かった。それまでキツい役が多かったから。いちばん大きく化けたよね」（みのすけ）。

「どんなにボケても当時劇団員だった手塚（とおる）さんが拾ってくれたから、ボケ役の楽しさに気づいた」（峯村）。

　KERAも『予定外』で、健康でやっていたナンセンスな芝居と変わらないと周りから言われたという。

「2本目の『SLAPSTICKS』を先にやればよかったかもね。あれでガラッと変わったから」（KERA）。

　その言葉を受け、ナイロン100℃の創成期をみのすけは「毎回、振り幅のある違う作品を次々とやっていた時代」とし、三宅は「演劇をどうしたいとか考える余裕もなく、目の前のことを、とにかくやっていくのに必死だった」と思い返す。

▶多彩な作品群

『１９７９』は700人収容の大劇場、新宿コマ劇場の地下にある劇場シアターアプル（2008年閉館）で上演した。当時キャスティング・プロデュースをしていた現・劇団☆新感線のエグゼクティブ・プロデューサー細川展裕氏のもと、アイドルグループribbonの松野有里巳、CoCoの宮前真樹らを客演に迎える。

「細川さんから "劇団☆新感線にribbonが出たときにとてもよかったから、ナイロン100℃にも呼んでみないか" と言われても、ribbonもCoCoも全然知らなかった。現代から80年代にタイムスリップしてヒット曲を先取りしてしまうという細川さんの原案と、岡崎京子の漫画『東京ガールズブラボー』を下敷きに、まあ、せっ

かく派手なお膳立てをしてくれると言うんだからのりましょう、みたいな」（KERA）。

「これでお客さんがすごく増えたんですよ」（峯村）。

「3作目にプロデュース公演のようなことをして外部の方と一緒にやる機会も多くなりました」（三宅）。

「ナイロン100℃になって、健康の頃とは違う広がりは感じてました。でも、そのすぐ後にside SESSIONで実験的な『箸の行方』をやっちゃう。だから意識を外へ向けているようでいながら、内側にも向いていて、ナイロンの初期はとてもデコボコしていた」（犬山）。

「劇場もアプルでやったあとにトップスというデコボコさ（笑）」（KERA）。

　より実験的な試みとしてスタートしたside SESSION。実際は、赤字を埋めるための経済的な理由もあったというが、いざ始めるとサントラCDを作成し入場者全員に配布するなど、経済的な補填にはならなかった。

「『箸の行方』では役者もみんなでコントの台本を書いたけど、うまくいかないということもわかった。内輪ではすごく楽しかったのに、全然ウケなかった」（みのすけ）。

「だけど、とにかく何でもやってやれみたいな空気は楽しかったよね」（犬山）。

　続く『カメラ≠万年筆』ではオーディションで参加した若手とワークショップを行なうなど実験的に進められた。松永玲子（当時はミナミ玲子）、安澤千草（当時は安沢千草）、大倉孝二、村岡希美、廣川三憲、新谷真弓も参加している。KERAが「あの時期には劇団員が一気に増えたけど、辞めていく人も多かった。この時期の出入りはすごい」というように、辞めた人の人数は10人以上にのぼる。

　また三宅弘城ソロ・レイトショー『悟空先生対アメリカ先生』は、『カメラ≠万年筆』の終演後、レイトショーとして上演された。

「KERAさんとドイツへ16ミリ映画を撮りに行ったときに一人芝居をやってみないかと言われたんです。年越しイベントで清水宏さんたちと一人コントをやっていたので、それを見たKERAさんが発案してくれたんです。断る理由もないし、挑戦だと思ってやってみました。でも一人で寂しかったですね」（三宅）。

「『4A.M.』で密室劇をやった後にオールスタンディングの『アリス・イン・アンダーグラウンド』という振り幅も今思うとすごいよね」（犬山）。

「でも確実に修行になっていたと思うよ」（KERA）。

　LONG VACATIONが1995年の『ウチハソバヤジャナイ』の上

演後に活動を休止する。「音楽活動を一切やらなくなると、演劇しかやることがない。レコーディングとライブに使ってた時間も含め、すべて芝居をする時間になった」とKERAが言うように、95年以降の公演数は年に5本以上になる。

「ロンバケはすごく楽しかったけど、演劇と音楽の両立が難しくなってしまった。KERAさんも僕も演劇に関わる比重が昔より大きくなっていったんだと思う」（みのすけ）。

　1997年は6本、98年は『ガンビーズ・ショウ』を3本に数えると、8本やっていたことになる。

「『ガンビーズ・ショウ』の三本立てとか『カメラ≠万年筆』『ライフ・アフター・パンク・ロック』の二本立てとか、大変な興業をよくやってたもんだよね。『カメ万』と『ライフ・アフター〜』の稽古終盤、稽古が好きではないと公言していた犬山が、今回はさすがに稽古時間が足りないと思う、と言っていた」（KERA）。

「時間が足りなくて、暑い中本多スタジオの上で稽古してたら、劇団員のひとりが急に倒れたり、色々大変だったなあ。」（犬山）。

「この頃は朝の10時から夜の22時まで稽古した日もあった」（峯村）。

「公演が終わった後に反省会や報告会みたいなことを喫茶店でやっていたので、ずっと一緒にいました」（三宅）。

　一本の芝居の初日が開くなり次の公演の稽古が始まることも珍しくなく、劇団員は一年を通してほとんど毎日会う。アイデアが枯れることなく、次々と作品を発表。KERAの頭の中では、どのように作品が生まれているのだろうか。現在の作品づくりとはどこが異なるのだろうか。

「当時は4〜5本先の公演まで常にアイデアのストックが頭の中にあった。そこは今と全然違いますね。面白いと思っていることを、システマティックに取捨選択していく。たとえばある作品の台本を書いているとき、ナンセンスなギャグを思いついてもその演目に向いていなかったら次の演目で使えないかを吟味するんです」（KERA）。

▶一緒に成長する

　必死だったという20代の彼らは、劇団員同士、またはKERAとのぶつかり合いはあったのだろうか。

「20代だったから感情のぶつけ合いの喧嘩をたくさんしていましたね。自分の主張もあるし、子どもだったから熱い思いがあった。『4A.M.』でKERAさんからのダメだしに対して、反撃した記憶がある」（みのすけ）。

1993-1998

NYLON 100°C through the Years Part Ⅰ

その時のことはまったく覚えていないと言うKERAだが、『フランケンシュタイン』での役について、公演終了後に酔ったみのすけに"刺身のツマみたいな役だった"と言われて大いに傷ついたという。

「みのすけは、そんなことは絶対に言わないような本当に優しい奴なんです。集合時間にいないとかそういう問題があるにしても（笑）、バンドでも劇団でもみのすけには助けられてきた。だから余計ショックだった。あのみのすけが、愛情込めて書いた役に対して刺身のツマなんていう言葉を口にするなんて」（KERA）。

「いやあ、本当に、どうしてあんなことを口にしてしまったのか……酔った勢いもあったのか……反省してます」（みのすけ）。

　緻密な稽古をすることで知られるKERAだが、現在の彼に稽古場で怒鳴り散らしたりする印象はまったくない。当時はどうだったのか。

「常にカッカしていましたね。演出家として眼高手低で未熟だったから、自分のプランやビジョンをうまく言葉にできない。"違うんだよ！　わかんないの？"とか"なんでできないの!?"とか、かなり強めの口調で言っていました。うまく演出できない自分がもどかしくてね。半分以上は自分に腹を立ててたんですねあれは、きっと（笑）。劇団健康の初期のころはもっと理不尽だったと思う。有頂天というバンドでデビューした86年あたりは、基本的にいつも怒っている人間だと思われてた。取材でも途中で帰ったりしていました。ひどかったですよ。後に大きく反省したんです」（KERA）。

　しつこいようだが、KERAが声を荒げたり怒っていることなど今では想像できない。

「1年に2本やっていれば劇団としては成立するものを、自分でぎゅうぎゅうに劇団の活動を1年に6本も7本も詰め込んでいたわけです。時間の余裕さえあれば解決できただろう問題も、創作と制作会社の運営でいっぱいいっぱいで……自業自得ですね。劇団10周年ぐらいで、そろそろ先は長くないなと漠然と思っていた。ただ作品を作っているときだけはものすごく楽しいんです。カタルシスもあるし生きがいにもなっていた。でも、それに付随する様々な問題と天秤にかけると、15周年はないだろうなと。このままいっても身体を壊すと思っていたし、実際胃潰瘍にもなった。当時は社長もやっていたから、お金のことも考えないといけない。好きなことをやれている代償として、受け入れざるを得ない。それと役者ひとりひとりから、劇団に対する不平不満や、場合によっちゃ人生相談みたいなことを順繰りに受けるのがもう嫌になっていた。劇団員各々にとっては一年に一つの相談だったとしても、受けるこち

ら側はひとりでしょ。その20倍だかを引き受けなければならない。みのすけに「主宰者やらない？」と90年代の後半に何度か聞きました。せめて主宰業からだけでも逃げ出したかった。僕も含めて全員が未熟だったんです。理解してもらうための言葉やタイミングは、やっていくうちにだんだんとわかっていきました。だからとくにこの4人は「一緒に成長していった」とつくづく感じますね」（KERA）。

▶劇団の目標

　ナイロン100℃の旗揚げ当時、劇団としての目標はあったのだろうか。その問いにKERAはあっさり、こう答えた「目標？　ないよ」。

　確固たる指針があるのかと思いきや、案外そうでもない。

「少しでもいいものを作る。納得のいくものを作るということが目標と言えば目標。ゴールはないですよ。この劇団を何年でどこまで持っていくみたいな話は一切してこなかった」（KERA）。

　それは劇団健康を始めたころもそうだったのだろうか。

「いや、健康のころは、モンティ・パイソンのようになりたいという目標がありました。劇団でテレビ番組に出たり映画を作れるようになるのが夢でしたね。その時期の映画界やテレビ界をリアルに考えるとまったくもって現実味を欠いた夢ですけど」（KERA）。

▶経営状態

　当時、次から次へと上演を続けていたのは、KERAの溢れるイマジネーションももちろんのこと、借金を抱えていたため自転車操業だったということも少なからず事実だ。

「自転車操業とは、本当は止まりたいけど、止まるとお金のやりくりができなくなるから、止まれないということでしょ？　そういう一面は、なかったとは言えないけど、お金の問題がなくても、これくらいの本数をやっていたと思う」（KERA）。

「シリーウォークが抱えていた借金が結構ドンとあったんです。今回はいくら返せましたという報告を毎回やって、やりながら借金を返さないといけない」（みのすけ）。

「借金というか、正確に言うと未払い金ですね。スタッフにはギャラの支払いを3年も4年も待ってもらっていたんです」（KERA）。

「たぶん『フランケンシュタイン』のとき、決算書を1ページ抜かしていたこともあって、ギャラが一人1ステージ 500円しか出ないと言われました。松永と今江（冬子）さんと私で"私たちは1ステ500円女優なんだね"と飲んでいた記憶がある」（峯村）。

「たしかに申し訳なかったけど、当時は劇団なんてノーギャラが圧倒的に多かったよ。ワハハ本舗は観客一人につき5円だった。僕も当然どんなに台本を書いてもノーギャラどころか、社員の給料払うために自分の貯金通帳から持ち出してたからね」（KERA）。

「それでも続けていけたのは、実家暮らしの劇団員が多かったから、何とかやってこられたところもある（笑）」（みのすけ）。

「それで思い出した。健康のころ田ロトモロヲさんが劇団員オーディションの審査で"ともかく金持ちを取ろう"と言って最初の質問が"車持ってる人？"（笑）。そんな感じでしたよ。みのすけが言うように実家暮らしの劇団員が多かったからということも重要だったと思う。ボンボンとまでは言わないよ。でも公演が続いてギャラがほとんどもらえなくても劇団を辞めずに続けられるだけの環境が整っている人が多かった。もちろんそれができなくて淘汰されていった人たちもいると思う。辞めると言い出せずに逃げるようにいなくなった人もいる」（KERA）。

「経済的な事情ではないと思うけど『フリドニア日記』のころ、演出助手が稽古場にカバンを置いて買い物に出掛けたきりいなくなったこともありました」（犬山）。

「いたねえ。後でスタッフが届けたんだよ、カバンを」（三宅）。

「30歳までにテレビに出られなかったら故郷に帰ると約束している人もいた。テレビ局のプロデューサーになった人もいるし、若くして亡くなってしまった人も何人かいる。いろいろですよ」（KERA）。

▶岸田國士戯曲賞受賞

ナイロン100℃旗揚げから5年目の作品『フローズン・ビーチ』。峯村が「劇団健康時代から、遊びみたいな雰囲気もあった集団だったのに、なんだかちゃんとした作品も作るようになった」と感じた作品。犬山も「演じていて、明らかに違う感じになってきた」と振り返る。演劇情報誌『シアターガイド』における当時の取材で犬山は、この作品で岸田國士戯曲賞を獲ってほしいと予見めいたことを発言するが、見事に同作品が受賞。

「僕が受賞する2年前には松尾スズキさんが獲って、岸田戯曲賞に対するイメージがカジュアルになっていましたね。松尾さんが受賞できるなら、自分も獲れるんじゃないか、という気持ちはなくはなかった（笑）」（KERA）。

女性だけの物語を描き、それが評価されたことに対して、みのすけは嫉妬したという。三宅は"面白かったから、出演したかった。受賞は嬉しかったけど、正直悔しかった"と言うと、

KERAは「三宅に怒った顔でおめでとうございますと言われた（笑）」と思い出す。

「岸田戯曲賞を受賞したことで、それまでより少しは世の中に認められた。ケラリーノ・サンドロヴィッチという名前で国籍がどこなのかわからない人が賞を獲ることで、これからいろんな人に知られていくのかな、と。賞とは無縁な集団だと思っていたから、なおさら嬉しかった」（犬山）。

「なんか照れ臭かったけどね。みんな喜んで祝ってくれたのが本当に幸せだった。人が喜ぶのってこんなに嬉しいことなんだなぁ、と思った」（KERA）。

▶KERAと「演劇」

作家、演出家、劇団主宰者、ミュージシャンとさまざまな顔を持つKERAだが「演劇がやりたくて仕方がなかった」とか「演劇がなくては生きていけなかった」といった言葉を聞いたことがない。かといって、冷めているわけではない。劇団の創成期について訊くと出てくるのは劇団員のことばかり。

「犬山が劇団をやろうって言わなかったら劇団健康はやっていなかった。劇団健康がなかったら、みのすけを誘ってなかった。俺と犬山とみのすけの3人で継続していなかったら、たぶんオーディションもなかったから三宅と出会うこともなかった。犬山がリエちゃんと藤田（秀世）くんを誘ってきてくれて、みのすけはバンド筋からトモロヲさんを引き入れた。そうやってどんどん連鎖しながら劇団は続いていき、僕たちは演劇人になっていったんですよ」（KERA）。

彼らがいなかったらKERAは「演劇」をしていなかった。KERAが「演劇」をやっていなかったら、演劇界はどれほど寂しいものだっただろうか。KERAに影響を受けた演劇人やクリエイターも生まれていなければ、いまのナイロン100℃の劇団員も別の人生を歩んでいる。そうであったなら、日本の演劇のみならず、カルチャーも違うものになっていただろう。

劇団員、とくに初期メンバーについて訊くとKERAは「助けられた」という言葉を使う。

「この4人と自分は、一緒にうまくなっていった。松永や安澤が入ってきた頃は、未経験者を引き上げている感じがあった。初期の4人に関しては、引き上げている感覚はなかったですよね。一緒に上がっていった人たち」（KERA）。

この25年は「一緒に上がっていった」彼らなくしては語れないのだ。

[text：今村麻子]

1993-1998

1st SESSION

01 インタラクティブテクノ活劇
予定外

雑誌『PRESS』
1993年8月号より

どうせならカッコイイ失敗がしたい

ナイロン100℃。「健康」を解散してから、演劇拠点定まらずだったKERAが、元メンバーを中心にバンドLONG VACATIONに加えCG・フィルム映像スタッフらとのセッション形式で組織した集団。従来の出鱈目で無意味なコンセプトはそのままにより柔軟に演劇、音楽、映像などのメディアとメンバーを公演毎にシャッフルして番狂わせを演出しようとするというものである。逸脱のオーソリティーというパラドキシカルな定評を得るほど勤勉で結束力を持つ健康の体質を顧みての第2ラウンドである。

タクシーを拾って恋人の下に向かうアルフレッドが巻き込まれる数々のいわれなきブニュエル的悪夢の物語を書き上げたKERAは「シミュレーションドラマじゃないけれど選択肢があって幾通りにも物語が同時に展開したり、CGや映像を装置や役者に組み込ませてアナログとデジタルが融合した世界にしたいと思う。健康では完成を意識してリスクを避けてきたけど、どうせなら思い切りのいい潔い失敗を見せたいという位の気持ちでやってゆこうと思う」と語る。そうテクノもCGもア・プリオリだからこそとんでもない使い方ができるという勇気と不器用とロマンがいるんだよね。そうして織り成される人工繊維の沸点が見たいのさ！

文・中山亜弓

ギャグを製造し、販売する「ユスチノフ・ギャグ・ファクトリー」の工員であるユロ（三宅弘城・役名は明らかにジャック・タチが彼の映画で演じた人物からとられている）が、恋人マルチーヌ（江馬小百合）の住むフランスはパリへ向かう道中を描いたナンセンス・コメディ。コメディ作品の劇中でギャグについての分析が語られるというメタ構造は、当時としては斬新なアイデアだった。

上演時、世間では「遠距離恋愛」が流行。KERAに「『遠距離』だからこそ愛が育まれると言うが、では、ついぞ一度も会えないまま終わる『遠距離恋愛』があったとしたら、それは果たして『恋愛』と呼べるのか？」と語った。

「パリへ向かう道中」と記したが、ユロはマルチーヌに対して熱烈な愛情を手紙で語る一方、なかなか旅発とうとしない。後半になるとさしたる必然性もなく、ユロを演じる俳優は3人に増加し（犬山犬子、手塚とおる）、エンディングでは3人のユロがそれぞれの人生を歩んでゆくだろうことが示唆されるが、どのユロもマルチーヌとのことは無かったことのように振る舞う。三つの風景が同時進行し、やがて3人のユロの笑顔が闇に溶けるラストシーンは、ひどくシニカルではあるが、人生の真理を突くようでもある。

当時早稲田大学劇研で新進気鋭の劇団として注目されていた「双数姉妹」（小池竹見主宰・明星真由美を輩出）から今林久弥と田中桂子が客演。KERA曰く「この公演で峯村リエが大きくバケた」。

「ナンセンス専門劇団」からの脱却を宣言して「健康」から「ナイロン100℃」へと移行したにも拘らず、記念すべき第1作が相も変わらずのナンセンス・コメディだったことに肩すかしをくらった観客も多かった。　[K.T.]

雑誌『ぴあ』
1993.8.10号より

このひとにはゼッタイ、
音楽と演劇でふた股かけてもらいたい
昨年、劇団健康という衣装を
あっさりと脱ぎさってしまった彼が
ようやく劇場へ帰ってきた
華麗なるふた股、ここに再開である
ナイロン100℃、ただいま発信！

インタビュー、文・ぴあ編集部　撮影・和田靖夫

▶ 1st SESSION
1993年8月13日～22日　本多劇場
作・演出：ケラリーノ・サンドロヴィッチ
音楽：LONG VACATION（中野テルヲ、KERA、みのすけ）
出演：手塚とおる、犬山犬子（現・犬山イヌコ）、みのすけ、藤田秀世、三宅弘城、今江冬子、峯村リエ、江馬小百合、長田奈麻、藤倉亜紀、本田宙、KERA／今林久弥（双数姉妹）、田中桂子（双数姉妹）
ナレーション：那須恵理子（ニッポン放送）　舞台監督：比嘉正哉　舞台美術：古村昌史　照明：渡部良一（テイク・ワン）　音響：水越佳一（モックサウンド）　映像：久保山努（マルチブレインズ）
衣裳：尾島千夏子　演出助手：山田太一　宣伝美術：古村昌史＜フライヤー＞、松島隆之＜パンフレット＞　制作：東都久美子

2nd SESSION
02 SLAPSTICKS

　前作で叶わなかった目論見、「ナンセンス・コメディからの脱却」は、ようやくこの公演で果たされる。サイレント映画で活躍し、トーキーの登場と共に消えていった実在のコメディアン達の生き様を、架空のキャラクターである助監督ビリー（三宅弘城と客演の山崎一の2人が時代別に演じる）の視点から描いたKERA初の評伝劇は、「ナンセンス」でないばかりか、「コメディ」ですらない、という見方も可能な、シリアスでノスタルジックな作品になった。幕間に度々スクリーンに投影される1920年代のスラップスティック・コメディの名シーン集が、より一層ムードを引き立てた。

　ストーリーの山場で扱われるのはロスコー・アーバックル（バスター・キートンを映画界に引き込んだ功績でも知られるこの巨漢のスターを藤田秀世が演じた）にふりかかったスキャンダル。ケネス・アンガーの名著『ハリウッド・バビロン』においても「ハリウッド初の殺人スキャンダル」と紹介された有名な事件である。彼がサンフランシスコで主催したパーティで、ある新進女優が謎の死を遂げた。アーバックルは嫌疑をかけられ、後に容疑は晴れるものの、庶民の間で署名運動が起こり、完全に業界から抹殺された。

　裁判でアーバックルに不利な証言をしたのが主人公ビリーの初恋の女（ひと）、アリス（秋山菜津子／客演）だった、というエピソードは、ビリーが実在の人物ではないのだから言うまでもなくフィクションであるが、こうした展開や、山崎を挟んで彼の回想を演じる三宅と秋山の別離のシーン等は、書いて演出したKERAにとっても、演じた俳優達にとっても極めて新鮮だったに違いない。

　小学生の時にチャップリンの『モダン・タイムス』を観て以来、サイレント・コメディ及び当時の（忘れ去られた）喜劇人達への愛情を注いできた作者の思いが結実したこの小品は、2003年に劇団公演ではなくキューブとパルコのプロデュース公演として再演され、ビリーをオダギリジョー、アリスをともさかりえ、アーバックルを古田新太が演じた。

[K. T.]

パルコ／キューブ製作による再演時のフライヤー。出演は、オダギリ、ともさか、古田の他、初演から続投の山崎ら。劇団員からは峯村リエ、廣川三憲、村岡希美、吉増裕士、眼鏡太郎が参加。

▶2nd SESSION
1993年12月17日〜30日　シアタートップス
作・演出：ケラリーノ・サンドロヴィッチ　音楽：LONG VACATION（中野テルヲ、KERA、みのすけ）、中村哲夫
出演：秋山菜津子、犬山犬子、今江冬子、江馬小百合、大堀浩一、佐々木慎、新村量子、平山直樹、藤田秀世、本田宙、道方千晶、峯村リエ、みのすけ、三宅弘城／山崎一
舞台監督：小林潤史　舞台美術：古村昌史　照明：渡部良一（テイク・ワン）　音響：水越佳一（モックサウンド）　衣裳：高本麻由子　演出助手：山田太一
宣伝美術：古村昌史　制作：東都久美子

3rd SESSION
03 1979

女子高生のチカ（松野有里巳）は、恋人である高校教師のケンタロウ（手塚とおる）の過去を変えるために、15年前＝1979年の東京へとタイムスリップ。福岡からの転校生ミキ（宮前真樹／客演）、ケンタロウの幼馴染のマユミ（今井佐知子／客演）と出会う。ケンタロウのバンドを売り込むべくマネージャーとなったチカは、YMO（伊藤俊人、梶原善、西村雅彦／客演）のヒット曲を、彼らが曲を完成する直前に発表。バンドはたちまち人気を集めるが——。

細川展裕氏（現・ヴィレッヂ会長、当時はサードステージ社長）をプロデューサーに迎えた『1979』は、通常の本公演とは異なる、コマーシャルで大規模な公演（会場のシアターアプルは700席）であった。

前作で題材にしたサイレント・コメディと並び、青春期に大きな影響を及ぼし、とくに80年代におけるKEFAの音楽活動の礎となった、テクノ／ニューウェイヴ全盛期の東京を描く「分かり易いシチュエーション・コメディ」であり、「青春ドラマ」であり、後の『ナイス・エイジ』や『ドント・トラスト・オーバー30』に先駆けた「タイムスリップもの」の第1作でもある。

音楽（非優として出演も）では、ナイロンの劇伴を毎回担当していた、有頂天に続くKERAの「裏渋谷系」音楽ユニット「ロング・バケーション」（KERA、中野テルヲ、みのすけ）が全編に渡って活躍。アーリー80'sミュージックの新アレンジがズラリと並ぶサントラ盤も好評を博した。

KERAは9年後に公開されることになる映画監督デビュー作『1980』で再びこの時代を取り上げる。『1979』（とくにミキのパート）にも『1980』にも、その作品世界、設定、台詞に、岡崎京子氏のコミック『東京ガールズブラボー』（93年）からの引用が多くみうけられる。（『1979』のフライヤーには岡崎のコメントが掲載され、『1980』のクレジットにはスペシャル・サンクスとして唯一、岡崎の名前だけがある。）

2003年には同じく細川氏のプロデュースにより、設定を10年後にアレンジして『1989』（演出：村上大樹／青山円形劇場）が上演された。　　[K.T.]

公演フライヤーより

1979年。私はふてくされて暗い目をしながらワイヤーとかDAFを聞いていた。16才。まだ処女で、しかし、好きな人すらいなく、自分の肉体をもてあましつつアーント・サリィの唄じゃないが「どーでもいーわー」と毎日思っていた。どうでもいいわ。でも、同時にすっごくワクワクしてた。そう、暗い目をしつつワクワクして「何か」がやってくるのを待っていたのだ。あの頃。
岡崎京子

公演パンフレットより

▶3rd SESSION
1994年5月29日〜6月5日　新宿 シアターアプル
作・演出：ケラリーノ・サンドロヴィッチ
音楽：LONG VACATION（中野テルヲ、KERA、みのすけ）
出演：松野有里巳（ribbon・現・松野アリミ）、宮前真樹（CoCo）、今井佐知子（Qlair）／犬山犬子、今江冬子、手塚とおる、みのすけ、三宅弘城、峯村リエ、佐々木慎、ミナミ玲子（現・松永玲子）、安澤千草、円まるこ、宮本雅通、
都築ひろこ、笹々木慎、根本史紀、佐々木義尚、峯村純一、狩生隆一、佐藤春臣、田才知矢子、根岸理子、中野テルヲ（LONG VACATION）／伊藤俊人、梶原善、西村雅彦（以上、東京サンシャインボーイズ）／KERA
ナレーション：荘口彰（ニッポン放送）　舞台監督・美術：比嘉正哉　照明：渡部良一（テイク・ワン）　音響：サウンド・キャラウェイ　衣裳：高本麻由子、尾島千夏子　演出助手：山田太一
宣伝美術：古村昌史＜フライヤー＞、斉藤禎貴＜パンフレット＞　制作：勢藤典彦

4th SESSION

04 ネクスト・ミステリー

感傷的な2作、『SLAPSTICKS』『1979』を経たナイロンは『ネクスト・ミステリー』でドライなナンセンス・コメディに帰還する。

舞台女優のシェリー（今江冬子）が、殺人事件の容疑者となった母親（松永玲子・オーディションにより前作より入団）の罪を晴らそうとする、という一応のストーリーはあるものの、次第に、真剣にその気があるのかどうかも怪しくなり、例によって事態の因果関係はみるみる破綻してゆき、途中からは、用意されたいくつかの選択肢から観客の拍手の大きさで次のシーンが決定されるインタラクティブなストーリー展開になる。その他、（ナンセンス作品には異例とも言える）子役の起用、当時コンテンポラリー・ダンスの新星だった伊藤千枝率いる「珍しいキノコ舞踊団」の参加等、様々な趣向が凝らされた実験性が強い公演。また、観客には、すでに健康時代に一度試みた「ニオイカード」が配布された。劇中、舞台上で提示された番号の箇所を爪でこすると香水、果物等の香りを発する。このお遊びは次回作『ウチハソバヤジャナイ』（再演）、『パン文六の思案』でも繰り返し行われた。

いくつかのシーンはエチュードを基にして作られ、延々続く即興コントの記録ビデオが今も残っている。

クライマックスは20分以上に渡る役者と腕人形の共演シーン。矢継ぎ早に現れる木彫りの熊やらスリッパやらが、登場人物と共演する。

『ネクスト・ミステリー』のキャストにおいて特筆すべきは、大人計画の若手だった、客演の阿部サダヲの怪演だろう。彼は2年後の『下北ビートニクス』で再度客演する。

また、この公演を最後に、健康時代よりKERA作品の中核を担ってきた俳優、手塚とおるが脱退（05年、健康再結成公演『トーキョーあたり』で再度参加）。だが翌年には新人オーディションが行われ、現在のナイロンを支える中堅俳優たちが入団。ナイロン100℃は新しい時代へと突入する。

[K.T.]

阿部サダヲ（客演）

▶4th SESSION
1994年11月9日～20日　東京芸術劇場小ホール2
作・演出：ケラリーノ・サンドロヴィッチ　音楽：LONG VACATION（中野テルヲ、KERA、みのすけ）＋中村哲夫、上石統、Ricky、玉井美和
出演：今江冬子、飯田真亜沙（子役）、阿部サダヲ、犬山犬子、清水宏、手塚とおる、藤田秀世、みのすけ、三宅弘城、長田奈麻、新村量子、松永玲子、安澤千草、宮本雅通、江口佳子、佐々木義尚、都築ひろこ、根本史紀、三上絵里子、峯村純一、KERA／珍しいキノコ舞踊団
舞台監督：比嘉正哉　舞台美術：加藤ちか　照明：沖和憲（ジード）　音響：水越佳一（モックサウンド）　衣裳：高本麻由子　演出助手：外山光子
宣伝美術：古村昌史〈フライヤー〉、斉藤禎貴〈パンフレット〉　制作：勢藤典彦、江藤かおる

公演時のパンフレットより

5th SESSION 公演時のパンフレットより   053

5th SESSION
05 ウチハソバヤジャナイ
～Version100℃～

　小説家・高野（藤田秀世）の家にたまたまかかってきた、そばを注文する間違い電話。妻（峯村リエ）は相手に向かって「うちはおそば屋さんじゃありませんよ」と窘めておきながらも、ついうっかり出前に出掛けてしまう。その日から始まる高野家のそば屋化――。

　1992年に健康で初演された『ウチハソバヤジャナイ』はフランツ・カフカ的世界をカリカチュアライズしたナンセンスコメディで、「できそこないばかり」（KERA談）だった過去の上演の中にあって「数少ないまとまりの良い舞台」（同）として代表作と見なされていた。

　再演に際しての大幅な改訂を好まないKERAにしては珍しく多くの場面を膨らましたりエピソードを追加したりしているのは、大倉孝二、村岡希美、新谷真弓、廣川三憲をはじめとした総勢20名に近い「新人達」の、劇団での初舞台として上演する必要があったからだろう。そのために、初演に較べてやや冗長さを感じる面もある。

　高野が書く小説の登場人物、天才少年アルジャーノン（犬山犬子）と憎めない生まじめな悪役ヤン先生（今江冬子）は1999年の『テクノ・ベイビー～アルジャーノン第二の冒険～』にも再登場して新たな攻防を繰り広げており、こうしたことも「キャラクターに頼った作品のシリーズ化」を嫌うKERAには珍しい。よほど気に入ったと見える。

　健康初演での「テクノカツゲキ」のサブタイトル通り、劇伴はLONG VACATIONの、主に中野テルヲによるシャープなテクノ・ミュージックであり、劇中には（初演同様）ロンバケによる生演奏もあったが、本作の公演終了後に活動を休止。1991年、健康の公演『SUNDAY AFTERNOON』から4年に渡って継続したLONG VACATIONとナイロン100℃のコラボレイトは、これが最終作となった。以降、ナイロンを含むKERA演出作の劇中に現れる音楽の傾向は、急速にクラシカルなジャズへと傾き、とくにジャンゴ・ラインハルトに代表されるジプシー・ジャズが多用されるようになる。

[K. T.]

▶5th SESSION
1995年5月4日～14日　本多劇場
作・演出：ケラリーノ・サンドロヴィッチ　音楽：LONG VACATION（中野テルヲ、KERA、みのすけ）
出演：藤田秀世、犬山犬子、峯村リエ、清水宏、三宅弘城、みのすけ、今江冬子、長田奈麻、松永玲子、安澤千草、根本史紀、新谷真弓、松浦努、宮本雅通、都築ひろこ、廣川三憲、今津登識、正田達也、江口佳子、佐々木義尚、峯村純一、大倉孝二、金丸雪葉、北野恵、佐藤崇、澤田由紀子、鈴木玲、住田仁、長尾ちよみ、羽柴真希、村岡希美／LONG VACATION、二瓶鮫一
舞台監督：小林潤史（グループ「匠」）　舞台美術：古村昌史　照明：渡部良一（テイク・ワン）　音響：水越佳一（モックサウンド）　衣裳：尾島千夏子　演出助手：外山光子
宣伝美術：古村昌史＜フライヤー＞、天明幸子＜パンフレット＞　制作：勢藤典彦、江藤かおる

ストレンジャーが起こした奇跡

徳永京子（演劇ジャーナリスト）

突然やって来た、よそ者の中のよそ者

　私たちは、初めての現象を目撃している。大袈裟に聞こえるかもしれないが、明治時代に日本に現代演劇が生まれて以来、先例のない現象を。それは、血統も後ろ盾も持たず、正規の教育も受けなかった人たちが、一代で成し遂げた立身出世物語だ。

　よく知られているように、日本で「演劇で食べていく」ことはなかなか難しいが、それでも演劇の世界に入ってくる人は減らない。そのルートはさまざまだが、主なものを挙げれば、ふたつに絞られると言っていいだろう。

　ひとつは、芸術系大学の演劇の専攻学科を卒業し、新劇の劇団が開設している養成所の試験を受け、数年後に正式に団員になり、キャリアを積み上げていくもの。

　もうひとつは、大学の演劇サークルに入り、そこに伝わってきたストレッチや発声練習、照明や美術の仕込み、戯曲の書き方などを受け継いで作品をつくるようになる、あるいは、学内の仲間と劇団やユニットを立ち上げるパターン。

　いわばキャリア組と実践派で、成り立ちは真逆に思えるが、演劇を誰かから教わったことと、目指す場所は共通しているように思う。目指す場所とは、より多くの人に作品を観てもらい、好きになってもらい、次の公演が安心して打てる状態が続く。プロデュース公演や映像からも声がかかるようになり、メジャーな賞なども獲って、演劇で食べていける──。それが演劇の中心地という認識は、まだまだ有効だ。

　ナイロン100℃は、キャリア組、実践派のどちらでもなかった。先生も師匠も先輩も持たず、自分たちのやりたいことを

やってきた。にもかかわらず、演劇を始めた人の多くが目指すあれこれを実現し、いつの間にか演劇の真ん中にいる。この見解に反対する人は、業界内でも演劇ファンの間でもほとんどいないはずだ。ナイロン100℃の歴史は、ふらりとどこからかやって来たストレンジャーが、最初はどんちゃん騒ぎをしているだけに見えたが、町に住み着き、まず若者の心をつかみ、やがて長老の信頼も得て、議会の重要なポジションに就くに至った物語のように私には見える。なんだか神話やおとぎ話にありそうなストーリーだが、このケースに限っては事実なのだ。

　「どんちゃん騒ぎ」の大半は、ナイロン100℃の前身である劇団健康時代に含まれるが、大事なことなので少し話を戻すと、このストレンジャーは単身で演劇界にやってきたわけではなかった。彼らの先には、宮沢章夫が率いるラジカル・ガジベリビンバ・システムが、イギリスのテレビ番組『空飛ぶモンティ・パイソン』、そして桑原茂一と小林克也によるラジオショー『スネークマン・ショー』という演劇以外のメディアをルーツにして登場した。この宮沢の影響を受けて現れたのが、松尾スズキ率いる劇団大人計画と、ケラリーノ・サンドロヴィッチ率いる劇団健康だった。

　健康と大人計画の登場は、まさに"外からいきなり"という印象だった。松尾は大学時代、KERAは高校時代に演劇経験はあったものの、彼らは、すでに人が並んでいる行列には加わらなかった。自分が「格好いい」と感じたものを信じたのだ。それは、差別や下ネタと笑いを大胆に掛け合わせ、観客に問題意識を突きつけながら、感動など残すものかと駆け抜ける、刹那の表現だった。健康と大人計画は、作風は異なっていたものの、そのスピードが巻き起こす風が、これまで劇

3rd SESSION『1979』

場に来たことのない人を呼び込む点は共通していた。けれども、既存の演劇の文脈では読み取れないストーリー、新しい客席の景色をつくり出した2劇団の作品は、劇評家どころか、当時は多くの演劇ファンにも一過性のブームと認識された。演劇はしていても演劇人ではないとみなされた、と言っていいだろう(ちなみに同時期、差別や下ネタと笑いを大胆に掛け合わせたもうひとつの劇団にワハハ本舗があるが、ワハハ本舗の作・演出家である喰始もまた、宮沢と同じく放送作家だったのは興味深い)。

とりわけ、すでにバンド、有頂天のリーダーとして大人気を博していたKERAは、「ナゴム・ギャル」と呼ばれる追っかけまで生み出し、社会現象にもなっていたインディーズ・レーベル、ナゴム・レコードの社長として音楽シーンで圧倒的な存在感を示していたため、健康には「ミュージシャンの片手間」という認識が長くつきまとった。いわば、よそ者の中のよそ者だったわけで、そんな空気には当然、本人たちは気付いていたろうが、むしろそれをおもしろがり、ネタにさえしていた。

こうした健康時代に比べればずいぶんと大人になり、ナンセンス中心から作風を広げていったとは言え、ナイロン100℃も当初はやはり、演劇に没入することを避けていたように思う。演劇のしがらみに絡み取られないようにしていた、という言い方のほうが近いだろうか。「第○回公演」に当たる表現を、音楽用語で使われる「SESSION」にしたり(これは現在も続いている)、劇中の音楽を、KERA自身のバンド、LONG VACATIONが手がけたり、女性アイドルグループを出演させたり、架空の人気バンドを3パターンのキャストで物語にしたりと、そこはかなり意識的に行われたと思う。

当時は、誰もが音楽とのつながりを指摘するに留まったが、よくよく考えれば、ナイロン100℃は自分たちの鬼っ子としての出自を忘れず、演劇の外側を常に意識し、外側からの視線を持ち続けていたということだ。

そんなナイロン100℃が25年(健康時代も含めると33年)も続き、特に笑いをフィーチャーしないストレートプレイもレパートリーに加えるようになったことは驚きだし、それと並行して小学生レベルの下ネタのようなおバカな笑いも続けていることは痛快だ。その上でKERAのもとには、オリジナル作品のみならず、海外戯曲演出のオファーまでが続き、劇団員の多くが俳優として自立し、劇団もKERA個人も演劇界の権威ある賞をいくつも受賞しているのは喜ばしい。けれどそれが、ただ「小劇場の劇団が順調に大きくなった」のとは根本的に違うことは、しっかりと認識しておきたい。

ナイロン100℃らしさを卒業したあと

ではこの変化は、いつ頃から始まったのだろう。当事者たちの感覚とは一致しないことを承知で私見を書くなら、98年から99年あたりが大きな分岐点だったのではないか。98年に上演した『フローズン・ビーチ』が翌年の岸田國士戯曲賞を受賞し、当時、KERAは冗談交じりに「うれしいけど、なんで『フローズン・ビーチ』なんだろうと思った。もちろん頑張って書いたけど、正直、もっと頑張った作品はある

論考

のに」と感想を言っていたけれど、同作はやはりKERAにとってエポックで、一読したならば、その後の『消失』『わが闇』『百年の秘密』など、とりわけ評判の良い作品群へと続く萌芽を抱いていたことは明らかだ。

それまでのKERA作品は、次から次へと人が登場し、その数と比例するように起きる混乱、狂騒、混沌が笑いを引き起こすのが大きな特徴だった。さらに、出演俳優のほとんど全員に見せ場を書くため、上演時間がとにかく長かった（「今も長い」という声も聞こえてくるが、この頃は残念ながら度々、体感時間も長かった）。

だが『フローズン・ビーチ』は、登場人物を女性5人に絞り（出演者は4人）、場所をまったく変えることなく、表面上は淡々と経過する時間の中で、濃厚に変化する人間の内側に焦点を当てた。ギャグもちりばめられてはいたが、ミステリー色が全体を支配しており、何より心理描写に新境地があった。理由と結果の間にあるものを観客に知らせない、という手法が取られたのだ。

具体的に言うと、前のシーンで絶交したふたりが、次のシーンではすっかり仲睦まじく会話していて、でもその間に起きた事情は一切触れられない。けれども観客は「ああ、こういうことは往々にしてある」と感じる。あるいは、謎を謎のまま保留する。なぜなら、わからなくても話は先に進み、謎に身を任せて進むと思わぬ答えを得る快感があるからだ。これは、岩松了が東京乾電池時代に書いた『蒲団と達磨』に端を発し、あっという間に広まった「静かな演劇」の流れを汲むものだが、これが「不可解で魅力的な女性が、説得力をもってそこにいる」「男性劇作家なのに、なぜこんなに女性の気持ちがわかるのか」という、ナイロン100℃への新しい評価を生む。

岸田戯曲賞を獲った、評判が良かった、だから引き続きこの路線でという外的な要因だけでなく、この作品でKERA自身、そして俳優たちも、内なる手応えを感じ取ったのではないか。つまり、ナイロン100℃ならではという期待に沿うことでもあったポップさや笑い、音楽絡みであることから卒業しても、自分たちが飽きずに演劇に向かい合う鉱脈がここにありそうだという発見があったのではないだろうか。

もっとも、ナイロン100℃が観客の笑いの期待を跳ね返せるようになるまでは、今しばらくの時間を要する。KERAは2000年代の始めから半ばにかけて、たびたび「爆笑が起きなかった＝今回の作品はおもしろくない、ウケていない」と

短絡的にジャッジする観客や批評家に対して「笑いには種類があって、爆笑だけが良い反応ではない。声を上げずに笑っても楽しんでいるケースはあるはずで、笑いのボリュームではなく、中身を理解してほしい」と繰り返し話している。つくり手の間では昔から「観客は作品を選べるが、作品は観客を選べない」という言い方がされ、両者のズレに頭を悩ませてきた。だがKERAは自分が誰よりも速く遠くまで動くことで、観客の意識を変えていくことに成功した。本人にはとりわけ啓蒙意識はなかっただろうが、結果として、KERAの八面六臂の活動が、観客に多様な笑いを伝えていく。

外への好奇心、外からの眼差し

始まったのは、これまでとは違う形の快進撃だ。もともとKERAは多作で、年に5、6本新作ということも珍しくなかったが、01年からは劇団の外に新たな場所を増やしていく。まず、俳優・広岡由里子とのユニット、オリガト・プラスティコ。そして同じ年、KERA・MAPを始動させる。理由をたずねればその都度、「ナイロンでは取り上げにくい題材を芝居にしたい」「若い無名の俳優と作品をつくってみたくなった」などの回答が返ってきたけれど、こうして時間が経ってみると、かつて演劇そのものと取った距離を、今度は劇団と取ることで、モチベーションが枯渇することを避け、良い風通しが保たれる方法を直感的に考えたのではないかという気がしてくる。

と同時にやはりこれも、演劇を外から眺め、外を眺める方法のひとつだと理解できる。と言うのは、よく上演される古典の名作や同時代の戯曲ではなく、少し前の映画や埋もれた戯曲を掘り起こすこと、特定の作家の人生や作品をこまかく腑分けし直すことが、このふたつのユニットで行われるようになるからだ。オリガトはこれまでに5作、KERA・MAPは7作、作品を上演しているが、オリガトでは、KERAにとってきわめて大事な作家であるカフカを題材にしたり、敬愛する映画監督ウディ・アレン、あるいは新藤兼人や福田恆存などの隠れた戯曲を発掘して舞台化してきた。KERA・MAP『グッドバイ』（15年）では、太宰治の未完の小説を完結させることに挑んだ。

特定の作家に焦点を当てること、小説や映画に材を得ることは、すぐにKERAの得意な持ち札になっていく。元来、舞

台で『空飛ぶモンティ・パイソン』をやりたいと演劇を始めた人でもあるから、モチーフのコラージュは得意だったが、岸田國士の一幕劇をひとつの芝居にした『犬は鎖につなぐべからず』（07年）や『パン屋文六の思案』（14年）で見せたストーリーの編集力と立体化、アレンの映画『カイロの紫のバラ』を翻案した『キネマと恋人』（16年）で見せた原作の血肉化とエンターテインメント力は、他の追随を許さないレベルと言っていい。果たして『キネマと恋人』と『グッドバイ』は数々の賞を受賞する。外から来たナイロン100℃の人々は、外の眼差しを道標に、中央に場所を用意されたのだ。

さて、その前に時計を戻すと、KERAは03年にパルコ劇場で『SLAPSTICKS』を作・演出、同年に続けて明治座で朝ドラ『さくら』舞台版を演出するという意外な職人技を見せた。04年にはシアターコクーンで『カメレオンズ・リップ』を作・演出し、いずれも初めてとは思えない空間の使いこなしを見せて成果を残す。

そして06年からシス・カンパニーのプロデュース公演でも仕事が続く。シスは今のところKERAにふたつの路線を託している。ひとつはこの年の『ヴァージニア・ウルフなんかこわくない？』に始まる翻訳劇。もうひとつはKERA meets CHEKHOVと名付けた、チェーホフの四大戯曲を上演するシリーズ。前述の岸田國士の一幕劇コラージュや、コクーンでやったゴーリキーの『どん底』では「好き勝手をしているように見えるかもしれないけど、僕としては、もし作家と会えたら気持ちよく握手して

もらえるように考えてつくっている」と話していたが、シスでは静かに作家に潜り込む作業に集中しているようだ。いずれにしても劇団やユニットでの活動にフィードバックされるはずで、それも楽しみだ。

50歳を超えた頃からしきりと「限られた時間を有意義に使いたい」と言うようになったKERAだが、アイデアが枯渇している気配は微塵もない。逆に、あまたあるアイデアの中から厳選して創作に向かう意志を感じる。「押されるようにして、気が付いたら真ん中にいた」とかつて自分について語ったKERAは、この場所で何をするのか、はたまたどこかへ行くのか。先例のない冒険の行く末を、同じ時代を生きる者として見届けたい。

ところで私は以前、長くナイロン100℃の制作を担当していた人に「どうしてこの劇団には良い俳優がたくさん育っているのか」と質問したことがある。その人の答えはこうだった。「以前は公演が多くて、しかも毎回、台本がなかなか上がってこなかった。俳優は何か考える時間もなく、毎回ただ必死でせりふを覚えて本番に臨んだ。それが、矛盾や飛躍を演じられる力につながったのではないか」。私は深く頷いた。あなたがこれから観るナイロン100℃の舞台にもきっとその魔法はかかっていて、でもだからこそ、ナンセンスであれ家族劇であれマジックリアリズムであれ不条理であれ、ナイロン100℃の作品は人間を描いていると感じられるのではないか。世界は矛盾に満ち、人間の思考はあちこちに飛躍するのだから。

論考

『漂う電球』提供：M&Oplays

『グッドバイ』撮影：引地信彦

058

6th SESSION

06 4 A.M.

　2000年代のナイロン公演のメイン・レパートリーは「シリアス・コメディ」とされる。シリアスな題材、本来なら悲劇と目されるはずの物語をコメディとして調理するそのスタイルは、本作から始まったと言えよう。南北に分断された架空の国を舞台にした荒廃的な寓話は、後の『消失』を思わせる。

　荒れ果てた「南」で犯罪者まがいのその日暮らしを続けていたゼリグ・チャンス(みのすけ)は、妻・サニー(今江冬子)を得て奇跡的に「北」への亡命に成功し、国境近くに建つ家でラジオ番組(国営放送「午前4時の詩集」)で朗読される詩を書き細々と生計を立てていた。「北」にも忍びよる動乱によるストレスと心労で手が痙攣するサニーのために、ゼリグは幼馴染の医師・アイザック(三宅弘城)を呼ぶ。アイザックには少々頭の足りないフィアンセ・ファイブ(峯村リエ)が同行して来る。そんな中、ゼリグはかつての恋人、シビル(犬山犬子)と偶然再会し、思いを再燃させるが──。

　出演者5名という少人数の書き下ろしはKERAにとって劇団内外問わず本作が初めてで、この後も『フローズン・ビーチ』(4名)と『消失』(5名)の2本しかない。

　当然ながら1人あたりのウェイトも大きく、それぞれがもつ裏の顔(アイザックは、実は医者ではなく木こりである!)も表現していかねばならない複雑な台本は、しかし、まだ作者が1シチュエーションのシリアス・コメディに不慣れであるが故か、シーンによってかなりのムラがあり、今ビデオで観返すと部分的にではあるが、作り手が雰囲気に酔っているかのようにも見える。とは言え、「エンゲキニン生活10周年」を記念して上演されたこの歪な密室劇の上演を機に、KERAとナイロン100℃は確実に次のステップへ足を掛けたに違いない。　　[K. T.]

アナザーバージョン

▶6th SESSION
1995年11月26日〜12月13日　新宿シアター/トップス　12月23日　パルテノン多摩小ホール
作・演出:ケラリーノ・サンドロヴィッチ
出演:犬山犬子、みのすけ、今江冬子、三宅弘城、峯村リエ
声の出演:廣川三憲
<アナザーバージョン>
作・監修:ケラリーノ・サンドロヴィッチ　演出:タイチ
出演:松永玲子、安澤千草、新谷真弓/宮本雅通、今津登識
舞台監督:海老澤栄　舞台美術:本江義治(ミュウカンパニー)　照明:関口祐二(A.P.S)　音響:水越佳一(モックサウンド)
衣裳:高本麻由子　宣伝美術:古村昌史<フライヤー>、中井敏文<パンフレット>　制作:江藤かおる

7th SESSION
07 下北ビートニクス

2036年、東京。とあるバーで21世紀の演劇人5人（古田新太、阿部サダヲ、大倉孝二、峯村リエ、松永玲子）が、90年代に演劇野郎だったという老マスター（廣川三憲）の思い出話を一晩中聞かされている。彼が関わっていた劇団の名は下北ビートニクス——。

21世紀の未来から覗きみるカタチで、現代（90年代）の小劇場界を痛快に笑い飛ばすエンターテインメント色の強い1作。書き上がらない台本、劇団内の上下関係、制作の突発的な交代劇、恋愛問題、金銭問題、そして舞台の本番中に巻き起こるトラブルの数々。新人の制作として入団したばかりの藤本（永作博美）を容赦なく襲う様々な困難は、デフォルメはあるにせよ、それまでのナイロンや周囲の劇団で実際に起こった、あるいは起こる可能性のあった事柄だろう。KERAが自らの創作の内幕をここまで直截的に描くのは本作と、12年後にもっとずっと深い内面まで辿った『シャープさんフラットさん』のみではないだろうか。「この作品は制作さんに捧げた。日頃我々の芝居を支えてくれている、最も大変な役まわりを担った人達に、感謝の気持ちを込めて」（KERA）。

『1979』以来の大規模公演であり、ヒロインの永作他、劇団をピンチから救うファンの郵便局員役に古田新太、野田秀樹の息子という設定の21世紀の演出家・野田役に2度目の出演となる阿部サダヲが客演。大阪での古田人気も功を奏し、東京、大阪公演合わせて観客動員が初めて1万人を突破した。劇団主宰兼作・演出家（つまりKERAの分身）を演じたみのすけ、彼と共に劇団を旗揚げした幹部女優を演じた犬山犬子（つまり本人。ただしキャラクターは全くの別人）をはじめ、当時のベテランと新人が非常にバランス良く配置されているが、その分古田、阿部の出演時間に物足りなさを感じる向きも多かったかもしれない。　　　　　　　　　　［K. T.］

▶7th SESSION
1996年5月4日〜6日　大阪・近鉄小劇場　5月12日〜20日　新宿 シアターアプル
作・演出：ケラリーノ・サンドロヴィッチ
出演：永作博美、古田新太／犬山犬子、今江冬子、峯村リエ、みのすけ、三宅弘城、阿部サダヲ、清水宏、松永玲子、大倉孝二、長田奈麻、廣川三憲、安澤千草、松浦努、新谷真弓、澤田由紀子、今津登識、村岡希美、長尾ちよみ、鈴木雅子、井出泉、山上優
舞台監督：海老澤栄　舞台美術：本江義治　照明：関口祐二（A.P.S）　音響：水越佳一（モックサウンド）　衣裳：高本麻由子
演出助手：タイチ（静かの海）　宣伝美術：古村昌史＜フライヤー＞、草野リカ＜パンフレット＞、雨堤千砂子＜グッズ＞
制作：江藤かおる、花本理恵

8th SESSION

08 フリドニア
～フリドニア日記 #1～

初心者にもやさしい大規模エンタメ作品『下北ビートニクス』をシアターアプルで閉幕するなり、揺れ戻しのように、ナイロン100℃はキャパシティ1/5以下（155席）のシアター/トップスで上演するための悪夢的なファンタジーの稽古にとりかかった。興業規模が小さければ自ずと製作費も縮小されるはずだが、（当然と言えば当然ではあるが）モチベーションは全く落とすことなく、むしろ当時の演劇界にあっては唯一無二と言える独創的な（言い換えれば、他の創り手が興味をもつことがなかった題材の）意欲作をわき目もふらずに創り上げた。

トーベ・ヤンソンの『ムーミン』やガルシア＝マルケスに代表されるラテン・アメリカのマジック・リアリズム小説からの触発はすでに『4 A.M.』でも窺われたが、本作はその様式を大幅に拡大し、文学から演劇へとユニークな形で持ち込もうと試行錯誤している。登場人物が5人だった『4 A.M.』とは異なり、KERA含め総勢21名（犬山、みのすけの2名が本公演では初の欠席）の俳優が狭い舞台にひしめく群像劇として仕上げるにあたり、作者は「いっそのこと"町"を主役に、シリーズ化してはどうか」と考えた。以下、少々長くなるがフライヤーからの転載。

＜フリドニア日記・序文＞

　その町に関してのさしたる資料も手元にないので、僕はここにその何たるかを記すにはあまりに無知だ。噂は時折耳にするものの、どれもこれもうさんくさい。例えばある者は南ゲルゾフにある温泉町だという。ゲルゾフの地図では左端の一番下、こぼれ落ちそうな所にあって、パキトゥーナテ国境に近い。トゥー・マ・パルーマへもほんの一足だ。高台に上がると、すぐ前にンガン川が見える。＜中略＞そして至る所に湯水があふれている。いんちき療法で巨万の富を得た町長、中山等がその町、フリドニアを治めているのだという。＜中略＞

　さてみなさん、そこで私は事の真偽を明らかにするべく、とうとうフリドニア行きを決意するに至った次第です。そのレポートを1年か少なくとも2年に1度は舞台にしてお見せしようという計画がこの「フリドニア日記」であります。

　長大な構想があるかのように思えるコメントだが、シリーズは第2作『薔薇と大砲』で中断している。本作には『1979』に出演した松野アリミ、『SLAPSTICKS』に出演した平山直樹、『ウチハソバヤジャナイ』に出演した二瓶鮫一の3名が、それぞれ2度目の客演を果たしている。劇中で二瓶演じる町長が唄う歌はエノケンの『武器ウギ』の歌詞を一部改変したもの。三宅と松野が唄う歌も浅草オペラからの引用。こうした場違いとも言えるところから要素を持ち込んでいるのも面白い。

　2004年にシリーウォークプロデュース公演として千葉雅子の演出で本多劇場で脚色再演された。

[K. T.]

シリーウォークプロデュース公演時のパンフレットより

▶8th SESSION
1996年7月24日～8月4日　新宿・シアタートップス
作・演出：ケラリーノ・サンドロヴィッチ
出演：松野アリミ、二瓶鮫一／今江冬子、峯村リエ、平山直樹、三宅弘城、松永玲子、大倉孝二、長田奈麻、安澤千草、新谷真弓、宮本雅通、今津登識、澤田由紀子、井出泉、長尾ちよみ、廣川三憲、松浦努、村岡希美、鈴木雅子、KERA
舞台監督：福澤諭志　舞台美術：衛藤こずえ　照明：関口祐二（A.P.S）　音響：水越佳一（モックサウンド）　衣裳：高本麻由子　演出助手：新井綱嘉
宣伝美術：古村昌史＜フライヤー＞、中井敏文＜パンフレット＞　制作：梅林市子、江藤かおる、花本理恵

061

9th SESSION

09 ノンストップサクセスストーリー
ビフテキと暴走

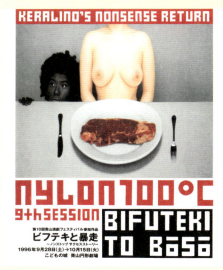

『演劇ぶっく』No.63、1996年9月号に掲載された公演広告。左は犬山。

　大田黒正造（大倉孝二）が経営する精肉工場で暴動が勃発。結局、工場は倒産し大田黒はそば屋に転身を図る。一方、肌の黒い肉屋、肉一郎（三宅弘城）とその父（みのすけ）はいくら新鮮な肉を売っても、腐った肉を専門に売る肉屋（林和義／客演）に勝てない。やがて腐った肉を売る肉屋は大人気タレント・海原サムソン（久松信美／客演）のマネージャーになるが、海原はファンサービスに専念するために一切の仕事を辞めてドラマも降板する。代わりにドラマに出演し人気を得たのは、大田黒のそば屋で働く根暗な娘、ミチコ（犬山犬子）だった──。

　「人間の欲望すらナンセンス化して笑い飛ばした作品」とのメディア評に対しKERAは「たしかにそうかもしれないけど、作る方はなんにも考えてない。ともかく無尽蔵に沢山の人が出る、賑やかでデタラメなコメディをやりたかった」と振り返る。この年のオーディション合格者を含む33人という大所帯で繰り広げられるナンセンス・コメディで、初めて大倉孝二が主役級の役どころで出演、独特な間合いで強力なボケを披露した。また、現在ではナイロンにとって重要な常連客演者であるマギーが初参加。

　「演劇を笑え」というテーマで行われた第10回青山演劇フェスティバル参加作品。ナイロン及びKERAはこれ以降、同フェスティバルの常連になり、翌97年には『病気（作：別役実）』、98年には『偶然の悪夢』で参加。2001年でフェスティバルは終了するが、青山円形劇場閉館に伴い2014年に締めくくりとして開催された際にも『夕空はれて～よくかきくうきゃく～』で参加した。青山円形劇場はKERAにとって本多劇場に次いで溺愛した特別な劇場であり、フェスティバル以外にもいくつかの代表作を残したが、初めてのつきあいとなった『ビフテキと暴走』では、せっかくの円形劇場を、笑いに対する観客の反応を恐がってプロセニアム舞台で使用したため、「あれならば本多劇場でやればよかった（笑）」「以降、あの劇場では全ての公演を完全円形ステージもしくは前方後円墳ステージで上演した」。(KERA)

　2008年に公開されたKERA監督の映画『罪とか罰とか』のシナリオは、『ビフテキと暴走』の1エピソード（アイドルになったそば屋のミチコが一日署長を頼まれたことによる大騒動）をアレンジしたものである。

[K.T.]

映画『罪とか罰とか』　©『罪とか罰とか』製作委員会

▶9th SESSION
1996年9月28日～10月15日　青山円形劇場
作・演出：ケラリーノ・サンドロヴィッチ
出演：犬山犬子、みのすけ、三宅弘城、今江冬子、峯村リエ／久松信美、マギー、林和義、工事現場2号／松永玲子、大倉孝二、長田奈麻、安澤千草、宮本雅通、澤田由紀子、今津登識、村岡希美、廣川三憲、菊池美紀、長尾ちよみ、澤田由紀子、中山憲一郎、田中護、尾崎裕子、恩田秀人、鈴木雅子、谷口朋子、小澤道明、井沢智幸、薄井隆介、山崎元、かないまりこ、GON
オープニングアナウンス：秋山菜津子　アナウンサー：桜庭良平（ニッポン放送）　舞台監督：福澤諭志　舞台美術：加藤ちか　照明：関口祐二（A.P.S）　音響：水越佳一（モックサウンド）
衣裳：高本麻由子　演出助手：タイチ（静かの海）　宣伝美術：高橋歩　制作：江藤かおる、花本理恵

―――― side SESSION #1 ――――

S1 喜劇 箸の行方

▶当日無料配布されたサントラCD

より実験的な試みとしてスタートしたside SESSIONの第1弾。だが実際のところは、前年の公演の赤字を補填するという経済的な理由から急遽敢行された公演だという。KERAのみならず、劇団員全員が書いた台本をエチュードで完成させた10数本の、「箸」にまつわるコント・オムニバス。

箸を製造する会社の倒産が決まり、三宅弘城扮する社長が演歌を歌いながら自暴自棄で会社を破壊し社員達をなぎ倒すコントは、内部では今でも「名作」として語り草になっているが、観客からの反応は総じて冷ややかで、観に来た藤田秀世は、終演後の楽屋に来るなり皆に「どうしちゃったの!?」と問うたという。　　[K. T.]

▶side SESSION #1
1994年7月1日〜4日　吉祥寺バウスシアター
作・演出：ナイロン100℃
出演：犬山犬子、今江冬子、手塚とおる、みのすけ、三宅弘城、峯村リエ、宮本雅通、安澤千草、ミナミ玲子、峯村純一、佐々木義尚、都築ひろこ、根本史紀

―――― side SESSION #2 ――――

S2 カメラ≠万年筆

『1979』からオーディションにより参加した松永玲子、安澤千草らと、『ウチハソバヤジャナイ』から同じくオーディションにより入団した大倉孝二、新谷真弓、村岡希美、廣川三憲ら大勢の新人たちによる若手公演。詳細は再演時（P.76）の項を参照のこと。

岩松了作・演出の『アイスクリームマン』（92年初演）にインスパイアされたKERAが、初めて具象セット1シチュエーションの一幕ものに挑戦した作品でもある。

稽古開始前には一カ月ほどのワークショップを実施。「後にも先にも、あんなに稽古に時間をかけた公演はない」。（KERA）　　[K. T.]

▶side SESSION #2
1995年8月30日〜9月3日　新宿・シアタートップス
作・演出：ケラリーノ・サンドロヴィッチ
出演：松永玲子、安澤千草、大倉孝二、村岡希美、松浦努、廣川三憲、新谷真弓、澤田由紀子、山上優、宮本雅通、今津登識、佐々木義尚、江口佳子、北野恵、長尾ちよみ、根本史紀、正田達也、都築ひろこ、井出泉、鈴木雅子、ほか

公演フライヤー　イラスト：山本直樹

side SESSION #3

S3 三宅弘城ソロ・レイトショー
悟空先生対アメリカ先生

『カメラ≠万年筆』の終演後にレイトショーとして上演。三宅弘城のソロ・コント集。作・演出も三宅が担当しており、KERAは『カメラ≠万年筆』の稽古の合間に稽古場に顔を出し、アドバイスや幾つかのアイデアを言い渡すのみの関わり。

一兆円玉コインを拾った男の顛末を描いた『一兆円玉』、モンティ・パイソンの『全英プルースト要約選手権』のアレンジ『あしたのジョー要約選手権』、ホワイトボードを使用して数の数え方をレクチャーする『数え方教室』、ブルーハーツのヒロトと彼の熱烈なファンの手紙での交流をモノマネを交えて演じた『ヒロトさんからの手紙』等、秀逸なネタが多い。

健康中期〜後期には、このような、俳優主導でのソロやユニットのコント公演は頻繁に行われていた（まつおあきらのソロライブは計3本、まつお×大堀こういち×みのすけのユニット「BARA・BARA」での公演は2本、大堀と三宅の「みやけとでめたん」での公演は2本）が、この公演の後、ナイロン名義でのそうした類の公演は峯村、大倉、村岡にブルースカイ（現・ブルー&スカイ）を加えた『持ち主、登場』のみ。　　　　　　　　　　　　　　　　　　　　　　　　　　　　　　　[K. T.]

公演フライヤー

▶side SESSION #3
1995年8月30日〜9月3日　新宿・シアタートップス
作・演出・出演：三宅弘城
構成・監修：ケラリーノ・サンドロヴィッチ

side SESSION SPECIAL

SS アリス・イン・アンダーグラウンド

夢の中でアリスに出会った男が様々な話を聞かせるストーリーを軸に、客席を取り囲む4つのステージで、次から次へと同時多発的に映像、コント、シリアス劇、ダンス、生演奏がミクスチャーされた、オールスタンディングで2時間半という前代未聞のライブステージ。宮藤官九郎、珍しいキノコ舞踊団らが客演。また、ライブ・パートの日替わりゲストで鈴木慶一、あがた森魚、田口トモロヲといった豪華な顔ぶれがヴォーカリストとして登場。当時のインタビューでKERAは「演劇の観客を変えたいという気持ちがずっとある」と語っており、同作は、演劇の様々な可能性を提示することで、やがて芝居に興味のない人たちを劇場へ足を向けさせるためのひとつのアプローチだったのだろう。　　　　　　　　　　　　　　　　　　　　[K. T.]

▶side SESSION SPECIAL
1996年3月8日〜11日　新宿スペース・ゼロ
脚本・演出：ケラリーノ・サンドロヴィッチ
出演：犬山犬子、今江冬子、峯村リエ、松永玲子、明星真由美、KERA、宮藤官九郎、みのすけ、三宅弘城、大堀浩一、北野恵、村岡希美、長尾ちよみ、澤田由紀子、新谷真弓、鈴木雅子、山上優、安澤千草、廣川三憲、井出泉、今津登識、松浦努、宮本雅通、大倉孝二、ほか
ダンス：珍しいキノコ舞踊団、石山雄三（Nest）　音楽：三浦"MUE"俊一、KERA、松田"Fire"卓巳、三宅弘城、大坂結城、CHAKO、清野裕司
日替わりゲスト：鈴木慶一、あがた森魚、田口トモロヲ、サエキけんぞう、伊藤ヨタロウ、巻上公一

ナンセンスコメディの体組成

山名宏和（放送作家）

はじめに

ナイロン100℃の最初期、大半の観客はナンセンスな笑いを求めて劇場に足を運んだ。僕もその1人である。25年後の今、ナンセンスな笑いはナイロンの魅力の一部に過ぎないが、やはり魅力であることに変わりない。そこでナイロンの「笑い」に関して3つのアングルから綴ろうと思う。といってもこれは「分析」でも「批評」でも、ましてや「分評」でも「批析」でもない。単なる文章である。

「台本」もしくは「ギャグ」

「ナンセンスコメディはコントの集積のようなもの」とKERAさんは語っている。確かにショートコントのようなものが入ることもあるが、それよりさらに短いコントの断片、あるいは笑いの仕掛け＝ギャグの集積と表現した方が近いように思う。

ナイロン100℃のナンセンスコメディを観た時、まず圧倒されるのはギャグの多様性である。不条理、スラップスティック、パラドックス、キャラクター、グロテスク、映像、音楽、パロディ、繰り返し、屁理屈、アクション、差別、戯画化、幼児性、狂気、ズレ、破壊、レトリック、悪夢、異化、バカ、模倣、停滞、過剰、メタ、メタメタ……といったものがある時は原型を留めた形で、ある時は異種交配異属交配し、まさにメタモルフォセス群島のごとき様相を呈している。

そしてもう1つ圧倒されるのは、ギャグの密度である。今回、その密度についてお伝えするために、ナンセンスコメディの中でもギャグ濃度が高い『ビフテキと暴走』のプロローグ部分のギャグを数えてみたい。ちなみにこの作品、DVD化も戯曲も出版されていないため、以前CSでオンエアされた映像を元にするので、役名の表記などが間違っているかもしれないことをお断りしておく。

とその前に、実は『ビフテキと暴走』には、プロローグの前に本編とはまったく関係ないオープニングとも呼べる場が3分ほどある。ここでも、ステージ上で振動が起きると、開演前アナウンスが針飛びするというギャグを20近いバリエーションで繰り返し、その後、細かく数えると13、大雑把に数えても6つのギャグを経て、ようやくプロローグに至る。

プロローグの舞台は工員たちの暴動により壊滅的な被害を受けたビフテキ工場。ここに老刑事・クサカベ（マギー）、若い刑事・八丈島（みのすけ）が捜査に来たところから始まる。

G1・暴動の原因は安すぎる給料。「儲けは経営者が独り占めですか」「ざまーみろだ」と刑事2人が悪口を言って笑っていると、いつの間か悪口を言われている当人の大田黒（大倉孝二）もそこにおり、一緒になって笑う。

G2・大田黒が渡す名刺の名前は、「タップダンサーバーバラ中山」「今はもうないムー帝国の王女様・ムッシュ小野寺（4歳）」

G3・クサカベが「警視庁のケイシチョウタロウです」と名乗ると、八丈島も「私もケイシチョウタロウです」。すると大田黒も「じゃ、私も同じやつで。チョウタロウ3つ」と現れた女（峯村リエ）に注文。

G4・女のタイトルコールでショートコントが始まる。

峯村「トランプ」

マギー「僕はスペード」

みのすけ「僕はダイヤ」

大倉「僕はクラブ」

峯村「私はクラブのホステスよ」

大倉「そんなオチ、ダメだ！」

と峯村にビンタ。同様のショートコントを繰り返し、3回目の途中で一番ノリノリだった峯村が唐突に「やめて！ ショートコントはもうたくさん！」

G5・工員たちによる暴動時の目撃談。「突然スパナやカナヅチを振り上げたと思ったら、ものスゴい声を一斉に張り上げて……ぴょんぴょん飛び始めてね」

G6・その程度の振動でコンピューターが壊れたことを責められた大田黒、言い返して曰く「全作業員が一斉にぴょんぴょんしたんだぞ。5人全員がだ」

G7・「5人かよ！」とツッコム八丈島をいさめるクサカベ。ゆっくりと大田黒に歩み寄り「5人かい！」

G8・峯村は大田黒の妻となり、工員2人はその子どもとなり、破産した大田黒の元から去っていく。残された工員が気まずい感

論考

じでいると「ノリカツも」と呼ばれる。残された工員「ワンワン」と吠えながら去っていく。犬だったのだ。

G9・クサカベ、本を取り出し朗読。大田黒の自伝を朗読していると思いきや「いえ、覚えているんです。これは別の本です。稲中卓球部」

G11・クサカベ曰く「(自伝は) とても読みづらかった。句読点が1つもありませんでしたからね」。句読点の代わりに多用されているのは支点・力点・作用点。大田黒が高らかに「テコの原理、インマイブック!」

G11・工場が破壊され、気力が失せた大田黒はさびれたそば屋でかけそばでも食べて帰ると漏らすが、すぐに成功妄想が暴走する。そば屋でアルバイト、やがて独立、全国にチェーン店を500店舗、本社ビルは106階、店はユーラシア大陸アフリカ大陸アメリカ大陸に展開、しかしある日気づく「人生は金じゃない」。そして映画のプロデューサーに転身。同時にオリンピック出場。映画はすべて大ヒット。オリンピックでもメダルまみれ。その後、政界に進出、アジアを統一、世界を統一、全人類を火星に移住させて、年内には銀河系統一を目指す。そのためにも「とりあえずそば屋でアルバイト開始!」

この間、およそ12分。そしてこれがギャグのすべてではない。文章で伝えるのが困難なものは省いたし、G11の大田黒の長ゼリフは1つとして数えているが、その中には笑いを引き起こすフレーズが無数に含まれている。

さらに作品全体を見れば、プロローグはまだギャグの濃度が薄い。大いなる助走にすぎない。この後、公衆便所の中で肉屋を開いた黒人親子、白人になりたくてもぐりの医者になった黒人の息子、墓穴刑事という当たり役を持つ人気スター、国民的アイドルとなったそば屋の陰気な娘、観劇の帰りに拉致監禁された女性、暴動を起こした工員たちが結成した悪の組織など、複数の物語それぞれから着想されたギャグがあり、そのギャグが飛躍し、変奏し、突然変異を起こし、あるいは物語と物語が交わり入り乱れ衝突することで、交雑種のようなギャグが次々と誕生していく。

モンティ・パイソンのように複数の書き手がいるのではなく、あくまで1人で、しかも「脳ミソをコント脳に切り換えられさえすれば、自動手記のように書けちゃうんです」と語るKERAさんの頭の中には、欠陥バスに乗った24人のケラリーノ・サンドロヴィッチがいると思われる。

「役者」あるいは「キャラクター」

ナイロンのナンセンスコメディには、さまざまなキャラクターが登場し、「笑い」を生み出す。彼らを観るたびに思うのは、彼らはKERAさんの着想ありきで誕生したのだろうか、それとも役者から触発されて着想されたのだろうかということである。

代表的なキャラクター、特に女性が演じるキャラで印象的なのは「声」である。ナイロンの女優陣は、独特な声を持つ方が多い。その筆頭は、もちろん犬山イヌコさんである。『カラフルメリィでオハヨ』の初演で、犬山さん演じる杉田を初めて観た時は、それまでテレビでも映画でも出会ったことのないキャラには唖然としたものである。あるいは野球帽と緑のオーバーオールでお馴染みのクリ坊といったキャラは、やはり犬山さんのあの声ありきだったとしか思えない。先に台詞があってあの声を出せと言われても出せるものではないだろう。それにしても犬山さんは、いつ何をきっかけにあの声を出すように/出せるようになったのか。聖子ちゃんカットの高校生時代はもっと女子っぽい声だったとご本人が語っていたが。

クリ坊のようなバカキャラ以外の時にも、犬山さんの声には常に不思議な響きがある。

『フローズン・ビーチ』の市子は、比較的ナチュラルな声だが、言っていることはかなりデタラメだ。

9th SESSION『ビフテキと暴走』

23rd SESSION『フローズン・ビーチ』

市子　アリバイって何の略？　アリンコバイブル？　蟻の聖書。アリガトウ、バイシィコー？　ありがとう自転車。アリババと四十人のバイ……トする人たち？

　こうしたデタラメな台詞はKERAさんの得意とするところだが、実は犬山さんの声がいっそう筆を走らせているのではないか。と考えるのも、これは僕のごく些細な経験ではあるが、以前、ある深夜ドラマの脚本に携わった際、コメディリリーフ的な登場人物が必要になった。そこで犬山さんの声を思い浮かべたら、次々とデタラメな台詞が出てきた。もちろんそれは、ナイロンで培われた犬山さんの模倣に過ぎないわけだが、それにしても、犬山さんの声が持つデタラメな台詞を思いつかせる作用はスゴいと実感したからである。
　現在、休団中の今江冬子さんもおかしな声を発することができる。特に『ウチハソバヤジャナイ』のヤン先生は鮮烈だった。

教師　（迫真の一人芝居で）「美千子の奴どうした！」「うーん、ヤン先生、あたしもう死にたい」美千子の奴言いました。目に涙、目にまゆ毛、死にたい言いました。「ヤン先生にどしたか話して」美千子の奴言いました。「実は実は、ヤン先生実はケガケガキズマユゲ実は」「うん、うん、うん、うん、うん、なるほど。ちょっとなー、」先生思いましたよ。

　活字で読んでも十分面白いが、今江さんのあの声で喋られると、その面白さは倍増する。
　そしてこの時も思ったのだ。ヤン先生というキャラが先にあって、あの声が出たのか。それとも今江さんのあの声が先にあって、ヤン先生が生まれたのか、と。
　峯村リエさんも稀有な声の持ち主だ。ある時は年齢不詳、ある時は信憑性ゼロの無責任な響き。しかし何より驚くべきは、その声が非常に存在感のある、端的にいえばデカいあの体から発せられることである。
　そんな峯村さんと犬山さんのコンビが印象的なナンセンスコメディでいえば『東京のSF』、インガとアイゴールである。しかしながら、ここでは笑いから逸れるが『百年の秘密』について綴っておきたい。
　ティルダとコナ、2人の女性の12歳から78歳までの人生を犬山さん・峯村さんが演じる『百年の秘密』だが、第一幕の3場で2人はティルダとコナの孫である4歳の幼女として登場する。これにはかなり驚いた。もちろん、演劇で役者が自分の実年齢と程遠い役を演じることはしばしばある。だが、そこまで翻訳劇的なリアリズ

ムで進んできた中、いきなり主役を演じていた2人が4歳児として現れたのだ。しかも物語上、かなり重要な場面である。驚いたという反応はKERAさんの企みにまんまとはまってしまったということであるが、それにしてもよくあんな着想を得て、しかも実行したものである。普通ならば、ここまで構築してきた世界を壊してしまうかもしれないと心配するだろうし、そもそもそんな着想が浮かぶことすらないはずだ。しかしKERAさんがそれをなし得たのは、犬山さん峯村さんのあの声ならば、『百年の秘密』の世界を壊すことなく成立させることができると確信していたからだと思う。もしナイロンではなく外部公演であったら、あの場面は無いか、もしくはまったく別の形となっていたのではないだろうか。
　話が笑いから逸れてしまった。この項はそろそろ終わりにしよう。ナイロンにはみのすけさん、三宅弘城さん、大倉孝二さんなど優れた男性の役者も多数いるが、今回はあえて女性の役者について綴るに留める。モンティ・パイソン然り、ラジカル・ガジベリビンバ・システム然り、ナンセンスな笑いを追求する集団は常に男性が中心であり、女性は添え物にすぎない。そんな中、女性の役者がナンセンスな笑いの中核をちゃんと担っている、それがナイロン100℃という劇団の重要な固有性だからである。

「演出」はたまた「演技」

　「笑いは演出次第」
　『せりふの時代』誌に連載されていた『センス・オブ・ナンセンス』でKERAさんは、そう書いている。そして笑いをとるため重要な演出の1つとして「台詞の立て方」を『トーキョーあたり』を使い、具体的に説明しているのだが、残念ながら引用するには長すぎる。なのでこれは、いつか書籍になるのをお待ち頂くとして、僕が見つけた例について書く。

論考

　先日、神西清訳の『ワーニャ伯父さん』とKERAさんが書いた上演台本を読み比べてみた。戯曲を2つ並べて、セリフを1つずつ読み比べるというのは、思いのほか大変で、第一幕を読み終える頃には、読書酔いに陥ったが、そんな状態でも気になるセリフの書き換えがあった。ワーニャ登場直後のセリフである。

　ワーニャ　ところが今じゃ、働くのはソーニャだけで、僕は寝る、食う、飲む。……さっぱりいかん（神西清訳　新潮文庫）

　ワーニャ　それが今じゃ、ソーニャだけが働いて、僕は飲んで、食べて、寝て……で起きたら？　飲んで食べて寝る。で起きたら？　飲んで食べて、寝る。で起きたら？　飲んで（いきなり切り上げて）いいのかこんなことしてで……！（ケラリーノ・サンドロヴィッチ『悲劇喜劇』早川書房）

　明らかに笑いを狙った書き換えである。そうでなければ同じことを3回も繰り返させない。ここで気になるのは「、」の位置だ。3回とも「、」の場所が異なる。この方が笑いが起きる、という演出と見ていいだろう。
　では、KERAさんが現在、ナイロンの舞台稽古でここまでここまで細かく演出しているかというとそうでもない気がする。再び『センス・オブ・ナンセンス』から引用すれば、『トーキョーあたり』では「そのほとんどを、私が逐一言うまでもなく、役者が自発的に行っていた」というのも、「彼（女）はおそらく理屈ではなく感覚的にわかっているからだ」「もちろん二十年間一緒に笑いの舞台を作ってきたからこそ鍛えられた感覚だ」。この言葉は、現在のナイロンの役者陣にも当てはまるだろう。
　しかしながら「鍛えられた」とあるように、皆が最初から、この感覚を持っていたわけではない。大倉孝二さんが入団当初のワークショップについてこんな証言をしている。

　大倉　平田オリザさんの本かなにかを読まされたんです。「よし、平田オリザか……ソレっぽくやろう……」と自分なりに読んだら、死ぬほどKERAさんに怒られた。

　だがその8年後、殺すほど怒った大倉さんをKERAさんはこう評している。

　KERA　やっぱりね、ツッコミのほうが難しいんですよ。若手とかがツッコミをできれば、大倉も安心してボケられるんだろうけど、どうしても技術のある人にツッコミをまわしちゃうんですよね。

　平田オリザとツッコミを並列に比べるのもなんだが、この変化。8年の間にいったい何があったのだろうか。
　舞台稽古である。
　以前、松永玲子さんから新人時代の稽古の話を聞いたことがある。彼女の場合、『ウチハソバヤジャナイ』で、「オートロックでしょ！」というツッコミを延々、練習させられたそうだ。確かに、ツッコミは難しい。強さ、音程、リズム。時にはKERAさんが手拍子でリズムを取りながら、台詞を言わせることもあったという。ツッコミはタイミングも難しい。当時、彼女は先輩から言われたそうだ。「劇団健康時代からの役者は0.1秒単位でツッコミの間を刻むことができる」と。
　前述の死ぬほど怒られた大倉さんが『ウチソバ』で鍛えられたのは、熱心なファンの間では知られた話だが「ゲロ」である。初期のナイロンの芝居ではよくゲロを吐いていた。リアルだけどリアルじゃない不思議なゲロだった。しかもただ吐けばいいというもんじゃない。「ふいにこみ上げてくる感じ」がなければ面白くない。大倉さんは繰り返し繰り返し稽古し、それでも出来なくて、自主練までしたという。ゲロの自主練。『幕が上がる』には絶対、『下北サンデーズ』にもたぶん出てこない演劇のリアル。ちなみに、ナイロンでゲロが一番上手いのは三宅弘城さんだそうだ。
　最後の最後がよりによってゲロの話で申し訳ないが、こうした稽古の積み重ねにより、死ぬほど怒られた人は技術のある人と言われるまでになった。8年でそれだ。25年なら単純計算でもさらに3.125倍進化しているはずである。
　そしてそれは「笑い」に限ったことでないのは、言うまでもないことだろう。

5th SESSION『ウチハソバヤジャナイ』

10/28 カラフルメリィでオハヨ
～いつもの軽い致命傷の朝～

10th & 28th SESSION

10th SESSION

この作品はナイロン100℃の前身である劇団健康で1988年に初演。KERAはこの脚本を死期の近づく父親の病室で執筆したという（演出は手塚とおるが担当）。そして大幅に改訂されたバージョンを1991年に再演。ナイロン100℃では1991年バージョンをもとに1997年に三演、2006年に四演された。

海辺にある病院から仲間たちと脱出を試みるみのすけ少年（みのすけ）。しかし黒装束に身を包んだ医者（三演：大倉孝二、四演：三上市朗／客演）や看護師たちに阻止され、なかなか外に出られない。

一方、みのすけ老人（山崎一／客演）は認知症のせいで奇矯な行動が目立つようになり、だんだんと次男夫婦（三演：入江雅人／客演、四演：大倉孝二、三演：今江冬子、四演：峯村リエ）のこともわからなくなっていく。そして、次男の娘・奈津子（三演：松永玲子・澤田由紀子［Wキャスト］、四演：馬渕英俚可／客演）は山之内という男に思いを寄せているのだが、訪れた長男夫婦（三演：清水宏／客演、四演：廣川三憲、三演：長田奈麻、四演：村岡希美）から、なぜか長男夫婦の借金返済のため養女になる話が持ち込まれる。さらに学校の写真部部員（三宅弘城）にたまたま恥ずかしい写真を撮られてしまい、それを家に居候する浪人生（三演：工事現場2号／客演、四演：小松和重／客演）に嗅ぎつけられてしまう。問題が巻き起こる家族をよそに奇妙に平穏な日々を過ごしていたが、病状の進行により病院に収容されるみのすけ老人。そしてみのすけ少年とは、みのすけ老人の妄想の中にいるもう1人の彼であることが明らかになっていく——。

この作品には認知症という設定を生かしたシチュ

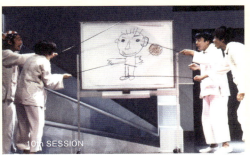

10th SESSION

069

エーションギャグ、セットを利用したギミック、コミカルな動きで表現される逃亡劇、突然登場する人形劇のブース、天使と悪魔による葛藤の表現など、劇団健康から初期のナイロン100℃でKERAが追求したナンセンスな笑いがふんだんに盛り込まれている。とくに三演にはスラップスティック的な印象が強く、物語は一貫しているがコント的な色合いが濃い。それは出演陣の演技にも表れている。全体的に演技が軽やかでテンポにスピード感があるため、ライトに観ることができるのだ。

みのすけ老人を演じる山崎が、認知症という役柄と笑いの両面から文字通り「ボケる」シーンも、哀しさよりも面白さに目を奪われる。大倉が演じる医者は、現実世界と妄想世界の双方で剽軽さが前面に押し出されていて、テンションの上下ぶりも常人を超えている。そして、医者に付き従う看護師を演じる峯村リエや村岡希美の振り切れぶりも圧倒的だ。父役の入江と母役の今江はニュートラルなテンションで夫婦を演じているのだが、理性的な佇まいなのにどこかが狂っているかのような行動が笑いを呼ぶ。工事現場2号が演じる居候は不条理劇のような不気味さを漂わせ、清水はハイテンションでむちゃな頼みごとをする長男を熱量たっぷりに演じたと思えば、老人の妄想の中の子供となってイノセンスを発揮する。同じく妄想世界で無垢な子供を演じる三宅も、現実パートでは猿の着ぐるみを着て写真部の部員を演じていておかしい。KERAは黒塗りメイクで山之内を演じ、ラストシーンでは人生を笑い飛ばすようなエンディング曲を歌っている。

このように笑いの部分が立っていた三演に対して、2006年の四演では母が宗教に走るシーンや、父が奈津子に親としての思いを伝えるシーンを追加。さらに家族としての思い出を象徴するぬいぐるみを登場させるなど物語性が高められ、笑いと物語の間にメリハリが生まれた。演技面でも、再びみのすけ老人を演じた山崎は、認知症が原因の不条理を丁寧に表現して、物語を笑いにリンクさせている。そして失うことで無垢に戻っていく老人の姿は、みのすけが演じる少年のイノセントな佇まいに重なり合う。人生の終末にやってきた無垢な時間、それはKERAがすべてを失いながら死へ向かう老人へ贈った救いのようにも見えてくる。

現実世界と、老人の妄想の世界を行き来させられる（そういえば、二つの世界を通じて一つの物語を紡ぐのも、このあとのKERA作品で多く採られる手法だ）俳優たちも、その役割をまっとうしている。三上は現実世界では常識的な医者、妄想世界では少年にとっての悪を体現するような「黒い」医者を好演。看護師たちとのコントのくだりにも、大人の間合いと呼吸が反映され一本調子にはなっていない。小松は軽薄な小悪党ぶりが憎々しい居候を、市川は宗教団体のもっともらしい教祖を演じるなど、現実世界では人間の嫌らしさをリアルに表現（それは廣川と村岡が演じる長男夫婦にもあてはまる）。反対に妄想世界では、三宅や犬山イヌコとともにピュアな少年性を漂わせながら、みのすけ少年の仲間を繊細に演じた。

馬渕英俚可は若さゆえの奔放さと実は傷つきやすい弱さ、次第に人生の機微に気づいて成長していく奈津子を演じ切った。次男役の大倉は独自の存在感でナンセンスな笑いを放射しながら、シリアスなシーンでは一家の長としての表情を見せる。その姿には『消失』で見せたニヒルさに通じるものが感じられた。大倉と夫婦を演じた峯村も、マイペースでちょっとトボけた妻の演技で笑いを呼ぶとともに、彼女が内心に抱いている深い闇と孤独を表現し、物語の軸にある家族という要素を観客に意識させた。

三演に比べて現実世界のシリアスさが高まった四演では、みのすけ老人が脳裏に描く妄想世界は輝きを増し、仲間たちと海にたどり着いた少年を襲う悲劇はより哀しく、美しいものとなった。みのすけ、三宅、犬山による哀切極まりないシーンが示すのは、どんな人間も必ず老いて死んでいくということ。それはエンディング曲の歌詞の一節「いつか死ぬ／きっと死ぬ／人間の死亡率100パーセント」にも表れているし、そして「いつもの軽い致命傷の朝」

10th & 28th SESSION

28th SESSIONパンフレットより

劇団健康第6回公演ポスター（1988）

健康第12回公演ポスター（1991）

ナイロン100℃ 10th SESSIONポスター（1997）

ナイロン100℃ 28th SESSIONポスター（2006）

というサブタイトルにも込められているように思う。人は毎朝少しずつ、だが確実に死へ至る傷を受けながら生きているのだ、と。

四演にはこれまで以上に家族、記憶、死といった要素が透けて見えるが、それは4回にわたる上演を経て戯曲が洗練された結果、KERAが劇団健康時代から抱き続けていたテーマがより明らかになったということなのではないだろうか。ちなみに四演の前後には『消失』、『ナイス・エイジ』、『わが闇』と、劇団を代表する秀作が立て続けに上演されているが、この作品の四演も、KERA自身がこの作品を「80年代に書いた作品の中では最良の一作」と語っているのがうなずける、劇団の充実ぶりを感じさせる公演となった。　[小杉厚]

▶三演　10th SESSION ANNIVERSARY
1997年4月11日～13日　大阪・近鉄劇場　4月20日～5月3日　本多劇場
作・演出：ケラリーノ・サンドロヴィッチ
出演：みのすけ／入江雅人／犬山犬子、三宅弘城、大倉孝二／清水宏／今江冬子、峯村リエ、松永玲子／工事現場2号／長田奈麻、澤田由紀子、廣川三憲、村岡希美、今津登識、仁田原早苗、大山鎬則、山崎一、KERA
音楽：中村哲夫＋KERA　舞台監督：野口毅　舞台美術：磯田央　照明：関口祐二（A.P.S）　音響：水越佳一（モックサウンド）　衣裳：高本麻由子　演出助手：タイチ（静かの海）
宣伝美術：高橋歩　制作：江藤かおる

▶四演　28th SESSION
2006年4月7日～30日　本多劇場　5月4日～6日　大阪・IMPホール　5月9日～10日　松本・まつもと市民芸術館　5月16日　広島・アステールプラザ大ホール　5月19日～21日　北九州芸術劇場中劇場　5月24日　仙台市民会館、5月28日　新潟・りゅーとぴあ（新潟市民芸術文化会館）
作・演出：ケラリーノ・サンドロヴィッチ
出演：みのすけ、犬山イヌコ、三宅弘城、大倉孝二、峯村リエ、廣川三憲、村岡希美、安澤千草、喜安浩平、植木夏十、眼鏡太郎、廻飛雄／馬渕英俚可／三上市朗、小松和重、市川しんぺー／山崎一、KERA
舞台監督：福澤諭志＋至福団　舞台美術：磯田ヒロシ　照明：関口裕二（balance inc.DESIGN）　音響：水越佳一（モックサウンド）　映像：上田大樹（INSTANT wife）　衣裳：前田文子
ヘアメイク：武井優子　振付：長田奈麻、峯村リエ　Opening Theme作曲：中村哲夫　Ending Theme編曲：伊藤ヨタロウ　歌唱指導：安澤千草、遠藤良太　演出助手：山田美紀（至福団）
舞台写真：引地信彦　宣伝美術：山口崇＜フライヤー＞、雨堤千砂子（WAGON）＜パンフレット＞　制作：花澤理恵

劇評

これまでにナイロン100℃の作品について書かれた数多くの劇評の中から、執筆者および各新聞社・出版社から転載の許諾を得て再録します。なお全文ではなく一部抜粋の場合もあります。

#11、#12『カメラ≠万年筆』『ライフ・アフター・パンク・ロック』
80年代の青春群像

東京新聞1997年8月13日　江原吉博

ケラリーノ・サンドロヴィッチ作・演出による二作の日替わり上演は、映画作りやバンドに熱中する、八〇年代の青春像を、都内の映研部室にたむろする学生たちの雑談や小ぜり合い、恋の駆け引きなど、いくつもの場面を積み上げて、まぶしいほど鮮明に浮かび上がらせた、見事な出来である。

「ライフ～」は八〇年代の夏、「カメラ～」は八五年夏のことだが、両者の年月の隔たりも、部員の服装や映画製作にからむ金銭感覚の違いなどから、それとなく実感できるよう、細かい工夫がほどこされている。

一言で核心をつく鋭いせりふ、笑いを誘う機知縦横な会話。微妙な男女関係の簡潔な描写。時代風俗に対する鋭敏なセンス。それらは当然、台本の力ばかりでなく、巧緻な演出の結果でもある。＜一部抜粋＞

#7『下北ビートニクス』
裏方への愛、爆笑の思い出話

朝日新聞1996年5月18日　松岡和子

往々にして迷惑な夢の話・思い出話（現に舞台の上で老人の話を聞かされている人々はうんざりしている）を爆笑渦巻くエンターテインメントにするという、いかにも才人KERAらしいパラドクシカルな企みだ。

話の中身は、1本の芝居が初日を開けるまでの劇団員たちの悪戦苦闘。未来からの懐古というかたちを取りながら、皮肉と愛をこめて現在の小劇場演劇シーンを描くバックステージものである。

爆笑を生み出すのは、KERA独特の論理の関節をはずしたギャグ。頭の筋肉を使ったとでも言いたいような、言葉と身体によるナンセンスなギャグである。だが同時に、いつもより「ほのぼの感」が強い。それは、この作品が制作という舞台の裏方へのオマージュになっているからだろう。

みのすけ、犬山犬子、今江冬子らの達者な役者にまじり、客演の永作博美が健闘、新米の制作係という役柄のけなげさを体現し、関西の劇団☆新感線の古田新太がとぼけた受け役をパワフルに演じている。＜一部抜粋＞

どの作家にも「特別な作品」がある。その作家の記念碑的な作品、あるいはとくに深い思いがこもった作品である。

1990年代の日本の現代演劇を語るには欠かせない気鋭の劇団である「ナイロン100℃」（旧・劇団健康）を主宰する劇作家ケラリーノ・サンドロヴィッチ（本名・小林一三）にとって『カラフルメリィでオハヨ～いつもの軽い致命傷の朝』（1988年初演）はまさに彼自身のことばどおり、「一生に一度しか書けない“特別な台本”」である。

1988年、当時25歳だったKERAは、余命わずかと宣告された父親に付き添いながら、病室で父を描くこの戯曲を書いた。父親はジャズのミュージシャンだったが、すでに脳梗塞に伴う痴呆症状が現れていた。この戯曲は同年8月、東京・下北沢の小劇場「ザ・スズナリ」で劇団健康によって初演されたが、公演中に父が死去、KERAは喪主となった。

翌89年、初演版の戯曲がJICC出版局で単行本になったとき、KERAは本の題名を『私小説』ならぬ『私戯曲』とし、父が入院中の日々をつづった日記も収録した。KERAの痛切な実体験がいっぱいつまった本である。

だが、KERAが作・演出した『カラフルメリィでオハヨ』の舞台が驚異的であり、感動的でもあるのは、父の入院と痴呆と死を踏まえたこの作品が、全編ナンセンスなギャグで彩られ、私たち観客をふんだんに笑わせてくれることだ。劇の底に流れているのは深い悲しみの情なのだが、それをシリアス・タッチではなく、「惜別のナンセンス」に転化してしまうところに、この劇作家のすごさがある。父にささげる素晴らしい笑いの鎮魂歌である。＜一部抜粋＞

私は今回、本多劇場での三演めの舞台「91年にも再演されている」でこの作品に初めて触れたのだが、これまで見た公演以上に強い感銘を受けた。

#10『カラフルメリィでオハヨ'97〜いつもの軽い致命傷の朝〜』

医療、痴ほう・命の重さ、喜劇に

朝日新聞1997年4月28日　山口宏子

　作・演出のケラリーノ・サンドロヴィッチ（という名前だけれど日本人）は、この作品を余命わずかだった父の病室で書いたという。

　描かれるのは医療、痴ほう、そして死。すごく重いテーマである。眉間にしわを2、3本寄せなきゃ語れないような話である。しかし作者はそれを、ナンセンスなギャグを満載して疾走する喜劇に仕立てた。涙が出るほど大笑いしながら、しんにある、透明で硬い悲しみの結晶と、死にゆく者へ向ける敬謙なまなざしに、胸を打たれた。1988年の初演から4度目の上演。書き手の切実な思いは、洗練された表現に昇華した。

　舞台には2人の「みのすけ」が登場する。1人は少年（みのすけ）。彼は奇妙な病院に入院中で、患者仲間（三宅弘城、犬山犬子、清水宏ら）と脱出を試みている。もう1人は、息子夫婦（入江雅人、今江冬子）らと暮らす痴ほうの症状が出始めた老人（山崎一）。

　病院と家族の話が並行して進むうちに、少年は、死を前にした老人の分身であることが明らかになってくる。少年は、あくまで元気に病院中を駆け回る。しかも不死身。そして、まるで「悪の軍団」のような医師・看護婦と、愉快な活劇を繰り広げる。

　その少年が、病室に捕らわれの身の老人の「心」であると思うと、おかしさは同時に、痛いような切なさになる。しかし、感情がウエットになりかけると、次の瞬間、あっけにとられることほどナンセンスな笑いの風が吹き抜け、涙を乾かしてゆく。そして余韻が深まる。悲しみをごまかすためではなく、それに流されないために笑う。喜劇にはそんな在り方もあるのだと実感する。演技陣は好演。礒田央の美術、高本麻由子の衣装もいい。

#11、#12『ライフ・アフター・パンク・ロック』『カメラ≠万年筆』

80年代の底に流れる病理性を凝視

公明新聞1997年8月9日　今野裕一

　80年代は60年代、70年代に比べればエポックメイキングなことがなく、アイテムが並列になっていると感じていたが、KERAは、クールな目で、そのアイテムを扱っている。

　60年代の懐古が流行っていると思ったら、ここ数年、70年代懐古から一気に80年代懐古に移ろうとしている。ポストモダンでモダニズムの引用をし尽くしたあとは、一気に身近な過去に源泉を求めようというのだろうか。

　ただしナイロン100℃の80年代懐古は、そうした流行りとは一線を画している。それはおそらく80年代を突っ走った、ケラリーノ・サンドロヴィッチ自身の体験が基にあるからだろう。リアリティがある。この時代は、他の奴には描かせない。自分で註をつけてやるという意気込みが感じられる。〈中略〉

自分の体験、熱い思いというようなものを前面に出していない。むしろ時代に距離をとって見ることで、社会を批判している。現在、様々な異常な事件が起きているが、その種子が80年代にあって萌芽しはじめていたのだという視点がKERAにはあって、何人かのキャラクターにその役を負わせて、突起して表現している。オタクの少女とか、山口百恵ファンで自殺する青年とかに。80年代、時代は何事もなく退屈で平凡だが、そこには日本独特のおかしなものが秘かに芽を吹いていたのだ。それがあの時代のリアリティなのだろう。

KERAの戯曲と演出が、上手に時代を演劇として仕立て上げている。社会と時代がきちんと描かれていて、批判性もあり演劇らしさを感じる。〈一部抜粋〉

#10『カラフルメリィでオハヨ'97〜いつもの軽い致命傷の朝〜』

惜別のナンセンス

月刊『ダンスマガジン』1997年7月号〔新書館〕
扇田昭彦

11th SESSION

11 カメラ≠万年筆
～1985 SUMMER～

同一セットで二本立て

97年、夏のザ・スズナリで、ナイロン100℃は同一セットを使った青春群像劇を、入れ替え制の二本立て興業として上演する。私立大学の映画研究部の、1985年の夏を描いた『カメラ≠万年筆』と、同じ映研の5年前の夏を描いた『ライフ・アフター・パンク・ロック』である。

『カメラ≠万年筆』は95年にシアター・トップスで行った若手公演の再演（P.63 参照）。本公演としてみのすけ、三宅弘城らを交えて上演された。客演に笠木泉、藤谷みき、ほか。『ライフ・アフター・パンク・ロック』は書き下ろし。犬山、峯村らを中心に、客演にはこの時の参加をきっかけに2000年まで劇団員となる小林隆志（現・小林タカ鹿）ら。

「ファミコン」、「夏目雅子死去」、「松田聖子と神田正輝の結婚」、「夕やけニャンニャン」、「日航123便墜落事故」（『カメラ≠万年筆』）、「山口百恵引退コンサート」、「ルービックキューブ」、「テクノポップ・ブーム」、「新宿西口バス放火事件」、「スターウォーズ　帝国の逆襲」

1985年夏、都内。舞台は私立水島大学映画研究会の部室。500万円もの巨額な製作費をかけて16ミリの自主映画を撮ろうとしている皆戸（笠木泉／客演）たちだったが、突然、主役の篠山（澤田由紀子）が、ベッドシーンで脱ぎたくないと言い出し、和久井（安澤千草）は怒り、部員たちも呆れ返る。そんな中、照明機材を積んだトラックが事故に遭い、撮影は続行不可能に……。

「自主映画が製作の断念を余儀なくされる」という設定は、KERAの実体験を元にしている。95年、犬山、三宅と共にドイツはベルリンに渡り、撮影まで終了した16ミリの短編自主映画が、いざラッシュの試写を行ったら、すべてのシーンがピンボケだったのである。ドイツ人カメラマンによると「カメラの不具合」だそうだが、真相はわからない。いずれにせよ、すべての製作費（本作の設定と同じ、500万円）及び労力は水泡に帰した。KERAはこの時の屈辱がよほどだったのか、初監督映画『1980』でも再度、自主映画の製作挫折を扱っており、一部、エピソードや台詞も『カメラ≠万年筆』からそのまま使われている。

「1985年」は『ナイス・エイジ』で登場人物がタイムスリップする年のひとつとして描かれ、また、KERAの監督映画『グミ・チョコレート・パイン』（原作：大槻ケンヂ）も1985年を背景にしている。

[K. T.]

▶11th SESSION
1997年7月31日～8月19日　下北沢 ザ・スズナリ
作・演出：ケラリーノ・サンドロヴィッチ
出演：みのすけ、三宅弘城、松永玲子、大倉孝二、安澤千草、笠木泉、藤谷みき、宮本雅通、澤田由紀子、村岡希美、廣川三憲、新谷真弓、仁田原早苗、根本史紀、中込佐知子、太田一郎、長尾ちよみ、薄井陽介、山崎元、小手伸也、正田達也、鈴木雅子、戸塚明子、中島文博、棟安真由美
舞台監督：福澤諭志　舞台美術：本江義治（ミュウカンパニー）　照明：関口祐二（A.P.S）　音響：水越一（モックサウンド）　衣裳：高本麻由子
演出助手：宮本雅通、小松理恵　宣伝美術：古村昌史・中井俊文＜フライヤー＞、山口博之＜パンフレット＞　制作：江藤かおる

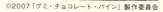
©2007「グミ・チョコレート・パイン」製作委員会

12th SESSION

12 ライフ・アフター・パンク・ロック
～1980 SUMMER～

　(『ライフ・アフター・パンク・ロック』)等、その年の出来事や流行りをふんだんにとり入れ、時代の空気を再現すると共に、10代終わりから20代初めならではの、「不安だらけ」「不満だらけ」「根拠レスな焦燥感」をあぶり出した。
　ナイロン100℃にとって2018年現在唯一のスズナリ公演となるこの2本立てを、KERAは「同一セットを使って同じ映研の5年差の夏を描くというアイデアは我ながら秀逸だと思ったし、一つのセットで二つの公演が打てるなんて効率もいいと感じていたんだけど、いざ稽古が始まると、一本は再演とは言え、二本分を毎日入れ替えでやるのはひどくしんどかった。本番は本番で楽屋を総入れ替えで、役者も大変だったろうし、スタッフさんもハードだったと思う。それでもやってよかった。意義深い二本立てだったと思う」と振り返る。
　ちなみに、二作合わせて劇団員総出演のこの興業、みのすけのみ、同じ役で両作を通じて出演。『カメラ≠万年筆』ではウンチクばかり垂れるシネアスト気取りのOBの若手映画監督が、5年前の『ライフ・アフター～』では、入部を迷っている在校生として登場。こうした設定上のお遊びも見所のひとつとなっている。

1980年夏、都内。舞台は同じく私立水島大学映画研究会の部室。当時はまだロック同好会の部室とつながっていたその部屋には、しょっちゅうパンクスやロッカーが出入りしている。30万円の制作費で8ミリの自主映画を撮っていた二ツ森(峯村リエ)たちだが、チームワークが悪くシナリオもなかなか完成しない。そんな中、山口百恵引退コンサートのチケットが取れなかったショックで神取(大山鎬則)が(撮影途中であるにも拘わらず)頭を丸めてしまい、さらに撮影は難航。やがて神取は事故か自殺かわからない死に方で亡くなってしまう。しかし、彼亡き後も映画作りは進み──。
　中盤に神取の死というヘヴィな出来事があるとは言え、全体的には、5年後を描いた『カメラ≠万年筆』よりも、ずっと軽薄で、のびやかで、イノセントな青春が活写されているのは、作者の時代に対する実感からくるものなのだろうか。
　暑い夏に狭いスズナリで行われた舞台、空調の音が邪魔になるため開演中は冷房を止めたことにより、夏のうだるような熱気の部室を、観客も同時体験することとなった。 ［K.T.］

▶12th SESSION
1997年8月2日〜19日　下北沢 ザ・スズナリ
作・演出：ケラリーノ・サンドロヴィッチ
出演：みのすけ、犬山犬子、峯村リエ、工事現場2号、長田奈麻、田鍋謙一郎、かないまりこ、小沢直樹、小林隆志(現・小林タカ鹿)、大山鎬則、戸波咲恵、今津登識、川田希、菊池美紀、恩田秀人、谷口朋子
舞台監督：福澤諭志　舞台美術：本江義治(ミュウカンパニー)　照明：関口祐二(A.P.S)　音響：水越佳一(モックサウンド)　衣裳：高本麻由子　演出助手：今津登識、恩田秀人
宣伝美術：古村昌史・中井俊文＜フライヤー＞、山口博之＜パンフレット＞　制作：江藤かおる

077

13th SESSION

13 フランケンシュタイン
～Version100℃～

人造人間を作るため日夜、墓地で死体を掘り起こしているフランケンシュタイン博士（三宅弘城）とその助手たち（犬山犬子、峯村リエ）。殺人鬼の冤罪を被り死刑にされた男（大倉孝二）が、博士のもとで生き返るが、その脳は猿のもので、ろくに言葉も話せない人造人間に周囲は混乱する。そのうち、生き返った死体である彼に殺人の容疑が。さらに街ではチフスが流行、博士の家族や召使いたちも次々と死んでいってしまう。

かの有名なメアリ・シェリー女史のゴシック・ロマンの古典『フランケンシュタイン』を原作に、ナイロン100℃が初めて挑んだ本格コスチューム・プレイ。「肉体と精神」をキーワードに、『フリドニア』でも問われた「脳移植で蘇生した人間は一体"誰"なのか」というアイデンティティの問題を、悲劇のモンスターを題材に掘り下げた。BOKETA氏による大規模な仕掛けとSFX満載の舞台美術の素晴らしさもあり、荘厳でどこか悲しく、かつナンセンスな大作に仕上がった。

観客の絶賛を浴びた峯村と犬山の名コンビ、フランケンシュタイン博士の助手のインガとアイゴールは、『東京のSF』で、なんと1963年の東京に再び登場することになる。

また、KERAは2015年に放送された連ドラ『怪奇恋愛作戦』の第1、2話『21世紀のフランケンシュタイン』で再び人造人間のアイデンティティを可笑しく、かつ哀しく扱っている。　　［K. T.］

©「怪奇恋愛作戦」製作委員会
『怪奇恋愛作戦』第1、2話「21世紀のフランケンシュタイン」より

▶13th SESSION
1997年12月4日〜19日　新宿・スペースゼロ
原作：メアリ・シェリー　脚本・演出：ケラリーノ・サンドロヴィッチ
出演：三宅弘城、大倉孝二、犬山犬子、峯村リエ、今江冬子、
みのすけ、松永玲子、長田奈麻、林和義、佐藤拓之、
村岡希美、安澤千草、澤田由紀子、廣川三憲、宮本雅通、新谷真弓、今津登識、かないまりこ、藤倉みのり、仁田原早苗、小林隆志／二瓶鮫一
ナレーション：松尾貴史　音楽：中村哲夫、KERA　舞台監督：福澤諭志＋至福団　舞台美術：BOKETA　照明：関口祐二（A.P.S）　音響：水越佳一（モックサウンド）　衣裳：伊東哲治
演出助手：山田美紀＋至福団　宣伝美術：高橋歩　制作：江藤かおる

14th SESSION
14 ザ・ガンビーズ・ショウ

パンフレット表紙

「稽古場では、役者は一人芝居じゃない限り複数名いるけれど、演出家はいつもひとり。しかも基本的に僕は作家も兼ねている。たまにはこちら側（作・演出家）も複数いる公演を打って、孤独感から逃れてみたいと思った」。(KERA)

こうして、作家、あるいは作・演出家として、宮藤官九郎、マギー（児島雄一）、ブルースカイ（現・ブルー&スカイ）、故林広志の4人が招かれ、KERAとの共同作業によって1時間弱の中編三作が作られ、組み合わせを変えた三様のプログラムで上演されたのが『ザ・ガンビーズ・ショウ』である。

KERAがモチーフに選んだのは、日本では1967年～69年にオン・エアされたテレビ番組『ザ・モンキーズ・ショー』。主演したアメリカの4人組ポップ・ロック・バンド「ザ・モンキーズ」は、オーディションによってグループが結成され、件のテレビ番組とレコード販売を連動するという、当時としては珍しいメディア・ミックス戦略がとられた。そのため、『ザ・モンキーズ・ショー』の劇中では、ヒット曲『デイ・ドリーム・ビリーヴァー』をはじめとして、毎回必ず楽曲が流れた。「モンキーズのスパイ大作戦」「お化け退治」「アルバイトにアタック！」「サーカス入門」などのサブ・タイトルからもわかるように、毎回、売れないミュージシャン4人が繰り広げる騒動を1話完結（30分）で描き、各話のテイストもかなり異なっていた。

「モンキーズ」を模した架空のバンド「ガンビーズ」を主演に、バラバラのテイストで3本のコメディを作るというプランは見事なまでに功を奏した。『ガンビーズ大爆発』『GO!GO!ガンビーズ』『ガンビーズ絶体絶命』を見比べることで、観客は「明確な三つの種類の笑い」を認識できるはずだ。

もちろん、テイストの異なる3本の喜劇をかっちりと演じ分けられたのは、俳優としても参加している宮藤、マギー、ブルースカイ、そして坂田聡、池津祥子、松野有里巳ら客演陣を含む、キャストの極めて高い笑いのスキルによるものなのは間違いない。

ちなみに、中村哲夫、CHACO、KERAによる劇中音楽は、出演者の歌唱はもちろん、小林克也、伊藤ヨタロウのゲスト参加を得て、サウンド・トラック盤CDが発売された。

[K. T.]

ガンビーズ大爆発

KERA単独での作・演出による『ガンビーズ大爆発』は学園青春物。そこで繰り広げられる笑いの主体は「シチュエーション・ギャグ」である。登場人物の心情に寄り添い、すれ違い、勘違い等で生まれる、リアリスティックな笑い。

デビューを目指し、練習に励むハイスクール・バンド「ワイルド・ガンビーズ」。そんな彼らを出し抜き、楽器も弾けないバンド「シャークス」がデビューする。焦燥感に駆られ、苛立つリーダーのマイク（マギー）。そんな時、ギターのトミー（藤田秀世）がシャークスに引き抜かれてしまう。

ガンビーズ絶体絶命

宇宙を舞台にし、カオスにカオスを重ねる「ナンセンス・ギャグ」で全編を覆い尽くした『ガンビーズ絶対絶命』。台本はブルースカイを中心に、故林広志、KERAの3人。演出はKERA。

宇宙船ヘアー・サポート号が爆発。代わりの宇宙船を出すため、国中のエリートが集められる。大統領により選ばれたのは、秘書（犬山犬子）となんとなく残った人とたまたま通りがかった人。これがどうも「スペース・ガンビーズ」らしいのだが……。

GO!GO!ガンビーズ

そして、「シチュエーション・コメディ」でも「ナンセンス・コメディ」でもない、デフォルメ（誇張）、カリカチュア（戯画化）によって、わかりやすく、爽快感一杯のコメディ『GO！GO！ガンビーズ』は、作・演出を、宮藤、マギー、KERAが担当。KERAによれば「ほとんど宮藤とマギーで書かれたし、演出された。だからこそこうした、他のナイロン作品では有り得ないテイストのコメディが生まれた。貴重な1作だと思います」。

超能力ショウで一躍人気の4人組、その名も「サイコ・ガンビーズ」。リーダー（三宅弘城）のやり方に批判的だったトミー（小林高鹿）は本番前にケンカ。そして美女愚連隊「ロバート・ゼメキス・カトマンズ」にトミーは監禁されてしまう。

パンフレットより

▶14th SESSION
1998年2月22日〜3月2日 本多劇場 3月6日〜17日 東京芸術劇場小ホール 3月21日〜25日 大阪・近鉄アート館
『GO!GO! ガンビーズ』 作・演出：ケラリーノ・サンドロヴィッチ、宮藤官九郎（大人計画）、児島雄一（ジョビジョバ）
出演：マイク（Vo.）：三宅弘城、トミー（G.）：小林高鹿（現・小林タカ鹿）、ナンシー（B.）：峯村リエ、デイビー（Dr.）：坂田聡（ジョビジョバ）
『ガンビーズ絶体絶命』 作：ケラリーノ・サンドロヴィッチ、故林広志（ガバメントオブドックス）、ブルースカイ（猫ニャー）
演出：ケラリーノ・サンドロヴィッチ
出演：マイク（Vo.）：山西惇（劇団そとばこまち）、トミー（G.）：宮藤官九郎、ナンシー（B.）：犬山犬子、デイビー（Dr.）：大倉孝二
『ガンビーズ大爆発』 作・演出：ケラリーノ・サンドロヴィッチ
出演：マイク（Vo.）：マギー（ジョビジョバ）、トミー（G.）：藤田秀世、ナンシー（B.）：池津祥子（大人計画）、デイビー（Dr.）：みのすけ
ガンビーズ以外の出演者：松野有里巳、ブルースカイ／今江冬子、松永玲子、長田奈麻、村岡希美、廣川三憲
音楽：中村哲夫、三浦俊一、CHACO、KERA 舞台監督：福澤諭志＋至福団 照明：関口祐二（A.P.S） 舞台美術：加藤ちか 音響：水越佳一（モックサウンド） 衣裳：30 BeK P4Ka
演出助手：黒川竹春（至福団） 宣伝美術：采澤聡（OSSO GRAPHICO）＜フライヤー＞、水谷信子＜パンフレット＞、坂村健次＜VHSパッケージ＞ 制作：江藤かおる

side SESSION#4

S4 インスタント・ポルノグラフィ

村上龍『ラブ＆ポップ』、谷崎潤一郎『鍵』、山田太一『早春スケッチブック』と、ジャンルも書かれた時代も様々な小説とシナリオをコラージュし、一つの家族とそれを取り巻く人々の物語として再構築。後の『男性の好きなスポーツ』に繋がる艶笑群像劇だが、こちらは原作の趣もあり、よりシリアスな仕上がりになっている。

ガーディアン・ガーデン演劇フェスティバル招聘作品として3日間上演されたのち、翌週にside SESSIONとして2日のみ上演。　　［K. T.］

▶ side SESSION #4
1997年6月13日〜15日　代々木フジタヴァンテ　6月21日〜22日　下北沢・北沢タウンホール
作・演出：ケラリーノ・サンドロヴィッチ
出演：明星真由美／松永玲子、大倉孝二、長田奈麻、安澤千草、宮本雅通、村岡希美、澤田由紀子、今津登識、廣川三憲、新谷真弓、河田義市、小野田靖子、戸波咲恵、かないまりこ、山崎元、恩田秀人、谷口朋子、薄井陽介、仁田原早苗、大山鎬則、ほか

side SESSION#5

S5 吉田神経クリニックの場合

▶ side SESSION #5
1998年5月7日〜15日　中野 ザ・ポケット
構成・脚本・演出：ケラリーノ・サンドロヴィッチ
原作：別役実『受付』、モンティ・パイソン『モンティ・パイソンズ・フライング・サーカス』
出演：犬山犬子、みのすけ、大倉孝二、村岡希美、小林高鹿、市川英実、浅津恭輔、杉山薫、斉藤可奈子、福野未知留、玉山悟、中野博文、藤原圭太

side SESSION#6

S6 φ（ファイ）

戦争で物の価値が崩壊し、テクノロジーが退行、人間も退化しアナログな世界となった22世紀目前の世紀末を舞台に、音楽や映像のほか、ヨシタケシンスケのオブジェや珍しいキノコ舞踊団の井出雅子振り付けによるダンスシーンも組み込まれ、side SESSIONならではの未知なる領域へと踏み込んだ公演。加えて群唱シーンなど、いわゆる演劇的なシーンも盛り込まれたまさに実験的な作品。ザ・ポケットオープニングフェスティバル参加作品。だが、『吉田神経〜』と『φ』の間に行われた、ナイロン100℃と猫ニャーの合同公演、猫100℃－『山脈』で劇場側とトラブルがあり、ナイロン100℃とザ・ポケットは絶縁状態へと陥った。　　［K. T.］

▶ side SESSION #6
1998年6月24日〜7月5日　中野 ザ・ポケット
構成・脚本・演出：ケラリーノ・サンドロヴィッチ　オブジェ制作：ヨシタケシンスケ　振付：井出雅子
出演：犬山犬子、みのすけ、今江冬子、三宅弘城、峯村リエ、松永玲子、長田奈麻、石丸だいこ、小林高鹿、小沢直樹、澤田由紀子、廣川三憲、村岡希美、新谷真弓、安澤千草、仁田原早苗、大山鎬則、伊藤弘雄、李美善、宍倉裕章、河田裕美、喜安浩平、田中嘉治郎、西森光枝、松本一郎、村瀬香奈、吉増裕士、KERA

NYLON100℃＋猫ニャー合同公演
猫100℃ー（ねこひゃくどしぃぃぃぃ）
山脈

　ナンセンス系の若手劇団、猫ニャー（04年解散）との合同公演。『吉田神経〜』のレイトショーとして予定していたが、劇場が夜遅くの上演を認めず、日程を変えて上演。山で3日間も迷っている女学生たち、訓練ばかりで出動する気がない山岳救助隊、救出に法外な請求をする男と助手、人食いの山姥などの登場人物たちが観客の予想を裏切り続ける。駅までの道中、電信柱や壁などにヒントを書いた紙を貼り、唖然として劇場を出た観客を執拗に追った。ラジカルな展開が好評で、以降、ブルー＆スカイと池谷のぶえはナイロン100℃と深い交流を持つ。2004年にはブルースカイが『ウチハソバヤジャナイ』を演出、演劇弁当猫ニャー（当時）とナイロンのメンバーが出演した（シリーウォーク・プロデュース）。　　　　　　[A. K.]

　別役実が1980年に発表した二人芝居『受付』（この公演では犬山犬子とみのすけが演じた）と、モンティ・パイソンの密室コントの数々を、同じビル内の別の階の部屋での出来事という設定で構成した大胆なコラージュ作品。前年にシリーウォークプロデュースとして、別役作品『病気』を演出したKERAは別役戯曲の面白さに魅了され、この後も『すなあそび』『夕空はれて』を演出することになる。彼が演出した他人の戯曲としては、チェーホフの4作（『桜の園』は2018年現在、未上演）と並ぶ最多。中野の劇場、ザ・ポケットのプレオープニング作品として上演された。　　　　　　　　　[K. T.]

▶NYLON100℃＋猫ニャー合同公演
1998年5月26日〜29日（全4公演）
作・演出：ブルースカイ　中野ザ・ポケット
企画・傍観：ケラリーノ・サンドロヴィッチ
出演：〈猫ニャー〉小村裕次郎、池谷のぶえ、島田圭子、池田エリコ、西部俊宏、加藤美保、崎野雅司、〈ナイロン100℃〉安沢千草、廣川三憲、澤田由紀子、新谷真弓、大山鎬則、仁田原早苗

公演フライヤー

side SESSION SPECIAL
SS 偶然の悪夢

フェスティバルフライヤー

　ドイツの放送作家、ギュンター・アイヒによって1950年代に書かれた放送劇『夢』を発掘したKERAは、6編から成る原作から舞台用にアレンジ可能と見なした3編を選び、自身による書き下ろし3編を加えて上演。第12回青山演劇フェスティバル「悪の演劇1998」参加作品。
　何十年も止まらない列車に閉じ込められて暮らしている家族の話『列車』、ある三流小説家が死の世界を経験する『死』など、6話6様の悪夢が繰り広げられる。劇団史上初めての、笑いが一切ない作品。グロテスクでありながら、いわゆるホラーにはならない世界観は、フランツ・カフカの小説に通ずるのではないか。　　　　　　[K. T.]

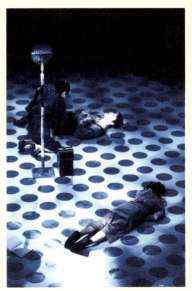

▶side SESSION SPECIAL
1998年10月21日〜29日　青山円形劇場
原作：ギュンター・アイヒ（放送劇『夢』より）　脚本・演出：ケラリーノ・サンドロヴィッチ
出演：みのすけ、峯村リエ、大倉孝二、小林高鹿、山下千景、石丸だいこ、内田紳一郎、植本潤、長田奈麻、澤田由紀子、新谷真弓、安澤千草、戸波咲恵、かないまりこ、大山鎬則、市川英実

083

15 23 フローズン・ビーチ

15th & 23rd SESSION

23rd SESSION

　1987年の夏。大西洋とカリブ海の間に浮かぶリゾート・アイランド。大学生活最後の夏休み、この島を開発している資産家、梅蔵の娘・愛（松永玲子）に誘われ、千津（峯村リエ）は旧友の市子（犬山イヌコ）とこの島を訪れる。コテージには梅蔵（ただし劇中には登場しない）と、愛の双子の姉・萌（松永玲子・二役）、そして捨てられた愛と萌の母に代わり、梅蔵の事実上の妻となった咲恵（今江冬子）が住んでいる。愛は母が追い出された原因は咲恵にあると考えて彼女を憎み、自分より梅蔵に愛されている萌も憎んでいる。そのため愛は、幼なじみの千津に頼んで市子に萌を殺させて、自分が萌になりすますことを目論む。だが、千津も愛に対して憎しみを抱いており、その気持ちを知った市子は愛を3階のバルコニーから突き落とす。

　一方、咲恵の秘密をつかんだ萌は、それを梅蔵に告げようとするが、咲恵と揉み合った末に突然死んでしまう。バルコニーから落ちる途中で木にひっかかって助かった愛は、萌の死体を発見して、計画通りに服を取り替え萌になりすます。そして愛を殺したと思い込んだ千津と市子を脅し、萌の死体を地下倉庫に運ばせる。だが数日後、萌の死体は島の保安官によって発見され解剖の結果、死因は心臓麻痺だと判明。日本に帰った千津と市子に司直の手が伸びることはなく、愛と咲恵は死体遺棄で留置されたものの、多額の保釈金を積んで3日で保釈。こうして事件はいったん終わりを告げる。

　それから8年が経った1995年の夏。バブル崩壊で島の開発は失敗に終わり、2年前に梅蔵は一家で車で海に飛び込んで死亡。だが、咲恵に助けられて愛は命拾いし、2人の関係にも変化が生まれていた。そこに千津と市子がある目的のために日本から訪れて……。

　そして、さらに8年が経った2003年の夏。あ

23rd SESSION

れから千津、市子、咲恵は日本に戻ったが、愛は島に残って現地の実業家と結婚、再び優雅な日々を過ごしていた。だが、地盤沈下で島が海に沈み始めたせいで彼女の運命は暗転。そして三度、この地に集まった女たちは自分の真実を語り始める――。

ミステリー・コメディと銘打って上演されたこの作品は、KERA曰く「ギャグをカットすればどこまでも悲劇として上演できるのに、笑いを交えて表現した」作品。『4 A.M.』、『テイク・ザ・マネー・アンド・ラン』、『すべての犬は天国へ行く』など、愚かな人間たちが悲劇を演じていくシリアス・コメディの流れに属するものだ。

劇中にはKERAが得意とする各時代の風俗描写――1987年のパートには『ノルウェイの森』や『子猫物語』、1995年のパートには阪神・淡路大震災、地下鉄サリン事件などが物語とリンクする形で盛り込まれ、観客に強い同時代性を感じさせる公演となった。時間が経過した分、現在では時代風俗のインパクトは薄れたがその反面、今この作品に接すると戯曲の根本にある4人の女が紡ぎ出すドラマが浮かび上がってくる。

登場する4人の人生はリゾート・アイランドで三度、交錯するが、それ以外で（愛と咲恵は別として）深い関わりを持つことはない。入院していた自分を支えた千津のために犯罪を犯そうとした市子。自分を殺そうとした市子と千津に怒りを抱く愛。殺人を犯したと思い込まされたことで憎しみを加速させる千津。この島で彼女たちは自分の優位が崩れることを恐れつつ、それでも他者と関係を持とうとしているかのようにも見える（「私勝ってる」と叫ぶ千津の姿や、現在の境遇について嘘をつく咲恵や市子の姿には、昨今いうところの「マウンティング」にも通ずるものも感じられる）。その結果、彼女たちの人生には「癒えない傷」が刻まれる。

劇中で市子は「一度始まっちゃえば、もうどうしようもないの。いったんなにかが起きてしまえば、それは永久に起こり続けるの。二度と変えることはできない。それは永久にそうであるしかないの」という台詞を愛に放つが、それは、一度この世に生を受けた者は死を迎えるまで、人生の「傷」は消せないことを暗示するかのようだ。

ただ、千津、市子、愛の関係に比べると、愛と咲恵の関係は8年という時間を経て、以前とは異なる形に変化している。劇中ではそのきっかけとして、咲恵が愛の命を助けたことが挙げられているが、ほかの人物と違い、2人には「家族」としての時間があったということが大きいのだろう。ここからもKERAが家族という関係に特別なものを感じ取っていることが窺われる。

記憶の中の「消えない傷」や、家族という関係に生まれる愛憎。『カラフルメリィでオハヨ』などの初期作品にも感じられるこの二つのテーマは、『消失』や『わが闇』を始め、このあとの作品で

23rd SESSION

23rd SESSION

繰り返し重要なモチーフとなる。

　先に触れた通り、KERAのシリアス・コメディの系譜に属するこの作品は初演、再演ともに観客たちの哄笑を呼び起こした。だが、哄笑のあとに観客は、愚者を笑う自身の残酷さにも気づかされた。この作品はそんな鏡のような怖さを内包しているのだが、そこには「善意」という視点を取り入れる以前のKERAの人間観と照れ、そして、それでもどこかで人の「善意」を信じたいと願うかのようなリリカルさも感じられる。

　その分、非常に繊細な演技が要求される戯曲となったが、4人の劇団員はそれによく応えた。そして登場する女たちには、4人の資質が見事に反映されている。一度抑制を失うと狂気と暴力性が噴出する市子を、犬山は普段の愛らしさとのコントラストを効かせながら演じているし、峯村は自分を律する確固たる芯があるように見えて、その芯が他人からの影響で揺れ動く千津の不確かさを表現。松永はトーンの異なる双子の姉妹を演じ分け、そこに女性の打算とあざとさを漂わせることに成功しているし、咲恵を演じた今江は、盲目の女性を見事に演じ切るとともに、独特な身体性で奇妙な空気を生み出し笑いを巻き起こした。

　1998年の初演では、女優たちの若さが物語に疾走感を与え、短絡的な暴力衝動や流血騒ぎに漂う「狂気」に説得力を宿らせた。まさにナイロン100℃の疾風怒濤時代の到達点となる、力強い公演だったといえる。一方、2002年の再演では初演に少々見受けられた、役に自分を合わせようとして生まれる隙が解消された。4人とも役を自分の中に見つけ出したように、肩に力の入らない演技を見せており、観客はさらに女たちの思惑へ意識を集中させられることになった。KERAは再演の公演パンフレットのインタビューで「なにができるかわからないワクワク」ではなく、別の楽しみのために稽古をすることにしたと語っているが、その楽しみには3年半を経て、女優たちの演技の向上を実感したことも含まれていたのかもしれない。

　最後に、この作品が再演された2002年には『すべての犬は天国へ行く』と『ノーアート・ノーライフ』が上演されたことについても触れておきたい。『すべての犬は天国へ行く』は『フローズン・ビーチ』と同様に女性キャストのみでの上演。この年には女性を描くことに定評のあるKERAの手腕が堪能できる2作品が上演されたわけだが、それに加えて男性キャストのみによる『ノーアート・ノーライフ』が上演されたことに大きな意味があるように思える。ラストシーン、すべてを捨てるかのようにバルコニーから海へ飛び込む『フローズン・ビーチ』の女たちや、破滅へと疾走する『すべての犬は天国へ行く』の女たちに対して、現状から動こうとせず、そのままそこにダラダラ居続ける『ノーアート・ノーライフ』の男たちは、まさに対極にいる存在といっていい。雄々しく戦う女たちと女々しくくすぶり続ける男たち。この対比はこのあとの作品群でも、さらなる描写の深まりとともに取り上げられることになる。

[小杉厚]

雑誌『演劇情報誌シアターガイド』
1998年8月号より

ケラさんとは、劇団健康（ナイロンの前身）の旗揚げ前から仲間だった犬山さんがボソッと言った。「岸田戯曲賞とってほしいなあ」。

撮影：大原拓

▶初演　15th SESSION
1998年8月15日〜25日　新宿 紀伊國屋ホール
作・演出：ケラリーノ・サンドロヴィッチ
出演：犬山犬子、今江冬子、峯村リエ、松永玲子　声の出演：廣川三憲、小林高鹿
舞台監督：福澤諭志＋至福団　舞台美術：加藤ちか　照明：関口祐二（A.P.S）　音響：水越佳一（モックサウンド）　衣裳：髙本麻由子　演出助手：山田美紀＋至福団　宣伝美術：雨堤千砂子　制作：江藤かおる

▶再演　23rd SESSION
2002年7月12日〜28日　新宿 紀伊國屋ホール　8月2日〜4日　大阪・近鉄小劇場　8月9日　滋賀・栗東芸術文化会館さきら　8月14日〜15日　仙台市青年文化センター　8月18日　大分コンパルホール　8月24日　新潟りゅーとぴあ　8月28日　つくばカピオホール　8月30日　東京・パルテノン多摩小ホール
作・演出：ケラリーノ・サンドロヴィッチ
出演：犬山犬子、峯村リエ、松永玲子、今江冬子　声の出演：廣川三憲、小林高鹿
舞台監督：福澤諭志＋至福団　舞台美術：加藤ちか　照明：関口裕二（balance inc.DESIGN）　音響：水越佳一（モックサウンド）　スタイリスト：久保奈緒美
映像：上田大樹（INSTANT wife）　演出助手：山田美紀（至福団）　宣伝美術：雨堤千砂子（WAGON）　制作：花澤理恵

KERAはこの作品で第43回岸田國士戯曲賞を受賞した。このときの選考委員は、太田省吾、岡部耕大、佐藤信、竹内銃一郎、井上ひさし、野田秀樹、別役実。太田は「『神秘的なんだかくだらないんだか、なんかよくわからない』ものを書いている。そういうものを書ききって、よそ見をしない力は、ひとつの力だと感じた」とし、佐藤信は「KERAには、受賞のことなんか気にせずに、もっともっと好き勝手な方向へ突っ走ってもらいたい。演劇とか芝居とか、そんなもんどうだっていいじゃないか、と、平気で肩をおせる相手はそんなにたくさんいるわけじゃない」とエールを送り、竹内は「この若い有能な作家にわたしが望むのは、例えば、宙に「ゆび」と書いてこと足りるナイーブな指先なんぞではなく、更になお、なにごとか延々と書き連ね続ける無謀な指先なのだ。そうだ、カフカならばきっとそうする」。井上は「ごくごく消極的に、『フローズン・ビーチ』の受賞に賛意を表明」と、それぞれが『フローズン・ビーチ』を推薦した。ここに最も推した野田秀樹と別役実の選評を紹介する。

1999年第43回岸田國士戯曲賞選評

「軽さ」と「こだわり」のなさ
別役実

今回私は、ケラリーノ・サンドロヴィッチ氏の『フローズン・ビーチ』を受賞作として推した。作者名とタイトルを目にすると、「どこの国のどんな作品か」と思うが、この作品の成立そのものがそのようなおもむきのもとにあり、その種の「軽さ」が、もしくは「こだわりのなさ」が、もう少し言えば、「いいかげんさ」が、イノチになっているものと言えよう。

登場する五人の若い女性は一応日本人であるが、舞台は「カリブと大西洋の間の小さな島の三階建ての別荘」ということになっている。いわば「日本の現実」を遠くに見やるレジャー・ランドであり、そのレジャー感覚に拠って、一九八七年から二〇〇三年までのつまり、「バブル期」からその崩壊までの過程を、軽やかに辿ってみせようとするものだ。

この構図は悪くない。「日本的現実」は、「ビート・たけし事件」にせよ、「村上春樹」にせよ、「オウム事件」にせよ、あからさまに通俗的な手つきで扱われるのだが、そこがレジャー・ランドであるということで、日に光るガラスの断片のように、粒だって見える。そしてまた、採用されたそれらひとつひとつが、全過程を的確に構造化しているとは言えないのだが、それをそうした五人の女性の、時代感覚を辿るには、それなりの説得力を持っているのである。

もちろん、問題もある。私見によれば、一九八七年から二〇〇三年までという、十六年間のくくりとり方は長すぎるように思われ（或いはもっと長く三十年くらいにすべきか）それによって五人の女性の、時代を辿ったダイナミズムが、やや弛緩している気がした。そしてまた、これは多くの選考委員も指摘していることだが、前半の書き方と後半の書き方に、違いがある。たとえば前半の、双子の仕掛けが、その場だけのものになってしまっていたりするのである。

正直で、クレバーな作品
野田秀樹

ケラリーノ・サンドロヴィッチ氏の『フローズン・ビーチ』これが一番面白かった。

今のむかつくという気分に、あっけらかんと正直であり、なおクレバーな作品である。特に前半が優れている。市子というキャラクターはこれまでの日本の戯曲のなかには出てきたことのない新しい狂人である。狂人の発明は、それだけで才能に値する。作品全体にも、その市子的な空気が支配している。殺意に満ち溢れているのに、結局最後までたった一つの事故死があるだけで誰も殺されはしない。そこが今の日本の、そこら中にみなぎる「くそっ、死ね！」とか「殺す！」といったコトバの気分を代表するようなもので面白かった。二年前の松尾スズキの作品のような疾走感はないが、現場で演劇に向き合っている戯曲だと感じた。これを推した。〈一部抜粋〉

15th SESSION

劇 評

#15『フローズン・ビーチ』
様々な笑いを具現化した女優力

『TV Taro』2002年10月号（東京ニュース通信社） 豊崎由美

4人の若い女性の内的な変化を追う、その描写の深みは言うまでもなく、そこに3つの時代における社会的な変化を重ね合わせることで時間的に奥行きまでも加味した、これは傑作中の傑作ステージなんである。様々な生々しい感情と出来事の狭間で、揺れ動き、停滞し、変化し、回帰する人間の諸相を描く時、作・演出のケラリーノ・サンドロヴィッチ（通称KERA）はそのバックグラウンドに広がる社会の変化を連動させるのだ。ノルウェイの森、子猫物語、ワンレンボディコン（1987年）～阪神淡路大震災、オウム真理教と地下鉄サリン事件（1995年）～いよいよ来年に迫った2003年へ。台詞の中にその時々の時代精神を取り入れる際の、爆笑から黒い笑いまで様々なレベルを伴った批評的視線の鋭さと、引用の巧妙さ。それによって深まる4人の女性の人物造形、笑いと知性を存分に備えたリーダビリティの高い戯曲なのである。＜一部抜粋＞

#15『フローズン・ビーチ』
「女」が描ける
ケラリーノ・サンドロヴィッチ

『テアトロ』1999年6月号 林あまり

あの衝撃を、私は一生忘れない。歴史に残る名作とは、こういう時こそふさわしい表現だ。作者のケラリーノ・サンドロヴィッチのほうは、歴史なんぞに残らなくてもいっこうかまわないかもしれないが、作品のほうで勝手に残ってしまうだろう。それだけのパワーがある。岸田戯曲賞も、この年ばかりは大正解だった。＜一部抜粋＞

#23『フローズン・ビーチ』（再演）
絶妙
4女優の魅力の均衡

日本経済新聞2002年7月18日 長谷部浩

明瞭なことばと敏捷なからだ。俳優にとってもっとも基本的な条件をさらに充実させて、ナイロン100℃の『フローズン・ビーチ』（作・演出ケラリーノ・サンドロヴィッチ）が、帰ってきた。

一九九八年に初演され、四人の女優によって演じられたが、今回も、犬山犬子、峯村リエ、松永玲子、今江冬子のオリジナル・キャストを踏襲する。四年を隔てて、技芸は着実に伸びた。犬山の狂気、峯村の愛嬌、松永の冷酷、今江の品位が、不可思議な魅力となって舞台上で絶妙なバランスを取り、笑いが炸裂する。内心の揺ればかりか、パニックに陥ったときの思考停止までも、表現しようとするKERAの演出によく応えている。

八七年、夏のある日、深夜。カリブ海の小さな島にあるキッチン付きリビングで暮らす愛（松永）を、幼なじみの千津（峯村）が、友人の市子（犬山）とともに日本から訪ねてくる。キレると何をしでかすかわからない市子を使って、愛は、双子の姉、萌（松永）を殺そうともくろんでいる。愛の父が再婚した咲恵（今江）は、視覚に障害がある。陽気に四人で飲もうと誘うところに「事件」が起こる。

萌の急死をめぐって、それぞれが傷を負い、九五年、〇三年に、四人が同じ場所で再会する三幕構成のこの劇は、オウム真理教事件や地球温暖化による近未来の地盤沈下を織り込んでいる。怨恨や遺産相続のような動機を水面下に潜ませて、事件はさらなる復讐を呼び起こす。反目はやがて親近感に変わるが、お互いの人生は交わるようで、交わらない。

他人と関わろうとするとき、つっこみを入れ、攻撃を仕掛ける。そのとき笑いが生まれる。けれど、同時に、お互いのこころに傷が確かに刻まれる。その流血と痛みにしか、リアリティを感じられない人間の、孤独で、しかも滑稽なありようが浮き彫りになる。幕切れ、四人が次々とベランダから海へダイブする大団円が、このブラック・コメディを巧みに救っていた。

「ナイロン100℃」の女性たち

山口宏子（朝日新聞記者）

ひと昔前、演劇を評する時に、よく、こんなフレーズが使われた。「女が書けていない」

型にはまった人物造形。劇の展開に都合よく振る舞うだけの存在。作中にそんな女性を登場させていることへの批判だ。

一方、「男が書けていない」という批評はあまり聞いたことがない。そういう場合は「人間が書けていない」と言われる。

男＝人間⁉　この発想を生んだ最大の理由は、〈劇作家・演出家≒男性〉という時代が長く続いたことだろう。作り手の中心を男性が占める環境が、劇中に登場する女性や、演劇にかかわる女性を、何か別枠のものとして扱い、そのことに疑問を抱かない空気を醸成したのだと思う。

その空気は、女性の作り手が増えた今も、まだ居座っている。

非常に単純な例を挙げよう。

永井愛を「女性劇作家」と書いた文章を、いまだによく見る。でも、岩松了は「男性劇作家」と言われない。同じ漢字三文字なのに。別役実、唐十郎、斎藤憐、佐藤信……三文字名前の重要な劇作家って大勢いますね、井上ひさしも漢字で書くと井上廈だし、古くは菊谷栄、真船豊、森本薫……すいません、もうやめますが、とにかく、彼らがわざわざ「男性劇作家」と呼ばれることはない。

舞台で、女性へのあからさまな差別はさすがにほとんど見られなくなった。でも、釈然としない女性の表現には、今もしばしば出くわす。過剰に格好良かったり、寛容さの象徴に祭り上げられたりして、「大変だなあ」と同情したくなる女性像も現れる。その都度、客席で、居心地の悪い思いをする。

しかし、「ナイロン100℃」の作品では、そういうストレスを感じた覚えがない。

例の表現を使うなら、ケラリーノ・サンドロヴィッチ（KERA）は、「女が書ける」。そして、「ナイロン100℃」は「女を描ける」。

――と、「ナイロン100℃」の舞台にならって、プロローグを長くしてみました。

本多劇場ならここで、しゃれたタイポグラフィーで、タイトルに続き、俳優名が次々と舞台装置や紗幕に投射されるところですね。

古い映画のようなこの手法を、KERAは好んで使う。俳優一人ひとりが舞台のクリエーターであることを強調し、観客に示すこのオープニングは、「ナイロン100℃」という集団のあり方を象徴しているように感じる。

戯曲は原則、演じる俳優を想定しての「あて書き」だ。俳優たちはKERAが書く世界の体現者であると同時に、作者の想像力をかきたて、創作を刺激する存在でもある。一回ごとの成否が問われるプロデュース公演とは異なり、劇団では息長く、失敗のリスクもある実験や冒険ができる。そうした活動を共にすることで、俳優の持ち味と実力は、KERAの内面に入り込み、戯曲が生まれる過程と分かちがたく結びついている。

作品に登場する女性像に説得力と魅力があるのも、劇団の女優陣がKERAにそういう役を書かせ、舞台の上で命を吹き込んでいるからに違いない。

本人とこんな話をしたことがある。

「KERAさんって、女性を書くのが上手ですね」

その返事は――。

「うまいかどうか、自分ではわからないけれど、女性を書くのは好き。

15th SESSION『フローズン・ビーチ』

うん、大好きですね」
　劇団には、みのすけ、三宅弘城、大倉孝二ら、優れた男優が何人もいて、彼らが主役の作品も数多い。だが、ここでは、女性が中心を担った舞台を振り返りながら、作品と演技について考えてみたい。
　取り上げるのは、『フローズン・ビーチ』『すべての犬は天国へ行く』『わが闇』『百年の秘密』。いずれも劇団の代表作といえる秀作4本である。

　まず、比較的初期の1998年に初演された女性だけの舞台『フローズン・ビーチ』。犬山イヌコ、峯村リエ、今江冬子、松永玲子の4人が出演した。この作品でKERAは岸田國士戯曲賞を受賞している。
　カリブ海の孤島にある瀟洒な別荘での、1987年、95年、2003年の出来事がつづられる。上演時点では、近い過去と近未来の話、ということになる。
　登場するのは、この家の娘である双子の愛と萌（松永の二役）、愛の友人の千津（峯村）、千津の同級生・市子（犬山）、双子の若い義母で盲目の咲恵（今江）。萌の死によって、劇はサスペンスの色合いを帯びるが、それはすぐに消え、話は奇妙な方向に進む。そして、4人の間で愛憎と殺意が交錯するシリアスな瞬間と、謎の虫カニバビロンが出現したり、高価なキリンの置物を壊したりといった滑稽な騒ぎが、一見脈絡なく出来する。死のイメージと狂気、そして奇妙に明るく意味のないおかしさが、世界をまだらに染め上げてゆく。
　無邪気で朗らかに見えるが、精神を病んでいて突飛な行動にでる市子。表向きはおっとりしているが、暗い情念をかかえる千津。

この二人を演じた犬山と峯村は、前身の劇団「健康」から参加し、「ナイロン100℃」の旗揚げから現在まで活躍している。いわば劇団の女優ツートップだ。小柄で童顔の犬山、落ち着きを感じさせる容姿と声を持つ長身の峯村。対照的な二人が、外に向かう破壊の衝動と、自分も周囲も傷つけてしまう内向きの暴力という二様の狂気を演じ、劇のエンジンになる。
　初演から20年たち、改めて映像と戯曲を見直すと、この二人は、バブルが崩壊し、出口の見えない不況の中で、阪神・淡路大震災とオウム真理教による地下鉄サリン事件が立て続けにおき、不安な思いと不穏さがたれこめていた90年代後半の日本社会の気分を、鮮やかに映していることが、よく分かる。

　女性だけの異色の西部劇。
　それが2001年に上演された『すべての犬は天国へ行く』だ。酒場の歌手役の戸川純ら客演も含め、21人の女優が登場した。
　舞台は、スイングドアと、グラスを滑らす長いカウンターのある酒場。2階は売春宿になっている。義理の姉妹（松永玲子、長田奈麻）が切り盛りするこの店には、赤毛の娼婦（峯村リエ）、使用人の妻（今江冬子）、乱暴者のガス（村岡希美）、ガスをかわいがる農家の主婦（安澤千草）らが出入りしている。そこへ、流れ者の「早撃ちエルザ」（犬山イヌコ）がやってくる。親の敵である「アイアン・ビリー」という男を追う彼女に、7歳の「リトル・チビ」（新谷真弓）がなつく。
　人物配置も、舞台装置も、男くさい西部劇の「いかにも」を重ねた設定だ。しかし、エルザが颯爽とスイングドアを開けると、必ず扉が外れて落下するといったバカバカしい笑いを通して、この世

091

界がすでに壊れてしまっていることが暗示される。実はこの町の男たちは、殺し合いの果てに、全員死んでいる。それでも女たちはその死を認めず、父を、夫を、なじみの客を、待ち続ける。そればかりか、ある者は自分が男になり切って、粗暴に振る舞い、命の奪い合いを始める。

ベケットの『ゴドーを待ちながら』と重なる、この「来ない者を待ち続ける」物語には、虚無と寂寥感が漂う。さしたる理由もなく対立し、殺し合う女たちが作り出すのは、荒涼とした光景だ。

だが、殺伐としてモノトーンになりそうな舞台を、出演者たちの個性と華やかさが、彩り豊かなものにしている。

声がぴんと張っていて、口跡の良い村岡は、暴れん坊ぶりの表現が鋭い。だからこそ、その強がりが崩れた時に落差の大きな情けなさが生まれ、愛嬌がある。安澤は意味不明のやりとりを、まるで普通の会話のようにおおらかに語り、明るい笑いを誘う。

コケティッシュな美少女役が似合う新谷は、この作品では、生意気な黒人少年チビ。劇のいいアクセントになっているが、その愉快で愛らしい印象が強い分、終幕で見舞われる悲劇の哀切さが際立った。

十代から活動を共にしてきた犬山イヌコを、KERAは、芸術家に霊感をもたらす女神「ミューズ」と言う。

年齢不詳で、姿にも声にもアニメキャラクターのようなかわいらしさがある（実際、声優としても活躍している）犬山に、KERAはかつて、少し知恵の足りない少年など、リアルではない役をよく書いていた。近年も、KERAと古田新太によるユニット公演での犬山は、マンガチックな役を担い、ナンセンスな笑いを繰り出している。非凡なコメディエンヌぶりは健在だ。しかし、ホームグラウンドである「ナイロン100℃」では、彼女の俳優としての成熟が、笑いに偏らない、新しい傾向の作品を後押ししているように見える。

2007年の『わが闇』の立子は、そんな犬山にふさわしい役だった。日本の田舎町に暮らす三姉妹の物語。長女の立子は作家として若くして世に出たが、今はあまり調子がよくない。次女の艶子（峯村リエ）は、問題のある夫（みのすけ）とうまくいっていない。女優になった三女の類子（客演の坂井真紀）はスキャンダルを起こして実家に帰り、酒浸りになっている。

KERA版『三人姉妹』といえるこの作品、もちろん笑いの要素もあるが、舞台の重心は、様々なつらさを抱えながら日々を暮らす人々の姿にある。

立子は一家の要のしっかり者だが、同じ作家である父・伸彦（廣川三憲）との間に葛藤があり、彼女自身もある深刻な問題を抱えている。陰影の深いこの人物を犬山は、抑制を利かせた演技で見せた。特に終盤の、芯の強さと覚悟の固さを潜ませた静かな微笑には、悲しみや不幸からの出口が見つからなくても、それでも「生きてゆくこと」を選んだ人間の崇高さが輝いていた。

峯村も、感情を内に秘めた艶子を好演した。口数少なく、かいがいしく家事をこなす生活感の中に、艶子の強さともろさが透けて見える。

松永玲子は姉妹の母・基子と、伸彦を追うドキュメンタリー映画に出資する飛石の二役。劇団の内外で多彩な役を演じている松永は、表現の幅が広い。この作品では、基子のかたくなな暗さと、関西弁でまくしたてる飛石の押しの強さと現実主義のしたたかさを、メリハリを利かせて見せた。

一家とは極端に肌合いの違う、伸彦の再婚相手を演じたのは長田奈麻。無神経な所もあるが憎めないおばさんで、閉塞しがちなこの劇の、いい空気穴になっていた。

12年に初演され、18年に25周年記念として再演される『百年の秘密』は、KERAと「ナイロン100℃」が、これまでとは違う世界に挑戦した作品である。

開幕の前、KERAはインタビューに「東日本大震災を経験し、ディストピアではないものを書きたくなった。アンハッピーエンドの死を迎えたからといって、その人生は不幸だろうか。人間の、その時々にある喜びと悲しみを丁寧にすくいあげたい」と語っていた。

庭に大きな楡の木がある裕福なベイカー家を舞台に、親子5代にわたる人生のドラマがつづられる。軸となるのは、ベイカー家の娘ティルダ（犬山イヌコ）と、貧しい転校生コナ（峯村リエ）の長年の友情だ。この作品でも、犬山・峯村コンビが物語の柱になった。時が行きつ戻りつしながら、100年に及ぶ家族の物語が、ゆったりと流れてゆく。それに寄り添うのが、ナレーターでもあるベイカー家のメイド・メアリー。長田奈麻が温かな語りで、観客を導いてゆく。

ベイカー家は没落する。ティルダとコナが作った小さな秘密は、人々の運命を決してハッピーではない方向へ変えてしまう。だが、二人がそれを知るのは、長い時間がたってからだ。物語の展開は苦い。それでも、日常は続き、親から子へ、子から孫へと命と暮らしは受け継がれてゆく。

犬山と峯村は、子供から老人までを、誇張の少ない穏やかな表現で演じ分けた。ティルダの兄役の大倉孝二は、名家の跡取りとして周囲の期待に応えられない悲哀と孤独の深さを、胸にしみる演技で見せた。こうした俳優たちの優れた演技によって、『百年の秘密』は分厚い大河ドラマとなった。

戯曲を書き、演出するKERAと、演じる俳優たちが、ともに成熟し、新しい境地へと歩を進めている。振り返ると、「ナイロン100℃」のそんな軌跡が見える。

21st SESSION『すべての犬は天国へ行く』

38th SESSION『百年の秘密』

NAO
OSADA

長田奈麻（おさだ・なお）
東京都出身。92年、劇団健康『テクノカツゲキ　ウチハソバヤジャナイ』に客演。その後、KERAに直訴し96年、ナイロン100℃正式メンバーとなる。近年の主な出演に舞台『謎解きはディナーのあとで』『カッコーの巣の上で』『家族の基礎～大道寺家の人々～』『ピンクスカイ』など。映画『先生と迷い猫』『トイレのピエタ』『お父さんと伊藤さん』など。テレビ『相棒season16』『福岡恋愛白書13キミの世界の向こう側』など。振付家としても活動中。

祝・25周年大大感謝でございます

長田奈麻

この度はナイロン100℃25周年記念本を手に取って下さり、目を通して頂いている皆様。この記念本を作ってくださった皆様。そして、KERAさんを筆頭に、ナイロン100℃の劇団員、スタッフ、関わってきて下さった多くの皆々様……。

25周年……とんでもない年月でございます。ここまで続けてこられたのは、キセキだと思います。ありがとうございます。

ボキャブラリーが少なく、稚拙な文章しか書く事ができない私ですが、ナイロンに対する想いはすんごいモノがあると自負しています。あ……ほら。ステキな日本語が沢山あるというのにすんごいモノって……。ねえ……。つづけますね……。

劇団健康時代の『ウチハソバヤジャナイ』にゲストとして呼んで頂きました。それまでフリーで、子供ミュージカル、新劇、アングラ……と色々なジャンルのお仕事をさせて頂いていました。小学4年生の時からの夢だった舞台のお仕事。ですが、どんなジャンルが自分に合っているのか…自分が、これだ!! と思う場所はどこなんだろうと探し、悩んでいました。

そんな時の『ウチソバ』です! それはそれは大興奮でした!! だってすんごいんですもの。だって面白かったんですもの。こーゆー芝居が好きだ! こーゆー芝居が演りたかったんだ! この面白くて才能の

ある人達ともっともっと一緒に作品を創りたい!

打ち上げでKERAさんにもう1回出させて下さい! お願いだから次も出させてください!」と。

そして『スマナイ〜PARTY　MIX〜』に出させて頂き……からの打ち上げでの「次も、これからも出させてください!」

若かったんですね……。あつい想いと勢いしかありませんでした……。"あつい想い"って恥ずかしいですねえ……。つづけます。そして、そして、ナイロン100℃1st session『インタラクティブテクノ活劇　予定外』に出演。

3rd session『1979』では振り付けで参加。5th session『ウチハソバヤジャナイ〜version100℃〜』に出演。

こんな面白い作品に、凄い作品をつくるキャスト、スタッフの皆さんと芝居が出来て幸せでした。もうあつい想いは止まりません。今度はナイロン100℃のメンバーになりたい。ここで、これからも芝居をしていきたいと思いました。

『ウチソバ〜version100℃〜』の打ち上げでちょっとお酒も入り、今度は出たいから、ナイロンに入りたい、劇団員になりたいと言い出したウザイ私。

見兼ねた三宅さんが「今、KERAさんに言ってみなよ。オレからも言おうか? と

神対応してくれたんです。が、さすがにお酒の席で劇団員になりたいと言うのはいかがなものかと……。(それまで散々お酒の力を借りてたんですけど……。)

後日、お酒が入ってない時に、KERAさんに思いの丈を述べました。

そして7th session『下北ビートニクス』からナイロン100℃の正式メンバーとして参加することに!

あれから25周年……月並みですが、それはそれは色んな事がありました……。

ギックリ腰になったり、ギックリ腰になったり、過呼吸になったり、ギックリ腰になったり、ご迷惑をおかけし、その度に皆様に支えていただき、助けて頂きました。

劇団というモノはいつか解散するモノだとわかっていながら、どこかで覚悟? しながらきましたが、25年続けられたんですね……。

改めて有り難いことだなーと。

今年2018年はナイロン25周年記念公演『百年の秘密』と『睾丸』が控えています。4年振りのナイロン公演に出演できる幸せを感じながら、感謝しつつ、皆様に喜んでいただける作品を作る一員として、全力を尽くす所存であります。

これからもナイロン100℃をどうぞよろしくお願い致します。

REIKO
MATSUNAGA

松永玲子

REIKO MATSUNAGA

松永 玲子（まつなが・れいこ）

大阪府出身。94年、オーディションに応募しナイロン100℃に参加。近年の主な出演に舞台『夜、ナク、鳥』『ブエノスアイレス午前零時』『カラフト伯父さん』『だいこん役者』『御宿かわせみ』『ガラスの仮面』『大悪名』など。テレビ『ドクター調査班』『あさが来た』『黒革の手帖』『モブサイコ100』『科捜研の女』など。映画『おかあさんの木』『ピンクとグレー』など。CMナレーションやエッセイの執筆でも活躍中。

辞めない理由

松永玲子

「ナイロン辞めたんでしょ?」

ここ数年、数々の演劇関係者から言われる。

辞めてないし、誰かに「辞めたい」と相談したこともない。なんなら、劇団公演出演率は、上位5人に入るのではなかろうか?

「ナイロンなのにナイロンぽくない」とよく言われる。劇団員なのに、ゲスト出演者だと勘違いされたこともある。私は、かつてKERAさんから、時間と手間をかけ、千本ノックで育て上げられた、叩き上げのナイロナーで、まさにKERAさんは"師"である。師と私はよくぶつかった。電話でもメールでも何度"厳しい応酬"を重ねたことか。ぶつかることも、考えを修正することも、ひどく力の要る作業だ。私も諦めないが、KERAさんは輪をかけて諦めない。最近のKERAさんを知る演劇人は一様に「KERAさんは優しい」と言い、古くからKERAさんを知る人は「ナイーブな人」との印象ではないだろうか? 確かにどちらも当てはまるのだが、私の中では"益荒男"である。容姿も作風も"男臭さ"とは無縁だが、物申す弟子の言葉を聞き流さず、聞き漏らさず、持てる力を注ぐ。根性入ってる益荒男である。ともすれば"異物"ともなりかねない私を、切ることなく現在に至る。だから「ナイロンなのにナイロンぽくない」俳優が、劇団員であり続けている。私は、48年の人生で、こんなに真正面から向き合う人と出会ったことがない。だから辞めない。

師のことを語る機会は今後もあるだろうから、今回は、なかなか語る機会のない、もう一つの"辞めない理由"をば。

安澤千草。ナイロン100℃の25年の内、24年在籍している同期の同い年。背格好も血液型も同じ。丸被りである。当初20人程いた同期も、気付けば、丸被りと二人ぼっち。

入団当時、彼女が私の大阪の実家に泊まりに来たことがある。人当たりの良い美人を、私の父も母もすぐに気に入った。二十年以上経った今でも「千草ちゃんは元気?」とたびたび聞いてくるほどである。この時、私は彼女に、私の大学演劇サークル時代の舞台写真を見せた。正確には、見せびらかした。"今は冴えないが、光り輝く大学時代の自分"を自慢したかったのだ。すると安澤は一言「でも結局今、私達、同じ劇団にいるよね」。ぐうの音も出なかった。そして私は過去の栄光を捨てた。というか、捨てる事が出来た。

丸被りとは、常にライバルとなる。はずが、切磋琢磨以前に、共に叱られ続けの数年を過ごした。演技はもちろん、スタッフへの心配りや後輩教育、呑み屋の取り方まで叱られた。自由闊達な上世代、個性溢れる下世代に挟まれ、私は芝居のバランサー、彼女は劇団のマスコットのようになっていった。

私は常に彼女が羨ましかった。彼女の演技は、私のような正確なロボット演技ではなく、不安定だった。人前に晒されているのに、不安定でいられる……これこそが俳優の凄味ではなかろうかと思う。彼女の武器はもっとある。歌や身体能力、人当たりの良さ、包容力、明るさ。彼女の周りには人が集まる。私にはない"可愛げ"が満載だ。私が目の前の仕事をこなすのにあたふたしている間に、彼女は沖縄にハマり、三線までマスターしてしまった。サボり症の私に、この熱心さは皆無である。

器用に思われがちな私だが、彼女には、私がいかに要領や段取りが悪く、何度もイメトレしないと出来ない俳優だとバレている。そして彼女も、生きる力が強そうに見えて、実は打たれ弱い泣き虫なことも私にバレている。クールを装う私は、実は根性論大好物のチンピラ女優。元ヤン並の肝っ玉を装う彼女は、実は繊細で真面目。

この、互いにバレてる全く違う特性のお蔭で、丸被りだったはずの同期とは、ギラギラし合ったことが一度もない。近年の安澤千草の外部での目覚ましい活躍ぶりも、妬むどころか鼻高々であり、改めて憧れもする。だからと言って、ベッタリ仲良しというわけでもない。サシ呑みも、この24年で5回もないくらいだ。が、"友"である。

中学の時、校長が言った。「今は、同級生の多くを友達だと思っているかもしれませんが、おそらく人生で友は数人しかいない。その数人と、ここで出会うかもしれませんね」と。私は、人生の中の数人の内の一人に劇団で出会った。もちろん、辞めても友は友だが、劇団が続く限り、近くで共に老いを体感したいと思うので、辞めないよ。

私と安澤の24年目、劇団の25年目。これからも、どうぞよろしくお付き合い下さい。

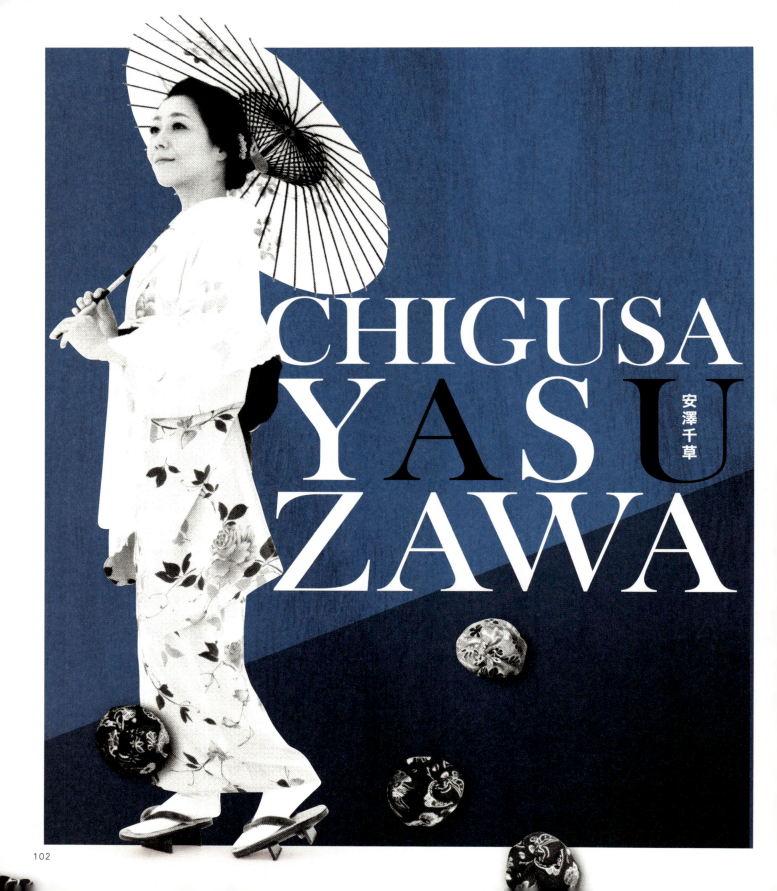

CHIGUSA YASUZAWA

■ 安澤千草（やすざわ・ちぐさ）

東京都出身。オペラやミュージカルの出演を経て、94年のオーディションによりナイロン100℃に参加。近年の主な出演に舞台『メトロポリス』『少女ミウ』『相談者たち so damm shut』など。映画『滝を見にいく』『青空エール』『リバーズ・エッジ』『モリのいる場所』など。テレビ『ナイトヒーローNAOTO』『吉原裏同心〜新春吉原の大火〜』など。劇団では歌唱指導、コーラスアレンジも担当。

ナイロン100℃と安澤

安澤千草

ナイロン100℃。私の育った場所だ。24歳の時に、オーディションを受けた。そして、入って、24年。25年目になる。20歳になってすぐに、ご縁あって劇団健康を見た。確か、ゼロホールで『愛と死』を。びっくりした。何て面白い人たちなんだろうと思った。そこから、全ての健康作品を見た。眩しい人たちの集団だった。

笑いなんて。笑うことだけは得意だったけど、笑わすことなんて。そんな私が、ナイロンに名前を変えた集団に入ることになった。たくさん怒られた。いちいち怒られた。居酒屋でも「安澤うるさい！」と怒られた。そこから24年も経った。びっくりだよ、自分でも。よくぞクビにならずに流れついたもんだ。今日ここまで。

ナイロンでは、たくさんの舞台を重ねた。どの役だって、愛着あるけど。こんなに語っても良い場所なので、思い出してみるとすると。

＊『カメラ≠万年筆』の和久井美夏。何も分からないままの、当て書きなのかなんなのか。KERA氏には、代表作と言われ。ダメじゃんね、それでは。でも、分身のような役。

＊『フリドニア1』丸山恵子。『フリドニア2』で死んじゃうのだが、この人の生命力は素晴らしかった。車に轢かれたのに、生きてたよ、この人。

＊『ナイス・エイジ』箕輪りん。この人も、バカ正直だが、恐らく逞しく生きていくだろう人。

あとは、『フランケンシュタイン』の中山さんって役もあった。何故かみんな海外の役名だったのだが、私だけ中山さんだった。そういえば『フリドニア』もそうだった。何故か日本人。私が日本人ぽいのか？確かに土着的な人間だと思うが。今度KERA氏に聞いてみよう。

最近のナイロンファンは知らないわよね。どうせならば、最近の話よりも昔のナイロンをと思って、記憶を辿ってみています。おばさんの思い出話くらいで、読んでね。

若かったので、たくさんの失敗もした。『カメ万』では、チラシ撮影の前に沖縄で焼きすぎて顔がボロボロに。チラシでは、写せなくて、遠くに立たされました。私が悪いのだけど。

『ナイス・エイジ』でも、同じような失敗を。またまた沖縄で焼きすぎて、設定をハワイ帰りにして貰いました。良くぞクビにされなかった。

そして、当時声もたくさん枯らした。恐らく『ビフテキと暴走』だったと思うけれど、稽古中にKERA氏に稽古場の隅に呼ばれて、声を枯らしたらクビにするという宣告を受けました。良くぞクビにされなかった。その舞台で、声を枯らしたのに。今だから言えることですね。

本当に、私が今日までナイロンという集団に居続けられた事は奇跡なのだと思います。まあ、大分大人になりましたので、もうこんな失敗はやらかさないと思いますが。そして、同期に松永玲子という同い年の女優が居た事が大きい。彼女にはたくさん助けられたし、刺激を受けている。力強い同期。

こうして振り返ってみて、確実に役者としてここで育ったと思っている。育ててもらった。最近、色々な現場を重ねて思う事だけど。私は、ナイロンで育ったのだ。良いことも悪いことも、ここで経験してきた。

そして、やっぱりナイロンが好きなのだ。面白い集団なのだ。魅力ある役者がたくさんいるのだ。だから離れない。この人達が、年老いて、それでも面白い事をやり続ける中に一緒に混ぜて欲しいと思うのだ。そして、集団は終わることもあり得る世界で、こんなに長い間、何とか続いてきた集団を誇りに思う。

それは凄い事なのだと。

25年。長い。産まれた子供も成人になって、親にもなれる年月だ。それだけ歴史はたくさんだ。これからも続けられたらいいと思う。この人たちと。そして、見届けてくれるお客さんが居てくれるなら幸いだ！KERA氏に、このメンバーにしか出来ない奇跡のような作品を、これからも描き続けて欲しい。そして、描いて貰えるような生き方をしてゆきたい所存です。老いること、背負うこと、抱えること。

25周年に思うこと。好きな沖縄の方言で、締めくくります。皆様、これからもゆたしくうにげーさびら。

（沖縄方言：よろしくお願い致します。）

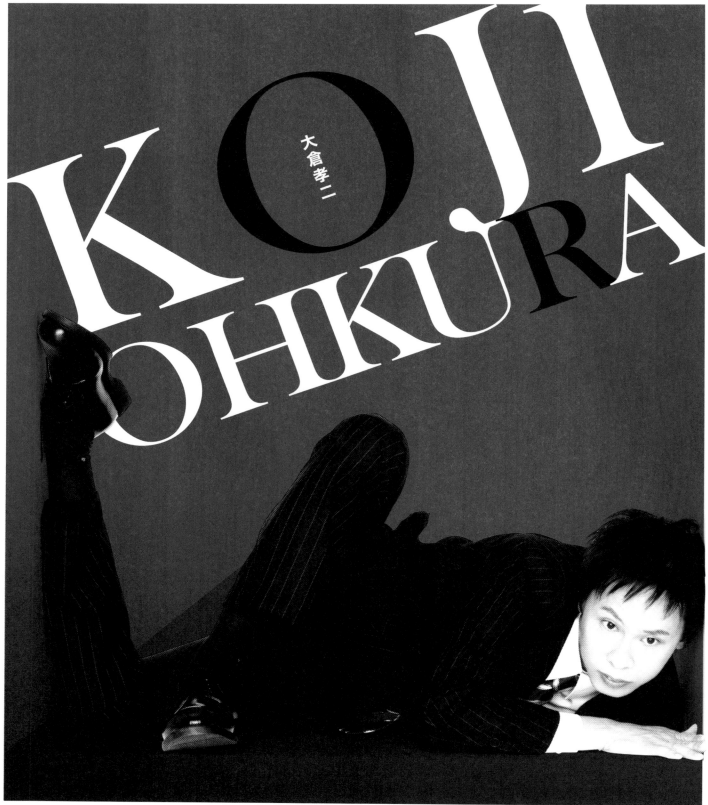

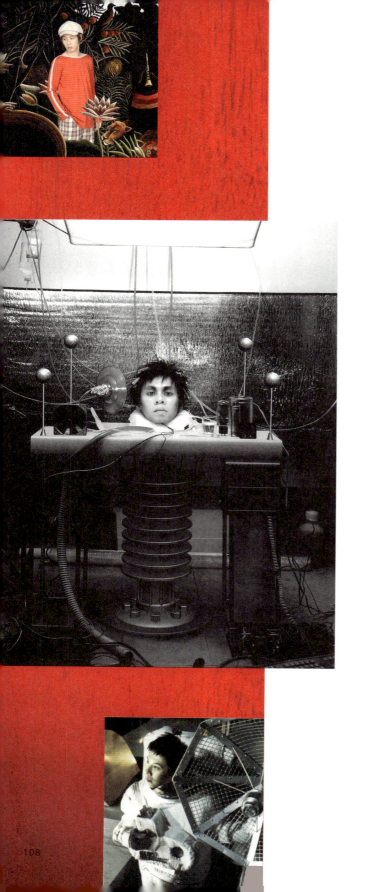

KOJI OHKURA

大倉孝二（おおくら・こうじ）

東京都出身。舞台芸術学院を卒業後、95年にオーデョションに応募しナイロン100℃に参加。近年の主な出演に舞台『世界』『大逆走』『殺風景』『エッグ』など。映画『DESTINY鎌倉ものがたり』『ピンポン』など。テレビ『カルテット』『アンナチュラル』など。ブルー＆スカイとの演劇コンビネーション、ジョンソン＆ジャクソンでも活躍中。また映画『空飛ぶタイヤ』『君が君で君だ』『検察側の罪人』の公開を控えている。

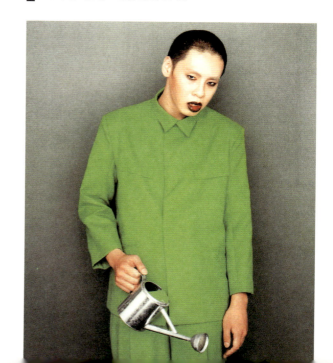

追憶の旅路
大倉孝二

「なんで劇団なんか入ったの?」

グラスの中のレモンを弄びながら言った彼女の言葉に、大した興味は感じられなかった。

「入る前は、何してたの?」

退屈そうに窓外に視線をやったまま、彼女はそう続けた。

「いや……聞いても面白くないよ。」

「じゃあいいや」

私の言い草に、ようやく視線を向けてそう言ったきり、また会話は途絶えた。私は苛立っていた。その日初めて入った居酒屋で、たまたま隣合わせた人間に、こんな緊張を強いられる謂れがなかったからだ。72歳だと云うその女性と酒を酌み交わし始めて、7時間が過ぎようとしていた。

「ボトル、もう一本入れていいでしょ?」

席を立った私の背中に掛けられた、その言葉に答えること無く便所へ向かった、聞こえてないフリをしてやったのだ。

「やれやれ……」

小さく呟きながら、パンツを下げて便座に腰を落とした。さほどの便意は無かったが、少し落ち着きたかった。目線の先に貼られている演劇のチラシを何気なく眺めているうちに、不意にさっきの彼女の言葉が、脳裏でリフレインした。

あの頃のことを思い出すのは、決して楽しいものでは無かった。

当時、10年に1人の逸材と騒がれていた私は、異例の若さで全日本チームに選出、プロ入りも約束されていた。アマチュアとしての最後の大会は、大倉の為の大会と呼ばれ、その優勝を疑う者はいなかった。

そんなムードの中、初戦だった。試合中盤、突然襲った激しい下痢と嘔吐で、止む無く途中棄権。腸炎ビブリオ菌による食中毒だった。"ガム代わりに噛んでいた、生牡蠣が原因!"

マスコミは容赦なく書き立てた。14歳の私が立ち向かうには、あまりに過酷な困難だった。二度とコートに戻ることは無かった。

その後の転落は、想像に難しく無いだろう。生活は荒んだ。朝夕問わず新聞配りに明け暮れ、夜毎街に繰り出しては、明け方までゴミを拾った。登下校時間、保護動物の里親さん探しに奔走する私に、手を差し伸べる大人はいなかった。そんな日々を一変させる出来事が起きたのは、深刻な米不足が囁かれ始めた頃だった。

その日、いつもの様に盗みをはたらこうと入った水族館で、芸達者なオットセイ、マリちゃんに目を奪われた。その圧倒的なパフォーマンスに呆然とした私は、駆けつけた警備員に取り押さえられるまで、その場に立ち尽くしていた。これが現在も私の代名詞となっている、ダンスとの出会いだった。

もう居ても立っても居られなかった、進むべき道がはっきりと見えた。私はまだ若かったし、慢性的な尿道結石をカウントしなければ、とても健康だったのだから。

私は、警察署をあとにしたその足で旅立った。のちの語り草、四国八十八箇所ネバーエンディングダンスお遍路さんは、ここから始まったのだ。修行は困難を極めた。その自転車は、チェーンがすっごい外れるので、移動がままならなかったのだ。勿論そんな状況に甘んじ続ける筈もなく、大丈夫そうな虫を沢山捕まえて、それに乗って進む方法に切り替えたことが、更なる時間的ロスを招いたのは、お気に入りのエピソードとなっている。

そんな緩やかな時間の中で、依然として都内を出られぬまま、私は20歳を迎えていた。

深刻な米不足が囁かれ始めていたその日、ちょっとしたお地蔵さんの前で、独特なダンスパフォーマンスをしていた私は、その後の人生を決める出会いを果たす。

満足のいくパフォーマンスを終えた私は、抑えきれない喜びを露わに、気色の悪い笑顔で撤収に取り掛かっていた。なんか変な声が漏れていたことも、付け加えておくべきだろう。実際には無い音響機材に、パントマイムで手をかけようとした時、1人の男性が近づいて来るのを目の端で捉えた。先程から、とろける様な眼差しで私の裸体を注視していた、その日唯一のオーディエンスだった。

ゆっくりとした身のこなしで近づくその男性は、歩き出しから辿り着くまでが、ジャスト1時間半だったことから、度を越したゆっくりとした身のこなしだったとする、当時のメモが残っている。

不快な吐息が、私の顔をリズミカルに撫ぜることから、奴が通常あり得ない至近距離まで来ているのを推測するしかなかった。辺りはすっかり陽が落ち、最早暗闇レベルだったからだ。この時の経験から、私の代表作『ザ・辛抱』が生まれたのだから面白いものだ。

その距離感からして、間違いなく鼻を舐められるであろうことを受け入れた次の瞬間、男はおもむろに言った。

「荒削りだが、いいものを持っている。うちでやってみないか。」

頬を温かいものが伝った、身体は震え、涙が溢れていた。私は泣いていたのだ、勿論恐怖で。身体の震えは厳密に云えば恐怖からでは無く、失禁していたので寒かったのだ。

「大丈夫ですか、お客さん?」

ドアを叩く店員の声で、我に返った。

「あ、大丈夫です、すみません。」

慌ててパンツを上げた時、ふと目に入ったものに少し微笑んで、便所を出た。

あれから今年で23年。当時の記憶は、今も下腹部に残る"ナイロン100℃"の文字に刻まれている、安全ピンによる痛みと共に。

NYLON 100°C through the Years Part Ⅱ

NYLON100℃

through the Years Part Ⅱ

1999年–2003年

長田奈麻　松永玲子　大倉孝二　KERA

2017年12月26日座談会より記事構成

　Part Ⅱでは、1998年8月に紀伊國屋ホールで上演された『フローズン・ビーチ』で岸田國士戯曲賞を受賞した翌年から2003年上演の『ハルディン・ホテル』までを振り返る。KERAが35歳から40歳の時期だ。座談会に集められた劇団員は長田奈麻、松永玲子、大倉孝二の3人。振り返ってみて、この時期をどのように捉えているのか。

▶ナイロン100℃中心の生活

「年がら年中ナイロンをやっていていた。公演中に次回作の稽古をやっていたこともあるからね」（KERA）。

「目の前の公演で精一杯だったから迷走していましたね」（大倉）。

「わたしも迷走中でしたね。劇団のことも劇団以外のこともこなすのが精一杯で忙しかったです」（松永）。

「公演数も多いし死ぬほどがんばった記憶がある。『ザ・ガンビーズ・ショウ』の打ち上げのときに、KERAさんから"長田、次の芝居で面白くなかったらこの先はないよ"と言われて、泣いてボロボロになったんです。このままだとクビになると思った」（長田）。

「そんなに厳しいこと言ったっけ。作戦かもしれないよ」（KERA）。

「そう。そのおかげで、がんばって『Φ（ファイ）』でコンビニ店員の役をいただけました。嬉しかったし、評判もよかったんです」（長田）。

　Part Ⅰで90年代前半について"当時はカッカしていた"とKERAは自身を振り返ったが、90年代後半もそうだったのか。

「この頃はもうそうでもなくなっていたと思ってましたけど、長田の話を聞く限りではそんなこともないですね。しつこかったのはしつこかったんですよ、今よりずっと。一場面を何度も繰り返して稽古しました」（KERA）。

「一つの台詞で一時間半を経過したことがあった。稽古で悔しくて、家で泣く日もありました。『ナイス・エイジ』では芝居でも涙を流さなくてはいけなくて家で練習したのを覚えています。映像のお仕事のときもすぐに泣けて、今では特技の一つになりました」（長田）。

▶笑いを封印

　98年8月に『フローズン・ビーチ』を上演し、2カ月後には『偶然の悪夢』の幕が開く。

「『フローズン・ビーチ』でお客さんがすごく入ったし、岸田國士戯曲賞も受賞した。でも『偶然の悪夢』では全然客が入らなかったのを覚えています」（大倉）。

「『フローズン・ビーチ』だって今より公演数も少ないし、最初は入ってなかった。初日が開けてから増えていったんです。『偶然の悪夢』は、私は出演してませんが好きな作品。不思議な世界で魔界に連れていかれる感じが面白い」（松永）。

「笑いが一切ない舞台をやるのは初めてだった。このころは大倉が、やっとのびのびできるようになってきた時期。その大倉が手足をもがれたように、どうしていいのかわからなくなっていた。自分の

面白さを披露できなくなってしまった」(KERA)。

「KERAさんから笑わせようとすることは一切するなと言われてものすごく戸惑いましたね。1999年3月にやった『薔薇と大砲』もあまり面白いことをしてはいけない役でした。面白いことをすればいいとずっと思っていたのに"するな"と言われて、どうしていいかわからないですよ(笑)!」(大倉)。

そんな大倉についてKERAはどう思っていたのか。

「大倉は頭角を現すまで時間がかかって、96年の『フリドニア』で揉まれて、『ビフテキと暴走』で完全に化けた。大倉には他の俳優にはない独特なテンポ感があって、そこが大きな魅力だったし、ウケた要因でもあったんだけど、それだけだと時としてひどくじれったかった。もっと別のこともやれる役者になってもらわないと、と思って、シリアスな役やツッコミ役をあてがったんじゃないかな。大倉が笑いを求めて『イギリスメモリアルオーガニゼイション』(作・構成・演出・出演:大倉孝二、ブルースカイ、峯村リエ、村岡希美)をやって、その公演が今大倉がやっているジョンソン&ジャクソンに繋がっていった」(KERA)。

大倉が初めて劇作と演出も手掛けた作品がside SESSIONに登場するが、成り立ちはそもそもどういうものだったのだろうか。

「言い出しっぺはリエさんです。97年の『フランケンシュタイン』の打ち上げでリエさんがKERAさんに"わたし自主公演をside SESSIONでやりたい"と言って、当時はそんなに喋ったことがなかった村岡と俺を捕まえて"この二人とやります!"って。台本はブルースカイくんに頼んで、君も書けばいいじゃんと。書いたことがないのに無理矢理押し付けられたんです」(大倉)。

大倉はノイローゼになりそうになりながら寝泊まりして本を書いたという。

「僕は書いたことがないから地獄のような日々でした。蕁麻疹とかできて怖かった」(大倉)。

▶とにかく笑わせろ

笑いを封印する作品作りの話を受けて松永が振り返った。

「その前年、97年に上演した『フランケンシュタイン』ではKERAさんからとにかく笑わせろという電話が来たんですよ。正反対のことを言われて驚いた(笑)」(松永)。

「松永とは劇団員の中で、電話で話した時間が圧倒的に長い。死ぬほど長いメールも打っています。松永はある時期よく舞台上で下着姿や水着姿になってました。"なってました"って僕がそう台

本に書いてるんですが(笑)。その下着のシーンのことで、"いまひとつおいしくない"とか松永に言われた。居酒屋ならともかく、真剣にクオリティの話をしているときに、おいしいとかおいしくないとか、よく言えるものだと思いながら、電話でやり合いました。腹が立っちゃって(笑)」(KERA)。

「電話で"はあ?"とお互い絶対に引かないですから(笑)」(松永)。

1999年『薔薇と大砲』ではKERAは松永に貞操帯をつけさせた。

「若いときは抵抗があって、もちろん自分の身体に自信がないのもありますが、2013年『デカメロン21』のときには"ぜんぜん脱ぎますから!"と申し出ました。それなのにKERAさんから"要らない要らない"と言われて(笑)。ナイロンでも客演先でも一年中、衣裳が水着か下着だけのときがあって、脱衣女優と自分で言ってたんです」(松永)。

「『インスタント・ポルノグラフィ』の頃はめちゃくちゃ抵抗がありましたね。わたしは振付をやっていたので、衣裳さんとずっと打ち合わせをしていたんです。『デカメロン21』のときは、わたしも誰がいようが下着でブラブラ歩いても平気になっていました。上演中、楽屋の廊下で宅配便のお兄さんに見られてもぜんぜん平気。下着から下着の早替えをするから、本当にびっくりされて」(長田)。

「最初の頃は衣裳さんと女優がコソコソと作戦を練ってから僕のところに提案してくるんですよ。ギリギリ本人たちが抵抗がないところまで考えて"これでどうでしょう"って」(KERA)。

「今から思えば、そんなに大した肌の露出でもなかったな」(松永)。

▶借金問題

劇団は2003年、『ハルディン・ホテル』で10周年を迎える。当時のKERAのコメントは劇団継続が危ういことを示唆する内容で驚く。その頃KERAは何を思っていたのだろう。

「10年も続いてよかったと思ったけれど、ネガティヴ発言が多いのは、表から見えているほどハッピーじゃないんだぞということを訴えたい気持ちがあったからでしょうね。未払い金も、やっと払い終えた頃にまた別のトラブルが起こって……10周年前後は個人的には最もキツい時期でした」(KERA)。

Part Ⅰの時期に行なっていた未払金の返済報告は、この時期にはやらなくなっていた。

「返済報告は、やめたんですよ。みんな暗くなるだけだから(笑)。ミーティングは定期的に開いてましたけどね」(KERA)。

当時の劇団ミーティングではどのようなことが話されていた

1999-2003

NYLON 100℃ through the Years Part Ⅱ

のだろうか。

「一人ずつお金のことや劇団の在り方について発言をしていくんですが、言ったところで何になるんだろうと毎回思っていました。みんなエネルギーもフラストレーションも強いから終わらない。会議室で2時間ぐらいやっても時間が足りなくて、次のところに行く。また時間が足りなくて、結局4回ぐらい場所を変えて、終わらなくて深夜になって解散するときもありました」（大倉）。

「あれはよくなかったね」（KERA）。

「意見を持ってない人だとは思われたくないから、何かを言わなくてはという気持ちになるのが集団心理で、意見はまとまらない。劇団は、完全民主主義は成り立たないということがわかりました」（松永）。

　KERAは、あまりに劇団が大変過ぎて、劇作と演出に専念する環境を作るため主宰をみのすけに持ちかける。仮にみのすけがナイロンの主宰になっていたら、どうなっていたのだろうか。

「みのすけは実験が好きだから、クオリティに関係なくいつも実験や冒険に惹かれてる。健康の頃、演出をまかせた舞台で象を出したいとか突然言い出した人だから（笑）」（KERA）。

「みのすけさんは劇団のソウル（魂）だと思います。実験的で冒険的で突拍子もないことを言いますが、あの人の意見がなかったら、何本かの作品もこじんまりまとまっていたかもしれない」（松永）。

「みのすけは『ビフテキと暴走』のときに、カーテンコールで全裸になって股間にメガホンを当てて出てきた。上演した青山円形劇場は"こどもの城"の中にあったから、さすがにめちゃくちゃ怒られました。たしかに、カーテンコールだし、全裸になる必然性は微塵もない」（KERA）。

　袖で見ていた長田はそのときのみのすけについて「かっこよくてびっくりしました。全裸にサングラスして登場したんです」と振り返る。

「みのすけさんの発言通りにはできないけど、なんとか工夫したこともある。『デカメロン21』のときも、みんなは現実的な案を出すけど、あの人だけは"本当の火を使って、ここで花火をバーンと"とか（笑）提案する。その通りにはできませんが、突拍子のないみのすけさんの意見はとても大事」（松永）。

　旗揚げメンバーでもあるみのすけがナイロン100℃にとってどれほど大事な存在かということもよくわかる。

▶振付け

　長田は1992年、劇団健康『テクノカツゲキ　ウチハソバヤジャ

ナイ』に客演し、KERAに直訴しその後、ナイロン100℃の一員となった。旗揚げメンバー以外でオーディションを経ずに劇団員になったのは珍しい。長田は入団後、多くの公演でダンスの振付けやステージングを担当してきた。松永は『１９７９』でナイロンに初参加したが、そのときの振付も長田だったという。ダンスが嫌いな大倉は度々怒られて態度が悪くなったそうだ。

「『インスタント・ポルノグラフィ』の振付けのとき、大倉くんに"役者をやりたくて来たのに、なんで踊らなくちゃいけないんだ"と言われて"こっちだって踊れない人に振り付けするのは大変なんだよ"と言い返した」（長田）。

「幾度となく繰り返されてるやりとりですね。本当に踊りが苦手なんです」（大倉）。

▶演じながら面白いと思ってない

　ナイロン100℃の舞台は唯一無二の世界観がある。役者はどのように作り上げているのだろうか。

「基本的にあて書きだから、KERAさんが台本に書いてくれたことをそのままやればできます。自分用に書かれていることが圧倒的に多いので、下駄を履かせてもらっているような感じもしますね。だからよそに客演したとき、自分は俳優として未熟なのだと気づかされることが多々ありました。庇護のもとにやっていて、でも庇護がなくなると自分はとても弱い存在に感じましたよ」（松永）。

　一方大倉は、稽古中は演じていて面白いかどうかわからないことが多いと言う。

「幕が開けてから、お客さんの喜ぶ姿を観て面白かったんだとわかるんです。例外的に『社長吸血記』だけは台本はバラバラに来るのに面白いと思った。あんなにわかりやすいはずの『ナイス・エイジ』も、面白さがわからなかった」（大倉）。

「私は『ナイス・エイジ』のときは、通し稽古中に、ひょっとしたら面白いかもって思ったんです。それまで大丈夫かしらと思っていた」（松永）。

　舞台の上の役者たちは作品について「面白い！」と浮かれていないことも、いい作品を生むことに繋がっているとも言えるのではないだろうか。

「みんなで面白いと思って役を演じることで、モチベーションを上げる集団もあるでしょうけど、僕らは淡々とやっています。昔から、若手が稽古を眺めながら無防備に笑ってると、よく"観客になってどうするんだ！"と叱りつけたしね。"自分だったらどうやるか"

を考えたら、とても笑ってなんかいられないはずなんですよ、若い連中はヘタなんだから」(KERA)。

▶何のために演劇をやるのか

KERAに作品作りで何がいちばん大事にしているかを訊くと、こう断言した。「自分が面白いと思えるものを作る。はっきりしています」と。

「自分の次に現場のキャストとスタッフ。その次に観客。どんなに評判がよかったり賞をもらったりしたところで、自分が面白いと思えないならば、演劇をやっている意味がない」(KERA)。

劇団が25年続き、KERAが演劇を続ける理由がここにもあるように思う。

ナイロン100℃の劇団員である彼らは、映像の作品や他の劇団、プロデュース公演などにも活躍の場を広げている。劇団に所属するいちばんの喜びはどこにあるのだろうか。

「劇団の公演をやっていて"あー楽しい!"と思ったことは今までないんです。自分の責任感が邪魔をしているんだと思う。稽古は本当に辛いけど嫌いではない。これがまた自分の性格の厄介なところ(笑)」(松永)。

「楽しいと思って稽古しているわけではないけど、おかしくて笑っちゃうときがある。ナイロンやKERAさんの芝居では稽古でも本番でも、やりながら"バカなんじゃないの!"と笑えて仕方がない。それがKERAさんの芝居に出ているいちばんの感覚ですね」(大倉)。

「『2番目、或いは3番目』のときに、わたしもすごく面白くなって、後ろを向いて笑っていました。あの感覚はすごいと思います。劇団公演で舞台に立っていることが嬉しくて、毎回幸せを感じる」(長田)。

▶劇団の転機

2007年『わが闇』はKERAにとっても大きな転機となる。公演中「晩年の始まり」という挨拶文が配布された。KERAが44歳のときだ。

「あのタイミングでどうしてもシリアスなものを書きたいって思ったわけではなかったのですが、大きな転機となりましたね。残り時間はそんなにないぞという気持ちでした」(KERA)。

大倉はシリアスな作風について、思うところがあるようだ。

「いまとなっては劇団の持ち味で、いいカラーだと思うんですけど、

僕はどこかで面白ければいいと思っているところがある。『消失』など暗い作品をやることに自分がどうしても、乗り気にならない時期があったのを覚えていますね。明るい方が好きですから」(大倉)。

「大倉が言う"面白い"というのは"くだらない"という意味でしょ。俺は本質的に暗いから、ナンセンスの中にも暗さがある。大倉が入ってきた頃には、自分の本質をまだあまり表に出さなかったんですよね。自分を見つめれば見つめるほど、くだらなくてもそこには暗さがある。これはもうどうしようもないんですよ、きっと」(KERA)。

『わが闇』以前と以降では作品作りにおいて何がいちばん変わったのだろうか。

「うーん……きっぱりと『わが闇』初演からここが変わったと言い切れるものはちょっとすぐには浮かびませんけど……今は、次回の新作がどういう作品になるかまったくわからないんですよね。90年代はストックが常にあったから、世界観もある程度わかっていたんです。今は全然ない。アイデアの底が尽きているんです」(KERA)。

KERAからアイデアの底が尽きているという言葉が出るのは意外だ。しかし、"まったくわからない"ところから書き始めて作品が見えてくる現在の作り方も芳醇な作品を生んでいることを思うと、底が尽きたこととはまた違う新たなものを生んでいると感じずにはいられない。

「企画会議に載せるようなパッケージ……たとえば"女の人だけの西部劇"とか"現代の家族がひとりずつ別々の時代の過去へとタイムスリップする"とか、以前はそうした外枠から作っていました。今はアイデアが尽きたからというだけではなく、外側のパッケージに興味がなくなってきたのもあるんでしょうね」(KERA)。

現在の興味はどこにあるのか。KERAは一言こう言った「中身(笑)」。

たしかに外側のパッケージ先行型の傾向は『わが闇』を契機にだんだん後退していったように思える。『シャープさんフラットさん』『神様とその他の変種』『2番目、或いは3番目』なども、どういう作品なのか一言では説明しにくい。ナイロン100℃でしか感じ得ない、独特の作品世界がそこにはある。

▶劇団のあり方

2007年『わが闇』では動員数2万人を突破する。大倉は衝撃を受けたという。

「動員数について言われたことはなかったし、気にさせられたこと

1999-2003

NYLON 100°C through the Years Part Ⅱ

はなかった。そんなに入ったという事実にただただびっくりしたんです」（大倉）。

「そこから常に伸びていたわけではないけどね。少し増えては少し減り、また少し増える。ナイロンはいわゆる戦略的な宣伝をしないから。グッズやファンクラブで収益を得ようとしたり、動員数を伸ばすという目的で客演さんを不要にキャスティングするようなマネは絶対にしない」（KERA）。

劇団によって考え方はそれぞれではあるが、創作以外、動員のために役者に負荷を掛け過ぎると物作りの本質からズレてくる。かつて井上ひさしが動員の伸びない作品に出演している役者たちに向かって「あなた方の責任ではありません。劇団の宣伝担当の責任です。作品と向き合うことに専念してください」と言っていたことも思い出す。また集客こそしても、作品そのものよりも客演の役者だけを観にくる状態を作ってしまうのは、動員数を獲得したとしても劇団や作品にとって幸せだろうか。物作りの本質からズレが生じ始めやしないだろうか。"集客に頼らない"と断言することはKERAにとって当たり前のことでも、一環した姿勢で25年間ぶれずに、ナイロン100℃のやり方で作品作りに専念していることに畏敬の念を感じずにはいられない。

▶ナイロン100℃とは何か

外部に書き下ろすときと劇団への書き下ろしでは、執筆時にKERAは何か感覚の違いを感じているのだろうか。

「劇団の公演を書いているときには、独特のモードになっています。最近の劇団の作品をプロデュース公演で上演すると想定して配役を考えてみても、外部の俳優だとぜんぜんピンとこない」（KERA）。

「劇団に書いた作品を劇団内でキャスティングを変えてもっとやればいいのに。『カメラ≠万年筆』もいい本で面白いし『4A.M.』でも『ウチソバ』だっていい」（松永）。

しかしKERAは興味がなくなっていると言う。少なくとも自分が演出する限りにおいては。

役者にとって劇団公演と外部の劇団などへ客演しているときとでは、どのような違いがあるのだろうか。

「昔は外の公演に出るときは"ナイロンを代表して出るんだから、おまえがつまらないと思われたらナイロンの公演はつまらないと思われるからな"と先輩に言われていたので、絶対に負けないという気持ちで劇団以外の仕事をしていました。脚本に書かれていることがつまらなければ勝手に変えちゃうとかね」（大倉）。

「それ悪影響だよね！」（KERA）。

「ナイロンに出ていることが日常で、外部に客演することが特別だった。今はそういう取り組み方はしていないけど、当時はそういう気持ちでした」（大倉）。

「劇団以外の仕事をするときの大倉が心配で心配で。役者としては大丈夫だろうけど、人として嫌われやしないかとか、いらぬことを考えて。『赤鬼』（04年／bunkamura）の3バージョン合同記者会見にもなぜか行ってるんですよ。会見が終わった後に大倉に楽屋で耳打ちしました。「もうちょっと面白そうに話したらどうだ。野田（秀樹）さんと外国人とおまえしかいないんだから」って大倉に言いました。犬山と大倉が出演した『贋作・桜の森の満開の下』（01年／新国立劇場）の初日を新国立劇場に観にいったときは、大倉が怪我で額を切って血だらけになっていた。各楽屋に"大倉が怪我をしてすみません"と謝ってまわった（笑）。野田さんにきょとんとされて。なぜか犬山にも謝って「わしに謝る必要はないよ」と笑われた（笑）」（KERA）。

「わたしが客演をしているときも稽古場見学にきました」（松永）。

「ああ、心配だったんだ。松永は人づきあいうまそうだから大丈夫だけど」（KERA）。

「劇団にいるときはKERAさんには文句を言ってますが、いざ外部出演した折に「所詮ナイロンだろ？」みたいなことを言われたときに、飲み屋で「表に出ろや！」と言っちゃったんです。自分でもびっくりしました」（松永）。

長田も頷き最後にこう答えた。

「わたしもナイロンが大好きなんです」。

[text：今村麻子]

16th SESSION

16 薔薇と大砲
～フリドニア日記 #2 ～

架空の街・フリドニアを舞台にしたシリーズの第2弾。教会を舞台に、そこに集まる人々の人間模様と神の不在を描いたブラック・ファンタジー。

ある日、フリドニアに東西を隔てる移動式の壁ができ、戦争が始まった。得体のしれない開発を監視するため、外の国からやってきた男（小宮孝泰／客演）。町の神父グンナル（みのすけ）は浮気相手の教師チチ（犬山犬子）と共謀して妻（松永玲子）を殺害。浮気相手すら邪魔に思うようになる。やがて海からは薔薇の香りが漂うと、街の人々は伝説を語り始める。昔も同じようなことが起こり、その時も大勢の人が死んだというのだが……。

舞台美術のBOKETA氏をはじめ『フランケンシュタイン』と同じスタッフ陣が同じ劇場（スペース・ゼロ）に集結。細部まで緻密に作り上げられた、まるで童話のような壮大なフィクションの世界が構築されたシリーズ第2作。また、劇中ではたま

の生演奏も。

かたつむりと化す人間（村岡希美）、巨大なタコ（の足）、無限に瓶からこぼれ続けるビール、水に埋め尽くされて巨大な水槽と化す教会の地下室等々、マジック・リアリズム的世界観を舞台上に現出させることができたのは「まさに舞台監督の福澤くんをはじめとするスタッフの尽力のおかげ。あの頃は、ずっと福澤くんと"何が出来るか"を稽古しながら考えて、出来そうなことから台本に落とし込んでいた」（KERA）。ナイロン史上最大の巨費を投じた『薔薇と大砲』の美術と世界観は、2013年にシアター・コクーンにおいて、自身の演出と故・蜷川幸雄氏の演出で競作上演された力作『祈りと怪物～ウィルヴィルの三姉妹～』と双璧を成す。テーマ曲として使われたニーノ・ロータの楽曲にたまが詞を付けた「フリドニア日記」は作品世界をたま流に解釈した味わい深い名曲となった。　　　　　　[K. T.]

▶16th SESSION
1999年3月28日～4月13日　新宿 スペース・ゼロ
作・演出：ケラリーノ・サンドロヴィッチ　演奏：たま
出演：犬山犬子、みのすけ、峯村リエ、三宅弘城、今江冬子、松永玲子、長田奈麻、安澤千草、大倉孝二、小林高鹿、廣川三憲、村岡希美、澤田由紀子、新谷真弓、大山鎬則、仁田原早苗、杉山薫、市川英実／たま（知久寿焼、石川浩司、滝本晃司）、小宮孝泰
音楽：中村哲夫　舞台監督：福澤諭志＋至福団　舞台美術：BOKETA　照明：関口祐二（A.P.S）　音響：水越佳一（モックサウンド）　衣裳：伊東哲治、小原敏博、川田麻美、原島順哉、深田泰弘、森崎麻記
演出助手：田中嘉治郎、伊藤弘雄　宣伝美術：坂村健次　制作：江藤かおる

17th SESSION

17 テイク・ザ・マネー・アンド・ラン

近未来、何らかの大きな天災に襲われた東京を出港した1隻の船。抽選で選ばれた人々だけが乗れる避難船である。そこには自分のコンサートの中止が決定していることを知らずにいる売れないアイドル（犬山犬子）とマネージャー（三宅弘城）、船内の売店でバイトをしているうつ病の姉（峯村リエ）とその妹（松永玲子）、老女（今江冬子）を誘拐しているらしい夫婦（大倉孝二、長田奈麻）、銀行強盗を働いて逃亡中の女（西牟田恵／客演）と共犯の兄弟（山崎一／客演、みのすけ）など、何らかの金銭問題を抱えた人々が乗船している。やがて船は航路を外れ、乗り合わせた人々の真実の姿も徐々に見え始め──。

生命の危機を脱したばかりという状況でもなお、お金に翻弄される人々を描いたシリアス・コメディ。病的な地震恐怖症というKERAがこの台本を書き始める時に頭にあったのは、阪神大震災で半壊した街の風景だったという。

「陰うつな人ばかりが出てくる物語だけど、そういうのは嫌いじゃないし、むしろ好み。船上を舞台にしたのも悪くなかったし、唐突にマジック・リアリズム的なニュアンス、例えば「中に象が入っているらしい自動販売機（鼻だけが壁面を突き破る）」みたいなものが現れるのも好みだった。ただ、着地がね……ラストがうまく書けなかった。今の自分ならきっともっとうまく書けると思うんだけど」。（KERA）

ナイロン100℃としては初めての全国ツアーを敢行。だが、そんな華々しく見える状況の裏で、劇団は制作の失踪に端を発した、集団としての崩壊の危機を迎えていた。結果的に解散には至らずに済んだが、次の『テクノ・ベイビー』でも混乱はさらに深まっていた。　　　[K. T.]

▶17th SESSION
1999年9月3日〜19日　本多劇場　　9月24日〜25日　札幌・道新ホール　　10月1日〜2日　福岡・女性センター「ムーブ」ホール　　10月8日〜11日　大阪・近鉄小劇場
10月14日　広島・南区民文化センターホール
作・演出：ケラリーノ・サンドロヴィッチ
出演：みのすけ、松永玲子、犬山犬子、三宅弘城、峯村リエ、大倉孝二、小林高鹿、今江冬子、長田奈麻、村岡希美、澤田由紀子、新谷真弓、廣川三憲／西牟田恵、山崎一
声の出演：秋山菜津子、山本元気、村上真由子、喜安浩平、吉増裕士、近田和生、大山鎬則
舞台監督：福澤諭志＋至福団　舞台美術：大竹潤一郎　照明：関口祐二（A.P.S）　音響：水越佳一（モックサウンド）　衣裳：田中亜紀（大人計画）、木村猛志（A・C・T）
演出助手：山田美紀　宣伝美術：坂村健次＜フライヤー＆パンフレット＞、雨堤千砂子＆飯泉悦子、プリグラフィックス＜パンフレット＞　制作：江藤かおる

18th SESSION

18 テクノ・ベイビー
～アルジャーノン第二の冒険～

平凡に生活しているかのように見えたアルジャーノン（犬山犬子）とロクロウ（喜安浩平）兄弟の家族は、なぜか6年前から毎年、親と弟が別人に入れ替わるという変事に見舞われていた。「ことの始まりは、6年前に、あるレストランで起こった不条理な出来事だった」とアルジャーノンは回想する。本当の父母を求めて、ビルを駆け上がるアルジャーノン。しかし体の柔らかい妖精（村岡希美）につきまとわれたり、おかしなダンス教室に遭遇したり、さらに宿敵・ヤン先生（今江冬子）ら追っ手がその行く手を阻む。天才少年・アルジャーノンと、謎の中国人・ヤン先生、さらにヤン先生の部下チャカデベソタモツ（池田成志／客演）らが繰り広げる『ウチハソバヤジャナイ』のサイドストーリー的な、SF風味のナンセンス・コメディ。『ウチソバ』と同様、フィリップ・K・ディックやカート・ヴォネガットらの小説からの影響も窺える。この時登場したファニーな（？）着ぐるみのロクロウは、この作品のために（『φ』で大活躍した）ヨシタケシンスケ氏が制作したもの。

この公演を最後に、「純ナンセンス・コメディ」と呼ぶべき作品は、ナイロンのレパートリーから姿を消すことになる（2018年現在）。ナンセンス専門の劇団として立ち上げられた「健康」を前身とする集団であることを鑑みるにつけ、隔世の感を禁じ得ない。

千秋楽から2日後の大晦日には『東京ポーキュパインコレクション1999-2000』と題したカウントダウンイベントを開催、1900年代最後の夜を賑やかに飾った。　　　　　　　　　　［K. T.］

数千枚だけ印刷、配布されたシルバーのフライヤー。

▶18th SESSION
1999年12月17日～29日　本多劇場
作・演出：ケラリーノ・サンドロヴィッチ
出演：犬山犬子、今江冬子、みのすけ、峯村リエ、大倉孝二、松永玲子、長田奈麻、小林高鹿、廣川三憲、新谷真弓、村岡希美、安澤千草、大山鎬則、仁田原早苗、杉山薫、市川英実、吉増裕士、喜安浩平／池田成志、大堀こういち
オブジェ：ヨシタケシンスケ　CG：秋元きつね、Mayuchi (M-ONDE)　舞台監督・美術：福澤諭志＋至福団　照明：関口祐二 (A.P.S)　音響：水越佳一（モックサウンド）　映像：奥秀太郎 (M6)
衣裳：伊東哲治、小原敏博、深田泰弘、川田麻美　演出助手：山崎総司、大堀光威（至福団）　宣伝美術：草野リカ〈フライヤー〉、坂村健次〈ポスター〉、雨堤千砂子＆飯泉悦子〈パンフレット〉
制作：江藤かおる

19th SESSION
19 絶望居士のためのコント

「コント集の最高峰、いとうせいこう著『幻覚カプセル』（92年／スイッチ・コーポレーション刊）からの珠玉の7本に、今を代表する笑いの名匠＆新旗手3名が書き下ろす新作コントをプラス。言いたかないけど、夢の競演があっさり実現。ある種の笑いにとりつかれた方にはたまらない、ナイロン6年振りのコント・オムニバス。静かな爆笑」。（フライヤーより）

「笑いの名匠」は別役実氏、「新旗手」はブルースカイのことであろう。KERAが自らをどちらに属すると考えていたのかはわからない。「6年振り」というのは『箸の行方』以来ということだ。

『幻覚カプセル』から上演されたいとう氏作のコントは以下の7本。『幻覚カプセル』『告知』『トランプ』『反古になる誓い』『秘密王』『絶望呼びの男』『死に至る病』。これに別役氏の書き下ろし『死体がひとつ』、ブルースカイの書き下ろし『吸血鬼』『時限爆弾』、そしてKERAの書き下ろし『嘘の森』『コント』の5本を加え、計12本、上演時間2時間弱の、ナイロンにしてはコンパクトなステージとなった。いとう作のコントはロジカルで哲学的なナンセンス・コントが多く、「ある種の笑い」「静かな爆笑」というフライヤーの言葉はその辺りのニュアンスを指すと思われる。

『時限爆弾』と『コント』はつづきもの。『時限爆弾』で描かれるナンセンスなギャグを、『コント』で登場する「ナンセンスをまったく理解しない演出家」（大倉孝二）が、次々と無化していく。杉村蝉之介が大人計画から客演。犬山とみのすけが共に欠番したのは『フリドニア』以来。

オムニバス・コント集、それも12本中10本を他人の筆に委ねた公演にした背後には、集団としての相当な疲弊があったことを邪推させる。実際、SNS上で現在もいくつか見ることが可能な、当時のKERAのインタビュー映像からは、尋常ではないテンションの低さが感じ取れる。

とは言え、完成した作品はまた別物である。7名という少人数によるストイックなコント集は好評を博し、KERAは上演時、各所で続編の存在をちらつかせた。『幻覚カプセル』には、この7本以外にも多くの作品が収録されているからだ。続編の上演はどうやら叶わなかったようだが、その代わり3年後に、この公演の作家チームに筒井康隆氏、井上ひさし氏を加えた「空飛ぶ雲の上団五郎一座」の旗揚げへとつながってゆく。

[K.T.]

上記のコメントが掲載されているフライヤー中ページ

▶19th SESSION
2000年3月25日〜4月4日　新宿 紀伊國屋ホール
作：いとうせいこう、ブルースカイ（猫ニャー）、ケラリーノ・サンドロヴィッチ、別役実　構成・演出：ケラリーノ・サンドロヴィッチ
出演：大倉孝二、小林高鹿、松永玲子、峯村リエ、三宅弘城、村岡希美／村杉蝉之介（大人計画）
舞台監督・美術：福澤諭志＋至福団　照明：関口祐二（A.P.S）　音響：水越佳一（モックサウンド）　衣裳：山本有子、羽戸裕子、高橋深雪　演出助手：大堀光威（至福団）
宣伝美術：坂村健次　制作：花澤理恵

20/29 ナイス・エイジ

20th & 29th SESSION

20th SESSION

20th SESSION

　かつては裕福だったにもかかわらず没落し、あるアパートに引っ越ししてきた廻(メグリ)一家。父の時雄(初演:小市慢太郎／客演、再演:佐藤誓／客演)は博打に狂い、もともとお手伝いさんだった母の澄代(峯村リエ)はアルコール依存症。長男の時次(大倉孝二)は機械いじりに妙な才能を発揮するが、生活能力はゼロ。そして次女の春江(長田奈麻)は未婚のまま子供を妊娠するなど、一家は完全に行き詰まっていた。

　そこにアパートの大家夫婦(原金太郎／客演、池谷のぶえ／客演)がやってきて、アパートの問題点を並べ立て追い出そうとする。実は大家夫妻はタイムパトロールで、この部屋の風呂が、その湯加減で行く時代が決まる時間移動装置になっていることを危惧していたのだ。だが時雄は首を縦に振らず、入浴して1964年にタイムスリップ。子供の頃に自分から離れていったお笑い芸人(初演:三宅弘城、再演:坂田聡／客演)の事情を知り、さらに1945年にタイムスリップした彼は、特攻で散った叔父(初演:小林高鹿、再演:加藤啓／客演)を救おうとする。澄代や春江も1985年にタイムスリップし、飛行機事故で他界した長女(初演:澤田由紀子、再演:新谷真弓)を助けようと試みるなど、さまざまな形で自分の家族を巡る過去と未来に向き合うことになる。

　この作品は『1979』(94年)に始まるKERA流タイムスリップ・コメディの系譜に属し、劇中の風俗描写には『カメラ≠万年筆』や『ライフ・アフター・パンク・ロック』の匂いも。さらにこの作品で描かれる過去の描写には、初演のあとに上演された『ドント・トラスト・オーバー30』や、外部公演の『東京月光魔曲』(09年)、『黴菌』(10年)、『陥没』(17年)の「昭和三部作」へ繋がる流れも感じられる。設定にはどこか小林信彦作品(『イエスタデイ・ワンス・モア』など)を思わせるが、向こうが青春ものであるのに対して、こちらは家族の歴史がテーマだ。

　ただ、初演の段階から脚本の完成度は高かったものの、それに見合う評価を得ることができたとは言いがたい。それは五つの時代を表現するにあたって、時代を象徴するトピックを利用する比重が大きく、役者の平均年齢が低いこともあって、登場人物に「その時代に長く生きている」という説得力が十全に働かなかったことが原因かもしれない。

　たとえば物語の軸となる時雄は、成人した子供がいる年齢なのに、多額の借金で人生のやり

直しは絶望的という「詰んだ」男。この役を初演で演じた小市は当時31歳だ。健闘したものの、実年齢を考えるとさすがに荷が重い役だったのではないだろうか。

それに対して再演で時雄を演じた佐藤は当時44歳。その風貌も相まって、行き詰った境遇に自暴自棄になる姿や、過去の世界で自分にまつわる人物と出会って人生を振り返る様子には、過剰な説明を必要としない説得力が生まれている（佐藤はのちに『しとやかな獣』（オリガト・プラスティコ／09年）にも出演）。また、再演で時雄の母を演じた立石涼子は当時55歳。年齢を重ねることでしか知り得ない人生の味を表現して、作品の世界観を裏打ちする役割を果たした。つまり、再演では佐藤と立石、そして初演から各時代の空気感を支えた志賀廣太郎（初演時に52歳、再演時に58歳）と、年齢の高い俳優を効果的に配することで、この戯曲の芯にある家族の物語が、浮かび上がってきたのだろう。

KERAはこの時期から外部作品でも年齢の高い俳優を起用する機会が増えており、彼が描こうとする人生の様相が徐々に深くなっていったこととの関連を感じさせる。また初演のキャストには今江冬子、小林高鹿、澤田由紀子、大山鎬則と、現在は休団・退団している劇団員の名前が多く見受けられることから、この作品の初演と再演の間には、KERAとナイロン100℃の移行期があったという捉え方もできるかもしれない。

再演ではタイムパトロール役の原と池谷が再び大活躍。のちに原は『祈りと怪物』（12年）、池谷は『黴菌』、『2人の夫とわたしの事情』（以上、10年）、『夕空はれて』（14年）、『グッドバイ』（KERA・MAP／15年）に出演するなど、KERAが彼らに寄せる信頼のほどが窺える。坂田は売れないお笑い芸人カンダタを哀愁とともに好演。加藤は硬軟さまざまな役柄を演じ分け、その時代に生きる人々の姿を表現している。初演でも安定していた峯村や大倉の演技は、6年という時間を経てさらに熟成され、抑揚のバランスを利かせながら人生の哀しさを表現し、その中にあるささやかな喜びを浮かび上がらせた。若い女性の気まぐれな残酷さを長女役ににじませる新谷、家族のために必死で歴史を変えようとする次女役の長田、そして廻一家の子孫を演じた松永玲子の演技も心に残る。

家族の記憶や歴史という要素は『わが闇』、『百年の秘密』へ繋がるなど、KERAの作品群の中に大きな流れを形作っていく。同じ家族の歴史ものである『百年の秘密』の執筆時、KERAは「死者と会話ができる年齢になった」と語っていた。死者と会話をするということ——人生での経験を踏まえて、今は亡き人間の言葉を想像できる年齢になったとき、人は時間移動装置などほしくなくなるのだろうか。『ナイス・エイジ』の

29th SESSION

29th SESSION

29th SESSION

再演を最後に、KERAはタイムスリップものを執筆も再演もしていない。それはクリエイターとしてのKERAが今、なにかを改変できる「IF」の世界ではなく、改変不能な世界に生きる人間に、肯定的な視線を注いでいることを示しているようにも思える。

［小杉厚］

29th SESSION

▶初演　20th SESSION
2000年9月1日〜17日　本多劇場
作・演出：ケラリーノ・サンドロヴィッチ
出演：みのすけ、峯村リエ、三宅弘城、今江冬子、大倉孝二、松永玲子、長田奈麻、小林高鹿、村岡希美、廣川三憲、安澤千草、澤田由紀子、大山鎬則、吉増裕士、喜安浩平／小市慢太郎（劇団M.O.P.）、池谷のぶえ（猫ニャー）、志賀廣太郎（青年団）、原金太郎
声の出演：秋山菜津子　舞台監督：福澤諭志＋至福団　舞台美術：加藤ちか　照明：関口裕二（balance inc.DESIGN）　音響：水越佳一（モックサウンド）　衣裳：三大寺志保美
演出助手：遠藤貴仁、伊藤弘雄、相田剛志　宣伝美術：常盤響、大久保☆浩一（marsart lab）　制作：花澤理恵

▶再演　29th SESSION
2006年12月9日〜24日　世田谷パブリックシアター
作・演出：ケラリーノ・サンドロヴィッチ
出演：峯村リエ、大倉孝二、みのすけ、松永玲子、長田奈麻、新谷真弓、安澤千草、廣川三憲、藤田秀世、喜安浩平、大山鎬則、吉増裕士、杉林薫、植木夏十、皆戸麻衣、柚木幹斗／佐藤誓、志賀廣太郎、原金太郎、坂田聡、池谷のぶえ、加藤啓、松野有里巳／立石涼子
舞台監督：福澤諭志＋至福団　舞台美術：BOKETA　照明：関口裕二（balance inc.DESIGN）　音響：水越佳一（モックサウンド）　映像：上田大樹（INSTANT wife）　衣裳：三大寺志保美
ヘアメイク：武井優子　振付：長田奈麻　演出助手：山田美紀（至福団）　舞台写真：引地信彦　宣伝美術：大久保浩一、モリタタダシ（Homesize）　制作：花澤理恵

21st SESSION

21 すべての犬は天国へ行く

　今や古典となったサミュエル・ベケットの『ゴドーを待ちながら』の変奏を試みた戯曲は数多あるが、同じようなモチーフでKERAが書くとこれほど違ったテイストになる。

　流れ者の早撃ちエルザ（犬山犬子）は母親の敵を討つ目的で、アイアンビリーという名の男を探しに、ある西部の街へやって来る。彼女が立ち寄った酒場には、前日にビリーが暴れて割った皿を片付けている女たちの姿が。エルザはそこでビリーを待つが、一向に彼は現れない。それもそのはず、実はその町の男は全員死に絶えていたのである。だがしかし、酒場に集う女性たちも、その2階の売春宿で働く娼婦たちも、誰も「もう男がいない」という現実を受け入れぬまま、帰ることのない男たちを待ち続けていた。エルザの登場により人々の関係は微妙にずれていき、平和に見えていた街には銃声が轟くことになる。

　21世紀初、21回目のナイロン公演。出演は女優21人。KERAのエンゲキニン生活15周年記念公演第2弾として上演されたこの作品は、そんなキャスティングを逆手に取った西部劇である。KERAとは有頂天時代から交流のあった戸川純が、娼婦・デボア役で客演。劇中歌として4曲を披露し、圧倒的な存在感を示した。10周年記念パンフレットでKERAは、「この芝居は、ホント、好きなんだよ。ベストの1作を選べと言われたら、これを選ぶ」と語っている。KERAのシリアス・コメディの決定版とも言える作品だ。この年、KERAはオリガト・プラスティコ、KERA・MAPを含め5作品を作・演出し、1年間の業績に対し、第1回朝日舞台芸術賞を受賞した。

　前年からのいささか辛い時期を乗り越え、前作『ナイス・エイジ』で復調を果たしたナイロン100℃は、21世紀に入り、本作を経て「絶好調」と言って差し支えないクオリティの快作を連打することになる。

　『すべての犬は天国へ行く』は『消失』と並んで熱烈なファンをもつ作品であり、大がかりなセットや乱射される銃をはじめ、上演が困難な舞台であるにも拘らず、2015年には乃木坂46からの選抜メンバーによる上演や、小劇団ぬいぐるみハンターによる上演が相次いで行われた。

[K. T.]

▶21st SESSION
2001年4月6日～22日　本多劇場
作・演出：ケラリーノ・サンドロヴィッチ
出演：犬山犬子、峯村リエ、松永玲子、今江冬子、長田奈麻、澤田由紀子、新谷真弓、杉山薫、村岡希美、安澤千草、植木夏十、尾崎陽子、野原千鶴、藤原ヨシコ、三ツ峰ひかり、横山彩、皆戸麻衣／明星真由美、横町慶子（ロマンチカ）、森野文子／戸川純
音楽：中村哲夫　舞台監督：福澤諭志＋至福団　舞台美術：島次郎　照明：関口裕二（balance inc.DESIGN）　音響：水越佳一（モックサウンド）　衣裳：三大寺志保美　演出助手：山田美紀
宣伝美術：高橋歩　制作：花澤理恵

22 37 ノーアート・ノーライフ

22nd & 37th SESSION

舞台となるのは1974年のフランス、パリのモンマルトル。日本人が集まりすぎるせいでフランス人が寄りつかない地下酒場『レ・トロワ・ペロンヌ・ローンドゥ』。新米店員スティーブ(温水洋一/客演)が店番をするその店には、オブジェ作家のヒライ(みのすけ)、画家のオケタニ(三宅弘城)とタイナカ(山崎一/客演)が訪れる。学生運動の夢破れ、パリにやってきたヒライとタイナカだったが芸術家としては芽が出ない。

タイナカは自分の絵を破ったオケタニから法外な弁償金を得ようとしたり、ヒライとフランス人の恋人を取り合うなど、建設的ではない日々を過ごしている。そんな彼らを芸術家の風上にも置けないと冷たく見つめる、売れない作家のモズ(廣川三憲)。そして彼に歌謡曲の作詞依頼を仲介したスケダイラ(吉増裕士)や(彼はスティーブの大学の後輩でもある)、贋作家のメグリ(大倉孝二)も加わり、くすぶった男たちの会話がナンセンスな笑いを織り交ぜながら展開していく。

その後、ヒライが連れてきた画商トニー(初演:大山鎬則、再演:喜安浩平)に評価されたタイナカは画家としてブレイク。そして贋作家であることがバレたメグリは刑務所に収監される。それから2年後、男たちはまたこの酒場に集まってくるのだが——。

KERAがこの作品を構想することになったのには、『カフカズ・ディック』(オリガト・プラスティコ/01年)で「世の中と才能の折り合い」について考えたことが大きかったようだ。ただしこの作品に登場する男たちにカフカのような才能はなく、芸術家になりたくてもなれない「贋もの」たちの話になっている。

初演時の公演パンフレットでKERAは、『カフカズ・ディック』よりもライトなコメディにしたい旨を語っており、作品にはナイロン100℃劇団員それぞれの(そして客演陣の)資質を反映した笑いが盛り込まれている。みのすけは、善良さゆえに次第にやさぐれていくヒライを飾らないトーンで演じ、それに対してタイナカを演じる山崎は、ボンボンらしい自己中心的な性格や、金銭や他者からの評価から解脱できない俗物ぶりを役に反映させる。そして三宅は独自の思考と関心の対象を持つオケタニの、天然キャラならではの独特な「圧」を小気味よい台詞回しと動きで表現している。

この三者をクールに見つめつつ、自分のスタイルや表現へのこだわりをなにより大事にする偏屈なモズは廣川が好演。『およげ!たいやきくん』の替え歌では美声を発揮し、一幕と二幕では時間の経過による人物の変化も表現した。温水はトボけたおかしみと腹黒さを併せ持つスティーブの二面性を自然体で演じ、初演では49歳、再演では59歳(!)で童貞という設定も相まって、場に波紋を起こし続けた。スケダイラを演じた吉増は一幕ではエキセントリックな様子、二幕では落ち着いて店番をする様子を演じて、次第に退屈な日常に埋没していく男の姿を表現してみせた。そして、挙動のおかしなメグリを演じた大倉は、抑揚を利かせた演技でナンセンスな笑いを巻き起こすと同時に、実はこの中で唯一メグリが観察者、批評者の位置にいる常識人であることを示した。

10年間を挟んでの再演でも、大山に代わって喜安がトニーを演じた以外は、初演と同一のキャストで上演。そのため基本的な印象は初演から大きく変わらない。それはこの戯曲と初演時のKERA演出の完成度の高さを示すものだ。

ただ、初演時にはキャスト全体の年齢が若かったこともあり、いかんともしがたい閉塞感の中にも「とはいえ、なんとかなりそう」感があったことも事実。自分の表現に対する根拠のない自信だけがあって青春から抜け出せずにいる(そして抜け出したくない)男たち、という印象が強かったように思う。

再演時にKERAは「10年が経って、役者の身体のスピード感は低下するかもしれないが、台本が最初からある分、役者が稽古で役を腑に落とすことで別のスピード感が生まれるのでは」と語っていた。確かに再演でテンポが落ち

37th SESSION

た印象はない。むしろ緩急のメリハリが効いていて、男たちの間をくるくると演技のパスが回されていくような印象がある。

そこにはKERAと俳優による、役へのより丁寧な解釈の反映、そして10年を経たことによる熟練や佇まいの変化が影響しているようだ。物語の重心が、青春というファンタジーから、より現実生活のリアリティへ移ったといえばいいのだろうか。男たちのどうしようもなさ、未来が見えない悲惨さが増幅され、増幅された悲惨さはユーモアに転化し、実に深みのある笑いを生みだしている。

初演の大山も再演の喜安もトニーを、芸術家志望たちに対するカウンター的な存在として演じている。が、喜安がほかのキャストに比べて歳下な分、再演では、若くて目端の利くトニーがダメな大人たちを小馬鹿にする構図が強調された。そのため、モズを馬鹿にしたトニーに男たちが、モズの詞で『およげ！たいやきくん』を合唱し、追い詰めていく場面も、よりエモーショナルに感じられる。

物語の終盤、トニーに自分が描きたい絵を否定されたタイナカは、一度は抵抗するも、結局トニーに頭を下げる。しかしその裏で、メグリに自分の作品を贋作してもらい、それをトニーに渡すことにする。これは先に触れた「世の中と才能の折り合い」に対するタイナカなりの回答であり、KERAはタイナカがトニーを拒絶するような結末を採らなかった。そこには「妥協しながら続けることも、決して間違いではないのではないか」という、KERAの視線が反映されているように思える。

また、スケダイラが男たちに出題する「芸術度テスト」を載せた雑誌に、結果の判定ページがないというラストには、なにが芸術なのかは誰にも決められないことが示唆されていて、そこには地位や名誉、金銭といった基準で芸術の成功不成功を判定しようとする世間に対する、KERAの違和感が込められているようにも思う。この問題は『わが闇』、『シャープさんフラットさん』でも重要なテーマの一つとして扱われることになる。

また、初演時には『4 A.M.』と同様に、KERAの演出助手を務めたタイチによってアナザーバージョンを上演。2001年の新人オーディションに合格した8名の準劇団員が出演した。そして劇団若手による公演は、side SESSON#9『すなあそび』へと繋がっていく。　　[小杉厚]

▶初演　22nd SESSION
2001年11月1日〜13日　本多劇場　11月16日〜17日　北海道・道新ホール　11月23日〜25日　大阪・近鉄小劇場　11月28日　倉敷市芸文館　12月1日〜2日　北九州女性センター・ムーブホール　12月5日　大分コンパルホール　12月15日　パルテノン多摩 小ホール　12月18日　盛岡劇場メインホール　12月18日　新潟りゅーとぴあ劇場
作・演出：ケラリーノ・サンドロヴィッチ
出演：みのすけ、三宅弘城、大倉孝二、廣川三憲、大山鎬則、吉増裕士／温水洋一、山崎一
【アナザーバージョン】
作：ケラリーノ・サンドロヴィッチ　演出：タイチ
出演：眼鏡太郎、廻飛雄、大江雄一、佐藤竜之慎、柴田雄平、西永貴文、日栄洋祐、柚木幹斗
舞台監督・美術：福澤諭志＋至福団　照明：関口裕二（balance inc.DESIGN）　音響：水越佳一（モックサウンド）　映像：上田大樹（INSTANT wife）　衣裳：山本有子（ミシンロックス）
演出助手：相澤剛志　宣伝美術：日比野克彦、カクト　制作：花澤理恵

▶再演　37th SESSION
2011年11月5日〜27日　本多劇場　12月3日〜4日　北九州芸術劇場　12月7日　名古屋・中京大学文化市民会館　12月10日〜11日　大阪・梅田芸術劇場シアター・ドラマシティ　12月13日　広島・アステールプラザ大ホール
作・演出：ケラリーノ・サンドロヴィッチ
出演：みのすけ、三宅弘城、大倉孝二、廣川三憲、吉増裕士、喜安浩平／温水洋一、山崎一
舞台監督・美術：福澤諭志（StageDoctor Co.Ltd.）　照明：関口裕二（balance inc.DESIGN）　音響：水越佳一（モックサウンド）　映像：上田大樹（&FICTION!）　衣裳：前田文子　ヘアメイク：武井優子
演出助手：相澤剛志　舞台写真：引地信彦　宣伝美術：雨堤千砂子（WAGON）

#16『薔薇と大砲〜フリドニア日記#2』

日常を超えた魔術的世界

朝日新聞1999年4月6日　扇田昭彦

　今年の岸田戯曲賞を受賞したケラリーノ・サンドロヴィッチの、受賞後第1作である（演出も作者）。

　この劇作家は多彩な才能のおもむくまま、ナンセンス喜劇、若者の群像劇、怪奇ホラー劇などさまざまな作風の劇を書き分けてきたが、今回の『薔薇と大砲〜フリドニア日記#2』は、ファンタジーもの。1996年に初演した『フリドニア〜フリドニア日記#1』に続く作品だ。題名はロックバンド「ガンズ・アンド・ローゼス」のもじりだろう。架空の町フリドニアが舞台だが、前作とは独立した作品と言っていい。ここに見られるのは、私たちのちまちました日常とは違う因果律で動くもう一つの世界、いわば魔術的世界を構築しようという意思だ。

　東西に分かれて戦争状態にある島フリドニアの教会とその周辺が舞台。木や植物まで微細にリアルに作った大掛かりな装置はまるでシュールレアリスムの絵画のようだ。

　登場人物はヘンな男女ばかり。愛人の教師（犬山犬子）と図って妻を毒殺した過去がある無神論者の神父（みのすけ）。不思議な超能力をもつ娼婦（峯村リエ）。劇の語り手でもある犬ぎが（三宅弘城）は自分を人間だと思い込んでいる。

　中でも、井戸に落ちてから大きなカタツムリに変身してしまう女性シンピ（村岡希美）はこの劇の不条理な笑いを体現している。悲惨とおかしさがぴったり重なり合う世界。

　3時間に及ぶ奇想の物語は特に後半、面白くなるが、とりとめない感じもする。それは作者が凝縮したストーリーを作るよりも、長大な幻想譚の部分を切り取ったような書き方をしているためだろう。

　登場人物としても出演する「たま」の3人の生演奏と歌が舞台にのびやかな活気を与えている。

#22『ノーアート・ノーライフ』

反射神経の笑い、あちこちに

朝日新聞福岡版2001年12月13日　梁木靖弘

　1年間で、新作を5本書き下ろし、演出する。これが、どれほど信じがたいペースであるか、舞台にかかわる人なら容易に想像できるだろう。この数年、ナイロン100℃を率いるケラリーノ・サンドロヴィッチは、この驚異的ハイペースで仕事をし、期待を裏切らない舞台を作りつづけている。＜中略＞ホンモノと贋作の関係を考察することが、この喜劇の軸である。だいたいこの芝居自体、パリの芸術家伝説の贋作だ。伝説の芸術家とここに出てくる日本人ボヘミアンたちの関係もそうだし、実際にフェルメールの贋作をする画家（シンコペーションする演技がとてもおかしい大倉孝二）が登場し、もう1人の画家が自分の描きたいものを守るために、彼の贋作を利用するというアイデアで幕となる。

　とにかく、笑った。前半のおかしさは、最高。状況のおかしさというより、ことばのレトリックやロジックの取り違えで笑わせる。つまり、運動神経で笑わせるのでなく、反射神経で笑わせる。KERAは小さいころからそういうヒトだったらしい。

　加えて現在の一家は、父親が芸人（三宅弘城）の借金を肩代わりし、崩壊寸前というおまけまでつく。人物関係が錯綜し、入り組んだ筋立てに乗り遅れないため、過度な神経の集中を要することもあるが、話の中身がおもに廻家のさ末な個別事情にわたり、観客の共感を入れる余地が少ないこともあって、あくびをかみ殺す場面もまま見受けられた。

　日航機の墜落事故や、ポケットティッシュの出現など、懐かしいエピソードもあるとはいえ、話の細部にこだわるあまり、個別を超えた背後の時代や、社会への独自な目配りが感じられず、結果として、凝った造りの割には陳腐な印象が残った。

劇 評

#21『すべての犬は天国に行く』
多重人格・現代人の戯画

日本経済新聞2001年4月19日　長谷部浩

流れ者のエルザ（犬山犬子）が、町の酒場にたどりつき、ビリーはいつ現れるのかと少年（新谷真弓）に訊ねる。『すべての犬は天国に行く』（作・演出ケラリーノ・サンドロヴィッチ）は、西部劇映画のマッチョな世界を軽々と転倒させた舞台となった。＜中略＞流れ者の登場が町の沈滞した空気を破って、当然とされてきた虚偽が暴かれていく、そんな西部劇の定型を踏まえながら、二十一人の女優によって演じられるこの芝居は、ねじれた世界を作り出す。ナンセンスな会話、脈絡のない行動に観客は爆笑するが、ふと振り返ると、会社と家、それ以外の場所で、仮面をつけ替えるように別の人格を生きる現代人の戯画となっている。更にいえば、西部劇のビリー・ザ・キッドとともに、ダニエル・キイスの小説『24人のビリー・ミリガン』の影がよぎる。

とすれば、ここに登場する二十一人は、ひとりの多重人格者のさまざまな現れとも読める。なんとも奇妙でたくらみに満ちた舞台ではないか。

#17『テイク・ザ・マネー・アンド・ラン』
「地震」「お金」で現代照らす

朝日新聞1999年9月14日　山口宏子

ケラリーノ・サンドロヴィッチはいつも、手法もテーマも新鮮な作品に挑み続けている。それも、新たな地平を切り開くといった気負いを感じさせず、軽やかな足取りで。作・演出したこの新作も、意欲的で風変わりなコメディだ。

二〇〇二年、関東が大震災に襲われ、公正な抽選で選ばれた人が「島」の避難所に行くことになった。物語は「島」へ向かう船上で展開する。乗り合わせた人々は、それぞれお金をめぐる「事情」を抱えている。＜中略＞

この世で最も恐ろしいことの一つ「地震」と、別の意味で巨大なパワーを持つ「お金」。それをぶつけて、現代に一筋の光を当てる。狙いがおもしろい。金がらみの話も、作風が軽快で上品だから、欲望ドロドロにならないのが好ましい。現実のドロドロの深さと濃厚さを日々見聞きしている者にとっては、淡彩のファンタジーに見える。

登場人物はみな個性豊かで、俳優たちも魅力的だ。しかし、各自の事情があまり有機的にかみ合わず、エピソードが並列するので、やや平板な印象が残るのが惜しい。

#20『ナイス・エイジ』
異色ながら物足りず

東京新聞2000年9月13日　江原吉博

二十世紀最後の年にあたって、演劇人もまた今世紀を回顧する作品の創作に、意欲をそそられるものとみえる。今世紀を映像の時代という切り口でとらえ、優れた成果をあげた、ひょうご舞台芸術『二十世紀』（1月）など、さしずめその好例であろう。

この先も同じ思いの作品は生まれるだろうが、この舞台が特に興味を引くのは、ナンセンスギャグやポップな笑いで人気の若い集団が、終戦から近未来にわたる半世紀余りの回顧に挑戦する、という異色さのためである。

とはいえ、やはりこの集団のこと、作・演出のケラリーノ・サンドロヴィッチは歴史を編年体でとらえるような策はとらない。青春時代へとタイムトリップする父親、廻時雄（小市慢太郎）を、2人の諜報部員（池谷のぶえ、原金太郎）、妻（峯村リエ）、娘（長田奈麻）、息子（大倉孝二）が、それぞれに追いかけるという枠の中で、時空を行きつ戻りつしながら、廻家の過去の秘密や時雄夫妻のなれそめなどが明かされる、という仕掛けである。

24th SESSION
---

24 東京のSF

　KERAが1985年に犬山やみのすけと初めての劇団を旗揚げした時にやりたかったのは「笑い」であり「演劇」ではなかったという話は、もはやあちこちで語られている。劇団健康にはそのネーミングからして悪意を原動力にしている節があった。「やりたかったわけではない」という「演劇」に対しても、「興味が無かった」と言いながら、大いなる悪意が向けられていたとすれば、それは当時（というより、とうの昔からだが）小劇場ブームの渦中で上演された数々の演劇のもつ「ケレン味」に対してだろう。

　何があったのかわからないが、『東京のSF』において、作者はかつて嫌悪し攻撃対象にしていた「演劇的なケレン」の世界に自ら飛び込んだ。80年代に劇団３○○やブリキの自発団といった劇団が好んでモチーフにした「懐かしい未来」とでも呼ぶべき世界観に彩られた『東京のSF』である。渡辺えり子（現・渡辺えり）を客演に迎えたのもうなずける。（他に清水宏、中村まことが客演）。

　1963年の東京。ケネディ暗殺や六〇年安保など、作家・海野十三郎（大倉孝二）が小説で書く出来事は何故か次々と現実化し、そのせいで小説はボツになる。息子の十四郎（新谷真弓）は、勝手に父の小説を書き換える

が、息子にも父から受け継いだ能力が。世界は十四郎の想像力の赴くまま、とんでもない方向へと突き進んでいく。

純ナンセンスと呼ぶにはあまりにごった煮的で、そのとりとめのなさは観客を戸惑わせたかもしれない。『ナイス・エイジ』『すべての犬は天国へ行く』『ノーアート・ノーライフ』『フローズン・ビーチ』(再演)と続いた、均衡のとれた作品群と比較すると、あえてとしか思えぬバランスの悪さを感じるものの、まさにそのバランスの悪さこそ、かつての小劇場演劇を思い出させ、そこに奇妙な訴求力を感じる向きもあろう。もっともこれは初監督映画『1980』の編集及び調音作業がずれ込んだことで台本を書く時間が削られたことに起因するのかもしれず、KERAも当時のことはあまりに多忙でよく憶えていないと語る。

『フランケンシュタイン』の登場人物である「インガ(峯村リエ)とアイゴール(犬山犬子)を再登場させた理由も、ただあの2人が好きだったし書きたかったから。ただ、手塚治虫の漫画を意識してはいましたね。ほら、あの人の漫画って、サイド・キャラが別の作品によく出てくるでしょう?」(KERA)。

『東京のSF』は『テイク・ザ・マネー・アンド・ラン』以来3年3カ月振りに劇団総出演となった舞台であり、これ以降(2018年現在、Wキャストの『シャープさんフラットさん』を除いて)ナイロン100℃で劇団員が全員出演する舞台は上演されていない。　　　[K.T.]

公演パンフレットより

▶24th SESSION
2002年12月12日〜22日　新宿シアターアプル
作・演出：ケラリーノ・サンドロヴィッチ
出演：大倉孝二、犬山犬子、峯村リエ、みのすけ、三宅弘城、松永玲子、長田奈麻、安澤千草、新谷真弓、廣川三憲、村岡希美、藤田秀世、大山鎬則、喜安浩平、吉増裕士、杉山薫、植木夏十、眼鏡太郎、佐藤竜之慎、中西天外、皆戸麻衣、廻飛雄、柚木幹斗／清水宏、中村まこと(猫のホテル)／渡辺えり子
舞台監督：福澤諭志＋至福団　舞台美術：BOKETA　照明：関口裕二(balance inc.DESIGN)　音響：水越佳一(モックサウンド)　衣裳：コブラ会　映像：上田大樹(INSTANT wife)
演出助手：大堀光威(至福団)　宣伝美術：小林陽子(ハイウェイグラフィックス)　制作：花澤理恵

―― 25th SESSION 10 years anniversary ――

25 ハルディン・ホテル

華々しく開業した「ホテル・ハルディン」。宿泊客には「10年後の同じ日にご来館のお客様は無料でご宿泊いただけます」というカードが配られた。そして雪が降る10年後の開館記念日、チーフのアヅマ（みのすけ）は若いホテルマン（喜安浩平）を相手に10年前を回想する。卓球少女から転身した新進女優（新谷真弓）、駆け出しのシナリオライター（藤田秀世）、少々頭の足りないホテルマン（廣川三憲）、ツアー客たちと新人ツアーコンダクター（犬山イヌコ）。「誰もが楽しく笑っていた」というアヅマの回想とは程遠く、実際はライバル会社の男（小林高鹿）により、奇妙な銅像や壊れた乳母車が各客室に投げ込まれたり、エレベーターに細工をされたりとさまざまな事件が巻き起こっていた。そして10年後、当時の宿泊者たちが、幸せとは程遠い人生を背負い、再びホテルを訪れる――。

記念すべき劇団結成10周年記念公演であるにも拘らず、KERAが設えたのはひどく苦い設定の群像劇だった。

「ホテル・ハルディンの、表向きの華々しさとは裏腹な10年間を、劇団の10年間に重ねていたというのは、正直、あったと思う。疲れていたんじゃないかな、いろいろなこと、とくに人間関係に」（KERA）。

とは言え、作品からは疲れや自暴自棄な匂いは微塵も感じられない。むしろ、はしゃぐことなく、人生の暗部を垣間見せながら進む群像劇のビター・スウィートなムードは劇団の深化を感じさせるし、2001年に正式なメンバーとなった新人たち（眼鏡太郎、皆戸麻衣、植木夏十）も多くの出番を任せられて健闘している。

ブラインドを使用した映像演出によるオープニングからカーテンコールまで、全編に使用されたテーマ曲『ハッピー・トーク』は、元々ミュージカル『南太平洋』のために書き下ろされたロジャース＆ハマースタインのナンバー。数え切れぬアーチストによってカバーされているこの曲だが、本作では、シーンに合わせて様々なアレンジの『ハッピー・トーク』が流された。KERAがここまでアメリカ的なメロディをテーマ曲に選ぶのは珍しい。アヅマが語る「幸せな過去」をシニカルに浮かび上がらせて効果を上げた。　　[K. T.]

▶25th SESSION 10 years anniversary
2003年11月8日～30日　本多劇場　※11月7日プレビュー公演　12月5日～7日　大阪・近鉄小劇場　12月13日～14日　北九州芸術劇場中劇場　12月17日　滋賀・栗東芸術文化会館さきら
作・演出：ケラリーノ・サンドロヴィッチ
出演：犬山イヌコ、みのすけ、三宅弘城、大倉孝二、松永玲子、長田奈麻、新谷真弓、廣川三憲、村岡希美、藤田秀世、大山鎬則、喜安浩平、吉増裕士、杉山薫、植木夏十、眼鏡太郎、佐藤竜之慎、皆戸麻衣、廻飛雄、柚木幹斗／小林高鹿（ペンギンプルペイルパイルズ）
舞台監督：福澤諭志＋至福団　舞台美術：松井るみ（センターラインアソシエイツ）　照明：関口裕二（balance inc.DESIGN）　音響：水越佳一（モックサウンド）　映像：上田大樹（INSTANT wife）
衣裳：ミシンロックス＋コブラ会　ヘアメイク：武井優子　演出助手：山田美紀（至福団）　宣伝美術：高橋歩　制作：花澤理恵

side SESSION#7

S7 イギリスメモリアル オーガニゼイション

　ロンドン郊外にある万里の長城ほどの巨大なアパートで連続殺人事件が起こり、ベッカム警部補は犯人を自分の好みで推理するプロファイラー、チェリンガムを助手に事件解決に乗り出す。一方、アパートの一室では犯罪計画が練られていた……。KERAが一切かかわらず、大倉孝二、峯村リエ、村岡希美に猫ニャーのブルースカイを加えた4人で作・構成・演出を行った。特に何も考えないままに企画がスタートしてしまい、「誰が書くのか」を決めないままに進んだため、出演のみの予定だったブルースカイに、急遽、台本執筆も依頼することになったという。日替わりゲストとして、入江雅人、大堀こういち、みのすけが出演。　　　　　　　　　　　　　　　　　　　　　　[K. T.]

▶ side SESSION #7
1998年12月10日～13日　代々木フジタヴァンテ
作・構成・演出・出演：大倉孝二、ブルースカイ（猫ニャー）、峯村リエ、村岡希美
日替わりゲスト：入江雅人、大堀こういち、みのすけ

side SESSION#8

S8 ロンドン→パリ→東京

　仕事が多忙で、道を挟んだ向かいにある自宅に4年も帰宅できなかった十日家（とうかいえ）タモツは、妻の不倫を知り、ショックを受ける。少年時代に入っていた少年探偵団を復活させようと、かつての仲間を探し出し、「変装名人」の明智先生とともに、妻子を奪った浮気相手、野々村切人（小林高鹿）に戦いを挑むのだが……。若手役者を中心とした純ナンセンス作品。「大倉孝二と清水宏を柱にしたデタラメ芝居を作りたかった」とKERAはいう。主人公の十日家を大倉孝二が、明智先生を清水宏が演じた。　[K. T.]

▶ side SESSION #8
1999年1月26日～31日　本多劇場
作・演出：ケラリーノ・サンドロヴィッチ
出演：大倉孝二、小林高鹿、長田奈麻、安澤千草、新谷真弓、藤倉みのり、廣川三憲、村岡希美、仁田原早苗、大山鎬則、市川英実、杉山薫、斉藤可奈子、田中嘉治郎／岸潤一郎、政岡泰志、清水宏

ホリプロ×ナイロン100℃ SPECIAL SESSION
ドント・トラスト・オーバー30

『ナイス・エイジ』を観て感激したというホリプロの会長堀威夫氏からの「GSブームの時代にタイムスリップする物語をミュージカルでやってほしい」という依頼で実現した、ホリプロとナイロン100℃の共同公演。解散直前のたま（知久寿焼、石川浩司、滝本晃司）が、『薔薇と大砲』、『室温』（01年）に引き続き参加。音楽監督は10年後にKERAとNo Lie-Senseを組むことになる鈴木慶一（ムーンライダーズ）。生演奏を鈴木博文（ムーンライダーズ）、星川薫、青木庸和、濱田尚哉が担当。楽曲はKERA作曲、鈴木慶一作曲のナンバーともに、ムーンライダーズやたまのレパートリーの歌詞を交えて歌われた。

また、本作でユースケ・サンタマリアが初舞台を踏み、2000年には松尾スズキ作・演出の『キレイ〜神様と待ち合わせした女〜』で主人公・ケガレを演じていた奥菜恵がヒロインを、ザ・スパイダースでGSブームの中心にいた井上順が主人公の父親役を演じた。

振付には、これまでのナイロン100℃作品に参加したロマンチカの故・横町慶子に加え、珍しいキノコ舞踊団の伊藤千枝が参加。また大胆にフライングを導入することで、迫力のあるステージングを展開した。一見、シンプルな抽象風の舞台美術（礒沼陽子）には多彩なギミックが内蔵され、その高さのあるデザインは、フライングの迫力を増す効果をもたらした。

物語は2004年、戦争中の日本に暮らすユーイチ（ユースケ・サンタマリア／客演）が、タイムスリップしてしまった婚約者のタナカレイコ（秋山菜津子／客演）を探して、1958年の東京に現れるところから始まる。さらに1968年へとタイムスリップしたユーイチは万城目メグミ（奥菜恵／客演）と遭遇。レイコとの再会を経て、売り出し中のヒデ（大堀こういち／客演）率いるGSバンド「シャークス」に対抗して「ホエールズ」を結成することに。

一方、ユーイチの友人早川（みのすけ）は、ユーイチを慕うレンゲ（新谷真弓）を過去に送り出し、ユーイチを連れ戻そうとするがうまくいかない。早川は2004年の世界で、ある組織を率いるメグミの世話をしているのだが、彼女の日記を読み、ユーイチの影響で世界の歴史が変わり始めていることを知る……。

本作では、タイムスリップものである『ナイス・エイジ』からの流れを発展させつつ、エンターテインメント性の高いKERA流のミュージカルを目指した。ユーイチとメグミのラブストーリーを軸に、強引なやり手芸能プロダクション社長（峯村リエ）や、元アイドルで今は猿の着ぐるみを着て活動する（フライングを含め、歌いながらのアクションは圧巻！）五十嵐アゲハ（犬山犬子）、かなりの天然キャラながらギターは凄腕のヒロキ（三宅弘城）など、多士済々なキャラクターが大暴れ。

秋山も、かわいい系女子だったレイコが紆余曲折の末、ゴミ女にやさぐれるまでを熱演。奇跡的に病気が治ったのに地雷を踏んで木っ端微塵、幽霊となったユーイチの父・中山裕之介を、井上順は軽やかながら確かな存在感で表現し、物語を盛り上げている。そして廃墟と化した世界でのユーイチとメグミの会話を通じて、ときを超えて続く愛をシンプルに、力強く表現したラストシーンが印象的だ。

KERAが満を持して挑戦したミュージカルだったが、「ミュージカルを演出するにはあまりにも未熟だったし、正直ナメていた。僕が当時あちこちで失敗作だったと連呼したものだから、ユースケはじめ、関わってくれた人たちを随分傷つけてしまったかもしれない。ホリプロとあまり仲良くやれなかったとか、青山劇場という劇場が広すぎたとか、さまざまな事情はあったけれど、今改めて振り返ればすべては僕の至らなさに起因することだったと反省してます」（KERA）。

KERAはこのあと、ユースケと『東京月光魔曲』（09年）、奥菜と『夕空はれて』（14年）と、自身にとって重要な意味を持つ外部舞台で、再びクリエイションをともにしている。

［小杉厚］

▶ホリプロ×ナイロン100℃ SPECIAL SESSION
2003年5月24日〜6月8日 青山劇場　6月13日 愛知厚生年金会館　6月18日〜22日 大阪厚生年金会館芸術ホール
作・演出・作詞・作曲：ケラリーノ・サンドロヴィッチ　作曲・音楽監督：鈴木慶一（ムーン・ライダーズ）
振付：横町慶子（ロマンチカ）、伊藤千枝（珍しいキノコ舞踊団）
出演：ユースケ・サンタマリア、奥菜恵／犬山犬子、みのすけ、三宅弘城、峯村リエ、松永玲子、長田奈麻、安澤千草、村岡希美、新谷真弓、廣川三憲、大山鎬則、吉増裕士、喜安浩平、杉山薫／大堀こういち、藤田秀世、たま／秋山菜津子／井上順

縦の構図と
シミについて

榎本憲男（小説家　映画監督）

東京テアトル在社時代、KERAの初監督映画『1980』
および『罪とか罰とか』に於いて、プロデューサーとして現場を牽引。

　演劇人が映画に進出する時、これを迎える側の映画界が待ち望むものはなんだろうか。もちろん時代や国によってもちがうだろうが、日本では、斬新な切り口と安定したストーリーテリングへの期待が、宮藤官九郎などの活躍によって、映画業界に醸成され始めているようだ。大衆というものが崩壊し、分衆化することによって、映画の大衆娯楽としての地位も揺らぎ、これまではいくぶんマニアックだと思われていた小劇場の世界観が斬新な切り口として映画界でも受け止められるようになり、また演劇界も全体として、（ここは詳しく知らないのであくまでも臆断であることを断らなければならないのだが）、その表現をリアリズムに寄せていった結果、映画との距離が縮まりつつあるという見立ては当たらずとも遠からずなのではないだろうか。

　そして、何にもまして、演劇人の強みは場数をこなすことによって培ったストーリーテリングの力である。これは、ベテランが高齢化する中で、なかなか若手の脚本家が育たない映画界においては、貴重な戦力になりつつある。となると、まず、脚本を提供し、その後に演出も手がけるようになるというのが、日本の演劇人の映画界への参入の手順となっているように思われる。

　しかし一方、こうした演劇人の映画進出に対して、シネフィル的な映画評論や批評は概して冷淡である。これらの論者にとって「演劇的」という言葉づかいは否定的なニュアンスがともないがちだ。そもそもシネフィルは、ストーリーにあまり評価を置かない傾向がある。一方、否定的なニュアンスが込められた「演劇的」に対して、「映画的」は最上の褒め言葉となる。ストーリーが演劇と映画の共通要素であることを考えると、演劇の世界をただ単に映画に移すだけでは映画としての評価を与えることはできず、映画ならではの演出にこそ価値を見いだすべきだという考えがここに通底していると思われる。

　では、KERAの映画はどうだろう？　KERA演劇はもとから映画に似た性格を多く有していた。場面展開が多く、アヴァン・タイトルからメインタイトルやキャストの紹介、さらにプロジェクションマッピングによる演出などは、演劇に映画的な要素を導入しようとする試みとして理解することができる。ならば、もともと映画的要素を多分に含んでいるKERA演劇が映画に変換されたとき、映画として見るべきものはないのだろうか。これは言い換えれば、KERA映画において、KERAの演出は「映画的」だろうか、という問いである。KERAの映画演出を間近で見ながら、演劇の世界ではなし得ないことで、ぜひ映画でやってみたかったのだろうな、と僕が強く感じたのは、縦の構図の使用である。

　地平線の彼方まで伸びている一本道がある。手前には広く見える道幅も地平線では点になっているような深い奥行きのある図、例えばこれが縦の構図である。奥行きに限界がある舞台空間では不可能な絵作りだ。よしんば書き割りを用い錯覚を利用してそのような風景を舞台上に作り上げたとしても、その手前と奥で同時に芝居を進行させることはできない。この、縦の構図において、手前と奥深くで起こっていることを同時に捉えることに、KERAは意欲を見せる。それは、手前では平穏な日常的な風景が繰り広げられるその奥で大変な騒動が起こっているというシーンをワンショットで収めるという形式で現れ、観客の笑いを誘う。『1980』で、ともさかりえがレコーディングブースで鼻をかんでいる時、奥のモニター室では、彼女をめぐる痴話喧嘩が乱闘に発展している。『グミ・チョコレート・パイン』では、平和なキャンパスが映し出される画面奥で、中越典子扮する女教師が彼女を恋い慕う生徒に襲われているのだが、手前では何も知らない生徒達がのんびり談笑している。この縦の構図での〈手前はノンビリ・奥は大変〉な笑いの演出は、昨今の映画演出家がほとんど使わなくなった古典映画の手法によるものだ。ウディ・アレン好きなKERAならではの腕の見せ所であり、このような古典的な技法の復権という観点からも、KERA映画はもっと深く批評されるべきだと思う。演劇人が撮った映画＝演劇的＝非映画的　という図式に映画批評は安住していないだろうか。

　さて、演劇人の映画界への進出において、映画業界が取りあえず期待するのはストーリーテリングだと先に述べた。そしてKERAもまた巧みなストーリーテラーである。しかし、KERAが書くストーリーは、映画の標準サイズである二時間の枠組みからすると、多少冗長とも受け取られない部分を有していることも否めない。そこで僕は、KERA映画のプロデュースに当たっ

映画『罪とか罰とか』撮影風景

て、なるべく引き締まった、無駄のない、精緻なストーリーの上に映画を構築しようと目論んだ。しかし、と同時に、このことがKERAが持つ本質的な部分をそぎ落としてしまうことにつながることもどこかで承知していた。非常に巧妙に仕組まれ無駄がなく、思わぬ経路を辿って見事に結末へとたどり着くストーリー、それはKERA作品にはふさわしくないということをどこかで自覚しながら、諸般の事情もあり、そのような方向へとプロデュースしようとしていたのである。

ストーリーとは言葉であり、意味である。だからストーリーはいくらでも解説可能だ。そして、批評はストーリーに多くの部分を割く。また、映画が何を表現しているのかを解説するのが批評の役割だという考えを多くの人が持っている。となると、批評がストーリーの解読に向かうのは自然だろう。

しかし、この世界は意味では覆いきれないのだと、世界を理解する、そのように世界を感受する人間がいる。世界が意味に分解できないことを居心地悪いと捉えるとともにその居心地悪さを享受し、そこに神秘を見いだす人間、KERAはこのような一人であり、その世界観は当然作品に反映される。いや、そこにこそKERAの独自性があり、芸術の本分もそこにある。そしてそれをなんとかしてくみ取ろうとするのが芸術批評の醍醐味でもあるはずだ。

では、〈意味の外側〉に宿る神秘とはKERA演劇ではどのような形で現れるのだろうか？　たとえば『ちょっと、まってください』ではソファーに発見されるシミとして表現される。このシミは何を表現しているのか。何も表現してはいない。これをきっかけにして物語が大きくドライブすることもない。それどころか、それは多少なりとも物語の進行を乱してしまう。KERAは基本的にはかなり堅牢な物語の枠を用意する作家なので、このようなノイズが大きく物語の進行を阻害することはない。しかしそれは、快

調に走っている列車の車窓からちらと見た妙ちくりんで意味不明な看板のように、観客の心を一瞬ざわつかせる。そして、その謎の答えは最後まで明かされない。もとより答えなどないのだ。このような意味づけできないなにかを、KERAと似た形で表現した作家が映画界にもいる。

ポーランドのイエジー・スコリモフスキはヌーヴェル・ヴァーグの影響を受けて1960年代に映画製作を開始した映画作家である。さまざまに作風を変えつつ、2015年に日本で公開した『イレブン・ミニッツ』ではこの〈意味の外側〉の大胆な表現が試みられ、それは奇しくもKERAの『ちょっと、まってください』と同じくシミというかたちで現れるのである。午後5時から午後5時11分に終わるいくつもの不穏なエピソードを同時並行に語り、糸をより合わせるように太い不気味な物語に仕立て上げるその語り口は見事であるが、これだけでは多少気の利いた、凝った話法のお話という程度のものだろう。ときおり大きく映し出される旅客機の機影は、イレブンというタイトルの部分からも、9.11の惨事をいやおうなしに思い起こさせはするが、これも少し意識的に言葉を駆動すれば意味づけはそう難しくない。しかし、老画家が不意にキャンバスに垂らす黒い絵の具が作るシミだけは、言葉に回収できない意味づけ不可能なものとしか言いようがなく、これが映画のそこかしこに不気味に登場し、映画のラストではこのシミが画面全体を塗り尽くしてしまうのである。まるで、プロジェクションマッピングによって、舞台全体が黒いシミやカビで覆い尽くされるKERA演劇のように。

イエジー・スコリモフスキとKERAがともに〈意味の外側〉を強く意識していることは間違いない。但し、そこに向かう態度のちがいは両者の作品の色合いに如実に反映される。世界がまるごと意味づけできないことを、作品の中心に置き、不吉な雰囲気の中で語るイエジー・スコリモフスキに対して、KERAは、それを作品の中心には置かずに、笑いという意味づけ不可能な別の表現へと昇華させようとする。

もし、KERAの映画をプロデュースするチャンスがまた再びあるのならば、意味づけ不可能な不気味なものを作品の中心に据えて、それを古典的な映画の演出方法で徹底的に表現し、笑いへと昇華させる方向へと作家を導くというのが、もっとも魅力的な仕事ではないかと思い始めている。そんな恐ろしいことはとてもできないと戦慄を覚えつつ……。

ケラリーノ・サンドロヴィッチ　主な映像作品

映画

1980 2003／東京テアトル	監督・脚本	出演：ともさかりえ、犬山イヌコ、蒼井優、みのすけ、峯村リエ、三宅弘城、松永玲子、大倉孝二　ほか 製作：林哲次、榎本憲男
おいしい殺し方 **A Delicious Way to Kill** 2006／ギャガ・コミュニケーションズ	監督・脚本	出演：奥菜恵、犬山イヌコ、池谷のぶえ、みのすけ　ほか 共同監督：波多野健
グミ・チョコレート・パイン 2007／東京テアトル	監督・脚本	出演：石田卓也、黒川芽以、犬山イヌコ、みのすけ、峯村リエ　ほか 原作：大槻ケンヂ「グミ・チョコレート・パイン」（角川書店刊）
罪とか罰とか 2008／東京テアトル	監督・脚本	出演：成海璃子、永山絢斗、段田安則、犬山イヌコ、みのすけ、大倉孝二　ほか 企画：榎本憲男
北の桜守 2018／東映	舞台演出	主演：吉永小百合 監督：滝田洋二郎

TVドラマ

やっぱり猫が好き 新作2001 2001／フジテレビ、ポニーキャニオン	脚本	第二話「思い出せないこと」 出演：もたいまさこ、室井滋、小林聡美 監督：芳住昌之
室温〜夜の音楽〜 2002／フジテレビ『少年タイヤ』	原作・脚本	出演：長野博(V6)、坂本昌行(V6)、井ノ原快彦(V6)、内田紳一郎、ともさかりえ、村岡希美　ほか 演出：大根仁
GIRL←MEETS→GIRL 2005／BSフジ	脚本・演出	出演：森若香織、村岡希美、岩橋道子、野間口徹、廣川三憲、小橋めぐみ、小谷美裕、犬山イヌコ　ほか 脚本協力：吉増裕士 エンディング曲：ケラ＆ザ・シンセサイザーズ「サーフ・ダンシング」
RUN AWAY GIRL 流れる女 2005／BSフジ	監修	出演：高野志穂、設楽統（バナナマン）、日村勇紀（バナナマン）、村岡希美　ほか
おいしい殺し方 **—A Delicious Way to Kill—** 2006／BSフジ、GyaO	脚本・演出	出演：奥菜恵、犬山イヌコ、池谷のぶえ、みのすけ、廣川三憲、猪俣英人　ほか
時効警察 2006／テレビ朝日 DVD BOX 発売中	脚本・演出	第八話「桜咲く、合格通知は、死への招待状？」 出演：オダギリジョー、麻生久美子、ふせえり、江口のりこ、櫻井淳子、真木よう子、廣川三憲　ほか 共同脚本：山田あかね
帰ってきた時効警察 2007／テレビ朝日 DVD BOX 発売中	脚本・演出	第四話「催眠術は、推理小説にはタブーだと言っても過言ではないのに…」 出演：オダギリジョー、麻生久美子、ともさかりえ、犬山イヌコ、廣川三憲、村岡希美　ほか 劇中歌：「しゃくなげの花」「月見そばのうた」 　　　　（作詞・作曲：犬山イヌコ）、「たべもの」（作詞：犬山イヌコ、作曲：犬山イヌコ・KERA）
怪奇恋愛作戦 2015／テレビ東京 DVD BOX 発売中	シリーズ監督・脚本	出演：麻生久美子、坂井真紀、緒川たまき、仲村トオル、犬山イヌコ、大倉孝二、みのすけ、廣川三憲、吉増裕士、水野小論、小園茉奈、菊池明明、森田甘路　ほか 監督：白石和彌　濱谷晃一 脚本：関谷崇、田中眞一、小峯裕之

「おいしい殺し方」
フライヤー

イラスト：山本容子
デザイン：大寿美トモエ

『罪とか罰とか』
フライヤー

デザイン：横須賀拓

DVD BOX 発売中

©2006 テレビ朝日・MMJ

Blu-ray／DVD BOX
発売中

©「怪奇恋愛作戦」製作委員会

『1980』
©2003「1980」製作委員会

『おいしい殺し方』
©BSフジ／USEN／イースト

『GIRL←MEETS→GIRL』
©BSフジ

『時効警察』
©テレビ朝日「時効警察」

『グミ・チョコレート・パイン』
2007「グミ・チョコレート・パイン」製作委員会

『罪とか罰とか』
©「罪とか罰とか」製作委員会

『怪奇恋愛作戦』
©「怪奇恋愛作戦」製作委員会

135

#24『東京のSF』

充実の役者力が超豪華舞台

『TV Taro』2003年3月号（東京ニュース通信社）　豊崎由美

今、役者力がもっとも充実している劇団は大人計画とナイロン100℃だと思い定めている。が、才長けた役者はその他のユニット公演やテレビ、映画からの引き合いも激しく、ゆえに本公演で劇団員全員が揃うのは意外に困難。大倉孝二、犬山犬子、峯村リエ、みのすけ、三宅弘城、新谷真弓等々、スッゲェ役者を擁するナイロン100℃の公演でも、だから「んだよっ、犬山さん出てないのっ……」と、思わず三点混じりの溜息をついてしまうケースが長らく続いていたわけで。

実に3年3カ月ぶりに実現したフル・メンバーでの新作公演が、この『東京のSF』なのである。紅白歌合戦ファンなら、美空ひばり・江利チエミ・雪村いづみが揃い踏みしている光景を想像してほしい。競馬ファンならシンザン・シンボリルドルフ・オグリキャップが共にターフを駆ける姿を想像してほしい。格闘技ファンならミルコとサップのカードを想像してほしい。そんなうっとりするほどゴージャスな感じなんだとわかってほしい。

舞台は1963年の東京。高度経済成長の高波に乗った日本国民が、"明るい未来"を信じきっていたあの無邪気な時代、SF作家・海野十三郎（大倉）は悩んでいた。予知能力のせいで、たとえばケネディ大統領暗殺を予見した小説を書いても、それが実現してしまうためにSFとして成立せず、まるで作品を掲載してもらえないのだ。十三郎の書く作品が次々と現実化していくことに怯える妻。その指示で小説を書き換える小学生の息子・十四郎（新谷）。ところが十四郎にも父から受け継いだ能力があり、未来は少年のとんでもない想像力をなぞって改変されてしまう。最終戦争による荒廃、緑色の顔をした弱っちい土星人による地球支配、地球人の火星移住。ダメなフィリップ・K・ディック調のバカバカしい悪夢的世界が展開するのだ。挙げ句、地球は風船のように破裂して消滅してしまう。

さて、「こうして地球はその歴史に幕を閉じた。まあ、無茶したわりには長生きしたほうなんじゃないかな」という軽いモノローグで終わる、このステージがかもす懐かしさが何に由来するかといえば、それは80年代にブームを起こした小劇場演劇の雰囲気だろう。これは'50年代後半～'60年代前半生まれを"あらかじめ失われた世代"と命名したのは、アメリカの作家デイヴィッド・レヴィット。上の連中が夢中になった革命運動に乗り遅れ、その失敗を冷ややかに眺めつつ、いつか全面核戦争で地球は滅亡するにちがいないという時代感性を強く刻印された世代、という意味だ。その世代が人気を支えた'80年代の小劇場は、だから、あっけらかんとした終末観に包まれていたのである。世界が終わる光景に対する既視感といってもいい。「過去はいつも新しく、未来は不思議に懐

かしい」とは、ブリキの自発団の傑作ステージ『夜の子供』（'86年）での名台詞だが、あの頃のそんな倒錯した未来像を、この舞台は思い出させてくれたのだ。

オールキャストでの群像劇仕立てゆえに、すべての役者に見せ場をとの思いからか、時に冗長な場面もあったとはいえ、そうした企みは少なくとも'80年代から舞台を観ている者にはよく伝わった。三宅氏が演じたダメなロボットや、犬山氏＆峯村氏による頭のネジがはずれた異星人コンビの可笑しさも絶品。ナイロンの前身、劇団健康時代からのファンにとっては、犬山氏が久しぶりに見せてくれた、頭の足りない幼児風演技は感涙ものといっていい。紅白歌合戦も競馬も演劇も見続けることが大切なんである。そうすると、こんな具合に「オレは見たよ」と自慢もできようというもの。20年後の自慢話大会目指して、若人よ、頑張れ。

#24『東京のSF』

とんでもない未来にぎやかに

朝日新聞2002年12月17日　扇田昭彦

演劇ユニット「ナイロン100℃」の新作『東京のSF』は、才人ケラリーノ・サンドロヴィッチ作・演出によるナンセンス・コメディ色の強いSF劇だ。

舞台は63年（作者が生まれた年でもある）の東京。東京オリンピック、東海道新幹線開通を翌年に控え、高度経済成長が本格化し、「明るい未来」が信じられていた時代だが、舞台は逆の方向をたどる。

作家・海野十三郎（大倉孝二）には予知能力があり、彼が小説で書く出来事は、ケネディ大統領暗殺など、次々と現実化する。それにおびえた妻の指示で息子の十四郎（新谷真弓）が父の小説を書き換える。だが、息子にも父から受け継いだ能力があり、少年の想像のおもむくまま、世界はとんでもない未来に突入する。最終戦争による地球の荒廃、緑の顔をした土星人による地球占領、地球人の火星への移住……。

劇全体はナンセンス・ギャグをさんざ連ねた形式だ。おかしな言動の男女が入り乱れる群集劇だ。犬山犬子、みのすけ、三宅弘城、峯村リエ、客演の渡辺えり子演技陣は個性的だ。

ただし、今回はギャグがナンセンスに徹し切れていないせいか、笑いがあまり盛大に弾けない。休憩を入れて約3時間15分だが、内容的にもっと凝縮できるのではないか。

終わり近く、地球は破裂した風船のように、あっけなく爆発し、消えてしまう。「こうして地球はその歴史に幕を閉じた。まあ、むちゃした割には長生きした方なんじゃないかな」というセリフも重くなく、さらりと語られる。地球消滅の未来を前提としているかのような、だからこそノスタルジックな味わいのあるSF喜劇である。

#25『ハルディン・ホテル』
ナンセンス・コメディと社会諷刺の絶妙な両立

『レプリーク』2004年1月号（阪急コミュニケーションズ）　長谷部浩

劇団を維持していくことは並大抵の苦労ではない。もっとも問題となるのは、成長してきた俳優に、それなりの役を割り振れるかどうかだ。かくして、劇団が成長すればするほど主宰者たる劇作家は、出来るだけ多数の人物が登場し、しかもそれぞれにやりがいのある役を書くことが必要となる。

ナイロン100℃10周年のためにケラリーノ・サンドロヴィッチが書き下ろした『ハルディン・ホテル』は、それゆえかグランドホテル形式を取る。なるほど、この劇作術ならば、多数のエピソードを交錯させても不自然ではない。今回もKERAならではのナンセンス・コメディは破綻なく成立し、俳優たちの安定感を増した力量もあって、観客を爆笑させていた。

10年前ホテルが開業したロビーで笑いさざめく人々の姿は、私たちの近い過去をふっと思い出させ、ノスタルジアをかき立てる。客室に突然飛び込んでくる馬の上半身には、シュールなおかしみがある。中2階に折り重なっている屍体は、観客の目から伏せられているだけに恐怖をかき立てる。もたれない絶妙のさじ加減で、ノスタルジアとシュールとホラーが混合する作風は快調だ。

KERAは、殺伐とした現在を憎むがゆえに、記憶の浄化作用によって解毒された過去を、現在と対にして、描こうとしているのか。折り重なる屍体を劇団の歩みと引きつけて曲解することもできるが、私はホテルマンの振る舞いに、手前勝手な正義と秩序を振りかざして、おびただしい死をもたらしている超大国のありようを思い描いていた。

しかし、ナンセンス・コメディであるかに見せて、実は徹底した社会諷刺として成り立ってしまうとすれば、それはもはやナンセンスではなくなり、笑いも凍る。KERAの演出がすぐれているとすれば、そのさじ加減の絶妙さであり、このバランスを取り続けるのは、集団の維持に劣らぬ困難な作業であることはいうまでもない。

#25『ハルディン・ホテル』
世界の解体と崩壊を笑う

月刊『ダンスマガジン』2004年2月号（新書館）　扇田昭彦

まるで現在の混迷する世界状況に重なるかのような崩壊感覚の喜劇に感銘を受けた。

10周年記念と言えば、ふつうは祝祭感覚の公演を予想しがちだが、そこは不条理な笑いの作者KERAである。人間関係がことごとく解体していく、おかしく哀しい凄惨な喜劇を放った。〈中略〉

1990年代からの10年間、中近東をはじめとして今、世界各地で起きている果てしのない戦乱、民族紛争、宗教対立。あるいは社会と経済の混迷が続く日本の状況。この劇が寓意劇ではないことを承知しつつ、そんな現実が作品に影を落としているのを私は感じる。観客は世界の崩壊と解体を盛大な笑いとともに目撃するのだ。

となると、ホテルを管理し、ホテル内で起きる事件と事故が外部に漏れないよう、異常な隠蔽工作を続けるアヅマ（みのすけが好演）は、単なる従業員を超えた体制のシンボルかもしれない。セツコ役の松永玲子の切実感のある鋭い演技もよかった。

劇の冒頭、ロジャース／ハマースタインのブロードウェイ・ミュージカル『南太平洋』の軽快な曲「ハッピー・トーク」が流れる。若い恋人たちの幸福感に富む語らいを歌うこの曲が、人間関係が崩れ、「トーク」も一向に成立しない劇の開幕を飾るのだ。いかにもKERAらしい、苦い笑いを誘う趣向である。〈一部抜粋〉

NYLON100℃ GALLERY

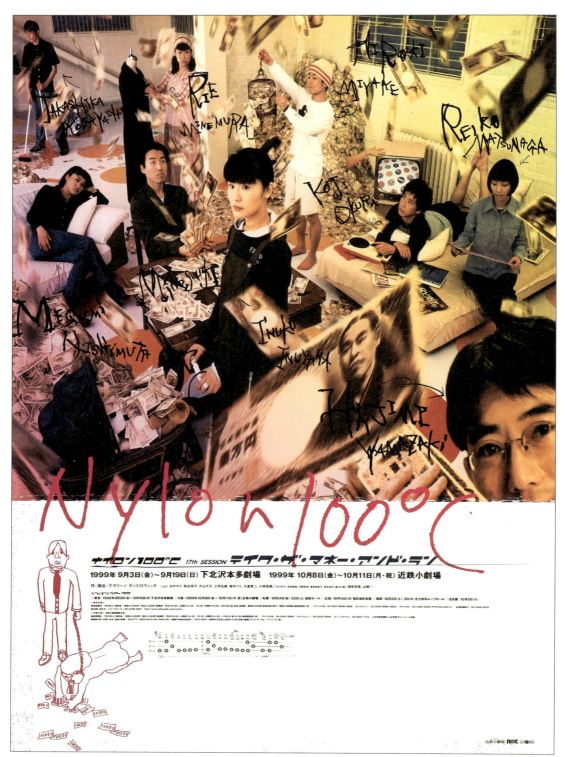

A. 17th SESSION「テイク・ザ・マネー・アンド・ラン」ポスター

A.1st SESSION「予定外」ポスター　B.4th SESSION「ネクスト・ミステリー」ポスター　C.9th SESSION「ビステキと暴走」フライヤー
D.3rd SESSION「1979」ポスター　E.6th SESSION「4 A.M.」ポスター　F.7th SESSION「下北ビートニクス」ポスター

A

B

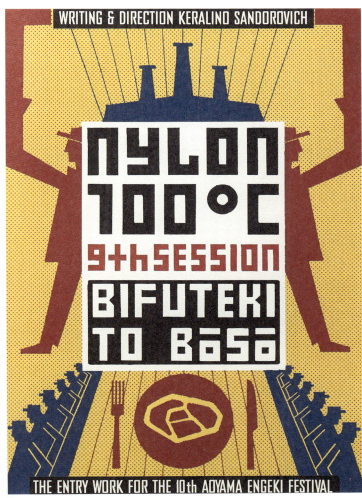

C

D

E

F

NYLON100℃ GALLERY

A. 19th SESSION「絶望居士のためのコント」ポスター　B. 13th SESSION「フランケンシュタイン」ポスター　C. 8th SESSION「フリドニア」フライヤー
D. 18th SESSION「テクノ・ベイビー」フライヤー　E. 10th SESSION「カラフルメリィでオハヨ」フライヤー　F. 16th SESSION「薔薇と大砲」フライヤー

A

B

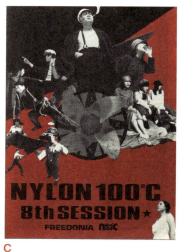
C

E

D

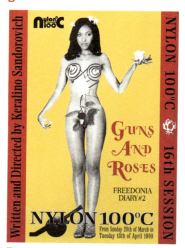
F

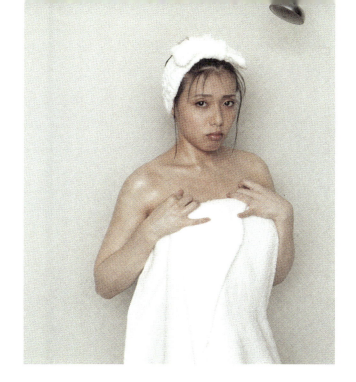

MAYUMI SHINTANI

新谷真弓（しんたに・まゆみ）

広島県出身。高校時代から演劇を始める。95年オーディションに合格しナイロン100℃に参加。近年の主な出演は舞台『ハリウッドでシェイクスピアを』『皆、シンデレラがやりたい。』『狼狼―不確かな群像劇―』など。声優としても活躍し、アニメ『キルラキル』『この世界の片隅に』『夜明け告げるルーのうた』『デュエル・マスターズ』ゲーム『陰陽師』などに出演。

ナンセンス純情
新谷真弓

私がナイロン100℃に入団したのは19歳のとき。

それ以前は、地元広島高校演劇界の片隅で、KERAさんや劇団健康に影響受けまくりのナンセンス喜劇を自作自演していた。思い返すと微笑ましいやら片腹痛いやらであるが、要するに入団前からKERAさんはこの上ない憧れの存在だったのだ。

一方で寺山修司と緑魔子の熱烈なファンでもあった私にとって、高校卒業時の演劇観はアングラorナンセンスという究極の二択であった。

しかし、第七病棟『ビニールの城』を拝見すれば、生・緑魔子さまが素敵すぎて『緑魔子がいる限り私は緑魔子になれないんだ!』という今更すぎる事実に打ちのめされ(ビニールの城は寺山戯曲じゃないけど)『少女仮面』を拝見すれば、生・李麗仙さんが惜しげもなくさらけ出した生・乳に恐れおののき(少女仮面も寺山戯曲じゃないけど)、早々にアングラ分岐からドロップアウトする(いつの間にかアングラ=唐さんになっちゃってるけど……)。

勝手に脱アングラした私が、勝手に残りの演劇生命を賭けて観劇した『ネクストミステリー』は果たして超おしゃれで超おもしろく、超ながい上演時間のせいで半ば追い出されるように退館を迫られたことにすら「余韻なんてくそくらえってこと?超クール!」とのぼせ上がり、チラシ束に入っていたオーディション用紙に速攻書き込みを始めたのである。

かくして、演劇=ナンセンスという危険思想の持ち主はオーディションでも「バーチャファイター2の酔拳のじいのものまねで自己PR」という確かにナンセンスだが演劇とまったく関係ない一発ネタで奇跡的に合格を勝ち取り、右も左も訳も分からぬまま、数カ月後には『ウチハソバヤジャナイ』のお稽古に参加させられていた(全然ありがたいとか思ってなかったのがもうナンセンス)。

美千子という娘の役を試しに演じさせてもらえることになった当日、何故かなんの断りもなく当時流行っていた映画レオンのナタリー・ポートマンを意識したオカッパ頭にしていったら、髪型のせいなのかなんなのかこれまた奇跡的に役をゲット。

普通なら演出家や衣裳さんの断りもなく新人が勝手に髪型を変えるなんて大目玉だし、同期の大倉くんなどはただゲロを吐くだけの役に異常な怒られ方をしていたのに、何故か私はなんとなく許され(てなかったのかもしれないが)あまつさえ稽古後半には『KERAさんが誉めてくれないとやる気が出ません』などといくらなんでもナンセンス炸裂させすぎな不満まで溢す始末で、お前本当に憧れていたのかとデロリアンに乗ってツッコミに行きたい。

その次の若手公演では、ナゴムギャルの役という最高に光栄なポジションを頂いたにもかかわらず、ある日突然稽古をボイコットし、KERAさんがわざわざ自宅近くまで来て手を繋ぎつつなだめ歩いて下さるという赤子のごときナンセンスを発揮してしまった。

その後もKERAさんに「猫背を治せ」と言われ逆ギレして劇団を飛び出したり(すぐ戻ったり)、団員会議でいきなり「KERAさんにはビッグになってほしい!」と言い放っ

て皆を困惑させたり、あれに出たいこの役がやりたいと駄々をこねたかと思えば、ヨソに出たいからこれは休ませてくれと抜かし、自分が出てない公演は見に行かなかったり、たまに外部公演に連れていけばどうでもいいことで泣き出す……

等々、ナンセンスの限りを尽くしている。ナンセンスていうかもうただのプッツン女優である。一体デロリアンが何台あればいいのか。

それでも、私はKERAさんに怒られた記憶がほとんどない。最も怖かったのが、お稽古の食事休憩中、お蕎麦屋さんにて時間内に食べ終わらず「やばしー」とおどけていたらオデコを小突かれたことという驚異の怒られ耐性のなさ。普通に自業自得だし。

今の自分があるのは間違いなくKERAさんとナイロンのおかげであり、常に感謝と恩義を感じまくっているけども、ずっと頂いてるもの以上の何かをお返しできているのかは甚だ疑問で、こんな私のわがままを時に受け入れ時に聞き流しつつ、なんとなく許し続けて下さるKERAさんは、やっぱり唯一無二のナンセンスキングなのだ。

『男性の好きなスポーツ』でシズホ役をやったとき、美術の林巻子さんから「KERAさんは新谷さんにイノセントというか、聖域のような役をいつもやらせますね」と言われた。もしそうだとしたら、それらは私ではなくKERAさんとナイロンの中にあるものだと思う。

大きな大きなナンセンスキングダムの庭に居を構えるイノセントの軒下にこっそりと、一日でも長く棲まわせてもらえることを祈り、精進する他はない。　　　　なんちゃって。

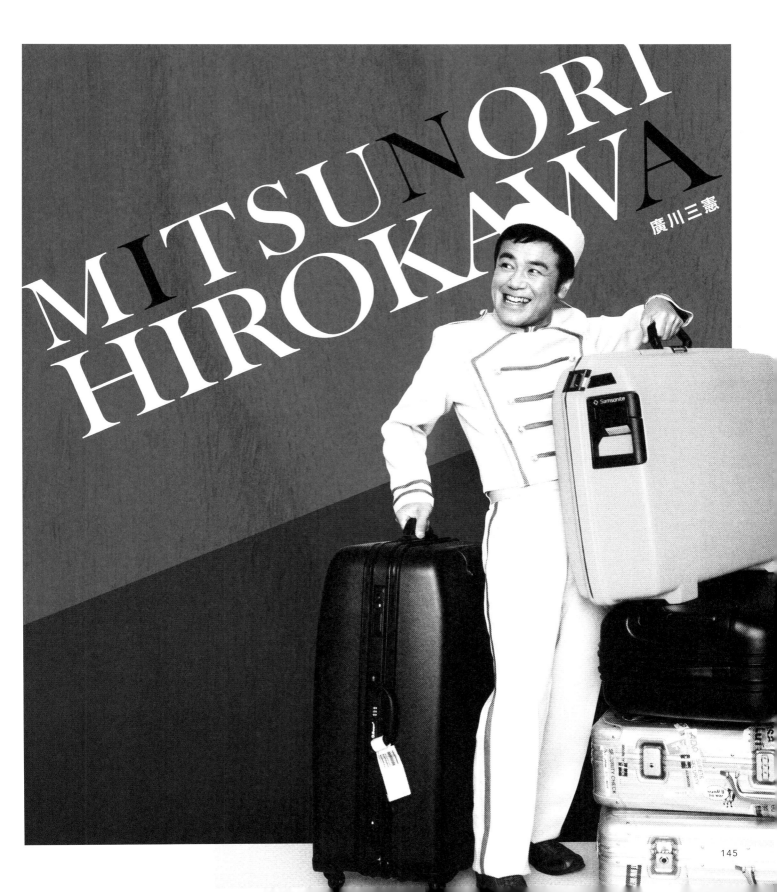

MITSUNORI
HIROKAWA

廣川三憲（ひろかわ・みつのり）

山口県出身。静岡の劇団で活動後、1995年のオーディションによりナイロン100℃に参加。近年の主な出演に舞台『フィガロの結婚〜庭師は見た！〜』『キネマと恋人』『午前5時47分の時計台』など。映画『ステキな金縛り』『幼な子われらに生まれ』など。テレビ『警視庁いきもの係』『100万円の女たち』『民王』『ひよっこ』『下北沢ダイハード』『ホリデイラブ』など。CMやナレーションでも活躍。1962年生まれでKERAとは同い年。

私が演じた思い出深い役8選
廣川三憲

　25周年なのですね。四半世紀ですね。夫婦なら銀婚式ですね。1995年に劇団員となった私も、あれからかれこれ23年。ずいぶんたくさんの役をいただき演じてまいりました。どれも愛しい役ばかりですけれど、中でも特に思い出深いものを8つに絞って挙げてみようと思います。

①7th SESSION『下北ビートニクス』【バーの老マスター 間（ハザマ）】
　入団わずか1年後にして唐突にいただいた大役。どんな役だったかは、派手な音楽とともにドーンと登場して「間です」と言ったことくらいしか覚えてません。あとは、たくさんのダメ出しに全く応えられずもがき苦しんだこと。もはや今後ナイロンに自分の居場所はないだろうと覚悟した苦い公演でした。
②8th SESSION『フリドニア～フリドニア日記#1～』【陳先生】
　すっかり自信を失って迎えたこの作品で、実は稽古が始まる少し前に退団を申し出たのでした。KERAさんから「チラシに名前が載ってる以上は務めるのが役者の責任だ」と引き留められました。そして巡り逢ったこの役を演じ、もしかしたら自分にも自分なりの居場所があるかもしれないと思えたのでした。劇中で口ずさんだ「木漏れ日～を～浴びて～キラキラ光る～犬～♪」という「ありもしない歌」は、稽古で提案した自作です。
③14th SESSION『ザ・ガンビーズ・ショウ』【岡田さん】

3作品から日替わりで2作品を上演するという公演。その中の『GO！GO！ガンビーズ』はKERAさんと共に宮藤官九郎さんマギーさんが作・演出、稽古はエチュードが中心でした。ガンビーズの新メンバーなんだけどまるで冴えない普通のおじさん、岡田さん。「精肉工場で働いてる」という設定はエチュードの中で咄嗟に捻り出したもので、その捻り出した瞬間は妙に鮮烈に記憶に残っています。
④side SESSION#6『Φ（ファイ）』【マスター？店長？】
　非常に実験的な作品でしたが、なによりも実験的だったのは、私が主役的な立ち位置だったことであろうと思われます。
⑤22nd＆37th SESSION『ノーアート・ノーライフ』【小説家 モズ】
　男だけ、少人数でがっつり取り組んだやりがいがある作品でした。気難しい人が二幕では陽気な人に、そんな演じ分けが楽しかったことや、劇中で熱唱した壮絶な歌は忘れられません。
⑥25th SESSION『ハルディン・ホテル』【ホテル従業員 チンさん】
　ナイロン作品ではどうしようもないけど愛しいおバカなキャラが登場することは多く、その名手がズラズラいるのですが、まさか自分がそんな役割を担う日が来ようとは。全裸で現れたりバター舐めたり。苦労したけど自分にとって最高に愛しい役となりました。
⑦28th SESSION『カラフルメリィでオハヨ～いつもの軽い致命傷の朝～』【品川

先輩】
　これこそどうしようもないおバカ。しかもおバカだらけの中の最強おバカ。かつて手塚とおるさんや入江雅人さんが務めたこの役を担うことは大変なプレッシャーでしたが一方で非常に光栄でありました。なによりも以前から大好きだったあの愛しい患者たちの一員として生きられた時間はとてもとても幸せでした。
⑧34th SESSION『世田谷カフカ～フランツ・カフカ「審判」「城」「失踪者」を草案とする～』【廣川三憲】
　まさかの自分役。冒頭で村岡希美、水野小論とともに語った不条理体験談は、稽古時に宿題として全員が発表したものでした。その録音をもとに、間やトーンや言い直しまでも忠実に、人前で初めて語るリアルさの再現を求められたことは、それまでのどんな役を演じることとも全く異なる難しさがありました。

　他にも『わが闇』柏木伸彦、『ナイス・エイジ』司会者、『百年の秘密』老年のフリッツ、『犬は鎖につなぐべからず』の『驟雨』譲、さらには『デカメロン21』で「君は薔薇より美しい」を歌った謎の軍人や、なぜか3つくらいの芝居でやってる片腕のない人など、挙げればきりがありません。すべての役が愛しい。すべての役に感謝。これからさらにどんな役に出逢えるか、楽しみに頑張ってまいりたいと思います。30周年に向けて。そん時や私や還暦！

NOZOMI MURAOKA

村岡希美（むらおか・のぞみ）

東京都出身。1995年のオーディションによりナイロン100℃に参加。近年の主な出演に舞台『娼年』『キネマと恋人』『天の敵』『鳥の名前』『三文オペラ』など。映画『凶悪』『岸辺の旅』など。テレビ『花子とアン』『科捜研の女season16』『PTAグランパ！』など。演劇ユニット「真心一座 身も心も」や「酒とつまみ」を旗揚げし、倉橋由美子作品のリーディング公演も企画。2017年には阿佐ヶ谷スパイダースの新メンバーになる。

私のナイロン史

村岡希美

2018年、ナイロン100℃に入って23年目の春を迎えます。

私とナイロン（以下ナイロンと省略）との23年間を振り返る、ということは、自分の役者としての人生を振り返ることにもなり、それはあまりにも小っ恥ずかしい小さな日々の積み重ねで、「振り返る」なんてことをしても、そこにはまだこれといって語るほどの大それたものは何もないように思えます。

役者としての私の毎日は、もくもくと目の前の山を越え、段差に躓いたり、穴ぽこに落っこちたり、ドブにハマったり、今だにドタバタの日々ですが、その大半をナイロンと共に過ごしてきました。

その始まりが、1995年のオーディションです。ナイロンを観たこともなく、小劇場の世界のことも何も知らず、芝居経験もほぼゼロで、何故か髪が青色だった私をよくぞ合格させてくれたものです。つくづくラッキーとしか言いようがありません。

まぁ、それはそれは、ヒドいものだったと思います。なんせ役者としてドシロウトですから、右も左もわからず、上手下手もキョロキョロしながら、目の前で起こる事にひたすらビックリしている挙動不審な私を、見放さずにここまで連れてきてもらえたことに、ただただ頭を下げるばかりです。

初舞台は1995年の『ウチハソバヤジャナイ』。初めていただいた役は「踊りながら転換する人」だったと思います。まさに、踊りながらイスをもって去ってゆきました。

最初にすごく練習したのは「バカかお前は！！」というツッコミの台詞。もちろん1人で言うんじゃなくて、ツッコミの人数が徐々に増え、ラストは全員でツッコむというシチュエーションでしたけど、私にとってはそれがナイロンにおける初めての台詞だったんですね。当然ドシロウトだった私は、「バカかお前は！！」という台詞は、日常でも口にしたことすらありませんし、「バカかお前は！！」と言いながら（舞台上に）出ていくという光景は不思議なものとして私の目に映りました。

白地に黒の水玉のブラウス（衣装）を着ていました。本多劇場の舞台袖に立っていた（スタンバッていた）時、客席からお客様のほぼ全員（？）が「ドッ！！」と笑う声が、天井から降り落ちてくる怒号のようにも聞こえ、まさにカミナリに撃たれたかのような衝撃でした。

舞台上から発信したものと、それを受ける客席側とが、その瞬間を同時に両側からガバッと飲み込んだかの様な響き。怒号のような笑い声のカタマリ。

それを体感した私は「とんでもない世界に足を踏み入れてしまった……」と実感したのです。その実感は、今をもってまだ、続いています。

この場に立つ、ということの、とんでもなさ。を、演劇のえの字も習得していない自分なりに、察知したような瞬間でした。

その瞬間から、かれこれ、23年。KERAさんをはじめとする先輩方には、ドシロウトからの23年間のわたしをまるまる見ていただいていることになります。一番若い後輩ちゃん達とも、もう10年は一緒にいるようです。

近頃は、年に1本くらい劇団の公演に出られたらいい方で、うっかりすると、同じ劇団員とも、もう3年以上あの人と一緒にお芝居してないなぁ……ということにもなりかねない現在です。が、入った当時は、劇団の公演が、年に4本も5本もあり、KERAさんは驚異的なエネルギーで毛色の違う新作を生み出し続けていました。稽古をしてる途中で次の仮チラシが配られ、そこに自分の名前もあることに驚愕しつつ、その急速な流れに溺れないよう必死で犬かきをしながら、アップアップしていました。本番中に次のお稽古を同時進行してることも多かったけど、そんな、立ち止まって考える間も無く目の前の事に必死でしがみつくことで過ぎていったナイロンの時間は、今となってはかけがえのないものです。

家族にも、恋人や夫や妻にも、親友にも見せたことのない表情をナイロンの人達には見てもらっている、というか、見られている、し、私も見てきました。お芝居の中の表情だけでなく、それ以外のところで。本当にもうダメだ、って時も、あぁ具合が悪すぎる、って時も、全く何にも考えてない顔も、ものすごくホッとした時の顔も、その他無数の、言葉では言い表せない微妙な表情の数々を。

ナイロンと共に過ぎていったアップアップの時間の積み重ねは、役者として、そして、1人の人間としての私に、鍛えた覚えもなくついている筋肉のような、蓄えたつもりもなくついた脂肪のように、心と身体に纏わり付いているようです。それくらい、私の肉体そのものの中に、ナイロンがあるといっても過言ではありません。

何よりそうして踏ませてもらえた場数は、唯一無二のナイロン独自の世界観を私の中に染み込ませてくれた月日となりました。ヘタクソすぎて四苦八苦して稽古場に行く足も重かったようなあの毎日は、類い稀な言葉のひとつひとつを私なりに咀嚼して消化していった日々です。

そんなわけで、今の、役者としても1人の人間としても、どこかにナイロンが染み込んだわたし、という生き物がここにある、わけです。

そして、この、小さな生き物の進化は、ナイロンの稽古場に立った瞬間には、今だドシロウトな自分が蘇るところから始まり、これからもナイロンという軸でバランスを取りながら地道に続いてゆく、所存でございます。

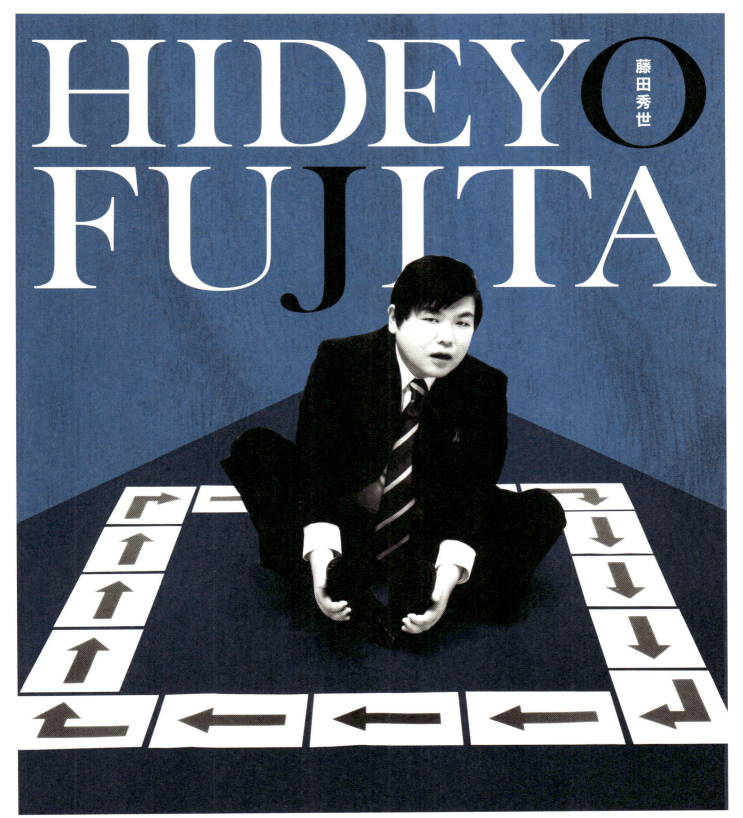

HIDEYO
FUJITA

藤田秀世（ふじた・ひでよ）

東京都出身。1986年、劇団健康第2回公演『逆回転アワー～日本一アブナイお芝居～』より参加。ナイロン100℃の旗揚げに参加するが、93年『SLAPSTICKS』を最後に退団。2002年『東京のSF』に出演し、2003年にメンバーとして復帰。近年の主な出演に舞台『8月の家族たち』『嫌われ松子の一生』など。映画『天空の蜂』『SPEC』『愛の新世界』など。テレビ『SPEC』『救命病棟24時』『anone』など。

ナイロン100％じゃありません、100℃です
藤田秀世

ナイロン100℃の前身である劇団健康に参加し、そのまま1993年のナイロン100℃旗揚げに参加して同年に退団、復帰したのが2003年……ということで、私のナイロン在籍期間は最初の1年と復帰から今日までの15年で計16年ということになる。（退団してる期間に客演参加させてもらったりしたけれど、それは除いて）25周年とのことなので、9年間不在だったわけだ。

ということで、普通、在籍中の思い出やらを綴るべきなんだろうが、敢えて不在だった間に客席から見続けたナイロンの事を中心に復帰までの事を書こうと思う。

退団直後に観た『1979』は衝撃的だった。それまで劇団健康も含めて劇団員は原則全員参加で公演を行っていたので、客席から公演を観るというのは初めての経験だったと思う。相変わらずの長い上演時間にもかかわらず、飽きることのない、抱腹絶倒の3時間強。終演後「これだけの時間、尻の痛みも忘れて楽しめたのはベン・ハー以来」という感想を楽屋で最初に伝えた相手は今江冬子だったと記憶してる。

もちろんKERAさんにも同様の感想を伝え、是非次回公演に参加させてほしいと言った結果『ネクスト・ミステリー』と『ウチハソバヤジャナイ〜version 100℃〜』に連続で客演させていただくことになったのだと記憶している。

『カメラ≠万年筆』は本公演ではなく、サイドセッションだったらしいが、観客として観た公演の中で個人的に最も好きな作品。こういう芝居に出させて欲しいとKERAさんに幾度か伝えた記憶があるが、未だにその願いは叶えられていない。

これ以降『フリドニア〜フリドニア日記#1〜』の頃までには現在のナイロンを背負って立つ、松永玲子、安澤千草、村岡希美、新谷真弓、大倉孝二、廣川三憲といった役者達が目覚ましく成長し、劇団健康から名前だけ変わったような初期の頃とは違う、現在まで続く新生ナイロン100℃が出来上がっていったように思う。

犬山イヌコ、峯村リエ、今江冬子、長田奈麻、みのすけ、三宅弘城といった古参の劇団員ももちろん健在なのだけど、自分が肌で知ってるナイロンとは違うものになってしまったような、若干の淋しさを感じたことも覚えてる。

とは言え、その新生ナイロンは観客としての私をそれまでにも増して楽しませてくれる劇団になったわけで、『すべての犬は天国へ行く』では松永や村岡に大いに楽しませて貰ったし、それより前に観た猫ニャー＋ナイロン100℃合同公演、猫100℃『山脈』では新谷のファンになっちゃったりもした……。

退団中に観た芝居はナイロン公演だけではないし、他にも面白い芝居は幾つかあったけれど、劇団としてコンスタントに面白く、圧倒的に魅力的と思えたのはナイロンだけだった。

なので、役者への復帰はナイロンへの復帰とイコールなのは私にとっては必然だったわけだが、自分が圧倒的と思う集団に再度加わるということには恐さもあった。

「このクオリティの舞台に立つだけの能力と資格が自分にあるのか。」

復帰から16年、未だにその自問への答えは出ていないし、この先も自分自身でその答えを出せることはないと思う。まずはKERAさん、そして自分以外の劇団員、最終的には観客の皆さんに答えを委ねるしかないわけで、自分としては常に復帰の時の恐れと緊張を持ったまま、ナイロンの芝居に取り組み続けるしかないのだと思ってる。

そうしているうちに、いつかこの劇団にも終わりは来るのだろう。解散公演と銘打った公演を最後に終わるのか、それとも突然公演を打てない状況になるのか、それは知る由もないが、その日まで、ナイロンの舞台に立つということへの恐れと緊張は持ったままでいようと思う。

最後に、文章中に劇団員の名前を列記させていただいたりしたことで、この原稿を書くに当たって課せられた最低文字数をクリア出来た事に感謝したい。名前を出させていただいた皆さん、ありがとう。

何より、全ての始まりは劇団健康に参加させてもらったことだったと考えると、32年前に声をかけてくれた犬山さんに最も感謝。復帰を快く受け入れてくれたKERAさんと劇団員の皆にも今一度感謝を。

最後の最後にナイロン100％と間違って言う人がいるけれど、100％じゃありません、100℃です！！　間違えないで！！

これで書く前に付けてしまった題名もクリアしました。ありがとう。

NYLON100℃

through the Years Part Ⅲ

2004年−2009年

安澤千草　新谷真弓　廣川三憲　村岡希美
KERA

2018年1月9日座談会より記事構成

　Part Ⅲでは、2004年『男性の好きなスポーツ』から2009年『世田谷カフカ』までを振り返る。KERAが41歳から46歳の時期だ。集められたのは、安澤千草、新谷真弓、廣川三憲、村岡希美の4人。

　当時、KERAが「ナイロン100℃第2期の1作目」と称して上演したのが『男性の好きなスポーツ』。

▶いまから14年前

「ようやく観客にも"いろいろな種類の芝居をやる劇団"と認識された頃ですね。時間がかかりました。いつまで経ってもナンセンスの劇団という強いイメージをぬぐえなかったから」(KERA)。

「今みたいにシーンごとに分けながら進めていく割り稽古のやり方ではなくて、1つのシーンに長い時間をかけて稽古していた」(村岡)。

「KERAさんもあきらめないし妥協しない。今ならみんな上手になっているから、言われればできるかもしれない。役者も若かったから譲らなかったのかもね」(新谷)。

「KERAさんも台本を書きあげてからが元気で、丁寧に稽古をしてくださった」(村岡)。

「2カ月ぐらい邪魔されない環境で実験的なことをみんなで試しましたね。劇団でしかできないことです」(廣川)。

　同年、『消失』を上演する。新谷が「すごく面白くて、客席で出たかったなあと思って観ていた記憶があります」と言うと廣川が「震災前の時期なのに、予言めいていた。完全にKERAさんのフィクションなのに」と感心する。4カ月前の『男性の好きなスポーツ』から作風は一転し、シリアスな作品を見せてくれたが、作風によって稽古の進め方も変化するのだろうか。

「別にシリアスめな芝居を作ってるから稽古場もシリアスかというと、別に関係ない。その逆もないしね。『消失』もいつも通りだった。そうそう、松永と八嶋の緊迫感のあるシーンの抜き稽古をしているときに三宅が時間差で稽古場に来てね。本人無自覚なのか、ずっと小さく歯笛だか口笛を吹きながらコンビニの袋をガサガサさせていつまで経ってもやめない。と思ったら、ダメ出ししてる人間とダメ出しされてる人間との間をみのすけがスーッと(笑)。八嶋が「何でこういう人たちがいい芝居ができるんですか!」って腹立たし気に言っていた」(KERA)。

「シリアスな作品に集中し過ぎて解放したくなったのかな」(廣川)。

「いや、関係ないでしょう。あのときは主にみのすけを教育してくれた八嶋がいてくれて助かった。客演なのに、いつまで経っても出番が来なくて申し訳なかった」(KERA)。

▶メインストリームへ

　2004年は劇団公演が2本に対し『カメレオンズ・リップ』(Bunkamura)の作・演出、『狐狸狐狸ばなし』(トム・プロジェクト)の演出、『キネマ作戦』(空飛ぶ雲の上団五郎一座)の共同脚本と演出など、外部の仕事の方が本数が上回ってくる。2005年の劇団公演は若手公演『すなあそび』だけで、『コミュニケーションズ』(新

2004-2009

NYLON 100°C through the Years Part Ⅲ

国立劇場)、KERA・MAP『砂の上の植物群』『ヤング・マーブル・ジャイアンツ』、健康復活公演『トーキョーあたり』、流山児★事務所『音楽劇★SMOKE』など、KERAの活動の範囲は広がって、2006年、エドワード・オールビー作『ヴァージニア・ウルフなんかこわくない?』(シス・カンパニー)の演出では第14回読売演劇大賞最優秀作品賞受賞。気づいたら、演劇界のメインストリームに「ケラリーノ・サンドロヴィッチ」がいた。当時のKERAはどのように感じていたのだろう。

「メインストリーム?　居心地悪いですよ、詭弁でもなんでもなく。本当に隅っこの隅っこにしか居場所がなかったらちょっと寂しいけど、ど真ん中よりはマシだと思う。10位までだと圏外だけど20位までならギリギリ入れてる、ぐらいがいちばんいいんじゃないですか。面白くて当たり前みたいに思われちゃうと冒険しにくくなるしね。いくら観客のことは二の次だと言っても、プレッシャーは大きいです」(KERA)。

日本の名だたるほとんどの演劇賞を軒並み受賞し、確固たる地位を築いていると思われるKERAでも、常に重圧の中で創作活動を行なっている。

「演劇ってものすごく入場料高いからね。一万円とかふんだくっといて "俺が面白けりゃいい" って思えるほど僕も鬼畜ではない(笑)。僕は映画を夫婦50割引の1100円で観てるから、コクーンとかだとその10倍に近い金額。つまらなかったら映画10本観た方がいいよってなっちゃう。それを考えると、やっぱりプレッシャーで、ここに自分が立っていること自体が間違いではなかろうかとかいろんな思いが去来してしまう。一カ月10万20万円で生活している人もいっぱいいる。その1/10、1/20のお金を一本の芝居で取られて、絶対に面白いという約束はしてくれない。賭けですよ、競馬やったりするのと同じです。普段まったく演劇を観ない人をなんとかこっちに向かせたいと演劇人は言うけど、なかなかに難しい。それでも自分たちの作った芝居に人生変わるような衝撃を受けてくれてる人を、たまに発見するんです。業界人にも少なくないですよ、若い頃に僕らの芝居を観てこの世界に入ろうと決心したって言ってくれる人。自分が小学生のときにキートンと出会ったことでその後の自分の人生が変わったように。そうしたクリエイターや俳優たちが将来、自分にとって脅威の存在になっていく可能性もある。自分が物を創作し始めたのもそこだからさ」(KERA)。

KERAの作品作りの原動力の一つもそこにあった。2000年代に入って外部公演が増えた頃、1年の本数も自ずと減れば1本1本の劇団公演が大事になってくる。その経験を劇団にどのようにKERAはフィードバックしたのだろうか。

「視野も広がったし、外部で得た刺激は大きかったですよ。いかに劇団員に甘やかされていたのかも痛感した。劇団だと伝わることも、外部公演では伝わらないことが多い。それはそれで面白かった。イライラもするけど、本来はそういうものだと気づかされた。ある意味、外部公演で揉まれて鍛えられないといけないと思ったし、何か劇団に持ち帰らなければならないという思いもあった。人生勉強にもなった。劇作家としてもいろんな栄養になったんじゃないかな。外部公演でも、決定的なダメな座組もなかったし、恵まれていたとは思うけど、どうしたって共通言語はいきなりは持てないしね。お互い好みの問題も出てくる。ただ、"嫌いだけど認めざるを得ない" 人って沢山いるんですよ。そういう人との出会いも勉強になりました」(KERA)。

▶子どもっぽかった頃、老いを感じる今

2007年の劇団公演は『犬は鎖につなぐべからず』と『わが闇』の2本。『犬は鎖につなぐべからず』では、衣裳は豆千代が担当。和洋折衷のモダンな着物だった。新谷が「すごくかわいくて、本当に嬉しかった」と言うと安澤も「そう!　かわいかったねえ」と顔を輝かす。「お稽古では、浴衣の着方からまず習っていきましたね」と村岡。ダンスは井手茂太が担当。KERAは「『犬は鎖につなぐべからず』では、そこまでみんな、しんどそうには見えなかったんだけど、7年後の『パン屋文六の思案』のときはみんな見違えるように疲労が見えて(笑)、歳月を感じた。今はそういうことも鑑みながらやっていますよ」と劇団員の老いについて触れた。

「前はそういうことなかったのですが、『パン屋文六の思案』のときに肉離れを起こしてしまって」(村岡)。

「昔はおしゃべりしている間に台詞をいつの間にか覚えていたし、立ち稽古もパッとできた。でも今、台詞も前より覚えられなくなってる」(新谷)。

「最新作の『ちょっと、まってください』は不条理だったってことが大きいんだろうけど、それにしてもみんな台詞を入れるのに苦心していたよね」(KERA)。

「台本のニュアンス、句読点まで大切にしてほしいというKERAさんからの注文もあるから思いもしないところで変な間違いをしちゃった」(廣川)。

劇団25周年を迎えることで、10代後半で入団した劇団員も40代に、20代半ばだった役者も50代に差し掛かる。さまざまな変化があって当然だ。同時に、KERAの台詞について話す役者たちはどこか嬉しそうでもあるのが面白い。

「KERAさんの台詞はリズムがいい。言っていて口が気持ちいいし、話したい言葉が入っているんです」(新谷)。

「言い始めたとき、終わりがこうなるだろうというのがわかって、口がついてくみたいな感じはありますね」（村岡）。

「安澤は入団した頃からずっとイントネーションについてダメ出しされ続けるタイプ。安澤へのダメ出しだけ、メモ書きによく顔のイラストを走り書きしている。マユ毛を八の字にしない、黒目を上に向けない、口をへの字にしない、といったような意味の」（KERA）。

「KERAさんからの顔ダメだし、鼻以外はすべて制覇しました。そういう顔になっちゃうんですよ！」（安澤）。

「よその劇団に出たとき、いちいち細かい表情については言ってくれ、ないだろうから、劇団のよさだと思うよ。新谷にも“猫背、直せ”と言ったら、むくれちゃって」（KERA）。

「完全に逆ギレですよね（笑）。別のときですが『カメラ≠万年筆』のときも稽古中に稽古場に行くのやめたんです」（新谷）。

「あれなんで来なくなっちゃったの？　仲直りするため、家まで迎えにいって、小学生をなだめるように高円寺の街を手をつないで歩いた」（KERA）。

「何か嫌になっちゃったんですよ！　当時は自分のことしか考えてないし、演劇のルールも知らないし、周りに迷惑をかけっぱなしでした」（新谷）。

「昔はダメ出しで言っていることもよく理解できないし、うまくできなかった。一生懸命やっているのに、その意図が汲めなくて落ち込みました。何度繰り返してもできなくて、KERAさんに頭抱えられた状況がありましたね」（廣川）。

「今日集まったメンバーが若手と呼ばれていた頃のダメ出しは“こうしてみて”というよりも“なんでできないんだ！”みたいなことの方が、きっとまだ多かったかもね。伝え方も段々変わっていったと思う。世代なのかな。若手公演『すなあそび』の役者たちはみんなもっとシニカルで冷静だった」（KERA）。

「彼らの代にはサバイバルみたいな雰囲気はないですね。『カメラ≠万年筆』のころは、俺らは生き残らなきゃみたいなことで必死だった」（廣川）。

「ライバル心や競いたい気持ちよりも承認欲求として「私を見てください」という思いが強くなってるのかも？　若い世代のほうが争うというより同期同士励まし合って仲がいい印象ですね。わたしは、あれもやりたいこれもやりたい、KERAさんに褒められたいって自分のことしか頭になかった」（新谷）。

「完全に子どもですよ。子どもっておもちゃを欲しがって泣き始めると面倒くさくなる。そういうときはタイチという当時の演出助手に“ある程度のところまで引き上げてくれよ、そこから先を俺がやる”って任せていました」（KERA）。

▶劇団15周年

　この時期、最も大きな出来事は、シリーウォークを閉社し、KERAは自身のマネジメント、劇団の制作を「株式会社キューブ」に移行したことだ。2008年、KERAが45歳のとき。80年代後半から続けてきた社長業から足を洗い、新体制になった10年前、当時のKERAは何を思ったのだろうか。

「15周年云々よりも、環境が変わったことでの心境の変化が大きかったですね。藁をもすがる思いでキューブ所属になった。今となってはよかったと思いますが、当時の劇団全体のムードは決して全面肯定とは言えなかった。自社制作でやるのと人の懐でやるのとでは、やっぱり大きな違いです。支配されるというか、乗っ取られたみたいなイメージをもつ劇団員もいただろうし」（KERA）。

「漠然と大丈夫だろうか、みたいな感じはちょっとありました」（廣川）。

　2008年『シャープさんフラットさん』からキューブの制作になる。

「ブラックチームとホワイトチームに別れて、ダブルキャストで劇団員ほぼ全員が出演するから、圧倒的に大変だった」（KERA）。

「どの役にするか、劇団内のオーディションがありました。ブラックチームは小池栄子さんと大倉くんのカップル。ホワイトチームはわたしに決まってびっくりしました。三宅さんに“お前は栄子ちゃんに比べて華がない！！”とか飲み屋で言われて泣かされて。本番では“お前が相手役でよかったよ”とか（笑）青春でしたね」（新谷）。

　『シャープさんフラットさん』は自分の劇団を放り出して施設に逃げ込む劇作家が主人公。15周年という記念の年に、KERAは劇団や自身を重ねた部分はあるのだろうか。

「あれは『カラフルメリィでオハヨ』以来の私戯曲と言ってよいと思います。『わが闇』にもそうした要素はあったけど、『シャープさん〜』の主人公辻煙はかなり自分に重ねてる。一方、劇団とはあまり重ならない。“もし自分が別の道を歩んだら”という発想で書いたんですよね。あ、でも、そういう“人生の岐路”みたいなことって、とくに劇団で何度も経験して来たことだから、重ならないと言っても、やっぱり劇団での年月が書かせてくれたようにも思えます」（KERA）。

　翌年2009年の『世田谷カフカ』ではなぜか驚くほど予算がなかった。とは言え、それでも次々と公演が打てたことは、自社をたたんで製作をキューブに任せたことで得られた恩恵だったのだろう。

「床に敷くパンチカーペットをよその劇団から借りて来ようとするぐらい、製作費がなかった。いくらなんでも貧乏過ぎたね。仮にも本多劇場で10ステージやる劇団なのにおかしいんじゃないかと思いながら、キャストがスタッフも兼ねてみんなやっていた」（KERA）。

2004-2009

NYLON 100°C through the Years Part Ⅲ

「稽古をしてない人は縫い物をしていました」（安澤）。
「衣裳さんがバランスを見てくれますが、衣装も自前でした」（村岡）。
「私も横町慶子さんとギャルみたいな服を二人で選んだんです」（新谷）。

　装置にもお金をかけられないため、素舞台に枠のついた箱を乗せ、それを動かすことで変化をつけた。「みんなで四つん這いになってシーツをかけて、ベッドに見せたりね」と村岡が言うと「それはお金がないからっていうより、ちょっとおもしろいから（笑）」とKERA。

　この年、KERAは緒川たまきと結婚。46歳のときだ。結婚が作品に影響したことはあるのだろうか。

「常に変化しているので、結婚したことによって創作において特別に変化したことはないですね。ただ『百年の秘密』やいくつかの外部公演では、緒川さんに台本を読んでもらって彼女の助言に添って直したり、展開に行き詰まるとしょっちゅう相談にのってもらってます。ナンセンスや不条理劇以外で。緒川さんは極めて有能な助手であり秘書です。共同執筆者としてクレジットしないと申し訳ないぐらいのホンもいくつかあります」（KERA）。

▶ KERAのまなざし

　廣川は冒頭で客席に向かって話す役が多い。廣川はそのことをどう受け止めているのだろうか。

「プレッシャーはありましたね。『ナイス・エイジ』もですし、『神様とその他の変種』もおしっこをしている状態から振り向いて"神様です"と言って始まる。ナレーションをする役者としない役者はKERAさんの中にあるんだろうな」（廣川）。

「あまり意識はしてないけど、この役者には観客に向けてのモノローグを書きやすいとか、この役者はこの役者とからむとはずむ、というような好みと手癖はきっとあるんだと思う」（KERA）。

「ナイロンでは、娘役と息子役をやることが多いのですが『ナイス・エイジ』の再演では、聖子ちゃんカットのかわい子ちゃん、想子役になって嬉しかった」（新谷）。

「わたしはおっぱいを揉まれたり、平手打ちされることが多かった。あと飲んでる物を"ブー！"って吹く（笑）」（安澤）。

「書いているうちにそうなるんですよね。おっぱいを揉むのは昔から大好きで（笑）。何かとおっぱいを揉ませてた」（KERA）。

「そういえば昔よくKERAさんから出会い頭に"おっぱいパーンチ！"ってやられてました（笑）。セクハラとかじゃなく親戚のおじちゃんノリなやつ。"珍しい谷と書いてちんたに！"って呼ばれたりとか。ほほえましいやり取りです（笑）」（新谷）。

廣川が話を元に戻す。「KERAさんの中で決めているんですね」と続ける。

「あまり深くは考えてないけどね。語りべなんかは役者によって得手不得手もあるし。大倉は『消失』で語りべを冒頭にちょっとだけやるんだけど、ものすごくやり辛そうだった。三宅は語りべが多い。犬山はアルジャーノン的な少年役をやるときには必ず語りべも兼ねてもらいたくなる。（峯村）リエちゃんは……たぶんないよね、語りべやったことは。松永は『インスタント・ポルノグラフィ』でやっていて、みのすけもやっています」（KERA）。

▶ 劇団のよさ

　ナイロン100℃にしかできないことを踏まえ、劇団でやりたいこととはなんだろうか。

「実験的な『世田谷カフカ』や『男性の好きなスポーツ』は台本の稽古ではない、エチュードを考えながら作っていくやり方。劇団でしかできないですね。誰がやるか決まってない役はその場でオーディションみたいなことをして、その中から誰が演じるかを決める。KERAさんも劇団員だから気を遣わずにできると思う。そういう作り方は減っているけれど、またやりたいです」（村岡）。

「これまで子どもの役が多かったので、ののしられる役や母親役をやらせてもらえたらいいなと思っていて。それとフライヤーとパンフレットがいつも素敵。ナイロンの劇団員でいて、嬉しいことベスト3に入るぐらい楽しみですね」（新谷）。

「こうして振り返ること自体が、いい年になったんだなと思いますよ。いい時代に入って、いい同期と成長できた。1年に4〜5本もやっていた時期があったから、育ててもらったという気持ちが強い。このメンバーだったからがんばれた。みんなで一緒に上がってきて40代、50代になったので、これからの方がむしろ楽しみ。60代、70代でナンセンスなこともやったら面白いと思う。お爺さんとお婆さんばっかり出てくるの」（安澤）。

「ナンセンスもあと1、2本はできるかな。不条理劇ではなくてナンセンス・コメディ。過剰なスピード感さえ求めなければ（笑）ナンセンスに限らず、また『カメラ≠万年筆』の初演のときみたいに、新作を何カ月もかけてじっくり作ってみたいね、みんながもっとお爺さんお婆さんになったら」（KERA）。

[text：今村麻子]

2004-2009

26th SESSION

26 男性の好きなスポーツ

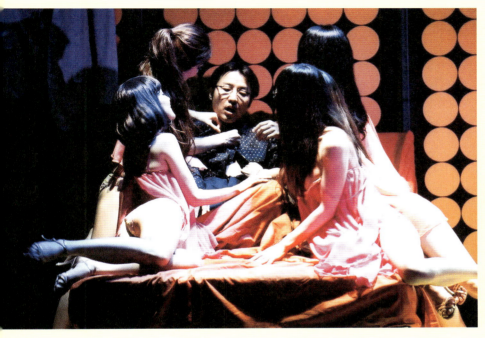

　前作の『ハルディン・ホテル』で10周年を迎えたナイロン100℃が、KERA曰く「第2期の第1作」として上演したのが、この『男性の好きなスポーツ』だ。タイトルはハワード・ホークス監督のアメリカ映画『男性の好きなスポーツ（原題：MAN'S FAVORITE SPORT?）』（64年）に由来する（ただし、内容に関連性はまったくない）。ナイロン100℃が正面からセックスを取り上げることが話題となったが、もちろん、KERAがただの艶笑譚を上演するわけがない。人々がセックスを接点にして「絡み」合っていく様子を描き、それを笑い飛ばすものとなった。

　妻トモコ（安澤千草）とのセックスの最中に起きた火事で自宅と末娘を失い、今は郊外のアパートでトモコ、娘のシズホ（新谷真弓）、ミホ（植木夏十）と暮らす中年サラリーマンのウツキ（みのすけ）。

　セックスカウンセラーの妻リョウコ（村岡希美）、娘のフミ（すほうれいこ／客演）に秘密で、白痴の美少女マリィ（小沢真珠／客演）を監禁している会社社長のクマガイ（廣川三憲）。

　ラブホテルに女性を連れ込み金品を盗むが、なぜか性行為には及ばないコウヘイ（長谷川朝晴／客演）。

　女優のキョウコ（松永玲子）にSMの関係を強要し、捕まえた万引き女を公衆便所で犯す警官のソウタ（京晋佑／客演）。

　この4人を軸に物語は展開。冒頭から性にまつわるあけすけな単語が飛び交い、夫婦間の営みやロリコン趣味、少女監禁、SM、フェチズム、ED、援助交際、不倫など、さまざまな形のセックスが舞台上に立ち上がる。

　女性を初めて知った少年のように不倫へ突っ走っていくウツキの愚かさを表現するみのすけ。悪事を働くことに抵抗はないが、性欲はない奇妙な「草食」青年・コウヘイを飄々と演じる長谷川。自らの欲望を満たすためなら手段は選ばない、ソウタの横暴さと攻撃性を体現する京。

公演フライヤーより

に観客が半減していたというエピソードが残っている。そのとき席を立った観客は、劇中表現の過激さを受け入れかねたのかもしれない。だが、その中には他人事とは思えない性のありようを、鋭く突きつけられることに耐えかねた者もいたのではないだろうか（逆に東京公演では、役者が肌を露出するのを目当てに双眼鏡を持ち込んで覗く、劇中に出てきそうな人物もいたというが……）。そう思えてしまうほど、この作品は自分も含めた人間の性を客観視できる者でなければ（だが果たして、そんな人間はいるのだろうか？）、フラットな気持ちで鑑賞することは難しいように思える。むしろ、その動揺こそを楽しむべき「アダルト」なコメディだったのかもしれない。　　　　　　［小杉厚］

松永演じるキョウコがエロティックな撮影に臨むシーンでは、男性の妄想がグロテスクに肥大化されている。そして、村岡演じるセックス・カウンセラー、リョウコと中年男性たちによる性の質疑応答では、性の極北が笑いとともに提示され、もはやなにが普通のセックスなのかもわからなくなるような感覚に陥る。

それは客演陣、そしてナイロン100℃の劇団員たちが生の空間で表現する「裸」の人間、その姿が圧倒的な迫力で観客に迫ってくるからにほかならない。

林巻子による抽象的な舞台美術は、展開する性の生々しさを引き立て、抽象ゆえに観客の中にあるエロティックなイメージを喚起させる。故・横町慶子の振付によるロマンチカのダンスは、人間はもはや動物的本能ではなく、文化的表現という幻想にしか発情できないことを表現するかのようだ（ガスマスクを被り、下着を見せながら踊るシーンが象徴的）。

KERAはこの作品に「セックスを掘り下げることで人生を描く」という意図を込めたと語る。そのことがこれを生々しいセックスを提示するだけの作品とは、一線を画すものにした。KERAは文化を持つことで壊れた性と、そこから逃れられない人間たちを俯瞰し、笑いとともに軽やかに戯画化してみせる。だが、そこで生まれる笑いは観客にとって安全なものではない。なぜなら性を人生から切り離せない以上、目の前の登場人物たちの姿は、観客自身のカリカチュアでもあるのだから。

この作品の札幌公演では、幕間の休憩後

> 細部は忘れてしまった。ロマンチカのダンスは最高だった。今の観客はもっと免疫力があるだろうから、艶笑劇は再びやってみたい。「人間を描く」なんてことは狙わずに（結局そうなるのだから）。（KERA）

26th公演パンフレットより

▶26th SESSION
2004年8月21日〜9月12日　本多劇場　※8月19日プレビュー公演　9月16日〜18日　札幌・道新ホール
作・演出：ケラリーノ・サンドロヴィッチ　舞台美術：林巻子（ロマンチカ）
出演：みのすけ、松永玲子、新谷真弓、村岡希美、廣川三憲、藤田秀世、長田奈麻、安澤千草、大山鎬則、喜安浩平、吉増裕士、杉山薫、植木夏十、眼鏡太郎、佐藤竜之慎、皆戸麻衣、廻飛雄、柚木幹斗／長谷川朝晴、小沢真珠、すほうれいこ、京普佑　ダンス：ロマンチカ＜横町慶子、池田明結未、山田絵美子、佐藤奈々子、曽我桃代＞
舞台監督：福澤諭志＋至福団　照明：関口裕二（balance inc.DESIGN）　音響：水越佳一（モックサウンド）　映像：上田大樹（INSTANT wife）　衣裳：ミシンロックス＋コブラ会　ロマンチカ衣裳：MODERN MASTER PIECE　ヘアメイク：武井優子　ロマンチカ振付：横町慶子　演出助手：坂本聖子、相田剛志、山田美紀　舞台写真：引地信彦　宣伝美術：小林陽子（ハイウェイグラフィックス）　制作：花澤理恵

side SESSION # 9

S9
すなあそび

　『すなあそび』は、別役実が劇団「演劇企画集団66」のために書き下ろした戯曲で、1988年に渋谷ジァン・ジァンにて初演。さらに、1999年に同劇団の渋谷ジァン・ジァンのさよなら公演として上演された。この戯曲を2005年、NYLON100℃ side SESSION#9・若手公演として、KERAの演出により笹塚ファクトリーで上演。

　物語は、佐藤竜之慎演じる男1（考古学者）が、植木夏十演じる女1（考古学者の妻）を連れて、童謡『海』を歌いながら登場。夫婦は砂山に埋まっているナウマン象の骨を掘りに来たのだが、腹ごしらえをしようとして用意したうで玉子と紅茶に入れる砂糖を忘れたことに気づいたところに、水着姿でうで玉子と砂糖を売り歩く、柚木幹斗演じる男2と皆戸麻衣演じる女2がやってくる。男2と女2がナウマン象の骨の発掘に興味を示したことで、男1はようやく刷毛で砂山をこするようにして掘り始める。

　そこへ眼鏡太郎演じる男3（牧師）がツルハシを持って現れ、この砂山には3日前に死刑になった男が埋まっていること、次の救世主が現れる頃ではないかと考えて、あらゆる死刑囚の復活時期を見計らって、一応掘り出しているのだと主張する。乱暴にツルハシで砂山を掘ろうとする男3と、それを止めようとする男1。

　さらにそこへ廻飛雄演じる男4（医者）と白石幸子演じる女3（看護婦）が登場。男4は、自分が初めての手術で除去したファースト・モーチョーが埋まっていて、それを婚約者である女3に掘り出させようしているのだと言う。

　そこで彼らは、ナウマン象の骨が出たら男1と女2が、救世主が出たら男3が、モーチョーが出たら男4と女3が、馬の歯が出たら男2と女2が取ると決めて、全員で砂山を掘り始める……。

　当時のナイロン100℃では、劇団公演を打つペースがゆるやかになっていたため、若手劇団員の出演機会が減少。憂慮するKERAは「二代目若手」たちのための舞台を作りたいと考えており、この機会にナイロン100℃の若手劇団員6名に客演の白石幸子を加えての公演が実現。別役の戯曲を選んだのには、1997年の『病気』、1998年の『吉田神経クリニックの場合』の演出を通じて感じた、作品としての面白さはもちろん、演者自身が戯曲を読解しなければ成立しない作品だから、若手のトレーニング用に最適なのでは、と考えた部分もあるのではないだろうか。

　当時の稽古を体験したメンバーのコメントにも、KERAの言う通りに演じてみることで、別役戯曲の面白さを知ったという声が少なくない。KERAの書き下ろし作品ではないからこそ、あて書きされた部分で勝負するのではなく、戯曲をどう読み解くかを徹底することになったようだ。この作品に出演した7名のうち、現在は皆戸麻衣、植木夏十、眼鏡太郎の3名がナイロン100℃に在籍。大きく成長した彼らは、今やナイロン100℃作品を支える中堅として活躍している。

[小杉厚]

▶side SESSION # 9
2005年3月9日〜3月13日 笹塚ファクトリー
作：別役実　演出：ケラリーノ・サンドロヴィッチ
オープニングコント脚本：宮沢章夫
出演：植木夏十、眼鏡太郎、佐藤竜之慎、皆戸麻衣、廻飛雄、柚木幹斗／白石幸子

27 / 43 消失

27th & 43rd SESSION

> これはうまく書けたし、うまく演じてもらえた1本だと思う。作品のファンがとても多い。再演時には、世の中と劇世界の距離がグッと縮まってしまっていると感じて慄然とした。(KERA)

27th SESSION

43rd SESSION

『4 A.M.』に始まる、ナイロン100℃のディストピアものの系譜に属する作品。

時代は、おそらくいつかの未来。人類は「第二の月」と呼ばれる衛星・ムーンステーションを宇宙に打ち上げ、そこに入植者を送り込んだ。だが、戦争が勃発して政府が崩壊するに及び、ムーンステーションにシャトル便を送ることは不可能となる。補給不能となったムーンステーションからの連絡は、飢餓で死んでいく入植者の映像を最後に途絶えた。その後、戦争は終結したもののその影響は大きく、世界は荒廃してしまった。

そんな世界の中にある、ある国でのクリスマスイブ。チャズ(大倉孝二)とスタンリー(みのすけ)の兄弟は、部屋の飾り付けに余念がなかった。なぜならこの夜、スタンリーが想いを寄せるスワンレイク(犬山イヌコ)がやってくることになっていたからだ。チャズに勇気づけられ、スワンレイクへの告白を決意するスタンリーだったが……。

操作された記憶を疑うことなく生きるスタンリー。スタンリーの想いを信じ、最後は彼を助けようとして命を落とすスワンレイク。自分の息子に無二の愛情を注ぐドーネン(三宅弘城)。輝かしい未来を信じ、夫とムーンステーションへ入植しようとしていたネハムキン(松永玲子)。そして、自分のささやかな幸せを維持するために動くチャズ。彼らは自分たちの中にある真実だけを信じて行動する。そして彼らはその真実が失われるか、あるいはそれに裏切られることで悲劇的な結末を迎えていく。

当時、この戯曲を書いた理由をKERAは「かっこ悪い人たちを客観的に見ることしかできないほうが、かっこ悪いのではないかと思うようになっ

27th & 43rd SESSION

43rd SESSION

43rd SESSION

27th SESSION

たから」と語っている。そのきっかけとなったのは、小津安二郎の映画DVDボックスをすべて観返したことだったという。小津が描く人物のまっすぐさと正論ぶりが心に響いたということなのか、KERAは神の視点ではなく、愚直な人々と同じ場所に立つことを選んだ。

劇中の人物たちを悪意（批評的な視点と言ってもいい）によって描くことは、思想やスタンスを明確化せず、表現者としてフリーハンドを維持するためには好都合だ。けれどこの作品でKERAはその優先度を下げ、登場人物に寄り添うことで、さらに人間の内奥へと足を踏み入れた。

「かっこ悪い人たち」に寄り添うには、照れを捨てなければならない。といっても照れを捨てれば、KERAが敬遠するスポ根的ひたむきさに共振し、表現が類型的になる危険もあるだろう。だがこの作品でKERAは、世界を俯瞰する自分自身を、さらに高い位置から俯瞰することで、その危険を回避したように思える。そして、これ以降のKERA作品はより深く人間を、より大きく世界を描き出していく。

むろん、類型的な表現を避けるには役者の力量も重要になる。ナイロンの劇団員と客演の八嶋智人は、KERA一流の笑いを織り交ぜ、日常の空気感を保ちながら、物語を悲劇的な結末へと導いていく。ドーネン役の三宅弘城は息子への無私の愛、スワンレイク役の犬山イヌコは恋人への恋愛感情に、疑いを差し挟むことなく殉じる人間を演じてみせた。どちらの役も序盤ではおかしみのある人物だけに、彼らが悲劇的に命を落とすことに対する説得力は、三宅と犬山の演技の強度によるところが大きい。ネハムキン役の松永玲子は、一足先にムーンステーションに入植した夫を失い、未来への希望＝信じるものを失ったよるべなさを、ジャック（八嶋智人）にすがる彼女の中に表現している。

KERAは登場人物のうち、ジャックだけは善意の人ではないと語っているが、八嶋は事態を冷徹に観察し、真相を明らかにするジャックの姿を切れ者特有のうわべの笑顔、そして愚者への苛立ち、嘲りとともに演じる。だが最後はジャックも自身の任務が意味を失い、打ちのめされる。その姿には、これまで神の視点から作品を作ってきたKERAが、小津作品のまっすぐさに「ダメージを受けた」というエピソードが重なる。

悲劇という点で強く印象に残るのがチャズだろう。彼は幼くして死んだスタンリーを、成長した姿でロボットにし、その後のありうべき人生を記憶させた。弟も、その記憶も作りものだと知りながら、ただ変わることのない日々を過ごすことを彼は願っている。

だからスタンリーは、チャズが望む（そして決して叶うことのない）家族という夢を、肯定的に語り続ける。もしチャズが自分に嘘が吐ける人物で、自身の記憶を改竄できるのなら、こんなことをする必要はない。そうできない自分に苦しむからこそ、彼は面倒な手段で、自

43rd SESSION

43rd SESSION『消失』
パンフレットより

　分が安らかでいられる世界に近づこうとするのだ。だが、スタンリーがリアルに近づけば近づくほど、彼は現実世界と接触してチャズから離れていく。だからチャズは現実と願望の間で、スタンリーの記憶を改竄し、スタンリーに近づく女性を殺し続けなければならない。その姿は、死ねばすべてが水疱に帰すのを知りながら、同じことを繰り返して生きる人間を描くギリシア神話『シーシュポスの岩』を想起させる。そんなチャズの哀しみ、救われない魂を、大倉は抑制の利いた演技で演じ切る。そして終盤、チャズとスタンリーが戦時下の思い出を振り返るシーン。戦争が嫌だったというチャズに対し、「俺はよかったな、だって家族があんなに一つになったことって、なかったじゃない」というスタンリーの言葉は切なく、美しい。そこに、みのすけが表現するピュアネスが反映されていることは言うまでもない。

　最後に、KERA作品における音楽のクオリティの高さは万人が認めるところだが、本作のテーマをタートルズの『ハッピー・トゥゲザー』にした選曲の素晴らしさもつけ加えておきたい。

　本作が2015年、43rd SESSIONとして同一キャストで再演された際には、基本的な演出は初演を踏襲されたが、初演から11年が経過していることを踏まえ、KERAは役の設定年齢を少し引き上げている。これが終わりつつある世界と同様に、登場人物たちにも事態を打開する若さが失われていることを感じさせ、作品世界に漂う終末感をさらに際立たせることになった。

　初演時にはテンポを重視したというKERAだが、再演では初演のスピード感やテンションにこだわることなく、今の出演陣の身体に沿う形での演出を模索。出演陣にも同じ世界に生きる群像としてのまとまりが生まれている。また初演で垣間見られた演者の気負いも消え、取るべきところには間を取りながら、人物の間に流れる繊細な空気を表現。登場人物たちが抱く夢がより哀しく、よりグロテスクに感じられるものに。初演では終末世界の中であがく人々の印象が強かったが、再演では年齢を重ねることでしか表せない、生きることに疲れた人々の翳や哀しみがより痛切に感じられる公演となった。　　　　［小杉厚］

▶初演　27th SESSION
2004年12月3日〜26日　新宿・紀伊國屋ホール　※プレビュー公演12月2日　2005年1月6日〜9日　大阪・ワッハホール　1月14日、15日　北九州芸術劇場中劇場　1月18日　滋賀・栗東芸術文化会館さきら　1月21日　松本・まつもと市民芸術館　1月27日　岩手・盛岡劇場　1月30日　新潟・りゅーとぴあ（新潟市民芸術文化会館）
作・演出：ケラリーノ・サンドロヴィッチ
出演：みのすけ、大倉孝二、犬山イヌコ、三宅弘城、松永玲子／八嶋智人
舞台監督：福澤諭志＋至福団　舞台美術：島次郎　照明：関口裕二（balance inc.DESIGN）　音響：水越佳一（モックサウンド）　映像：上田大樹（INSTANT wife）　衣裳：山本華滋（Future eyes）
ヘアメイク：武井優子　演出助手：山田美紀（至福団）　舞台写真：引地信彦　宣伝美術：雨堤千砂子（WAGON）　制作：花澤理恵

▶再演　43rd SESSION
2015年12月5日〜27日　本多劇場
作・演出：ケラリーノ・サンドロヴィッチ
出演：みのすけ、大倉孝二、犬山イヌコ、三宅弘城、松永玲子／八嶋智人
舞台監督：宇佐美雅人　舞台美術：島次郎　照明：関口裕二（balance inc.DESIGN）
音響：水越佳一（モックサウンド）　映像：上田大樹（&FICTION!）　衣裳：小原敏博　ヘアメイク：宮内宏明（M's factory）　演出助手：相田剛志　舞台写真：引地信彦　宣伝美術：雨堤千砂子（WAGON）

30th SESSION

30 犬は鎖につなぐべからず
～岸田國士一幕劇コレクション～

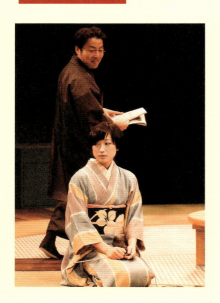

音楽の世界にはリミックスという言葉がある。これは既存曲の録音素材を編集、操作して、その曲の新しいバージョンを作ることを指す。そこには新たな音素材を追加することや、各パートの音量バランスの再調整、新たなエフェクトをかけることも含まれる。

『犬は鎖につなぐべからず』は、KERAが岸田國士の戯曲『犬は鎖につなぐべからず』、『隣の花』、『驟雨』、『ここに弟あり』、『屋上庭園』、『カライ博士の臨終』、『ぶらんこ』、『紙風船』の演劇的リミックスを試みた作品だといえる。

この企画が実現したのは、2006年から2007年にかけてKERAが休筆期間を設けたことが影響している。2006年のナイロン100℃公演が、『カラフルメリィでオハヨ』の四演、『ナイス・エイジ』の再演だったため、2007年は新作の上演も再演もナシということになった。その際に岸田作品をKERAが演出するアイデアが浮上したという。つまり、KERAの休筆で観客は、純粋なリミキサー（＝演出家）としてのKERAの手腕とセンス、そしてナイロン100℃の俳優陣（と客演陣）の力量を、改めて知る幸運に恵まれたわけだ。また、この前年に外部公演の『禿禿祭』にて、KERAが岸田國士の戯曲『命を弄ぶ男ふたり』を演出したことも、この作品を上演するにあたって好影響を与えたのではないだろうか。

当時のKERAは岸田作品について、「（笑いを追求するわけでも大事件が起こるわけでもない）他愛のなさを許容できるかどうかで、創り手と観客が大人であるか否か、現実的であるか否かが試される」と語り、構成・潤色・演出にあたっては、エンターテインメント性を高めるために過度な潤色をすることなく、ストイックに岸田戯曲の可能性を追求している。

軸となるのは3本の戯曲。英語教師の家庭（大河内浩／客演、村岡希美、植木夏十）の飼犬が、近所の家から靴を持ち出したのを発端に、町内が軋轢でギクシャクしていく『犬は鎖につなぐべ

からず』。隣同士の二組の夫婦（みのすけ、緒川たまき／客演、藤田秀世、新谷真弓）が、お互いの配偶者に心惹かれていく『隣の花』。夫に不満を抱く妻（松野有里巳／客演）が姉夫婦（廣川三憲、松永玲子）の家に相談に訪れる『驟雨』。

そこに、女（長田奈麻）にかまける音楽家の弟（萩原聖人／客演）と、それを諭す兄（廣川三憲）の物語『ここに弟あり』、久しぶりに友人（大河内浩）と再会した男（植本潤／客演）の、屈折する心を描いた『屋上庭園』、コント風の小品『カライ博士の臨終』、夫が妻に自分が見た夢を語るファンタジックな『ぶらんこ』、夫と妻の会話から夫婦関係の退屈さを描く『紙風船』がインサートされていく。また『ぶらんこ』と『紙風船』は、みのすけと緒川が『隣の花』で演じた夫婦の話の続きとして、そのまま繋がる趣向となっている。

岸田戯曲の背景には、昭和初期のモダニズム文化や都市生活者の日常があるが、KERAは岸

青山円形劇場外観

> 青山円形劇場という素晴らしい空間と、岸田國士のいまだ他の追従を許さぬ名作戯曲あってこその公演。もしこの公演を経なければ、次に『わが闇』を書くことはできなかったのではないだろうか。(KERA)

田作品の言葉の美しさを尊重しながら（原作にある大正・昭和初期の話し言葉は、上演にあたってほぼ改変されていない）、衣裳に豆千代モダンのコーディネートによる和装、場面転換のダンスに井手茂太の振付を導入。KERAの視点から解釈・創造した「昭和」、「岸田」の世界を展開して、ノスタルジーに寄りかかることのない独自の劇世界を生み出した。リミックスという言葉にかけて言うなら、もともとのヴォーカルに独自の音素材をオーバーダビングして、まったく印象の異なる楽曲に仕立てたような感覚だ。

ただ、台詞の言葉はそのままでも、場面によってはそこから笑いを引き出し、会話をノッキングさせる箇所を作るなど、KERAはシリアスな流れの中にもブレイクを置く。さらにつけ加えられた映像ビジュアルやメタ表現（回想シーン内の人物が、回想を聞いている人物に目配せする！）が笑いを呼び、観客が気持ちよくメロドラマに酔うことを許されない仕組みになっている。

加えて俳優たちの存在が、リミキサーたるKERAの演出を具体化することを可能にした。つまり、ナイロン100℃の劇団力が、岸田戯曲を現代的な物語に昇華させたといっていい。もちろん、客演の緒川、大河内、植本、松野、萩原が貢献した部分も大きい。

たとえば、『ここに弟あり』で展開するシリアスと笑いの恐るべき振り幅は、客演の萩原と劇団員の廣川と長田が、理想的な形でリンクすることで生まれたものだ。『犬は鎖につなぐべからず』で大河内と村岡、植木が演じる家族の小市民ぶり。『屋上庭園』で植本と植木が演じる夫婦のやるせないやり取り。『隣の花』の藤田と新谷が表現する、夫婦間の気持ちのすれ違い。『驟雨』の廣川と松永による、価値観が食い違いながら、それでも続いていってしまう夫婦……。どれも話自体はKERAが言うように「他愛ない」のだが、その奥には平凡な都市生活者の強烈な切実さが潜む。

それは『隣の花』、『紙風船』、『ぶらんこ』で、みのすけと緒川が演じる夫婦も同じ。そしてこの2人は、KERAが『ぶらんこ』から見つけ出したエロスを幻想的に立ち上げることで、強烈な印象を残した。

[小杉厚]

▶30th SESSION
2007年5月10日〜6月3日　青山円形劇場
作：岸田國士　潤色・構成・演出：ケラリーノ・サンドロヴィッチ
振付：井手茂太　和装監修：豆千代
出演：松永玲子、みのすけ、村岡希美、長田奈麻、新谷真弓、安澤千草、廣川三憲、藤田秀世、植木夏十、大山鎬則、吉増裕士、杉山薫、眼鏡太郎、廻飛雄、柚木幹斗／緒川たまき、大河内浩、植本潤、松野有里巳、萩原聖人
舞台監督：福澤諭志＋至福団　舞台美術：加藤ちか　照明：関口裕二（balance inc.DESIGN）　音響：水越佳一（モックサウンド）　映像：上田大樹（INSTANT wife）
ヘアメイク：武井優子　振付：長田奈麻　演出助手：山田美紀（至福団）　舞台写真：引地信彦　宣伝美術：坂村健次　制作：花澤理恵

#27 『消失』

家族へのこだわり

毎日新聞2004年12月18日　高橋豊

この年の「演劇回顧」が出そろうころを狙うように、きっちり深い舞台を仕上げてくる劇団がいる。ケラリーノ・サンドロヴィッチ率いるナイロン100℃がまさしくそうで、『消失』はこれまでの彼と違うステップアップを告げる作品となっている。

登場人物は6人。近未来のある国が舞台だ。高度経済成長からバブルへ、おごり高ぶった国は「ムーン・ステーション」という第2の月を作ったが、その後の内乱もあり、援助できないままに、人々を見殺しにした。

39歳の兄（大倉孝二）と35歳の弟（みのすけ）は独身で、F・カフカの小説によく登場する2人組のように饒舌で、同じような会話を繰り返す。もぐりの医師（三宅弘城）の登場で、弟は実は事故で亡くなっていて、プログラミングされた「記憶」に従って行動しているだけではないのか、という疑惑が生まれてくる。

弟が結婚したいと望んだ女性（犬山イヌコ）との関係を通し、なぜ彼の恋人たちが次々と姿を消していったのか、真相が明らかになっていく。

KERAの舞台らしく、6人のうち4人までが殺され、自死するのだけれど、「家庭」に対する思い入れが今までになく高い。兄も、医師も、すでに解体した「家族」に執ようにこだわろうとする。

KERAのこれまでの舞台との違いは、現状をブラックに笑い飛ばすのではなく、「パンドラの箱」の庭に残る「希望」をなお語ろうとしたことかもしれない。すべてが終わった後、管理局員（八嶋智人）は「あのころは浮かれ過ぎた」と反省し、事件に巻き込まれた女性（松永玲子）に、「小鳥が鳴いている」と指し示す。まなざしの優しさを感じる。

劇評

#30『犬は鎖につなぐべからず～岸田國士一幕劇コレクション～』

古今の才能、見事な出会い

朝日新聞2007年5月22日　山口宏子

ケラリーノ・サンドロヴィッチが大正末から昭和初めの岸田國士の戯曲7本をコラージュした。潤色・構成・演出。意外な組み合わせに見える両者だが、都会的でモダン、クールで洒脱と作風に共通点は多い。

KERAは、独立した戯曲同士を、少しだけ創作を加えて組み合わせ、ある町で同時多発的に起きる、人々の、主に男と女の心のドラマに再構成。新劇的なリアリズムとは異なるポップな感覚で演出した。一方で、原作の端正な味わいと言葉の美しさには最大限の敬意を払っている。これは古今の才能のすてきな出会いだ。

発端は、飼い犬について近所から苦情を言われる一家（大河内浩、村岡希美、植木夏十）の話。犬の被害を受けた妻（松永玲子）の妹（松野有里巳）が結婚したばかりの夫への不満を訴え、その家が所有する長屋の住人に借金の申し込みに来た青年（萩原聖人）は兄（廣川三憲）と意見が対立――という具合に、『犬は鎖に繋ぐべからず』『驟雨』『ここに弟あり』がつながってゆく。

遠景では、経済力に差のついた友人夫婦のぎくしゃくした再会劇『屋上庭園』（植本潤ら）が、近景では、夫婦の心を繊細に描いた『隣の花』、緒川たまきらが展開し、男が夢について語る『紙風船』（みのすけ）がからむ。

大きな事件が起きるわけではないが、日常の風景の中に潜む、愛、嫉妬、不満、悲しみ、喜びがあや織りになった舞台はスリリングで、時に官能的。70年以上も前に書かれた劇世界が、いまもみずみずしい。

おまけ風に挿入される『カライ博士の臨終』の1シーンが、いいアクセント。「人生の最も厳粛であるべき瞬間に、わたくしがもし笑いの衝動をおさえることができぬとしたら、いったいどんな罪に問われるであろう?」という、KERAが書いたようなとぼけた前書きのある戯曲だが、これも8本目の岸田作品（51年）だ。豆千代による和服の衣装、加藤ちかのレトロな舞台美術がしゃれている。

時代は岸田が創作した大正末期から昭和初期だが、芝居が進むにつれ、どこか懐かしさを覚えるのは、平凡な日常を突き詰めていくことで、現実「らしさ」と人間「らしさ」が浮かび上がってくる仕組みがあるからだ。

そこには、岸田のこだわりであった「言葉の美」を活かし、当時の非直球的な言語遣いを用いることで、言葉の裏にある意味を、登場人物だけでなく観客も探りにいくという試みも見られる。個性豊かな出演者陣の力の入りようも尋常ではない。ナイロン100℃の松永玲子やみのすけらが、いつも通りのパワフルな狂言回しを務める一方で、艶っぽさを醸し出す緒川たまきや、時代の背景に合った無頼派を演じる萩原聖人の登用が芝居を色濃いものに仕上げた。

また、豆千代による斬新な衣装デザインが、うした配役の個性を際立たせている。

人間のシリアスさを追求するところから生まれるユーモア。岸田國士という現代演劇界の旗手・KERAがまた新しい芝居の形を提示してくれた。

#26『男性の好きなスポーツ』

生と性の不可分性を描いたコメディ

『レプリーク』2004年11月号（阪急コミュニケーションズ）　河合祥一郎

色気と狂気にギャグで発火するKERAらしい上質のセックス・コメディに仕上がった。ハワード・ホークス監督の米映画（1964年）からタイトルを借りたのは、女性のほうが実は積極的だという含みだろうか。

客演の力が大きい。恋愛とセックスで女を騙しては金品を強奪する詐欺師役の長谷川朝晴と、不倫のアルバイト少女役のすほうれいこは妙にリアルで、倒錯した絶倫悪徳警官役の京晋佑はド迫力だ。性的奴隷にされた精神病患者を演じる小沢真珠のかっとび具合もすばらしい。また、ロマンチカの美女たちが、みのすけ演じるしがないサラリーマンの夢想の中で彼を誘惑する趣向も面白い。

一方、すっぽけたセックス・カウンセラー役の村岡希美らレギュラーメンバーがナイロン100℃らしさを貫いた。村岡の台詞に「明日死ぬつもりで生きる」といった内容の言葉があったように思うが、KERA自身がそのつもりで、つまり、生／性を達観して、このセックス・コメディを書いたとしたら大いに尊敬に値する。だとすれば、瀕死の男が病院で結婚式を挙げる最中に死ぬというエンディングは、アクメに達して「死ぬ」ことのメタファーとなるのみならず、性と生の不可分性についての巧みな表象となり得ている。

性と生が切り離せないとなれば、セックスをネタに笑うことは、死に裏打ちされた生の諸問題に注目することでもあるというわけだ。男に隷属するほどの恋愛熱が冷めた女優（松永玲子）の苦悩、男性遍歴を重ねる若い女（新谷真弓）の寂しさをはじめ、家庭崩壊や中年サラリーマンの悲哀など、ドラマが細部までていねいに描かれるのは、それゆえだろう。

どぎつい表現に満ちているものの、KERA風の洗練と洒落が作品にスタイルと深みを与え、実に見ごたえのある舞台となった。

お色気満載のプログラムのアートディレクション・デザイン（小林陽子）が極めつきであることも付記しておきたい。

#30『犬は鎖につなぐべからず～岸田國士一幕劇コレクション～』

新しい芝居の形を提示

しんぶん赤旗2007年5月17日　瀧口雅仁

芝居には「らしさ」が必要だ。虚構の世界の中で、観客の心を打つのは、現実そのものを描くからではなく、現実「らしさ」を描くからである。

これまでナンセンスなユーモアや戦争をふまえた主題を取り扱っているケラリーノ・サンドロヴィッチが、今回用意したのは、日本近代演劇史の中に名を残す岸田國士であった。

表題作の他に、『驟雨』『屋上庭園』『ブランコ』といった7つの一幕劇を選び、ある一軒家を中心に、近隣で起こる出来事を、1つの線に結び上げていく手法を用い、日常の世界を描き出していく。

#27『消失』

書くことの苦味。

『現代詩手帖』2005年4月号（思潮社）　片岡直子

蟹澤奈穂さんにお借りした『all about NYLON 100℃ 1993-2003 10 years is an epoch』の各公演解説に何度も出てくる「脚本の仕上がりが遅い」「初日の一週間前」などの言葉。目の前に繰り広げられていること全てが、一度書かれたものであるということ。どれだけの苦味と痛みが、このステージを作ってきたのかと思うと、身が捩れる思いがする。『カラフルメリィでオハヨ』『ザ・ガンビーズ・ショー』『ハルディン・ホテル』。ナイロンの作品はタイトルも皆お洒落。勿論、それだけではない。『消失』は、無限の試みをしてきたナイロンにとって、またもや「とても特別」な作品。

「他人の意思による」殺人が次第に露になっていく。謎の指令を受けて人を殺すジャック・リント、弟の恋が成就しそうになる度、弟が自分への変わらない愛情を表明した途端、弟の記憶の中の彼女を消し、女性を殺してきた兄のチャズ。胡散臭い様子で登場しながら、信頼できる役であったのかと後から気づく女性陣、犬山イヌコのスワンレイクの真っ直ぐな心。松永玲子の女の子の小鳥の話。ボケと信じ切っているのに、急に素になる演技が恐怖の三宅弘城。唯一人の客演で役柄にふさわしい浮き方をしていた八嶋智人。2階の窓から見える火葬場の煙が緑色になる頃……！

まっすぐでかっこわるい人たちを客観的にしか見ることができない自分たちの方がもっとかっこわるいのかもしれないと思って、KERAさんは、この脚本を書いたという。振り返ってみれば、確かに本当の悪人は1人もいない。最後に人が沢山死に過ぎたし、客席は救われないまま席を立ち家路につく。それなのに眠って翌朝、ああ、とても良い演劇を観たのだなぁという思いが、じわじわ湧いてきた。こんなことは初めて。一つの公演を観ることとは、その集団が積み上げてきた年月とオリジナリティーと苦さと魅力のピラミッドを横から観ることでもある。尊敬が、またひとつ、生まれていた。＜一部抜粋＞

絶望の先

内田洋一（日本経済新聞編集委員）

30th SESSION『犬は鎖につなぐべからず』

　ケラリーノ・サンドロヴィッチは音感の人である。2016年5月にBunkamuraの企画で『8月の家族たち』（トレイシー・レッツ作）を演出したときのことだ。私は稽古場を訪ね、ひとしきり音談義をした。うならされたのは、こんな見解だ。

　「コピー機の音にも音程がある。それを口で表現できる役者もいればできない者もいる。喜劇はセリフにトーンが出ないと笑えません」

　確かにこの異能の才人が演出する舞台では、物のたてる音が怪奇な幻想を呼び寄せることがある。無人の蓄音機やコピー機があたかも意思をもっているかのように声ならぬ音を発するのである。そのトーンが人間の心を波立たせ、不穏な事態を招いてしまう。

　1985年に結成された劇団健康が8年後にナイロン100℃となって人気が高まったとき、集団としてそんなに長くつづくことはないだろうと思ったのは正直なところだった。小劇場ブームといわれた1980年代から90年代にかけての時代、人気劇団が生まれては消えていた。ナイロン100℃が持続可能な存在となりえたのは、主宰のKERAに演劇的音感が備わっていたからではないだろうか。この劇団の役者たちは演技のトーンを整えようとでもするかのように公演ごとに集まってくる。ナイロン100℃の演技の精度、それはすなわちミュージシャンでもあるKERAの繊細な音感あってのものだろう。

　2017年11月に本多劇場で観たKERAの演出による『ちょっと、まってください』は別役実へのオマージュともいうべき舞台だった。上手に家があり、下手は例によって電信柱のある空間で街につながる公園のような場所になっていた。そこで繰り広げられるナンセンスな挿話はそれぞれが別役劇につながっていた。乞食風の男女が小市民の家庭を浸食していくさまは『マッチ売りの少女』の世界であり、社会の危機を映し出す状況は『街と飛行船』から採られ、途中の軽快な喜劇は『受付』を思わせた。さらには『移動』やアリスものや『赤い鳥の居る風景』をほうふつとさせるシーンもあった。

　別役実の数々の不条理劇はそれぞれに独立してはいるが、実のところ初期戯曲から連続しているひとつながりの物語といっていい。たとえば、戦争で寄る辺なき身となる『マッチ売りの少女』の少女は『赤い鳥の居る風景』の姉へ、ついでアリスもののアリスへ、と転生していくのである。KERAはそうした別役劇のありようを手の内に入れていたばかりか、淡々としたセリフの裏にある疎外されたタマシイの悲しみをもすくっていた。

　KERA自身、公演パンフレットでこう語っていた。「あらゆる時代の別役作品のアイコンやテキストの引用をいたる所にちりばめています。別役さんのエッセンスをコラージュしてブニュエルの世界に近いものを構築しようとしている」

　オリジナルの本質を抽出し、場面のつなぎ目に細心の注意を払って、演劇的なコラージュに仕立てていたのだ。即興的に見えて、その実、計算され尽くした連結の妙にKERAのオリジナリティーが発揮されていた。その手立てとなるのは、やはり音感なのだった。

　同じ公演パンフレットでKERAが劇団でしかできない芝居づくりを明かしている。今回のセリフは両義的で、たとえば追い込んでいるのか追い込まれているのか、反発しているのか納得しているのか、どちらともとれる。役者は混乱する。演出家が逐一指示し、役者がまた自分の生理で組み立てる。さらに笑えるようにするかどうか、というジャッジが問題になってくる。

論考

寄せ集めの座組みによるプロデュース公演では、このような演技の試行錯誤を重ねる余裕は時間的にも精神的にもない。

高校時代に別役劇のナンセンスな笑いに魅せられたKERAは、それがしんねりむっつり演出される現実に驚き、反発した。そのときの違和感の解消がKERAの演劇活動であったとさえいえる。別役劇をくりかえし演出した末木利文が2017年の暮れに亡くなったが、がん闘病中の彼が別役劇はKERA演出のようにあるべきだと私に語ってくれたことを銘記しておこう。

人間がそこに「在る」ということ、それが喜劇になる。そうした別役劇を体現した名優に小津安二郎の映画で知られる中村伸郎がいる。あの飄々とした声を思い返すたび、ともに文学座を創設した岸田國士の演技論（『現代演劇論』）がよみがえってくる。セリフに宿る心理的波動の韻律に耳を澄ませよう、簡潔で暗示的なセリフにこそ韻律があり、その効果を第一としよう。同じ「いいえ」でもこの心理的波動のとらえ方によって、何通りも「いいえ」があるのだと岸田は具体的に説いた。一見観念的な戯曲も役者の力で面白い芝居にできるのだと主張していたのは、セリフの韻律がもつ大いなる効果を知っていたがためだ。

心理的波動という言葉、わかったようでわからない。けれど、KERAのいう言葉のトーンが岸田國士の美学に相当肉薄するものだとはいえるだろう。

そう考えるのはほかでもない、ナイロン100℃は岸田國士作品をコラージュした秀作を二つ生みだしているからである。一幕劇コレクションと銘打ったその第一作『犬は鎖につなぐべからず』を今はなき青山円形劇場で観たとき、戦前のモダニズム文化が現代の感覚をまとって出現したのに驚かされた。ポップアート風のカラフルな装置の中に中二階のような場所があって、そこにも役者が入り込み、同時多発的に芝居が進行する。KERA演出は奇をてらっているようでいて、その実、周到だった。淡々としたセリフの底に流れる音楽をすくいとっていたのだ。日常の隙間に顔をのぞかせる乾いた虚無の韻律とでもいうような。有名な『紙風船』のシーンが交響曲の1楽章のように描き出されていた。

第二作『パン屋文六の思案』になると、客席が舞台を囲む青山円形劇場の空間がいっそうポップになった。井手茂太振付のダンスや映像を交え、劇中の食べ物のにおいをニオイカードなるもので観客に感じてもらう趣向までくりだし、岸田國士の世界を照らしだした。『紙風船』や『驟雨』は文学座などでもよく上演されるけれど、ここで取り上げられた『ママ先生とその夫』とか『麺麭屋文六の思案』などはそのとき初めて観た。

別役実も岸田國士も演劇においては短編作家といっていいだろう。1時間ほどで終わってしまう作品も少なくない。休憩をはさんで二作を上演するという興行はよくあるが、作品の意外な深層を見いだすにはコラージュの手法で長編化する試みがいっそう有効である。ある作品が伏線となり、別の作品の思わぬ相貌を引き出すのだ。むろん難易度は高い。あえて困難な道を行く姿勢はカフカの文学、チェーホフや福田恆存の戯曲、川島雄三の映画（新藤兼人台本）などをもとにした軽妙な舞台にも共通するものだ。

さて、今日喜劇といえば大阪の吉本興業のそれが全盛をきわめている。古田新太らの劇団☆新感線にしても、笑いの質はその系譜にあるといえる。私はテレビ番組で吉本のコントをみるのを楽しみにしている一人だが、くどさを生かした濃厚な笑いとは別種の、洒脱でエスプリのきいた笑いが東京にこそほしい。

別役劇に三木のり平が新風を吹き込んだのをきっかけに、エノケンこと榎本健一のアチャラカを復権しようと当の別役、井上ひさし、筒井康隆らが手を結んだことがある。のり平の急死で尻すぼみになってしまったが、本来KERAもその列に加わるはずだった。現代の喜劇のトーンが東京の乾いた風を受けて生まれるはずだったのだが……。

ナイロン100℃は、その見果てぬ夢を追いつづける集団であろう。なぜといって、絶望の先では笑うほかないのだから。

41st SESSION『パン屋文六の思案』

COLUMN

作品を支えるクリエイターたちに訊く I

ナイロン100℃作品は、長年参加しているクリエイティブスタッフたちの力が大きく影響している。
そこで、ナイロン作品を語るにはなくてはならない存在である彼らに、様々な角度から質問を投げ掛けた。
ここでは舞台監督、美術家、音響家、演出助手の回答を紹介。
彼らの証言から、ナイロン作品およびKERA演出の真髄が浮かび上がる。

舞台監督
福澤諭志

ふくざわ・さとし | 1996年に裏方互助会「至福団」を設立、2007年まで主宰を務める。退団後、STAGE DOCTORを設立。KERAをはじめ、白井晃、長塚圭史など様々な演出家の舞台作品で舞台監督を担う。17年より、阿佐ヶ谷スパイダース所属。ナイロン100℃公演には『フリドニア〜フリドニア日記 #1〜』(96) より多数参加。

創作へのKERAのこだわり

深いところでは僕にも未だに分からない。妙に「こだわる」ところもあれば全く「こだわらない」こともあり、それが常に作品内容や時期によって変動していると思う。だからこそとても信用出来るとも思っている。分かり易いところでは、あらゆる「音」とチラシやパンフなどの「印刷物」に異常にこだわっている。

KERAの提案や要求での、驚きや感心

作品や自分のやりたいことに対して割と明確で、効率性も考えて相談をしながら進めて頂けるので、提案や要求で驚くようなことを言われた記憶が無いし、感心することもあまりないかも。

ナイロン100℃公演、
KERA作品の進め方

僕は執筆段階から相談相手としてこれまで多くの作品に関わらせて頂くことが多かったので、普段の公演でもKERAさんの中でぼんやりイメージしていることを打ち合わせ段階からいかに言葉やカタチで表してスタッフ全体に伝えられるか、そしてKERAさん自身のイメージも明確にして前に(多くの場合、執筆を)進みやすくしてあげられるような進め方。僕的には意識せずそれが自然なKERAさんとの共同作業。

ナイロン100℃公演、
KERA作品のスタッフワークの特徴

関わっていない人から「大変だよね」と言われることは確かにあるけど、他の現場だって何かしら大変なこと多いし、そんなに特殊なことは無いと思っている。

ナイロン100℃公演、
KERA作品と他作品との、
自身の表現や発想の違い

他の現場でアイデアを出す時に、「KERAさんならそうだよね」と言われることがある。良し悪しではなく、僕の思考や発想はKERAさんに多大なる影響を受けているだけに、まずはそこが起点となり、他で応用していく感じ。

自身のアイデアが活かされた公演

物理的なところで分かり易い事例は『すべての犬は天国へ行く』公演の時。かつてはKERAさんが執筆に悩み、稽古場不在の中で役者と僕らだけで自主稽古をする時間が沢山生じていた。その舞台設定は西部劇に出てくるようなカウンターのある酒場。カウンターの仮大道具を稽古場で作る際に「勢いよく滑らしたグラスが、突然消えるor急に滑りがゆっくりになる」という仕掛けを組み込んだり、ドアが勝手に外れてしまう仕掛けにしたり。KERAさんからは何のリクエストもされていないのに色んな所に仕掛けギミックを施し、KERAさん不在の中でそれらを使いこなせるようにキャストとも試行錯誤した。その仕掛けを上手に然るべきタイミング、つまり執筆の状況に合わせてKERAさんに見せていく。すると翌日、それが脚本に盛り込まれてくる、というようなこと。その他、舞台監督はやれない公演でも常に相談役的には関わっていて、『百年の秘密』(初演)では執筆前の段階での美術打合せで「上手が部屋で下手が庭かな」と決まりかけていたプランを早々にひっくり返し、「横に並べるのではなく、重ねて並べよう」と提案した。タイトルしか決まっていない時期だったけれど、どうやらKERAさんが書こうとしている物語は、時間や空間を意識させる効果が装置に必要になってくるのではないか？ また

執筆に際し、その複雑な設定がもしかしたらKERAさんが書こうとしていることをより明確に面白くしてくれるかもしれないと、何となく思って。その僕の「何となく思って」の意味をKERAさんはちゃんと考えて汲み取ってくれて、それを利用し活かしてくれる。

話し合うなかで、
思いも寄らず結実した表現

僕だけでなく、たぶんKERAさんも思いも寄らない方向で実現することに慎重なタイプなので、そういう偶発性はそもそもあまり産まれないほうだと思う。

ナイロン100℃だからできたこと

劇団公演のすべてがそう思える。

自身が挑戦した公演

毎回挑戦ではあるけれど、1998年前後の年間4〜5本の公演があった時は体力と思考の挑戦とも言え、その時期の作品はどれも思い出深い。

自身が後悔した公演

なし。

困惑したKERAの要求

KERAさんは芝居を集中して見ることを邪魔する「音」にとても神経を使われる。最近はそうでもないけど。もしそんな「音」が聞こえてしまったら、それがどこから発せられているのかを発見し、原因を明らかにして対処しないと、リハーサルなどは中断され先に進めないことが多々ある。さらに困ったことに、その「音」は僕らには聞こえずKERAさんだけが探知している場合もあって更に難易度が増す。初日まで1分1秒も無駄に出来ないギリギリの状況下で、目を瞑ったりしながら全員が無言で耳を傾けるあの風景には毎回、困惑した。

最も印象に残っている参加作品

初参加だった『フリドニア日記 #1』。

参加を後悔したこと

後悔なんてなし。

ナイロン100℃公演に参加したことで自身の仕事に影響したこと

ナイロン100℃に初めて参加させて頂いたのが、1996年の『フリドニア〜フリドニア日記 #1〜』に舞台監督として。もちろんそれまでに何本か拝見していたが、当時の僕は弱冠22歳の小僧で、舞台監督経験も月影十番勝負（R・U・P）とウーマンリブ（大人計画）で数回程度だった。それから現在まで二十数年、作品数においては劇団公演だけでも30本を越え、外部公演も含むと50本近く関わらせて頂いている。影響どころか福澤諭志という舞台監督を育ててもらったという感じ。KERAさんも劇団員のみんなもそんな風には全く思ってもいないだろうし、当の僕でさえそんなに自覚しているわけじゃないけど…。でも他でお仕事する際に「稽古初日に台本が無くても怒らない舞台監督」「仕込み中に台本が完成することに慣れている舞台監督」「困難な条件が好きな舞台監督」などヘンな信頼を頂けるのも、KERA＝ナイロン100℃流を叩き込んで頂いたお陰だと思っている。「初日の幕を必ず開ける舞台監督」と評価を頂くこともあるが、僕が学んだことを一言で表すなら「一緒に考えること」。舞台監督という立場を越えて創作に関わり、執筆や演出プラン構築から共有していくことで、一緒に「作っていくこと」が培われたのかなと思う。

かつてはよく卜書きで「なんかもやもやしたものが出てくる」という小道具の指定があった。そんな曖昧な説明だけど、KERAさんはその時点で何かしらの「もやもや感のある何か」が作品に必要だと何かを求めている。「そう。それそれ」と言われるその「何か」を、それまでの脚本や演出や稽古進行だけでなく雑談や予測によって導き出していく。我々スタッフは演出家から求められたモノを、必要性や効果も疑いもせずにただ具現化してしまうことに陥る場合がある。KERAさんの現場では「○○が欲しい」という明確な要求が出ることは多くはない。いつも求められるのは必要性や効果などの本質的な意味合いだけ。カタチや方法について多くは語られない。我々スタッフはその「もやもや」っとしたところから本質を見出さずには先に進めない。それを見出して何を選択し、具現化するかも委ねられるからだ。このプロセスにとても鍛えられ、大きな影響を受けた。

ナイロン100℃の劇団としての特徴

確か最初はプロデュースユニットみたいな認識だっ

たような。なので当初は上下関係や劇団員的意識が曖昧なのも頷けた。が、改めて劇団だね、ということになってもさほど変わらず、それがナイロン100℃の良いところなんだな、と思ったことがある。

劇団員の特徴

台詞を覚えるのがめっちゃ早い、だけでなく書かれているニュアンスを「音」で表現することにとても長けていると思う。

ナイロン100℃作品、個人的ベストアクト

未参加だけど『4 A.M.』と『ウチハソバヤジャナイ』と『アリス・イン・アンダーグラウンド』。作り込まれた世界、軽快なナンセンス、芝居の枠を越えた壮大な試みというバラエティさにとても影響を受けた。自分が関わった中ではどれもベスト。強いて選ぶなら『フリドニア〜フリドニア日記 #1〜』『薔薇と大砲〜フリドニア日記#2〜』のフリドニアシリーズは思い入れが深い。時にマジックリアリズムと呼ばれたりしていた作り込まれた寓話的な世界観がとても好きで、今でもまたあの世界が再演ではなく新作で現れないかと夢見てる。

25年間でのナイロン100℃の変化

いや〜様々な面で色んな変化をゆっくりとし続けているので、何とも言い表せない。

今後もナイロン100℃に関わりたいか

YES。

ナイロン100℃公演で挑みたい、試したいこと

個人的にはこれまでもこれからもそういうことは無い。常にKERAさんが挑んでみたいことがあればそれに挑みたいし、試してみたいことがあれば試してみたい。

美術
BOKETA

ぼけた｜大学在学中より劇団第三舞台に参加。以降、美術スタッフとして活動。演劇以外にも商業空間、デジタルコンテンツ、イベント、CMなど様々なジャンルのデザイン・ディレクションを手掛ける。ナイロン100℃公演には『フランケンシュタイン〜version100℃〜』（97）より多数参加。

創作へのKERAのこだわり

美打ち（美術打合せ）はどのパートの打合せよりも早くに開始、いつも戯曲が全くない状態でスタートし

ます。『ちょっと、まってください』（11/10初日）では、『陥没』（Bunkamura＋キューブ）の千秋楽前日（2/25）、およそ8か月前に最初の打合せをしました。その時にあった構想やフレームは、大きく「金持ちと乞食が入れ替わる話」という登場人物の設定と、「屋外と室内」「別役実風の空間」という転換の構成や世界観でした。そのようにいつもおぼろげな提示のみなのですが、それはとても掴みづらく、プランニングに本当苦しみます…。ただ毎回思うのは、KERAさんの頭の中には、曖昧ではありながら、ものすごくやりたい方向性とこだわっている形が必ずあります。それを毎回、舞台監督の諭志くんや演出助手の美紀ちゃん、相田など馴染みのスタッフと共に、場面は一つなのか複数なのか、盆（回り舞台）を使っての転換なのかスライドで移動させて空間を変化させるのか…など消去法と言いますか、KERAさんの言葉を少しでも導き出して具体化させ、絞り込んでいく、というステップを踏んで作品の方向性と美術を合致させていきます。KERAさんは毎回、様々な方向性の作品を作り上げますが、その分、この初期の作品ごとのフレーム・構成の差別化、具現化にこだわることが重要なのかなと思っています。

KERAからの提案や要求で困ったこと

舞台監督、制作と共に、台本が出来上がってくる中で、ラストシーンが見える頃（大体いつも劇場入り10日前くらい）に、「もう他に必要なシーンとかはないですよね」と毎回訊くわけです。これが、もっと早くに分かれば…といつも思います。ちなみに『ちょっと〜』では、ラストの「雪」と「家が沈み＝遠見を高くする、奥に高台の通路を作る」が加わりました。『神様とその他の変種』では、室内の芝居に室外シーンが加わったために室外の壁を追加、ラストの雨のシーンでは室内に雨が降るという象徴的なシーンへと繋がりました。

劇団公演と、劇団外作品とのKERAの要求の違い

例えば、Bunkamura シアターコクーンの昭和三部作（『東京月光魔曲』『黴菌』『陥没』）などは劇団よりも公演規模が大きく、美術予算も増えますので、劇団ではやれない大掛かりな空間や明確な風景や多幕物を求めるという傾向はあるかなと思います。

ナイロン100℃公演、KERA作品のスタッフワークの特徴

一つは、舞台監督の福澤諭志くんの存在です。本当に古くから関わっているので、色々やりたがるKERAさんに対し、転換方法やステージの組み合わせ方などコストからの視点からも含め、作品を左右するほどの部分で、優先度をつけて絞り込みを的確に、

KERAさんを説得するという、とても信頼できるスタッフ。他の劇団やスタッフワークではなかなかいない存在だと思います。

もう一つ、僕の場合は、映像や照明に対して「さあ、やってみやがれ！」という非常に挑戦的態度で楽しんでいるということじゃないでしょうか。どちらも古い付き合いなので、映像の上田くんとは「どうする？」なんて電話で話しながら進めています。ここ2年くらいの作品について「映像を映す壁も少ないし、マッピングなんてやらなくてもいいんじゃない？」と上田くんが言っていたので、『ちょっと〜』では、意識的に白い壁を増やし、家具も白くして、「どうだ、上田くん！ 映像を映してみやがれ！」と思っていました。また、照明についても、やはり美術プラン時に想定はするのですが、関口さんが嬉しいくらいに裏切った照明を作ってくれるのでいつも楽しみです。

ナイロン100℃公演、KERA作品を創作するにあたって、自身がこだわっていること

プランナーとしては当たり前かもしれませんが、どこかで見た風なセットや似ているセットは絶対やりたくなくて、全く新しい、見たことのない僕自身ならではの美術プランを作ろうと心掛けています。

最近では舞台を収録して、TVで放映されたりDVD化されたりするので、美術もアップに耐えられるクオリティが求められる時代になりました。建築家ミース・ファンデルローエの「神々は細部に宿る」、黒澤明監督の「ディティールに神が宿る」ではないですが、装置製作の工場での指示出しも結構細かに、色の塗りなどの仕上がりにも口うるさく指示しています。

自身のアイデアが活かされた公演

「役者への当て書き」とよく言いますが、戯曲がない段階でプランを作っていくナイロンの美術に、それこそ「当て書き」されているな、とゲネプロや初日に感心することがあります。こちらも結末も知らず、テーマやシーンに合っているのか分からずにプランを作っていますから。そういう意味では、ナイロンの公演では美術プランのすべてのアイデアが活かされているなと思います。

『陥没』のプランでは、勝手に舞台中央に天窓を設けたのですが、後になって天窓を眺めながら夜空の星を眺める素敵なシーンが出来上がり、感動しました。この時の照明ですが、特に星球のような照明があったわけではなく偶然の産物。背景の葉っぱがたまたま蛍光に反応する塗料で、ブルーライトをテストしているときに発光したのを見て、舞台が満面の星空のように見える空間にするべく、関口さんが探ってくれました。

ナイロン100℃だからできたこと

関わった全ての公演ですかね。ナイロン以外では生み出すことのできなかった発想、プランばかりです。

挑戦した参加公演

毎回挑戦という意識で参加しています。ですので現状では、最近の『ちょっと、まってください』が最も挑戦した作品と言えます。「シルエット画」をモチーフに、遠近法を2Dで用いた壁面パネルのカットラインや、窓枠の遠近オブジェを仕掛け、着色の素材もリアルにするのではなく、ポロック風に着色して「違和感」を視覚的に生み出せないかと創り上げました。

ナイロン100℃公演に参加したことで自身の仕事に影響したこと

ナイロンは僕が参加した初期の頃から、小劇場だというのに、盆を複数使った舞台やスライドステージなどの転換方法、池やプール、雨降らし、雪降らしなど、あらゆる演劇的技術手法を次から次へと組み合わせて表現を探っていたので、その後、シアターコクーンなどの商業演劇クラスの公演でプランする際にも豊富な経験の上でプランをすることができ、感謝しています。

ナイロン100℃の劇団としての特徴

戯曲が遅れる中、短時間でセリフを覚え、作品を作り上げていく、あの技量はいつも本当にすごいなあと感心します。また、KERAさんが台本書きで稽古場不在が続いても、役者・スタッフ含め、KERAさんへの揺るぎない信頼感で結ばれているなあと感じます。

ナイロン100℃、個人的ベストアクト

『神様とその他の変種』です。「家」を「動物園の檻」に見立てて、格子構造でプランしました。プラン画では「檻」イメージが強すぎてバックを黒幕にしていたのを、照明の関口さんが、背景をホリゾント幕の白に変えて、斜め明かりを背景に加えて時間経過を表現し、さらに装置を引き立ててもらい、なんて素敵な照明をしやがるんだ、と唸った覚えがあります。

33rd『神様とその他の変種』

33rd『神様とその他の変種』

25年間でのナイロン100℃の変化

美術的な方向性についてですが、2011年の東日本大震災からは、「廃墟」的なイメージ設定は全くなくなりました。やはりあの震災は現実が想像を超えてしまって、それまでは多くの人が、未来的イメージ＝廃墟的イメージ＝カッコいい、と結びつけて様々な作品で使われてきたと思うけれど、僕自身使わなくなったし、KERAさんの作風も変わったと思います。なので、震災前の公演『2番目、或いは3番目』のような廃墟が世界観の舞台はもう見ることはないのかもしれません。

35th『2番目、或いは3番目』

音響
水越佳一

みずこし・けいいち | モックサウンド代表。ナイロン100℃や劇団ビタミン大使「ABC」などの舞台を中心に、数多くの作品で音響を担当。ナイロン100℃公演には、前身となる劇団健康『ホワイトソング〜意味取り合戦'88〜』(88)より全作品に参加。

創作へのKERAのこだわり

『百年の秘密』初演の音響キューシートと、音響仕込み図。いずれも緻密。

緻密な演出です。演技や音響や照明などがジグソーパズルのような組み合わせで、音と照明を同時に変えるために音響と照明オペレータ間で、CUEランプを引くことがあります。

効果音作りだと、オルゴールの蓋を閉じるときの羽が止まるときのカリカリという音がほしいと言われたことがあります。よく遠くから聞こえる音を求められるのですが、2〜3軒先や20m先と、とても細かくて具体的です。

KERAからの提案や要求で感心したこと

『神様とその他の変種』で、いろいろな象の鳴き声が必要になり、楽器で作った擬音を選んだら「楽器が鳴っているようにしか聞こえない」と全部却下されました。KERA氏は演出家である前に、音楽家なのです。

KERAからの提案や要求で困ったこと

11月の設定で、虫の音がほしいと言われたこと。

ナイロン100℃公演、KERA作品と他作品との進め方の違い

大きな違いはありませんが、強いて言えば、音が決まるまでのプロセスです。効果音の場合、いくつか候補を作り、演出家に選んでもらうのですが、他の劇団では、演出家に仕事場まで来てもらって選んでもらう場合と、メールで候補の音についてやり取りしてから稽古場で最終調整する場合とがあります。KERA氏の場合は、まず稽古で流して選んでもらっています。事前に聞いてもらうこともありますが、結局は稽古場で演技と合わせてからになります。

ナイロン100℃公演、KERA作品のスタッフワークの特徴

「KERAさんの演出の注文からの対応が早い」でしょうか。

ナイロン100℃公演、KERA作品を創作するにあたって自身がこだわっていること

ナイロンだからという特別視はありません。物語の世界観に馴染むように、舞台上に存在するよう心がけています。

プランに掛ける期間や時間

期間と時間。台本が稽古の進行に沿って上がってくるので、稽古期間中は音を作っています。他のカンパニーとの違いは、顔合わせに完成台本があるかどうかです。

ナイロン100℃だからできた作品

どの作品もそうだと思います。

自身が苦戦した公演

1996年『ビフテキと暴走』で、顔にお面が「ペタッ」と付く音をKERA氏に妥協してもらったこと。もう一つは、1994年『ネクスト・ミステリー』。お客さんが物語の筋を選ぶ演出があり、拍手の多い方に進むわけですが、その判断を私がやることに（当時は、プランとオペを一人でやっていた）。しかし、私はガラス張りの調整室の中にいて、客席の雰囲気が分からず、物凄く緊張した記憶があります。

最も印象に残っている参加作品

2006年『カラフルメリィでオハヨ』四演目。3度、再演されているということもありますが、ラスト、海に向かう、みのすけさんの笑顔が頭に残っています。

ナイロン100℃公演に参加したことで自身の仕事に影響したこと

お芝居の音に対しての考え方。

ナイロン100℃の劇団としての特徴

お芝居のふり幅が広い。音楽に例えると、パンクロックからクラシックまで演奏しちゃうような。一作一作が、新鮮です。

劇団員の特徴

一言でいうと、はやい。朝、台本が届いて、夕方には、鑑賞できるクオリティに達している感じ。

今後もナイロン100℃に関わりたいか

この先も許されれば…。すべてにおいて、クオリティが高いから。台本、演出、演技、スタッフワーク。自分を除いて。

ナイロン100℃ならでは、だと思うこと

まずは、KERA氏の音響演出。TVドラマや映画で、物語の雰囲気を出したり、盛り上げたりするために音楽が使われます。お芝居でも同じ使い方がされていて、BGMや劇伴と呼ばれます。KERA氏も2000年前後までは、そういう使い方をしていましたが、『すべての犬は天国へ行く』や『フローズン・ビーチ』などでは、ラジオやレコードプレーヤーから流れる音楽を劇伴として使うことが多くなってきました。あざといのが嫌だと言われ、音のきっかけでもあざとく聞こえる出し方をすると、ダメ出しされます。

もう一つは、ワイヤレスマイクの使い方。普通は声を大きくするために使います。劇場が大きいとか、バックで鳴っている音楽や効果音を小さくしたくないとか。しかしKERA氏の演出では、囁くくらいまで声を抑えさせて、それを通常の声のレベルまで拡声させ、言葉のニュアンスを強調したり、ヒソヒソ話なのに普通の声量より大きくしたり、という使い方をしています。

水越の事務所に保管されている、ナイロン100℃全作品の音源のマスターテープ。大量。

演出助手
山田美紀

やまだ・みき｜舞台スタッフユニット「至福団」所属。KERAをはじめ、鈴木裕美、G2、鈴木勝秀、長塚圭史、赤堀雅秋など様々な演出家の舞台作品で演出助手を務める。2017年より、阿佐ヶ谷スパイダースに参加。KERA作品には『病気』(97)より、ナイロン100℃公演には『フランケンシュタイン』(97)より多数参加。

創作へのKERAのこだわり

「役者さんを最大限生かす作品作り」だと思います。特にKERAさんの台本は当て書きが多いので、その時、その瞬間の役者さんの魅力がそのまま作品に反映されています。何度もKERAさんの作品でご一緒している役者さんでも、前回とは違う、今だからでこその魅力を引き出すKERAさんの目はまさに「慧眼」です。

ナイロン100℃公演、KERA作品と他作品との自身の進め方の違い

個人的に、演出助手の仕事でいうと「瞬発力重視」でしょうか。スタッフの一員としてはちょっと違っていて、次に答えます。

ナイロン100℃公演、KERA作品のスタッフワークの特徴

これは、きっと他の方も書いていると思いますが…KERAさんのスタッフは基本的に長くご一緒している

方が多く(作品によって数セクションは新しい方が入りますが)、KERAさんの好みの方向性が感覚的に分かっているので、事前に先々に必要そうな要素を準備しておく事でしょうか。まだ台本には出ていないけど、稽古場ではこういう小道具があったら面白いんじゃないか、場面転換の時にこの壁に隠し扉を作っておいた方が後々いいのではないか等、ストーリーに関わりそうな事、物理的に必要になりそうな事をスタッフ間で出来る限り予想して準備しています。でも、これは他の演出家の方の現場でも勿論行われている事です。が、KERAさんの現場の場合、その予想の「先々」が「かな〜りの先々」レベルなんです。

ナイロン100℃公演、KERA作品でしか通用しない決まり事

「決まり事」と思えるような事はありません。

ナイロン100℃公演、KERA作品を創作するにあたって、自身がこだわっていること

「作品を良くすることに繋がる有効なアイデア出し」。これは、他カンパニーの芝居の時も勿論心掛けているのですが、ナイロンの場合は他現場よりも直感的に、(悪い言い方をすれば熟考せずに)思い付いた瞬間に言葉に出してしまっています。上手く説明できませんが、ナイロンの場合、その方がいい結果を生むので。

自身のアイデアが活かされた公演

そういう事は多数ありましたが、最終的にはそれも作品の一部なので。

プランに掛ける期間や時間

稽古場が全てです。

ナイロン100℃だからできたこと

色々考えたのですが、結論としては「私が関わったナイロンの作品、全部」です。あ、関わっていない作品を客席から観ていてもそう思うので「ナイロンの作品、全部」ですね。

最も印象に残っている参加作品

2001年の『すべての犬は天国へ行く』は、女優さんのみの西部劇だったのですが、とにかく稽古場が華やかだったのが印象的です。右を見ても左を見ても、美しく可愛い女優さんだらけ。だらけ、というか、美女優しかいない。それも大人数で。そんなに広くない稽古場だったので、皆さんが着替える時は男性スタッフ陣(KERAさん含む)にちょっと稽古場の外に出て頂いて、稽古場全体が更衣室状態になったこともありました。衣裳合わせの時も、スカートのたっぷりしたドレスの人が多かったので、色とりどりの華やかな人達が犇めいていて稽古場が狭く感じましたっけ。

参加を後悔したこと

無いです。

ナイロン100℃公演に参加したことで自身の仕事に影響したこと

KERAさんが台本を手書きで書かれる事はご存知の方も多いと思いますが、以前はその清書も演出助手の仕事でしたので、とにかくパソコンでの文字入力が速くなりました。お陰様でその後の仕事でも役に立っています。朝目覚めると、ファックスから感熱紙が絵巻物のようにトグロを巻いていて、そのまま飛び起き、パソコンに向かったハラハラ感が懐かしいです…。

劇団および劇団員の特徴

KERAさんの感性、やって欲しい事を一番理解している人達です。この人達の存在が、ナイロンを劇団たらしめていると(劇団なので当然と言われるかもしれませんが)。KERAさんの台本に書かれている微妙なニュアンスの理解力、それを膨らませるアイデアが豊富なので、初見の読み合わせからワクワクします。それが積み重なって、次のシーンにも影響し、台本が作り上げられていく流れは本当に「共同作業」だなと思います。あと、みんな台詞を覚えるのが早い!! ありがたい事です。

ナイロン100℃、個人的ベストアクト

ベストアクトを選ぶのは難しいです。どの作品も大好きなので。最新作が最高作、という意味では『ちょっと、まってください』も大好きです。別役さんテイストのKERAさん作品、その匙加減が絶妙で、何とも言えない「不条理」が、「条理」として舞台上で成立しているのが面白かった。あと、私が初めて参加した『フランケンシュタイン』も大好きです。今思えば、ナイロン役者陣の魅力満載の「薄気味悪く不思議で切ないオモチャ箱」みたいな作品でした。あ、「ベストアクト」なのに、2作品になってしまいました。

今後もナイロン100℃に関わりたいか

勿論です。ナイロンでの作品作りに参加するのはとても刺激的で楽しいですし、勉強にもなりますから。心情的なことをいうと、かれこれ20年になるお付き合い、私にとってナイロンは「親戚」のようなものなので、みんなに会えるのが嬉しいからです。

ナイロン100℃の今後に期待すること

昔、新宿スペース・ゼロでやっていたような、プロセニアムのないフリースペースのような劇場での公演を観てみたいです。

13th SESSION『フランケンシュタイン』

喜安浩平（きやす・こうへい）

愛媛県出身。1998年のオーディションに合格し、1999年からナイロン100℃に参加。近年の主な出演は、舞台『自分の耳』など。2000年に旗揚げした劇団ブルドッキングヘッドロックを主宰し、作・演出も手掛ける。映画『桐島、部活やめるってよ』で、第36回日本アカデミー賞優秀脚本賞受賞。その他の脚本に、映画『幕が上がる』『ディストラクション・ベイビーズ』、テレビ『獄門島』『電影少女2018』など。アニメ『はじめの一歩』『テニスの王子様』などで声優としても活動中。

悪夢とともに

喜安浩平

1998年。当時、とくに深い考えもないまま、演劇の藪の中へ分け入ろうとする私を（今もたいして変わりはないのですが）、もう少し奥までいらっしゃいと、妖しく手招きしてくれたのが、ナイロン100℃でした。人生で初めて、劇団というもののオーディションというものを、受けたのです。

二次選考では、参加者全員に自己アピールの時間が設けられていました。私は、与えられた時間をいっぱいに使い、「主婦と強姦魔」という、二人一役の寸劇をやりました。昼下がり、時間を持て余す主婦の元に、突然強姦魔が現れる。おののき震える主婦。欲望をむき出し、にじり寄る強姦魔。しかし、主婦には存外体力があり、不屈の精神も併せてもって、見事、強姦魔を撃退するのであった。という筋でした。記憶があまりに断片的で、詳細は不明です。いや。これ以上の詳細など無かったかもしれません。なぜ自己アピールの場で女性を演じようとしたのか、なぜ強姦などという題材で勝負しようとしたのか。その辺りのことも、記憶が余りに断片的で、語りようがありません。もはや別の誰かの出来事なのではないかとすら思います。むしろそうであってほしいくらいなのですが、残念なことに、その選考の本番、緊張が過ぎた私は、KERAさんと先輩劇団員が見守る狭い部屋で、ただ叫び、暴れ、目測を誤って壁に激突、床に脳天から落ちる、などの想定外のパフォーマンスを繰り広げたことを、やはり断片的に覚えておりますので（その時の衝撃で断片になった可能性も考えられます）、私自身に起きたことで、おおよそ間違いはありません。思い出すたび悪寒がする、悪夢のような、極私的ナイロン史です。

『東京のSF』という作品の稽古最序盤のことも思い出されます。2002年のことでした。その前年、私はずいぶんと劇団外のお仕事をいただくようになり、もちろん、自らの力不足が最大の要因ではあったのですが、ナイロンの本公演に出演することが叶いませんでした。2000年の『ナイス・エイジ（初演）』以来、2年間、劇団から離れていたのです。胸に期するものがあったことは（断片的に）覚えています。台本の読み合わせが繰り返し行われ、様々な配役が試されるうちに、不意に私の名前が呼ばれました。緊張で心臓が口から飛び出すとは、私にとっては、あの時のことを言います。

その後、その時に読んだ役を無事にいただくことになるのですが、その最初の立ち稽古の時に、やはり私はとんでもない緊張から、ちょっと暴発的な動きをして見せたようで、「それもう1回やって」と言われても、自分がどう暴発したのかさっぱり見当がつかず、どれだ？　どれのことだ？　と思っているうちに、ものの見事に行き詰まり、飛び出た心臓を握りつぶされるほどこてんぱんな目に遭ったこととあわせて、やはり悪夢のように思い出されます。

2003年の『ハルディン・ホテル』では、冒頭に登場する役をいただいたのですが、なぜか稽古場には暫くぁ冒頭しかなく、文字通り死ぬほど冒頭を繰り返し、永遠に冒頭が終わらないのではないかと、布団の中で震えたことも、そういえば悪夢です。

2006年版の『カラフルメリィでオハヨ』の時には、最初の読み合わせでヨレ倒し噛み倒し、KERAさんに殺されそうなほど怒られるという悪夢を見ましたし（現実のことです）、2009年の『世田谷カフカ』では、照明や美術がうまいことアレして見えやしないだろうと、全裸で局部を晒して歩いていたら（作中の話です）、幕が上がってしばらくしてから、全然見えてるよと知らされ、誰にとっての悪夢だよというような目に遭いましたし、40歳を眼前に勢い勇んで挑んだ2014年の『社長吸血記』の稽古場でも、やはり散々ダメを出され、またも悪夢にうなされる日々を過ごしたのでした。

関わって20年。思い出すのは悪夢のようなことばかり。いや、もちろんそんなわけはなく、いい思いもたくさんさせていただいていることを、ここに付け加えておきます。『ちょっと、まってください』の客席で、やっぱりこの劇団が大好きだ！と思ったのが、最新です。

ただ、悪夢の印象は強いもので。むしろ、もう少し悪夢をと、どこか惹かれてしまっている自分がいるような気もしないでもありません。いけませんね。なにしろもう、いい大人なのですから。次こそはスマートに。いっそ夢見心地で。新しいナイロン史を、そこに刻む所存です。しかし、暫くの間、私の一番好きなナイロンの作品が、『偶然の悪夢』だったという偶然は、極私的な見地から言うと、偶然なんかではない、ということ、なのか、もしれません、はい。

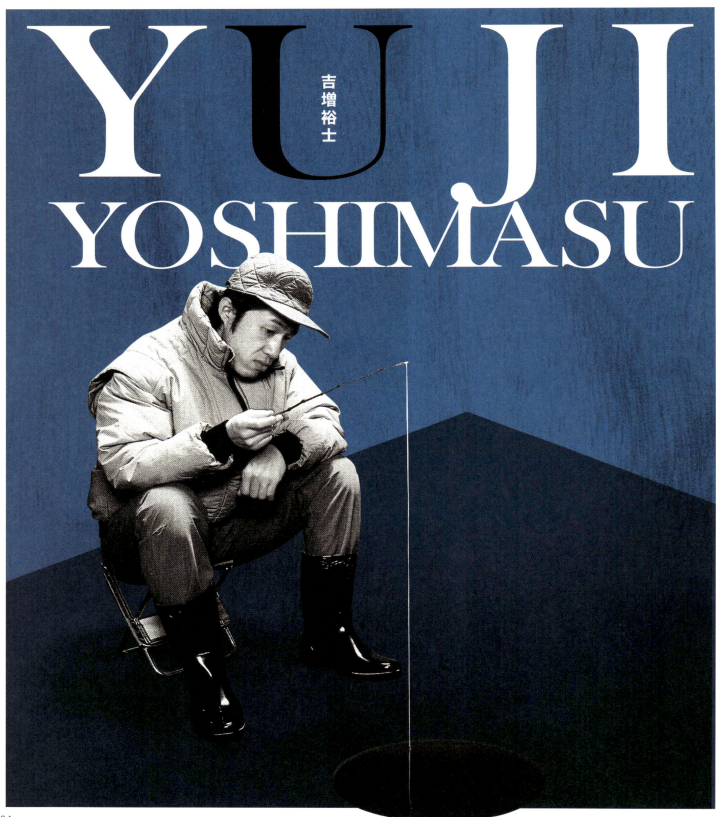

吉増裕士（よします・ゆうじ）

北海道出身。1998年のオーディションに合格し、1999年よりナイロン100℃に参加。2000年に旗揚げしたユニット、リボルブ方式では作・演出も手掛ける。近年の主な出演に舞台『無頼茫々』『ホテル・カルフォルニア〜HOTEL CALFORINIA〜』『夢の途中 -uncanny valley-』『田園にくちづけ』『サソリ退治に使う棒』など。映画『傷だらけの悪魔』『アウトレイジ最終章』など。テレビ『怪奇恋愛作戦』『吉原裏同心〜新春吉原の大火〜』『幕末グルメブシメシ！』など。

ナイロン100℃と私について
吉増裕士

1998年のあの日、当時29歳の私はそれまで所属していた劇団を辞め、小雪舞う寒空の下「これからどうすれば良いのか」という思いを抱え、これといった当てもなく旧市街の通りを彷徨い歩いていました。いつの間にか流れ着いた名も無い街の薄汚れた安宿に挟まれた路地の片隅で、犬臭いブロック（猫かもしれない、鼠かもしれない）に腰掛け福音派の炊き出しでありついた汁汁と言いたくなるような豚汁をすすっているまさにその時、私は脇に立つ電信柱に貼られた一枚のビラを目にしたのです。「ナイロン100℃出演者オーディション」。そう書かれたそのビラを手にした瞬間から、私とナイロン100℃との今に繋がるすべてが始まったのでした。1998年といえば、翌年に世界の破滅を控え世の中は終末観に溢れ、もちろんその街でも恐怖のあまりヤケになった人間がところ構わず立ちションベンしたり（あのブロックは人間臭かったのだ！）、豚汁（汁汁）の汁をもっと！ と言い争いするなど周りの誰もが翌年といわずいつか来る破滅を前に希望を見出せず苛立っていました。そんな中で私は「あのナイロン100℃のオーディションを受けられる！」「最後の審判の前に審判だ！」などと強烈な希望の光を全身で感じていたであろうことは、ここまでの文章に多分に含まれた嘘を差し引いたとしても間違いのない事実だったと思います。そ

の後のことは嘘を差し引いて書いてしまうと、ナイロン100℃出演者オーディションに合格、『Φ』という作品に出演、そして世界は破滅しなかった、ととてもシンプルなものになってしまいます。これではいけません。私が正式にナイロン100℃のメンバーになったのは、コンピューターが誤作動を起こして凄く大変なことになってしまうよという2000年問題があった年なのでつまり2000年です。その頃はまだナイロン100℃は劇団ではなくユニットと称して活動していた気もしますが、しない気もします。しかし翌2001年には劇団員募集があったはずなので、このあたりでナイロン100℃という集団に何らかの変化があったのは間違いありません。間違いありませんは間違いかもしれません。記憶が曖昧です。こう無駄に曖昧なことばかり書いていると無駄ながらも紙面が埋まっていくというメリットはありますが、自分で無駄と書いているぐらいですからデメリットです。ナイロン100℃に対する私の今の気持ちを率直に書くならば「私はナイロン100℃の作品がやはり格別に好きで、その作品に携われるという少しの自負と少しの恐怖と多くの楽しみを、出来ることならこの集団がある限り共にしていきたい」とまるでプロポーズの言葉のような率直さになってしまうのも致し方ないと思うのです。なぜならメンバーになったこの十八年のあいだで、

物事の見方、読み方、捉え方など多くの部分がナイロン100℃で経験し感じたことに強く影響されているからです。それらの多くを自分に反映させ実践しているように思えるからです。もちろんその他の色々な事から学んだものも血となり肉となり今を作ってくれてるとは思うのですが、それでも何皮か剝けばやはりナイロン100℃という骨格が私の中から現れる気がするのです。ナイロン100℃を通してお芝居だけではなく世界を見ているというか。大げさに聞こえるかもしれませんが、そういう身体になってしまいました……。

いや、大げさに聞こえてもいいと思うのです。なにしろ25周年なのですから。25年といえば25年前に生まれた人は25歳、25年前に25歳の人は50歳。25年たてばそんな二人が普通に会話をし、へたをすれば50歳の人が簡単にやり込められてしまう、そんな年月です。人が様々な変化をするには充分な、大げさではなくそんな年月です。そんな年月を経たナイロン100℃。私は「不易流行」という言葉が好きなのですが、今のナイロン100℃にこそこの言葉がしっくりくるような気がします。ナイロン100℃でありながらもこれからどんな新しいナイロン100℃が見られるのか。それが楽しみであり、そして少しでもその力になれればと今の私は思うのです。

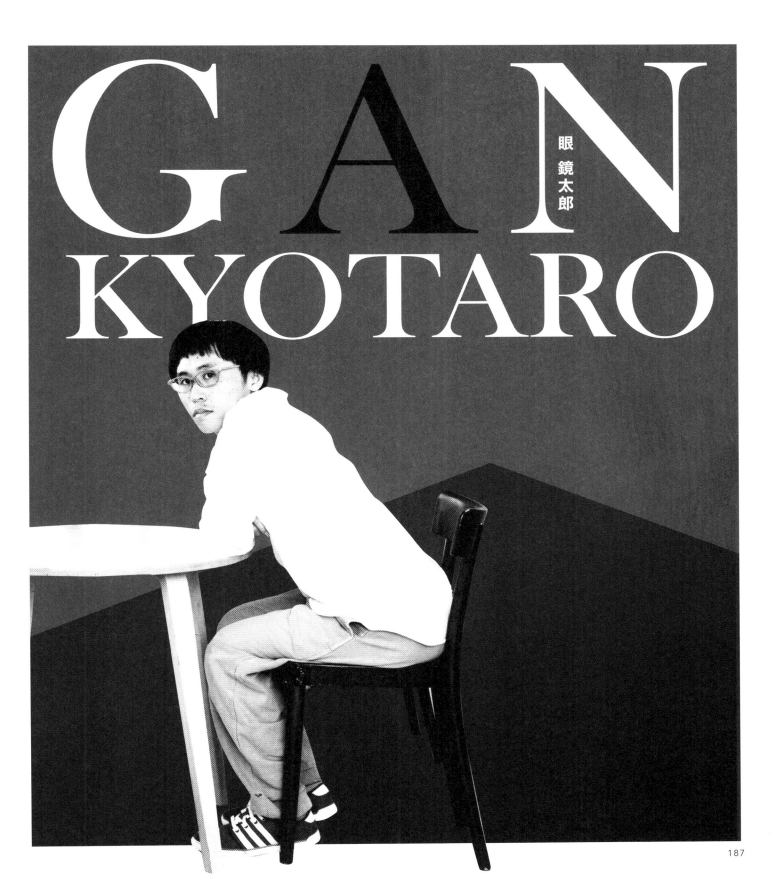

眼 鏡太郎（がん・きょうたろう）

岩手県出身。1999年秋、『ラフカット99』出演。01年からナイロン100℃に参加。最近の主な出演に舞台『嘘より、甘い』『ブックセンターきけろ』『くるみ割れない人間』など。映画『トイレのピエタ』『予告犯』『アイアムアヒーロー』『カメラを止めるな』『罪とか罰とか』など。テレビ『南くんの恋人〜my little lover』『悦ちゃん』など。ＣＭでも活躍し『第一三共胃腸薬プラス』『お部屋探しMAST』などに出演。

メガネ太郎と呼ばれて

眼 鏡太郎

●ナイロン100℃と私の出会い

　私が演劇を始めたのは、東京学芸大学在学中の1996年です。KERAさんに初めて見てもらったのは、ラフカット'99に出演した時だと思います。就職活動は一切せず、彼女（今は妻）の勧めでナイロン100℃の劇団員オーディションに応募しました。合格通知を受け取った日は、当時住んでいた中野の風呂なし六畳一間のアパートで、今の妻と喜び合ったのを覚えています。それまでのナイロン100℃観劇歴は『テイク・ザ・マネー・アンド・ラン』と『テクノベイビー』。それと『フローズン・ビーチ』の戯曲を読んだことがあるくらいでした。オーディションでは、『テイク・ザ・マネー〜』の大倉さんの"デカビタC"の台詞を選んで演じたことを覚えています。

●入団時の思い出、心境が大きく変化した出来事

　入団時から初期にかけて辛かった思い出ベスト3は、
①劇団員として初めて参加した『東京のSF』で清水宏さん演じる"明智"にコショウを振りかけられ、くしゃみが止まらなくなるというシーンで、リアルなくしゃみができず、何度も何度も練習をしたこと。
②『ハルディン・ホテル』で本番中のKERAさんからのダメ出しで、「客に向かって芝居をするな。今度やったら殴るヨ。客に見えないところを（顔ではなく体を）。」と言われたこと。

③『シャープさんフラットさん』の本番中に、清水宏さんから「毎日違うモノマネをみせろ」と言われ、連日楽屋で披露したこと。

　以上のような経験を経て、これは生半可な気持ちではできないなと、大きく心境が変化しました。

●劇団公演の中で、最も印象に残っている役とその理由

　『犬は鎖につなぐべからず』の"恒子の夫"役。客観的に見て、唯一自分を自分で面白いと思える役だから。台詞は少なく、ほぼ振り返るだけの役ですが。この芝居のために坊主にして、和装も似合っていたと思います。その続編の『パン屋文六の思案』の"保根"役も印象に残っています。全然できていたとは思いませんが、初めてこれくらいの大きさの役を与えてもらったので。

●劇団活動の中で楽しかったこと、苦しかったこと

　楽しかった思い出は、準劇団員時代に『ノーアート・ノーライフ』のアナザーバージョンに出演したこと（当時はまだ、眼鏡太郎ではなく、本名の阿部泰明でした）。劇団員になってからは、楽しかった思い出はなく苦しい思い出がほとんどです。特に苦しかったのは「これでダメならクビね」と言われて臨んだ『世田谷カフカ』。首の皮一枚で残りましたが……。辛かったけど、作品としてはとても印象に残っています。辛い思い出ばかりで申し訳ありませんが、『黒い十

人の女』でのトランペット（習いたて）を吹く役、本番で緊張のためほとんど音が出ず。特に恥ずかしい思い出です。

●KERAさん、劇団員との印象深いエピソード

　公演以外で印象的なのは、KERAさんと緒川さんの新居への引っ越しを手伝ったこと。私もこんなマンションに住みたいと思いました。あと、すごく地味ですが、何かの旅公演中、新潟（だったと思う）の街を一人喫茶店を探しながら歩いていると、同じく一人で歩いていた大倉さんと遭遇し、一緒にお茶したこと。それと、これも何かの旅公演で松本に行った時に大倉さんと植木さんと行った喫茶店のポークソテーがめちゃくちゃ美味しかったことが、何故か印象に残っています。

●これまでとこれからのこと

　正直、今でも劇団に所属できていることが信じられないし、4年ぶりに出演する『睾丸』ではどんなことになるのか想像もつきませんが、この4年の間に子供が生まれ、私は父になりました。そのことで少なからず私の人間性が変化したと思っています。そうした経験を劇団活動にも活かしていきたいと思います。最後に、もはや当たり前すぎて触れませんでしたが、自分にとって一番重大な出来事は「眼鏡太郎」という名前をもらったことかもしれません。この名にふさわしい俳優になりたいと思います。

MAI MINATO
皆戸麻衣

皆戸麻衣(みなと・まい)

埼玉県出身。1999年秋、宮藤官九郎作品『ラフカット'99』に出演。その後スーパーエキセントリックシアターの研究生を経て、01年からナイロン100℃に参加。近年の主な出演に舞台『2人の夫とわたしの事情』『ベルが鳴る前に』『Happy Days〜幸せな日々〜』『祈りと怪物』『職員室の午後』『とける記憶』『いつでも君を』『アンダードッグ』『Tsuru』『Imagination Record』『濁流サイダー』など。映画『HANA-BI』『HERO』『罪とか罰とか』など。ドラマ『きらきら研修医』『小児救命』『外交官黒田康作』など。

劇団員の私
皆戸麻衣

25周年おめでとうございます！

私が入団したのが2001年でしたので、もう17年目ですか。劇団員という人生を歩むとは、意外な未来でした。

これに落ちたらもう就職！ そう思って臨んだオーディションでした。KERAさんはもちろん劇団員も審査員で、何故か「村岡さんて綺麗だな〜」と思った事を覚えています。緊張してたんだと思います。もう若さ故としか言いようがないですが、履歴書に「団体行動が苦手」と書き、憧れの松永さんに「劇団て団体行動ですけど？」とそりゃあ当たり前に突っ込まれました。謎の自己アピールが本当に恥ずかしい……。しかしそんな事もあってか、以来松永さんはずっと私の事を可愛がってくれます。本当にありがたい事です。あと、履歴書に添付するいい写真がなくて、としまえんのプールで撮った水着でただピースしてる写真を使ったら、後々KERAさんがずっと笑うという……。

「ねえ何であの写真使ったの？ 水着だし、水着なのに何の色気もなくてさ。どういうつもりであの写真送ってきたの？」

……だからぁ全身写ってる写真が他になかったからでぇ……よく受かったもんだな、私……！

入団してすぐ本公演に出られて、順風満帆ではあるのですが、長らく下働きが続きました。仕込みやバラしを含め、裏作業がイヤでイヤで。劇団なんだから当たり前なんですが、そんな事も知らずに入団してしまい、そういうものだと理解できるまで時間が掛かりましたね。一生懸命働く同期を見て「そういうとこで居場所作ろうとしてんじゃねぇよ」と思ったりして。でも思い返せば、あの頃が一番劇団員らしく充実していた気がします。理不尽な目にあって、それでも励ましあって毎日早く稽古場に入る。青春だったのかも知れません。まあ思い返すから言える事で、戻りたいかと聞かれれば食い気味で戻らない！ と答えますけど。あは。

公演1つ1つに思い出はありますが、今だから話せる裏話があるとすれば『ハルディン・ホテル』でしょうか。稽古終盤の頃に、当時お付き合いしていた男性に振られまして。

もう失意のどん底。お先真っ暗。こんな状態で演劇なんて……！ しかし、同じく傷心の方が他にも数名いらっしゃって。あぁ、辛いのは自分だけじゃない。頑張ろう。むしろ同じ痛みを抱えた人達とこうして演劇に没頭できて、自分は救われてる！ と、お互い暗黙で励ましあって踏ん張った公演です。人生とナイロンが交錯した最初の公演でした。後に植木さん曰く「右見ても左見ても誰かしらめそめそしてて、っとに湿っぽかったよ！」との事。迷惑掛けたね、ごめんよ。

そう。植木さんとの出会いも大きなものです。同期でそれこそ苦楽を共にしてきました。楽しく笑ってる時には絶対に植木さんが隣にいたし、植木さんがいなかったら劇団に馴染むのにもっと時間が掛かっただろうなと思います。人の気持ちが分かる優しい奴で、そういう所に大いに影響を受けましたね。

入団した頃は年に2本はあった本公演も、今じゃ減って数年やらない事もあります。物足りないですし、自分と同じ歳の時先輩は何をしていたかと考えると焦ります。KERAさん、私の事どう思ってますか！？ と聞きたくもなります。でもいいのです。気持ちのいいペースでやって行きましょう。ナイロンは攻めてなきゃいけないし、面白くなくちゃいけません。そういられる気持ちのいいペースで。もしももしも、そういられなくなった時には、盛大にお別れしましょう。派手さというか華やかさというか、ナイロンには豪華であって欲しいのです。あ、ちょっと後ろ向きになりました。いえいえ、いつまでも面白いことやって行きましょう！ できればいつもそこにいたいのです。ナイロンに必要とされる人になりたいです。誰もが憧れる、私も憧れた劇団で、劇団員をやってきて思う事は、必要とされたいなという事です。

改めて、25周年おめでとうございます。どうぞこれからもよろしくお願い致します。

NYLON 100°C through the Years Part Ⅳ

NYLON100℃ through the Years Part Ⅳ

2010年−2017年

藤田秀世　喜安浩平　吉増裕士　KERA

2017年12月28日座談会より記事構成

　Part Ⅳでは『2番目、或いは3番目』から2017年『ちょっと、まってください』までを振り返る。KERAが47歳のときから55歳の現在までだ。集められたのは藤田秀世、喜安浩平、吉増裕士の3人。

　2015年は再演が1本、2016年は劇団公演が1本もない。1年に5本も6本もやっていた時期から比べたら嘘のようなこの7年間をどのように捉えるのだろうか。

▶この10年

「こういうことは当事者が語ったところであまり説得力ないかもしれないけど、2010年代の公演のクオリティはどれもかなり高いと自負してます。細かい反省はいくらでもあるし、100点満点をつけられる公演はないけど、以前にだってそんなものありませんでしたから。逆に"こりゃ失敗作だ"という目も当てられない駄作もないのは、失敗を回避できるような安パイを選んでるからではなく、毎回飛べるか飛べないかギリギリのハードルを設定して、奇跡的にすべて飛び越えられたからだと感じます。まさに劇団力ではないでしょうか。毎回心臓に悪いことしてるけど、作家としてももう本当にイチかバチかで。スポーツ選手が自分の記録を越えられなくなるときが来るように、いつか急にハードルを飛び越えられなくなるかもしれない。とても恐ろしいことです。でも、一度飛べなくても、まだ次に飛べる可能性はあるって堪えて付き合ってねって思う。劇団員や客演さんやスタッフさんや、あとお客さんも」（KERA）。

「劇団員としては、劇団公演の数が減れば、チャンスが少なくなることなので、他でがんばるしかないということですよね」（吉増）。

「常に同じものを提供し、お客さんも安心して観られる劇団もあると思うけれど、ナイロンはそういう劇団ではないということを、この10年でみなさん承知されていること。劇団公演の本数が減っても、僕はKERAさんが新しいことに挑むときにはぜひ参加したい」（藤田）。

▶東日本大震災

　2011年3月11日午後14時46分、未曾有の災害である東日本大震災が発生する。東京は震度5の地震を記録した。ナイロン100℃は公演の時期ではないが、マチネ公演を上演中の劇場も多かった。その後も揺れが収まってからも余震が続いたため、ほとんどの劇場が公演中止を余儀なくされた。交通機関はストップし、観客はもちろん都心に勤める人は誰もが帰宅困難者となった。14日からは計画停電の影響もあり電力を消費する演劇に対し「自主規制」への波と「今こそ演劇を」という流れの中、それぞれが苦悩の末に、上演をするかしないかを決断した。ナイロン100℃は5月の『黒い十人の女』を控えた時期。震災当時はそれぞれ何をしていたのだろうか。

「3月11日のその時間は、恵比寿の事務所に13時に集合して『黒い十人の女』のパンフレットの打ち合わせをしていたんです。ものすごい揺れて、皆で慌てて机の下に潜り込んだ。テレビをつけたら津波の空撮映像に驚愕して、"ああ、これで何もかもが変わってしまうかも"と思った。事務所を出ても帰宅する交通手段がない。東京

2010-2017

NYLON 100℃ through the Years Part Ⅳ

の街も電車が止まっている。僕は4時間歩いて帰ったんです。歩きながら『黒い十人の女』は上演できないかもと思ったから、幕が開いたときには本当にありがたかったですね」(KERA)。

「震災当日、僕は本番中でした。赤坂レッドシアターでやっていた『TRAVERING』というお芝居。赤坂に向かって歩いていたら新宿駅を過ぎたあたりで"中止です"と連絡がきた。新宿からの帰宅難民と一緒に6キロぐらい歩いて帰宅しました。翌日はやりましたね」(藤田)。

「俺はバイトでビルの上で、シーリングを塗っていました。多摩の方だったから帰宅が大変でした」(吉増)。

「僕は電車に乗っていたときでした。"発車の見込みがありません"とアナウンスがあって歩いて帰りましたが、歩きながら船酔いみたいな揺れが続いて。その頃、映画『桐島、部活やめるってよ』の脚本を書いていたので、次の日は、日本テレビのある汐留に向かったんです。街が死んだようにシーンとしていました」(喜安)。

▶ side SESSION、岸田國士

2010年は5年ぶりにside SESSIONが上演される。喜安が作・演出を手掛けた『亀の気配』だ。KERAは監修・脚色・演出協力として参加している。

「若手公演です。ブルドッキングヘッドロックでやった作品をアレンジして当時の新人に演じていただきました。若手特有の、のびのびした感じがありました。side SESSIONの冠があるので下手なことはできないという気持ちが大きかったですね」(喜安)。

次の公演『パン屋文六の思案』では、吉増が降板した。吉増は小屋入りの10日前のダンスのシーンでアキレス腱を切ってしまった。

「急遽廣川さんに代役をしてもらって、当然ながら廣川さんの出番がすごく増えた」(KERA)。

「『ナイス・エイジ』の再演で(当時劇団員だった)大山(鎬則)さんが降板したときも劇場に集められて"代役は喜安さんで"と言われて衝撃でしたね。あのとき僕は、場当たりで親指をぶつけて、根元の靭帯を切って、本番中テーピングでガチガチに固めて芝居をやっていました。さんざんだなと思っていたら、大山さんの代役をすることになったんです」(喜安)。

「あのときの喜安は素晴らしかった。もちろん『パン屋〜』での廣川さんも素晴らしかったけど。そういうことができるのは劇団だからです。プロデュース公演で、"ちょっとあなたこっちの役もやってちょうだい"なんてこと本番中に言えないですよ」(KERA)。

「『パン屋文六の思案』、これはKERAさんの筆ではないわけですよ

ね。いつもの感覚とはかなり違いました。作家の目論見もあるだろうし、それを読み取りたいという気持ちとそれを表現したい思いに、いつも以上に頭を使った芝居だったような気がします。岸田つながりで言うと『犬は鎖につなぐべからず』でのダンス。井手茂太さんの振付けていただき、楽しかったですね。ダンスはかなり努力しないとできないと思って、どれほどの努力をさせられるのだろうと戦々恐々としていたら、その人にできる範囲で振り付けてくれる。あれは驚異的だったし助かりました。井手さんは天才振付師です」(藤田)。

「アキレス腱を切ったとき、藤田さんにメールをいただきました。とにかく治してナイロンに戻って来たときは、キレキレの芝居ができることを目指すことって。それを励みに今までやってきましたね。『峯丸』は5年ぶりの出演になります。楽しみと緊張がありますね」(吉増)。

「俺は『社長吸血記』以来4年ぶりです」(喜安)。

「『パン屋文六の思案』は青山円形劇場で円形の空間を最大限に利用して作れたから、閉館してしまったのは今でも悔しい。もっとたくさんの公演を打ちたかった。癖のある劇場だけど、最後列でも4、5列目。舞台から客席までの距離が本当に近い」(KERA)。

▶ 再演

これまで劇団では『カラフルメリィでオハヨ』が健康時代から数えて4回再演されている。『男性の好きなスポーツ』は再演で大幅に改訂し『デカメロン21』として上演。これまで再演した演目に『フローズン・ビーチ』『ノーアート・ノーライフ』『わが闇』『消失』がある。2018年4月には『百年の秘密』の再演が控えているPart Ⅳの時期は『ノーアート・ノーライフ』と『わが闇』が再演された。

「両方の再演に出させてもらいました。再演のときは戸惑う感じがありましたね。台本への向き合い方が違うんですかね」(喜安)。

「環境が違うんじゃないの。ある意味初演をなぞって成立させないといけないという責任感が生まれるのはある程度仕方ないよね。どんな芝居かわからないまま稽古を始めて、結末がわかるのは初日の間際という初演の環境と、ラストまでわかって稽古を始めるのとでは、だいぶ違う」(KERA)。

「最初から台本があると、何をしていいのかわからなくなるよね。それを一カ月も与えられたら、どうすりゃいいんだろう!」(藤田)。

「犬山もそう言っていたよ。台詞を全部覚えないといけないと思うと気が遠くなるって」(KERA)。

「台本があるんだから、本番3日前ぐらいに集まればできると思ってしまう」(藤田)。

「再演時の稽古でも、これまでどんなに短くても4週間はとってるね。台本があるから初演よりも緻密に作ろうという志はある。でも台本があるからどこか安心してしまう。初演と同じペースで稽古すれば、3循環ぐらいできるはずなんだけど、いつも2巡するのがやっとでバタバタと初日を迎えてます」（KERA）。

▶ **劇団で学ぶ**

　喜安浩平は2000年に劇団ブルドッキングヘッドロックを旗揚げする。KERAが「喜安は劇団の出世頭です」というように2013年に脚本で参加した映画『桐島、部活やめるってよ』で第36回日本アカデミー賞優秀脚本賞を受賞している。ナイロン100℃の劇団員として、KERAの台本を通して"書くこと"を学ぶことはあるのだろうか。

「学んだって追いつかないです。『ちょっと、まってください』にしても、別役実さんの作品をベースにしていても、ちゃんとKERAさんの表現になっていて。常に先を歩かれているというか、まさに"ちょっと、まってください"という気持ちになります」（喜安）。

「『ちょっと、まってください』は自分で言うのもなんだけど、かなり面白いものを作れたと思ってる。僕がもしお客さんだったとしたら、相当ヤラれると思うんだ。あんなものを執拗に3時間も見せられたら（笑）」（KERA）。

「『2番目、或いは3番目』や『社長吸血記』の稽古のことを思い出すと、台詞のやりとりが面白いのはわかるけど、全体として何を目論んでいるのかすぐにはわからなくて、びびってました。俺の頭が悪いのかなって考えたことを覚えています（笑）」（喜安）。

「作家だからじゃない？　『社長吸血記』や『ちょっと、まってください』は作家的な、論理立った組み立てをしないように書いてるからさ。作家の目論見、例えば人物や出来事への眼差しひとつとって、そこに悪意をもって書いているのか、寄り添っているのか、書き手の姿勢が全くわからない。作品の中で起こっていることがいいことなのか悪いことなのかすらわからないから」（KERA）。

「確かに自分は作家もやっているので、俯瞰したい脳みそもあると思うんです。でもなかなかそうさせてもらえない」（喜安）。

「『社長吸血記』で喜安が手帳を拾ってそこに書いてあることを読み上げる時間は物語において、どういう時間かわからないよね。わからないことこそがおもしろいと思って書いている。得体のしれない時間。でもツイッターとかで感想を読むと"単にグダグダ"とか"じれったい"としか感じない人は、どうしたっている」（KERA）。

　吉増は、喜安が作・演出を手掛けた劇団ブルドッキングヘッドロックの作品『田園にくちづけ』に出演している。

「喜安くんの演出の仕方や台本の読み方にKERAさんのやり方を感じました」（吉増）。

「それはあると思います。一時期、ナイロンのやり方ではないやり方でやってみようと思った時期もありましたが、考えなくなりましたね。40歳を超えて"喜安くん"から"喜安さん"と呼ばれるようになって、でもナイロンに帰ってくると"きやぼう"って呼ばれる。"はっ！"と目が冷める感じです」（喜安）。

　劇団員がナイロン100℃の稽古によって役者として磨かれる。藤田は「養成された気分にはならないし、KERAさんが何かを教えてくれるみたいなことはない」と話すが、劇団員にとってナイロン100℃とは、どのような存在なのだろうか。

「ナイロンでやっていることをやっておけば大概のことが外で通用します。だから演出家でも共演者でも怖いのはナイロン。ナイロンの人たちとプライベートで付き合ったりはしません。芝居だけで繋がる人間関係。上下関係はあってもキャリアも関係ないから、すごく緊張しますね。他の劇団に行って、好きな劇団を聞かれると、なんの臆面もなく"ナイロン100℃です"と答えるし、好きな演出家を聞かれても"ケラリーノ・サンドロヴィッチ"と答える」（藤田）。

「みんながそれぞれ外でやってきて、新しいものを持って来て、そこを試されるのでナイロンの稽古はとにかく緊張しますね。それは若手に対してもです」（吉増）。

「若手はばらつきがあるけど、外で揉まれて何年かぶりに一緒にやるみたいなことも珍しくなくなった今、特に若い俳優はその間に何をやって来たかが、如実に現れる。有効な仕事をいっぱいやって来た人と、見事なぐらいに変わってない人。もちろん、その間にこれをやればよいなんていう正解はない。ただ僕や劇団にとってはナイロンで有効かどうかが重要」（KERA）。

　「先輩後輩かぎらずに、劇団がいちばん緊張する」とそれぞれが口にする劇団も珍しい。2009年、猪俣三郎、水野小論、伊与勢我無、小園茉奈、菊池明明、森田甘路、木乃江祐希が正劇団員になる。2014年には大石将弘が劇団ままごとに所属しながらナイロン100℃に加入した。若手8人は未来の多くを担うことになるのだろうか。

「彼らが劇団の未来を担うかどうかは、これからどこまで戦力になってくれるかどうか次第ですね。それに尽きる。それ以前に、ナイロンの未来を担いたいかどうかもある（笑）。まあ、担いたいと思ってくれてると仮定して、戦力になる人は残っているし、そうじゃない人はいなくなる。そしてそれは書きながら演出していることにも関わっていて、例えばちょっと出してみて"こいつ面白くなりそうだな"と

NYLON 100℃ through the Years Part Ⅳ

思えば、稽古しながら出番が増えていくし、"これ以上出番増やすと危険だな"と思えばそれきり登場しなくなる。とは言え、昔よりは作品本位になってきてますけどね。昔は主にスケジュールに合わせて人物の出ハケを決めてましたから。明日この役者が稽古に来れないということが分かると、翌日配布する分の台本にはその役者は出ないように書いてた。そんな風にしながら、よくもまあ、登場人物一人一人のドラマを着地させてこれたと思いますよ。全員の物語を着地させるには当然登場人物が少ない方が書きやすい。20人以上だとかなりキツい。多くても13人ぐらいが書きやすい。僕の芝居には賑やかし役はそんなに必要ないから。懸念していることが一つあるとすれば、劇作的に若い子を書きたくなったとき。今の劇団員のいちばん下の世代もみんな30歳前後。そうすると客演を呼んでくるしかないのか。それとももう一度、オーディションして新しい世代の劇団員を入れるべきか。入れるのは簡単だけど、入れた後に戦力にしていくのは大変なことだし。大きな課題ですね」（KERA）。

▶25年続いてきた秘訣

25年間続けることができた理由はどこにあると感じるのだろう。「秘訣なんてないですよ。辞め損なったんです。解散しなかっただけの話。そして、辞め損ねて本当に良かった。きっとナイロンは解散しないと思う。解散しないまま、いつかの公演がラストになると思う」（KERA）。

これまで10年、15年といった節目ごとに劇団継続に関してネガティブな発言が多かったKERAが25周年を迎える今「ナイロン100℃は解散しない」と言った。

「だって、解散する必要性を感じないから。解散してしまったらもしまたやりたくなったときに面倒臭いじゃないですか（笑）。なんらかの理由で僕や役者ができなくなったら、とりあえず一回放置すればいい」（KERA）。

劇団員の視点から、25年継続できた理由はどこにあると思うだろう。「面白いから。KERAさんが失敗作を3本連続して書いたら嫌になるかもしれません。やっぱりコンスタントに面白いから続いたんだと思います。メンバーもすごく魅力的だし、お芝居も面白い。それに尽きます」（藤田）。

「とにかくKERAさんが面白いもの書いてきたから続いたんだと思います。面白いものを書いてくれる限り、僕はそこに参加していたい」（吉増）。

「集団のことでいうと、あまり決めてかからない方がいいのかな。

人の集まりだから、集団の有り様も発信される作品も変容していくのが自然だと思う。無理なく寄り添える人たちが劇団にいると思うんですよね。"若い人たちは搬入を手伝う"とかわかりやすいルールがありましたが、それすらも曖昧になってきている。ルールを作らない状態の中で変容していくことに、ちゃんと対応していけるか。そういうことのような気がします。"次はこんなことをやるんだ？！"ということに面白く寄り添っていけたらと思います」（喜安）。

▶展望

25年前、50代の劇団員は20代だった。20代から50代をナイロンとともに歩んできた。25周年を迎えた今、30周年、40周年を見据えて、60代、70代、その先を劇団とどのように歩んでいくのだろうか。「次の作品のことすら考えられないのに、そんな先のことを見据えられるわけがない（笑）。一本一本、地道に頑張るだけです。無理をせずにね。健康状態は若いときに比べたらボロボロです。疲れやすいし集中力は30代の頃の半分以下だと思います。かつては12時間とか稽古していたけど、今は本当に集中がもつのはせいぜい5時間ぐらいです。執筆についても同様。昔は平気で48時間ぐらい一軒のファミレスにいました。今では考えられないですね」（KERA）。

「僕は今53歳だからこの先25年続くとして78歳。平均寿命を超えられれば生きているだろうし、平均値を超えられない場合もある。お芝居は生活の手段になっているけど、本当にやりたいのはナイロン。死ぬまでに1本でも多くナイロンの芝居ができたらいいなと思っています」（藤田）。

「気持ちは『峯丸』に向かっています。とにかくKERAさんの台詞をしゃべりたいですね」（吉増）。

「吉増さんと僕はナイロンに関わって20年ぐらいになります。実家で親と過ごした時間よりも長い。最近は"当たり前にあるものではない"と思うようになりました。今は一つ一つの関わった作品が必ず面白くなるように頑張るしかないと思います」（喜安）。

「とにかく助け合い、労わり合いながら次の10年を目指し、楽しんで好き勝手に創作していこうと思います。まだまだ我々にやれること、ナイロン100℃にしかやれないことが、沢山あるに違いないから」（KERA）。

[text：今村麻子]

2010-2017

5th SESSION「ウチハソバヤジャナイ〜Version100℃〜」

24th SESSION「東京のSF」

7th SESSION「下北ビートニクス」

21st SESSION「すべての犬は天国へ行く」

24th SESSION「東京のSF」

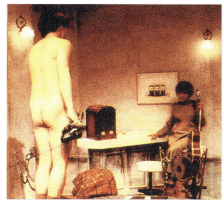
6th SESSION「4 A.M.」

25th SESSION「ハルディン・ホテル」

5th SESSION「ウチハソバヤジャナイ〜Version100℃〜」

15th SESSION「フローズン・ビーチ」

22nd SESSION「ノーアート・ノーライフ」

14th SESSION「ザ・ガンビーズ・ショウ」

13th SESSION「フランケンシュタイン〜Version100℃〜」

31/40 わが闇

31st&40th SESSION

31st SESSION

31st SESSION

　三姉妹ものの名手として定評のあるKERA。近作では『8月の家族たち』(16年／上演台本・演出)が代表的だが、ナイロン100℃で初めて三姉妹ものに取り組んだのが、この『わが闇』だ。

　物語は1976年、純文学作家の柏木信彦(廣川三憲)が、寒村に住む叔母から家を譲られ、妻の基子(松永玲子)、長女の立子(犬山イヌコ)、次女の艶子(峯村リエ)、三女の類子(坂井真紀／客演)、書生の三好未完(三宅弘城)と移り住むところから始まる。

　早熟な立子は10歳で作家デビューし、3作目で文学賞を受賞。次第に立子に嫉妬するそぶりを見せるようになった信彦は、純文学からナンセンス小説に転向し、笑いの研究者へと変貌する。一方、田舎に馴染めない基子は家族と別居するが、志田潤(長田奈麻)と付き合うようになった信彦から離婚を切り出され命を絶った。そして19歳になった立子は、自身の評価を決定づける小説『わが闇』を発表。艶子は大恋愛の末に、大学のサークルの先輩である寅男(みのすけ)と結婚して家を出る。類子も家を出て上京し、芸能プロダクションに入って女優となった。

　2007年、三姉妹は寝たきりになった信彦、そして三好や寅男と柏木家で暮らしていた。家には立子の担当編集者・皆藤(長谷川朝晴／客演)のほか、信彦を題材にしたドキュメンタリー映画の企画が持ち上がったため、その撮影クルーである滝本(岡田義徳／客演)と大鍋(大倉孝二)、プロデューサーの飛石(松永玲子／二役)も出入りする。平穏で退屈に見える日々の中で、次第に行き詰まっていく三姉妹の人生。そして彼女たちが幼い頃から抱えてきた、それぞれの

闇が明らかになっていく。

　初演時にKERAは、自身が子供の頃に感じた、家族にまつわるささいな喜びや悲しみ、傷ついた記憶を書きたかったと語っている。そうした半自伝的な内容が含まれるということもあって、主人公は女性に設定されたのだという。

　舞台序盤の基子と信彦の夫婦喧嘩や、エキセントリックな基子からの理不尽な叱責に怯える幼く無力な三姉妹が痛々しい。それでも親から愛されたいと願う三姉妹。その姿を犬山、峯村、坂井はシリアスに成立させ、この物語に横たわる「親からの呪い」をリアリティあるものにした。

　父・信彦を尊敬し認めてもらいたいと切望しながら、その才能で信彦の嫉妬を招いてしまった立子。彼女は失明という残酷な運命に直面しても、長女らしくあるため笑顔を作ろうとする。犬山はギリギリのところで「自分」を保つ立子を、静謐さの中にも力強く表現する。

　基子から愛情を受け取ることができず、信彦からの期待にも応えられず、寅男と結婚し家を出た艶子。彼女は火事で一人息子を失い、寅男を連れて柏木家に戻るが、寅男が息子を救うため、火の中に飛び込んだ姿をよすがに、彼とともに生きようとする。そこに艶子の強さを見出した峯村は（それは再演でさらに明確になる）、最後は自分に正直に生きることを選ぶ人物を鮮やかに立体化してみせる。

　女優になったものの、スキャンダルのせいに柏木家に戻らざるを得なくなった類子。信彦を捨てた志田潤が、夫（吉増裕士）と柏木家を訪れた際、志田潤のことをいきなり蹴った攻撃性は怒りの表れなのか、それとも自分の怯えを隠すためなのか。坂井は、その演技の中にどちらにも解釈できる微妙さを巧みににじませる。

　このように三姉妹は抑圧される苦しみ＝闇を感じながら生きている。が、それと対象的なのが周辺にいる人物たちだろう。みのすけが憎々しく好演した寅男は、端から見ればまごうことなき悪党だ。岡田が独特な色気とともに演じた滝本は、表現へのこだわりは高くても実生活ではダメ男。大倉の演技が笑いを呼んだ大鍋も、突出した社会不適合ぶりを発揮する人物である。

　長田が俗味とともに演じた志田潤は、よくも悪くも人の気持ちには鈍感だし、松永が嫌味たっぷりに表現した飛石は、儲け話以外は人の言葉に耳を傾けない。長谷川による立子の担当編集者・皆藤も悪人ではないが、どこか的外れな人物という印象（その妹・みどり（皆戸麻衣）は、的を射た発言をすることもあるが）。

　つまり三姉妹を取り囲む人々は、彼女たちの苦しみを理解できるタイプではない。だから犬山、峯村、坂井が表現する三姉妹の闇はさらに濃いものとなる。彼女たちの苦しみを理解する者がいるとすれば、三宅が愛らしくその不器用さを表現してみせた三好くらいだろう。

　だから三姉妹は、かつて自分を抑圧した家族としての繋がりに、互いが感じてきた抑圧を理解し合えるという、裏返しの可能性を見出すことになる。

　終盤、三姉妹が三好とともにアルバムを眺め

40th SESSION

31st SESSION

40th SESSION

ながら思い出を語るシーン。信彦がこの世を去る直前に、写真の裏に遺していたメッセージに気づいた三姉妹は、両親が自分たちに愛情を注いでくれてもいたことを思い出し、抑圧を生んでしまった不器用な両親を許容していく。その許しは三姉妹が大人になっていなかったならば、生まれなかっただろう。

そう考えると立子38歳、艶子36歳、類子33歳という年齢設定の妙に気づく。そう、これは子供だったすべての人たちに向けた「大人」の作品となっているのだ。そしてKERAは、次の『シャープさんフラットさん』で、さらに踏み込んだ形で自伝的要素を含む作品を創作することになる。

本作は2013年に劇団20周年企画第3弾、40th SESSIONとして同一キャストにより再演されている。6年という歳月を重ねることで、キャストの演技は全体的に重心が低くなり、落ち着きが生まれた印象。地方に住む家族の日常や生活感がより感じられる仕上がりとなった。その一方で、信彦と立子の間にある家族の相克を表現するシーンでは一層緊迫した空気が流れている。

初演と同じく演者の演技が笑いを起こす場面もあるが、役のキャラクターだけに頼らない表現に深化し、笑いのパートが突出するような印象は薄まっている。そのため事情を抱える大人たちの切実さはいやが上にも増し、ラストシーンで読み上げられる信彦の言葉が胸を打つ。この再演でKERAが描く感動は、成熟した劇団員たちの力により、笑いと並列に置かれても醒めることのない強度を獲得したといえそうだ。　　　　　［小杉厚］

> ナイロンの「第二期」なんてものがあるとしたら、『男性の好きなスポーツ』からではなく、この作品の初演からだと思う。明確に意識が変わった。「残りの人生長くはないのだから、書きたいものを書き残さないように。ただし、クオリティはこれまで以上に高く」。（KERA）

40th公演パンフレットより

40th SESSION

▶初演　31st SESSION
2007年12月8日〜30日　本多劇場　2008年1月13日〜14日　大阪・イオン化粧品シアターBRAVA!　1月17日〜19日　札幌・道新ホール　1月23日　広島・アステールプラザ大ホール　1月26日〜27日　北九州芸術劇場中劇場　1月30日〜31日　新潟・りゅーとぴあ新潟市民芸術文化会館劇場
作・演出：ケラリーノ・サンドロヴィッチ
出演：犬山イヌコ、みのすけ、峯村リエ、三宅弘城、大倉孝二、松永玲子、長田奈麻、廣川三憲、喜安浩平、吉増裕士、皆戸麻衣／岡田義徳、坂井真紀、長谷川朝晴
舞台監督：福澤諭志＋至福団　舞台美術：中根聡子　照明：関口裕二(balance inc.DESIGN)　音響：水越佳一(モックサウンド)　映像：上田大樹(INSTANT wife)　スタイリスト：久保奈緒美
ヘアメイク：武井優子　演出助手：山田美紀(至福団)　舞台写真：引地信彦　宣伝美術：坂村健次　制作：花澤理恵

▶再演　40th SESSION 20 years Anniversary 3
2013年6月22日〜7月15日　本多劇場　7月20日　大阪・梅田芸術劇場　シアター・ドラマシティ　7月23日　横浜・KAAT神奈川芸術劇場　ホール　7月27日〜28日　北九州芸術劇場　中劇場　7月31日　名古屋・日本特殊陶業市民会館　ビレッジホール
作・演出：ケラリーノ・サンドロヴィッチ
出演：犬山イヌコ、峯村リエ、みのすけ、三宅弘城、大倉孝二、松永玲子、長田奈麻、廣川三憲、喜安浩平、吉増裕士、皆戸麻衣／岡田義徳、坂井真紀、長谷川朝晴
舞台監督：宇佐美雅人(バックステージ)　舞台監督：福澤諭志(StageDoctor Co.Ltd.)　舞台美術：中根聡子　照明：関口裕二(balance inc.DESIGN)　音響：水越佳一(モックサウンド)
映像：上田大樹、大鹿奈穂(&FICTION!)　衣裳：前田文子　ヘアメイク：武井優子　演出助手：山田美紀　切り絵：古屋あきさ　舞台写真：引地信彦　宣伝美術：雨堤千砂子(WAGON)

公演パンフレットより

ホワイトチーム

― 32nd SESSION ―

32 シャープさんフラットさん

　この公演ではナイロン100℃の15周年記念ということもあって、大胆な趣向が施された。それは、ナイロン100℃の全劇団員がブラックとホワイトの2チームに分かれて出演するとともに（大倉孝二と三宅弘城は異なる役で両チームに出演）、ホワイトチームに佐藤江梨子、清水宏、六角慎司、河原雅彦、ブラックチームに小池栄子、坂井真紀、住田隆、マギーの客演陣が加わって上演されたということ。同一の脚本を使いながら、キャストに合わせて演出やエピソードを変更することで、「ダブルキャスト二本立て興行！」というサブタイトル通り、異なるテイストの舞台を2本上演する公演となった。

　日本中が異様な好景気に沸いていた90年代初め。幼い頃にバスター・キートンの映画に出会い、笑いの魅力に取り憑かれて劇団を主宰するようになった辻煙（Ⓑ：大倉孝二、Ⓦ：三宅弘城）は、自分の笑いが劇団員や世間の感覚からズレてきたことに気づいていた。そして劇団員で恋人でもある美果（Ⓑ：小池栄子／客演、Ⓦ：新谷真弓）に、自分の笑いへのこだわりをないがしろにされて激昂。彼女を階段から突き落とし、顔に消えることのないアザを作ってしまう。すべてを放り出した煙は、東京から高速道路で3時間の場所にあるサナトリウムへ転がり込む。そこはサナトリウムとは名ばかりの、ジムやプールが完備された豪華な宿泊施設。漫才師の園田研々（Ⓑ：住田隆／客演、Ⓦ：廣川三憲）とその妻・春奈（Ⓑ：犬山イヌコ、Ⓦ：村岡希美）、研々の元相方・赤坂弥生（Ⓑ：峯村リエ、Ⓦ：松永玲子）、会社社長の音波究二（Ⓑ：みのすけ、Ⓦ：清水宏／客演）など、よくわからない面々が高額な宿泊費を払って滞在していた。そこでも煙は日々妄想を巡らせ、妄想の中で他界した両親（Ⓑ：マギー／客演、犬山イヌコ、Ⓦ：河原雅彦／客演、村岡希美）や美果と会話を交わしながら、自分の笑いを追求し続けて

ブラックチーム

ホワイトチーム

ブラックチーム

いた。そんなある日、サナトリウムに劇団員の小柱（Ⓑ：喜安浩平、Ⓦ：藤田秀世）が訪れる。煙に劇団へ戻る意思がないことを確認した小柱は、次回公演で煙の脚本を、煙が実力を認めない演出家・塔島（Ⓑ：マギー、Ⓦ：河原雅彦）の演出で上演すると告げる……。

辻煙をブラックでは大倉、ホワイトでは三宅が担当。大倉の煙は静かに苛立ち、ふてぶてしく振る舞いながらも傷つきやすい繊細さを感じさせる。一方、三宅の煙は、内向する思いを抱きながら、虚勢を張り切れない人のよさが印象的。台詞はほぼ同じだが、2人の役者の資質の違いが人物造形に表れ、ナイーブな点は共通するものの、まったくタイプの異なる人物に仕上がった。

それはその他の役も同様だ。ブラックで小池が演じた美果は煙と正面から切り結び、激しく感情をぶつけ合う。それに対して、ホワイトの新谷の美果は、すでに煙への期待を失っているかのような諦念を感じさせる。

サナトリウム職員・成瀬南は、ブラックでは坂井、ホワイトでは佐藤が演じたが、伸び伸びと余裕を感じさせる演技を見せる坂井に対して、佐藤は全力投球でまっすぐに、周囲をかき回す女性を熱演するなど、両者のコメディエンヌぶりも対照的。

研々の妻・春奈は、ブラックで犬山、ホワイトで村岡が担当。夫の才能をひたむきに信じる少女のような犬山の春奈に対して、村岡の春奈は男としての夫を愛している部分が際立つ印象だ。煙の母役では、2人は煙を困惑させる自由奔放な感じを、異なるアプローチから表現している。

煙の父と塔島を演じたのはブラックがマギー、ホワイトが河原。マギーはボケっぽい雰囲気を漂わせる父、勝者の余裕を感じさせる塔島という印象。河原はどちらの役にも油断ならない空気をまとわせ、ケレン味たっぷりに演じてみせた。

劇中ではプロの漫才師・研々と素人・音波が漫才コンビを組むが、ブラックは住田（研々）×みのすけ（音波）、ホワイトは廣川（研々）×清水（音波）という組み合わせに。元ビバシステムの住田とコメディアンとしても活躍する清水。笑いを追求してきた客演2人が、ナイロン100℃の役者と組み、笑いに（そしてドラマに）アプローチする姿が観られるのは贅沢の一言に尽きる。

前作『わが闇』はドラマ要素が強めだったが、この作品はより笑いに時間を割いている。

ホワイトチーム

　たとえばドラマの間に挟まれる煙の妄想シーン。KERAは荒唐無稽な妄想とその裏にある現実を描くことによって、笑いとドラマによる相乗効果を生み出した。妄想の中では、煙（と彼が書く笑い）が絶対的な世界が広がり、二つのチームで異なる内容のくだらない（注・褒め言葉）笑いが展開する。観客はそれを観てひとしきり笑った後、そこに世俗的な幸福と決別してでも笑いを追求するしかない男がいるのに気づくだろう。

　そしてKERAはブラックとホワイトとで、終盤のエピソードを異なるものにした。ブラックのラストでは煙の笑いへの狂気じみた偏執、ホワイトのラストでは、外で起きていることに気づかない煙の姿に世間とのズレを感じさせるなど、印象も大きく異なる。

　チームを超えて2人の煙に共通する部分については、美果や小柱から、「突き詰めた表現は一般の感覚から乖離する」、そして「笑いの中に潜む差別」を指摘された際、葛藤を覚えながらも「笑いにしていけないものなんてな

い」と言い切る場面を挙げておきたい。それは表現に憑かれた人間——他者のためではなく、自分のために表現する人間の言葉だ。それを突き詰める彼は必然的に1人にならざるを得ず、彼の笑いに一定の理解を示したはずの人々——美果や劇団員たちも周りから消えていく。だから煙は、すべてを面白いと受け入れる春奈が側にいる研々に「いいっすね」と羨望の言葉をつぶやくのだ。その言葉には表現者の孤独と、自分の表現への悲壮な自負が感じられる。

　KERAは上演当時、この作品を半自伝的なものと語っていたが、それはバスター・キートンとの出会いから笑いに傾倒していく過程や、病床の父親が語った言葉を芝居に使ったエピソードなど、辻煙のバックボーン部分に限られている。とはいえ、辻煙にKERAを重ね合わせる観客がいることを考えると、男性を主人公にするのにも大きな決断を要したという。

　かつてKERAは以前、ナイロン100℃の劇団員の特徴を「上品さ」にあると語ったことがあったが、それはKERA自身にも当てはま

るように思える。上品——、すなわち、ものごとを相対化して捉える都会的センスと、どこかで人生に空虚さを感じてしまう業。それがKERAとナイロン100℃にあるからこそ、「酌量の余地のないひどい人間」であるはずの辻煙の内面を描いたこの作品は、多くの観客に受け入れられたのではないだろうか。

[小杉厚]

ブラックチーム

ホワイトチーム

> 自分で言うのもなんだけど、鬼気迫る作品だったと思う。かなり自分をさらけ出した。2チームに分かれて、稽古は二倍の労力だった。諸々ヘヴィーな公演で、しんどかったけれど、15周年にこんな作品を上演できたのは意義深い。(KERA)

▶32nd SESSION 15years Anniversary
2008年9月16日〜10月19日　本多劇場
作・演出：ケラリーノ・サンドロヴィッチ
出演：＜ホワイトチーム＞三宅弘城、松永玲子、村岡希美、廣川三憲、新谷真弓、安澤千草、藤田秀世、吉増裕士、皆戸麻衣、杉山薫、眼鏡太郎、大倉孝二／佐藤江梨子、清水宏、六角慎司、河原雅彦
＜ブラックチーム＞大倉孝二、犬山イヌコ、みのすけ、峯村リエ、長田奈麻、植木夏十、喜安浩平、大山鎬則、廻飛雄、柚木幹斗、三宅弘城／小池栄子、坂井真紀、住田隆、マギー
音楽：三浦俊一　舞台監督：山矢源（ダイレクト）　舞台美術：BOKETA　照明：関口裕二 (balance inc.DESIGN)　音響：水越佳一（モックサウンド）　映像：上田大樹（&FICTION!）　衣裳：松本夏記（ミシンロックス）　ヘアメイク：武井優子　演出助手：山田美紀（至福団）、相田剛志　舞台写真：引地信彦　宣伝美術：雨堤千砂子（WAGON）

33rd SESSION

33 神様とその他の変種

『15 ELEPHANTS』(2007)
ケラ&ザ・シンセサイザーズアルバムジャケット。

タイトルはケラ&ザ・シンセサイザーズの楽曲タイトルに由来する(2007年リリースの4thアルバム『15ELEPHANTS』収録)。舞台冒頭には同曲をキャスト全員で合唱する場面もあり、劇中でも大きな役割を果たしている。

物語は、神様を名乗る男(廣川三憲)によるプロローグから始まる。郊外の動物園のそばに建つ三階建ての一軒家。そこにはサトウ夫妻(山内圭哉／客演、峯村リエ)が一人息子のケンタロウ(みのすけ)、そして夫の母(植木夏十)と暮らしている。学校でいじめを受けたケンタロウは不登校になり、サトウ夫妻は家庭教師モトハシを雇って勉強させていた。だが、突然モトハシが姿を消したため、ビラを見て応募してきたサクライ(水野美紀／客演)が雇われ、ケンタロウの勉強をみることに。彼女は以前、小学校の教師を務めていたが辞職。だが、最近の記憶を失ってしまったため、自分が教師を辞めた理由もわからなくなっていた。

サトウ家には、ケンタロウの親友で動物園の飼育係のユウチャン(大倉孝二)がたびたびやってくるほか、ケンタロウに暴力をふるわれ謝罪を求める同級生スズキサチオの両親(山崎一／客演、犬山イヌコ)や、ケンタロウの不登校を心配する担任教師のキムラ(藤田秀世)、そして隣家の主婦オバタ(長田奈麻)が出入りする。だが、キムラもオバタも姿を消してしまう。不穏な空気が張り詰めていく中、最後に意外な真相が明かされる――。

KERAによると、当初この作品は、息子への思いが昂じたサトウ夫妻が息子のために殺人を重ねるブラック・コメディになる予定だったとか。完全犯罪を続けるサトウ夫妻の前にスズキ夫妻が立ちはだかる構想が練られていたが、パズルのように辻褄を合わせることが目的化するのはつまらないと思い直し、当初のプランは破棄された。結果、この作品はウェルメイドを超越した地点へ到達することになる。

前作の『シャープさんフラットさん』では、人物の内面と外界という形で、ナンセンスとシチュエーションを交互に組み合わせたKERAだが、この作品ではナンセンスと(しかもそれとは相反する)シチュエーションを舞台上で同時に表現することを模索。そのため登場人物の間にトーンの違いという難題を生じたが、それをクリアする大きな助けとなったのが出演陣の力量だ。

> 別役実戯曲の模倣を意図的に試みた最初の舞台。終盤、「ケンタロウがみている夢」という設定で、突如ナンセンスコントが10分くらい続くのだが、「これ、やってしまっていいのかな」と及び腰になって書くのを躊躇していたところ、山崎一さんらが「やった方がいいよ」と背中を押してくれた。（KERA）

たとえば、峯村リエ演じるケンタロウの母親は、得体のしれない冷たさを感じさせ、犬山イヌコが演じるサチオの母は、感情を偽善的な笑顔で押し殺しながら、ケンタロウの母と対決する。彼女たちは言うなれば、サスペンスパートを担当する冷徹な存在だ。

一方、山内が演じるケンタロウの父、そして山崎が演じるサチオの父は、序盤こそ妻と似たトーンで舞台上にいるものの、次第にものごとを本質的に解決できない実行力のなさ、冷徹に意志を押し通せない弱さを露呈。『ノーアート・ノーライフ』に登場したダメ男たちにも共通するナンセンス寄りのニュアンスを持つ、人間味と生活感を感じさせる造形になっている。

その温度差に加え、大倉はコミュニケーションのバランスがおかしいトボけた人物ユウチャンを、ケンタロウの父やサチオの父以上にナンセンス色強めに演じているし、みのすけは過酷ないじめを受けたにもかかわらず、冷静かつ醒めた視点から世界を見渡す、観察者としての要素を織り込みながらケンタロウを演じている。

このようにトーンの異なる人々が共存する、不安定で統一を欠いた、それでも厳として存在する世界を俳優たちが構築。そこを水野はサクライの心情を表現しながら漂う。その世界の不安定さは現実世界の実相でもあろう。

本作のテーマ曲『神様とその他の変種』には、以下のような歌詞がある。「神様よいるなら／星も土地も命もあんたの血をひいた雑種と変種だ」。

これを、人間は神の力を失ったその変種である、と解釈することも可能だろう。神ではないからケンタロウの母は、ケンタロウを世界から隔てることができないし、ケンタロウの父は妻の希望通り、他者をこの世から消し続けることもできない。

サチオの父と母、そしてサクライが互いに赦しを乞うても、神ならぬ身の彼らは相手に赦しを与えることはできず、ただ、相手に赦しを乞うだけに終始するのだ。

そして廣川が演じる神様も、今は「かつて神であったもの」に堕し、ホームレスに身をやつしながら、ラジカセやマイクで自らを演出する。その姿にはKERAから見た世界が、ポップかつ皮肉に満ちた形で表現されている。今は神らしい神などは存在せず、神の変種たる人間が信じるものを自身で見つけなければならない、よるべない時代なのだと。

KERAはこの作品で従来の文体を変え、別役実戯曲の文体を大胆に導入した。本作の上演までに『病気』（97年）、『吉田神経クリニックの場合』、『すなあそび』と3本の別役作品を演出しているが、この『神様とその他の変種』を皮切りに、自作に別役作品の要素を取り込みながら、実験的な創作を継続して行っていくことになる。

［小杉厚］

▶33rd SESSION
2009年4月17日～5月17日　本多劇場　5月21日　愛知県勤労会館（つるまいプラザ）、5月23日～24日　大阪・イオン化粧品シアターBRAVA!、5月26日　広島・アステールプラザ大ホール、5月30日～31日　北九州芸術劇場中劇場
作・演出：ケラリーノ・サンドロヴィッチ
出演：犬山イヌコ、みのすけ、峯村リエ、大倉孝二、廣川三憲、長田奈麻、藤田秀世、植木夏十、猪岐英人（現・猪俣三四郎）、白石遥／水野美紀、山内圭哉、山崎一
音楽：朝比奈尚行　舞台監督：宇佐美雅人（バックステージ）　舞台美術：BOKETA　照明：関口裕二（balance inc.DESIGN）　音響：水越佳一（モックサウンド）　映像：上田大樹、荒川ヒロキ（&FICTION!）
衣裳：前田文子　ヘアメイク：武井優子　演出助手：相田剛志　舞台写真：引地信彦　宣伝美術：雨宮千砂子（WAGON）

#31『わが闇』

希望の光放つ シリアス・コメディ

聖教新聞2008年1月26日　村上直之

小劇場演劇ながら商業演劇としても成功している劇団はけっして多くはない。

今月、大阪城公園にほど近い「シアターＢＲＡＶＡ！」で観たナイロン100℃はそうした劇団のひとつだ。結成15年を迎え、第31回公演となる『わが闇』は3年ぶりの新作だが、客席数1000の劇場を満員にして、関西でも根強い人気をもっている。

3時間以上におよぶ上演時間にもかかわらず、客席の空気は終始ピンと張りつめていて、この芝居が観客の心をみごとに捉えていることが感じられた。もちろん、役者たちのテンションの高さ、演技の小気味よいテンポ、そしてメディア・アートのような照明と音楽と舞台装置の緊張感によって醸成されているのだ。

終演後、満場の拍手が役者たちを何度も舞台と袖口を行き来させ、最後は作・演出のケラリーノ・サンドロヴィッチ（日本人である）の登場と挨拶でようやく興奮がおさまった。

私が今月の舞台評を客席の反応から始めるのには理由がある。ある家族の四半世紀を扱ったこの作品は、いくつものストーリーの糸がからみ合い、『わが闇』というタイトルからもうかがえるように全体として暗い。にもかかわらず、役者たちの軽妙な会話によって客席からは始終笑い声がたえず、しかも芝居が終わりに近づくとハンカチで涙をふく若い女性の姿が多く見られた。私はこの劇団の演劇の特徴を観客の反応から明らかにしたかったのだ。

笑いとペーソス（もの悲しさ）は喜劇の特徴だが、これほど暗いテーマがたえず笑いを喚起させながら演じられた例は初めてである。

じつは私は、シリアスな主題を扱いながらユーモアにみちた芝居をひとつの理想とみなし、そうした演劇を〈シリアス・コメディ〉と命名していた。

ところが、この芝居のパンフレットを開いて驚いた。「ナイロン100℃」の作・演出家が自分の芝居を〈シリアス・コメディ〉と名乗っていたのだ。

さて、物語は、都会を嫌い田舎に住む小説家柏木伸彦と妻と、その3人の娘をめぐって展開する。神経を病み、病院に入院した妻が家に戻ると、夫が浮気していることを知り、彼の目前で自殺してしまう。——ここまでがプロローグで、三姉妹の子どもの頃の回想シーンだ。

舞台の時制は現在。老いた伸彦は2階で床に伏せっている。長女の立子は父と同じ作家となっている。『わが闇』とは処女作のタイトルである（その内容は明かされず、謎となっている）。

火事で子供を亡くした二女・艶子も夫の寅夫と家に戻っている。女優となった三女の類子は音信不通だったが、妻子ある男との不倫をマスコミに叩かれて帰郷する。

柏木家には、同居する書生、そして立子を慕う内気な編集者とエキセントリックな妹、伸彦のドキュメンタリーを撮り続ける監督と助手と女性プロデューサー、そして伸彦の死を聞いて訪れる2番目の妻とその愛人など、さまざまな個性的な人物が出入りして、それぞれ愛憎のドラマを披露し、客席の笑いを誘う。

やがて芝居は、医者に失明を宣告された立子の告白と、亡くなった伸彦が家族のアルバム写真の裏に書き残していた言葉で、彼と娘たちとの間の誤解がとける場面で大団円を迎える。

では、この芝居の「闇」とはいったい何か。

私の身近な経験に照らしても、母親に自殺された子どもは、罪責感を胸の奥に育んでしまう。これが三姉妹の「闇」である。劇中ではけっして明示されないが、二女が異常人格の男を夫にするのも、家を飛び出した三女が不倫騒動を起こすのも、自己処罰の心理からだ。そして長女は、処女作の題名が予兆するように、目の酷使によって失明するのだ。

最後は、三姉妹がその後どんな人生を歩むのかわからない、というナレーションで終わるが、客席の満場の拍手は、この舞台に、希望の光を感じ取ったからにちがいない。

#31『わが闇』

KERA、家族劇で 新境地

朝日新聞2007年12月14日　扇田昭彦

劇作家ケラリーノ・サンドロヴィッチが自ら主宰する演劇ユニット「ナイロン100℃」に3年ぶりに書き下ろし、演出した新作である。KERAの新境地と言える優れた家族劇だ。〈中略〉KERA作品にしては、これまでになくリアルな生活感が漂う舞台である。ただし、ブラックな笑いはまだ健在で、その喜劇的な崩壊感覚を視覚化するかのように、2幕の後半では、家の床が徐々に傾いていく（中根聡子舞台美術）。

一般的に登場人物を喜劇的に描く場合、人物をある程度、類型的なキャラクターに設定することが多い。そそっかしく、女性に振られてばかりいるカメラマン（大倉孝二がおかしい）はその典型だ。

だが、この作品の場合、中心となる三人姉妹は類型的なキャラクターでは描かれず、それがこの舞台のリアル感を強めている。特に立子の肖像は強い痛覚をもって描かれる（犬山が好演）。例えば、作家だった父（廣川三憲）との複雑な競争意識。題名の『わが闇』は立子の初期の小説のタイトルだが、それは彼女自身のつらい未来をも暗示する。

だからこそ、劇の後半で一家の過去の平凡で幸せな時間が回顧される時、その喪失感は観客自身の記憶とも結びついて切なく、愛おしく迫ってくる。

#31 『シャープさんフラットさん ダブルキャスト2本立て』

笑いの追求と狂気

朝日新聞2008年10月14日　扇田昭彦

「笑い」を軸に精力的な演劇活動を続ける劇作家ケラリーノ・サンドロヴィッチが、ナイロン100℃の創立15周年を記念して作・演出した新作である。喜劇作家を主人公とする半自伝的な作品で、俳優たちの個性的な演技も加わり、強いリアリティを感じさせる優れた舞台が生まれた。

今回は演技陣を「ホワイト」「ブラック」の2チームに分け、交互に上演。2つの物語は、大筋は同じだが、細部はかなり異なる。

90年代はじめのバブル期、劇団主宰者の辻（ホワイト＝三宅弘城、ブラック＝大倉孝二、以下同じ）は喜劇で成功を収めるが、彼が作る過激な笑いは次第に大衆性から離れていき、悩んだ彼は地方のサナトリウムにひきこもる。離れていく恋人（新谷真弓、小池栄子）、離別した母親（村岡希美、犬山イヌコ）と死んだ父親（河原雅彦、マギー）の登場など、現在と過去と幻想が交錯する中で、孤立を深める主人公が浮かび上がる。

ここで示されるのは、笑いの追求が狂気を伴って作者を荒涼とした地点に追い込んでいく姿である。このすさまじい光景を見ると、現在のKERAがナンセンス喜劇中心から離れ、物語性の強い、陰影のある喜劇を作るようになった理由が分かる気がする。

タイトルは60年代にNHKで放送された音楽クイズ番組だが、ここでは主人公を含め、時代の動きからずれてしまった人たちを意味する。

三宅は不条理な状況の中でも一種明るさを感じさせる演技。対する大倉はもっと暗めの粘着質の演技だ。

#33 『神様とその他の変種』

シリアスな世界に奇妙なおかしさ

毎日新聞2009年5月14日　高橋豊

不思議な響きを持つ表題は、作・演出のケラリーノ・サンドロヴィッチの作詞・作曲の歌に由来する。KERAの舞台は最近、意欲的な試みに満ちるが、今回もさらなる冒険に挑んでいる。

冒頭から「神様」を自称する人物（廣川三憲）が登場する。別役実の戯曲に通じる「寓意性に満ちた不条理劇」のような出だしだけれど、KERAの舞台はシリアスな世界を見せながら、奇妙なおかしさの方へ舵を切っていく。

東京郊外のサトウ家を舞台に、2組の家族が交錯する。11歳の小学生ケンタロウ（みのすけ）は、家の近くにある動物園の象などに親しみを感じる不登校の児童だ。母（峯村リエ）は不愉快な人物に会うと、二度と遭遇することがないように、父（山内圭哉）にそれとなく合図を送る。

スズキ家の夫婦（山崎一、犬山イヌコ）が現れ、息子がケンタロウに暴力をふるわれていたことを明かした。だれが真の被害者か分からないほど、いじめが浸透しているらしい。動物園の飼育係（大倉孝二）やケンタロウの家庭教師（水野美紀）も絡みながら、物語は展開していく。

別役の戯曲は、現代人の心を厳しくえぐり出してみせる。一方、KERAの舞台は、背後にある「暴力」を鮮やかに指し示しながら、どこか神話か、おとぎ話のようなクッションの存在を感じさせる。自分本位で視野狭窄になっている大人の世界を、「人間も動物」「神様の変種」という子供らの視点が救ってくれている感じがする。

劇評

34th SESSION

34 世田谷カフカ
～フランツ・カフカ『審判』『城』『失踪者』を草案とする～

　この作品はフランツ・カフカが遺した『審判』、『城』、『失踪者』を草案にして構成されているが、構成にあたってKERAには「小説の一部だけを抜き出して面白いのか?」「といってあれこれピックアップしてわかりやすくして、カフカのこだわりを薄めるのもどうなのか?」という迷いがあったという。

　そこでKERAはこの作品を、カフカのドキュメンタリー的な体裁にする。本人や関係者へのインタビュー、作品の一部などを組み合わせ、多角的な視点を導入することを試みたのだ。

　この手法を選んだのにはもう一つ理由があった。それはKERA、俳優、3本の小説、カフカその人との間に生じる「距離」の問題である。一般的な舞台作品では、作・演出家の視点から距離を統一した素材で劇世界を構成する。だがKERAは、「カフカとその作品を題材にする場合には、単一の視点から距離を統一すると、かえって無理が生じる」とインタビューで語っている。KERAはカフカとその作品の、「単純に距離感を統一できないカオティックな部分」に魅力を感じていた。単一視点でカフカを演劇の枠に押し込め、わかりやすく整理してしまうと、作品が持つ本来の魅力が損な

われてしまう。だが、複数の視点が混在するドキュメンタリー的な手法なら、距離感は統一されていなくても問題はない。

多角的な視点の一つとして俳優の視点を導入するため、稽古は俳優たちと上記3作品の感想や、自身のカフカ的不条理体験をディスカッションするところから始められた。この作品の冒頭には、村岡希美、廣川三憲、水野顕子が本人役で登場し、それぞれの不条理エピソードを語り合うが、そこで話されている内容は、稽古中のディスカッションで話したことがほぼそのまま使われているという。村岡、廣川、水野本人の不条理体験トークという現実（しかも3人ともエピソードが面白い！）を糸口に、舞台はカフカ世界に突入。いつの間にか3人は病院で診察の順番を待っている。そこに説明はなく、3人がそれを自然に受け入れる（芝居を成立させる）ことで、明確な境目を感じさせないまま世界は変わっていく。

なかでも自分と役の間を最も頻繁に行き来するのが廣川だ。なぜか妻の出産に立ち会い息子を授かったかと思えば、痴漢に間違えられ、『失踪者』の主人公カール・ロスマンの叔父、ヤーコブを演じている最中に警察に呼び出される。その挙句、廣川として『審判』の法廷に呼び出され、実際に自分が書いたブログの内容をツッコまれる羽目に。

だが廣川を始めとするこの3人は、自分とカフカ世界での役を行き来しながら、存在としてブレることがない。理屈で割り切れずとも感覚として受け入れられる世界（われわれは夢の中でその感覚を知っている）を舞台上に立ち上げる。現実を超えた展開やテンポで演技できるのが、ナイロン100℃劇団員の強味なのは周知の通りだが、この作品ではそれがさりげなく、しかも圧倒的な形で発揮されている。

ブレることがないのはカフカ作品の登場人物を演じる俳優たちも同様だ。三宅弘城演じる『失踪者』のカール・ロスマン、吉増裕士演じる『城』のK、喜安浩平演じる『審判』のヨーゼフ・K。彼らもカフカ世界だけでなく、現実世界にはみ出しながらそれぞれの物語を生きる。

Kは村岡と水野がいる病院の待合室に現れ、カールは『失踪者』を芝居にして上演する劇団に紛れ込み、ヨーゼフは世田谷の主婦（長田奈麻、植木夏十）に、逮捕されている様子を覗かれる。だが現代と接触しても彼らは変わることなくそのままで居続ける。約100年前にすでに書かれてしまっているカフカの小説世界と現実の世田谷が入り混じり、どこにも存在しない世田谷が生まれる。その虚構性は三宅が演じる世田谷区長とKが会話する場面にも表れている。

そしてこの作品にはもう1人、変わることなく自分の人生を生きる人物がいる。客演の中村靖日が演じるフランツ・カフカだ。カフカは、Kに『城』が未完だと指摘されるだけでなく、ラジオ番組のアナウンサー（吉増裕士）や小学生たち（皆戸麻衣、植木夏十ほか）にもずけずけと質問をぶつけられる。プラハでの生活ぶりや、死後に親友マックス・ブロート（三宅弘城）が彼の原稿を出版しようとする様子も描かれるが、そこに司会（猪岐英人）が登場して「これはある小説の販促用寸劇だ」と告げるなど、彼は徹底して他者にイジられ続ける。にもかかわらずマイペースで冷静なカフカを、中村は体温を上げずに表現。そしてカフカをイジるという行為には、世間一般からの評価を追随するのではなく、自分の視点からカフカを再解釈しようとするKERAの姿勢が表れているように思える。

この作品には脚本面と演技面において、演劇の枠を突き破る試みに満ちているが、演出面でも多彩な試みがコラージュされている。廣川の息子「廣川四憲」という架空の存在が、生まれて権力を得て失墜するまでを描くダンスと映像。ナンセンスな内容のポエトリー・リーディング。船内で迷ったカールを表現するパネルを使った動き。区長ズと名乗る謎のバンドによる演奏と、ダンサーの妻ズ（故・横町慶子／客演、皆戸麻衣）によるダンス。家にある小物で作られた人形を使った映像……。ちなみにダンスの振付は故・横町慶子によるもので、彼女とナイロン100℃のコラボレートはこのときが最後となった。

劇中のカフカには、自分を鳥になぞらえ「私は籠から逃げてきたのだろうか。本来、鳥籠の内にいるべきものなのだろうか」と語る場面があるが、これはこの作品で演劇という枠（＝鳥籠）を壊そうとするKERAの演出に、図らずも重なり合う。

［小杉厚］

「カフカ」と聞くと観客の多くは「難解なのか」と身構える。「そんなこたぁないよ」という自分なりの回答。（KERA）

▶34th SESSION
2009年9月28日～10月12日　本多劇場
作・演出：ケラリーノ・サンドロヴィッチ
出演：三宅弘城、村岡希美、植木夏十、長田奈麻、廣川三憲、新谷真弓、安澤千草、藤田秀世、皆戸麻衣、喜安浩平、吉増裕士、杉山薫、眼鏡太郎、廻飛雄、柚木幹斗、猪岐英人、水野顕子（現・水野小論）、菊地明香（現・菊池明明）、白石遥、野部友規、田村健太郎、斉木茉奈（現・小園茉奈）、田仲祐希（現・木乃江祐希）、伊与顕二（現・伊与勢我無）、森田完（現・森田甘路）／中村靖日、横町慶子
舞台監督：宇佐美雅人（バックステージ）　舞台美術：BOKETA　照明：関口裕二（balance inc.DESIGN）　音響：水ँ佳一（モックサウンド）　映像：上田大樹、大鹿奈穂（＆FICTION!）　衣裳：畑久美子
ヘアメイク：武井優子　振付：横町慶子　ステージング：長田奈麻　演出助手：坂本聖子、相田剛志　舞台写真：引地信彦　宣伝美術：坂村健次

35th SESSION

35 2番目、或いは3番目

　廃墟の中で淡々と営まれる日常。「別役実的な作品を、廃墟という具象の中で上演することを構想していた」というKERAは、別役の不条理に、デヴィッド・リンチの不穏さ、小津安二郎のアンチドラマを組み合わせた。

　「なにか」が起きて廃墟と化した世界。自分たちの町も甚大な被害を被ったのに、ダーラ（峯村リエ）、フラスカ（緒川たまき／客演）、コッツォール（マギー／客演）、ヤートン（三宅弘城）、ジュゼッペ（小出恵介／客演）の5人は救援隊として「とある町」を訪問する。「とある町」と表現したのは、住人たちも町の名前を知らないからだ。住んでいるのは双子の姉妹（犬山イヌコ、松永玲子）、老人（大倉孝二）とその妻オンバ（長田奈麻）、長男ムースコ（みのすけ）、長女のハンナ（村岡希美）、ムースコの娘カーヤ（谷村美月／客演）の一家。哀れな（はずの）住人たちを救おうと意気込む救援隊だが、住民たちはたくましく現状に適応し日々を生きていて、救援隊のほうが住人たちの厄介になるような形に。自分たちより恵まれていない人々を救うことで自尊心を保とうとしていたフラスカは、想像と異なる展開に戸惑いが隠せない。それでも1ヵ月の間、町のために働くことになった救援隊。この町を嫌うカーヤは、次第にジュゼッペへ思いを寄せ、ハンナとヤートンもいい雰囲気に。その一方で、管理局職員のヴァインツ（喜安浩平）が、家族全員が心臓ドナーになることを承諾する書類へサインするよう老人に迫ったり、ジュゼッペがときに容赦ない暴力を振るうなど、不穏な空気も漂う。そして救援隊がこの町に来訪してから3週間後、カーヤとジュゼッペの交際に反対するムースコは、救援隊に対して町から出ていくように要求する。翌日、荷物を取りまとめ町を出て行こうとする救援隊。だが、そこにジュゼッペの姿はない……。

　あらすじをかいつまんで記すとこうなるが、この作品で起こる出来事は観客の印象に残らない。「こういうことがあったら当然、この人物はこう思うだろう」と、観客が役に自分をスムーズに重ねられるような作りにはなっていないからだ。だから観客は、劇中人物に感情移入することができない。といって、冒頭になんらかの謎を提示し、それを解き明かすことで観客を引っ張っていくわけでもない。なにせ物語が始まる前から、廃墟となった世界は「終わって」いて、明かすべき大きな謎など存在しないのだ。

　『2番目、或いは3番目』は、ストーリーを追っ

て理解するのではなく、目の前で生きている人物たちを観て、感じたことから、個人個人が想像や思考を広げて楽しむ作品であり、通常のエンターテインメントとは対極に位置しているといえるだろう。出演する役者陣には、台本に背景の説明はほぼないのに、役について膨大な情報を表現することが求められる。しかもそれはドラマには繋がらない。そういった点が非常に特殊な作品なのだが、役者陣からはのびのびと演技をしている印象を受ける。救援隊のダーラ、フラスカ、コッツォールを演じる峯村、緒川、マギーによる、噛み合わない会話。喧嘩するかと思えば、声を揃えて同じことを言って笑う、犬山と松永の双子の姉妹。三宅演じるヤートンと村岡演じるハンナの恋模様。町の人々に銃を向けるヴァインツ役喜安と、銃を言いくるめて奪おうとするムースコ役みのすけのナンセンスなやり取り。見合いの席で残酷な話を、おもしろ小話のように語るポーター役の藤田秀世。そして、いささかボケたところのある老人役の大倉と、それにツッコミを入れるオンバ役の長田が繰り広げる笑い。そこにはナイロン100℃に多く客演するマギーや緒川、そしてナイロン100℃劇団員の得意技が発揮されてい

る。とくに緒川はコメディエンヌとして能動的に動き回る一方で、コッツォールとの場面ではフラスカの陰の部分を繊細に表現した。そして劇団本公演に小出恵介、谷村美月という若い俳優が参加したことも、新しい風を吹き込んだ。小出は暴力性や上昇志向を持つジュゼッペを、その抑えがたい内的衝動を匂わせながら好演。谷村も少女が抱く純粋な恋心、故郷への嫌悪をいきいきと表現し、ムースコとの別役的なシーンも見事にこなしてみせた。

これまでのKERAは、リミックスやコラージュなど、音楽的な概念を応用した作劇を行っているが、音楽的ムーブメントにたとえて言うのならば、これは「音響派的」なアプローチで構成された演劇と言えるかもしれない。

90年代後半に登場したこのムーブメントを、佐々木敦は「楽曲のストラクチャーよりもテクスチャーに着目し、音色や音の触感のひたすらな研磨や、より端的にいえば「聴く」ことを深く追求」するものと定義したが（*）。そのひそみに倣うのなら、これはストーリーや構成を理解することより、舞台上の現出する空気そのものを感じ、そこから思考や想像を展開することに重点を置いている作品のようにも見える。「1

番」最初に目に行くキャッチーな要素ではなく、「2番目、或いは3番目」の要素を丁寧に磨き上げたという印象。本作を観た人々からの反応について、KERAは「賛否がはっきりと分かれた公演。「まあまあ」みたいな中庸な感想は皆無に近かった」と回想するが、それだけ先鋭的な試みにトライした作品だといえるだろう。

ただ、不条理性の高い作品ながら大倉が演じる老人など、やや作為的な笑いが目立つ部分があったことは惜しまれる。KERAはこのあとに上演した不条理劇で、観客をわかりやすく笑わせるのではなく、観客の中にある笑いのトリガーをさりげなく引くような、抑制された笑いをも模索していくことになる。

［小杉厚］

*…「超・音響派」『ex-music』（河出書房新社 2002年）所収。

ナイロンの公演中、もっとも台本が遅れて、皆に土下座して謝った。着地にとても悩み、普段であれば前半に較べて速く進むはずの筆が、この時はピタリと止まってしまった、が、難産の子は可愛いものだ。（KERA）

▶35th SESSION
2010年6月21日～7月19日　本多劇場　7月22日　名古屋・中京大学文化市民会館プルニエホール、7月24日～25日　大阪・梅田芸術劇場シアター・ドラマシティ、7月28日　広島・アステールプラザ大ホール、7月31日～8月1日　北九州芸術劇場中劇場、8月4日～5日　新潟・りゅーとぴあ新潟市民芸術文化会館劇場、8月7日　福島・いわき芸術文化交流館アリオス中劇場
作・演出：ケラリーノ・サンドロヴィッチ
出演：犬山イヌコ、みのすけ、三宅弘城、峯村リエ、大倉孝二、松永玲子、村岡希美、藤田秀世、長田奈麻、喜安浩平、白石遥、伊与顕二、斉木茉奈／小出恵介、谷村美月、緒川たまき、マギー
音楽：朝比奈尚行　舞台監督：宇佐美雅人（バックステージ）　舞台美術：BOKETA　照明：関口裕二（balance inc.DESIGN）　音響：水越佳一（モックサウンド）　映像：上田大樹（&FICTION!）
衣裳：前田文子　ヘアメイク：武井優子　演出助手：相田剛志　舞台写真：引地信彦　宣伝美術：雨堤千砂子（WAGON）

36th SESSION

36 黒い十人の女
～version 100℃～

　1961年に公開され、1997年にリバイバル上映されて話題を集めた市川崑監督の映画『黒い十人の女』。KERA自身はこの作品の絵面のかっこよさが記憶に残っていたという。そして『2番目、或いは3番目』の公演中、劇団員に舞台化の構想を話した際に好感触を得たこと（とくに峯村リエと村岡希美が前向きだったという）、さらに2010年から始めたTwitterで、舞台化の可能性をつぶやいた際に大きな反響を呼んだことが、その実現を後押しした。

　物語の主人公は、在京テレビ局VTVでプロデューサーを務める風松吉（みのすけ）。彼はどんなトラブルも円満に解決し、激務を飄々とこなす。仕事の手腕か、はたまた生来のやさしさのせいか、市子（峯村リエ）という妻がいるにもかかわらず、彼との交際を望む女があとを絶たない。

　彼が付き合っているのは、舞台女優の香月双葉（松永玲子）、女手一つで印刷屋を営む赤石三輪子（村岡希美）、新進歌手の四星マリ（中越典子／客演）、エレベーターガールの友部五十鈴（緒川たまき／客演）、コマーシャルガールの朝霧六香（新谷真弓）、歌唱指導講師の新条七美（安澤千草）、アシスタントディレクターの有吉八重（皆戸麻衣）、VTV社員食堂ウェイトレスの九重正子（植木夏十）、VTV女事務員の岡部十糸子（菊池明明）の9人。

　彼女たちは、9人で既婚者を取り合う状況を次第に馬鹿馬鹿しく感じるようになるのだが、自分からは風と別れるとは言い出せない。そこで双葉はいっそ市子と協力して、風を殺害してしまおうと提案する。

　しかし、心やさしい三輪子は殺害計画を風に漏らしてしまう。それを聞いた風は市子に「9人の女とは別れるから恐ろしいことを言うのは止めてくれ」と頼み、殺害計画を逆手に取って、9人の前で殺される芝居をして、関係を精算することを提案。紆余曲折の末、風のもくろみは成功するかに見えたが、事態は彼が思いもしない方向へ転がり始める――。

　原作の脚本に目を通したKERAは「物語が極端にドライなため、あたかも不条理劇のように展開する部分が多々あることに気づいた」と語っ

ている。「人物の気持ちの流れやストーリーの間にある空洞をどう埋め、繋げていくかが課題になった」と。

この課題をクリアするため、KERAはこれまで試みてきた手法を惜しみなく使っている。たとえば『消失』以降に顕著な、小津安二郎的な善意に基づく人物解釈は、風の人物像に影響を与えている。『犬は鎖につなぐべからず』での、人物描写に厚みを加え、そこに異なるエピソードを繋げる接点を潜ませる作劇術、『神様とその他の変種』で試みた別役的文体も、エピソード間の断絶を軽やかに乗り越える手段として効果的に駆使されている。『男性の好きなスポーツ』で試みたセックス描写はさらに洗練され、女たちの人物像と、彼女たちと風の関係を深く描写することに寄与。別役やカフカ、あるいは安部公房のテイストが感じられるオリジナルのラストからは、KERAがこの物語を不条理劇と捉えて演出したことが窺える。

舞台装置として円形舞台の中央には回転する盆を配置。盆を回転させることで、その中にいる人物と、外にいる人物の関係性や心理的な距離を表現してみせる鮮やかさは、以前から青山円形劇場での演出手腕に定評があるKERAならでは。

特筆すべきは、この作品で小野寺修二の振付を初導入したこと。60年代という時代の中でうごめく人々の姿を箱庭のように表現し、スタイリッシュでテンポ感のある転換、あるいはユーモラスでメタ的な転換を実現。女たちに風が追い詰められて殺されるイメージシーンも、マイムにより美しく、そして冷酷に表現された。

このように本作は演出家としてのKERAの、2011年時点での集大成と呼べる舞台であり、その手腕をもって、『黒い十人の女』をポップなエンターテインメントとして成立させることに成功した。

演者に話を移すと、松永は昭和の「女優あるある」をコミカルに表現しながら、その裏にあるいかんともしがたい「女」を描き出す。風を深く思うがゆえに、罪の意識に耐えられず死を選ぶ三輪子。彼女を演じる村岡が表現する強さとやさしさ。不思議なテンションを持つ六香を演じる新谷の爆発力。とくに小林高鹿（客演）演じる花巻とのやりとりの面白さは圧倒的だ。そして手に職を持つ大人の女、七美の余裕を力まず表現する安澤の安定感。仕事や恋愛に不満を抱く八重の苛立ちをエキセントリックに表現する皆戸。植木もどこかあっけらかんと日々を生きる正子を好演し、菊地は飛び道具感の漂う十糸子を演じて、女たちの中のアクセントとなっている。客演の女優陣も、中越はマリの若さゆえの奔放さ、怖いもの知らずな性格をキュートに表現。緒川は、穏やかだがちょっと天然な五十鈴をしなやかに演じ、『2番目、或いは3番目』で見せたコメディエンヌぶりをさらに進化させた。

圧巻なのが市子を演じる峯村。愛人だらけの風を受け入れているようで、実は自分の側にずっといてほしいと願う市子。そんな彼女が次第に狂気へ陥っていくさまを凄味とともに演じ切り、10人の女たちの軸としての存在感を発揮。また「11人目の女」桃子を演じる奥村佳恵（客演）も、妖精のようで小悪魔のようでもある魅惑的な少女を演じている。

そして、風を演じたみのすけも特筆に値する。無垢な少年から悪辣な大人まで、幅広い役柄を演じてきたみのすけだが、本作では独特な天然っぽい空気感（それはときに不気味さにも転化する）が、風のような男が10人の女に愛される不条理に、不思議な説得力を与えている。また、自分から観客に過剰な情報を発信せず、周りの女たちに自らの輪郭を描かせることで、濃くてブレのある描線の内側にある、風の空虚を表現してみ

せた。また藤田秀世、廣川三憲、吉増裕士を始めとするナイロン100℃劇団員や小林も「60年代のテレビ局にいた人々」というお題を、コミカルかつテンポよく表現。あの時代を知らない観客にも不思議なノスタルジーを感じさせ、エンターテインメントとしての完成度を高めた。　[小杉厚]

　原作がある芝居は上演台本を作るのも楽だし、原作の力に頼れるからリスクも小さい。東日本大震災を経て、芝居を上演できることの幸福を実感。その思いは今でも継続している。(KERA)

▶36th SESSION
2011年5月20日〜6月12日　青山円形劇場
オリジナル脚本：和田夏十　上演台本・演出：ケラリーノ・サンドロヴィッチ
出演：峯村リエ、松永玲子、村岡希美、新谷真弓、植木夏十、安澤千草、皆戸麻衣、菊池明明、廣川三憲、藤田秀世、吉増裕士、眼鏡太郎、小園茉奈、木乃江祐希、白石廿日、水野小論、野部青年、森田甘路、みのすけ／中越典子、小林高鹿、奥村佳恵／緒川たまき
振付：小野寺修二　舞台監督：宇佐美雅人(バックステージ)　舞台美術：BOKETA　照明：関口裕二(balance inc.DESIGN)　音響：水越佳一(モックサウンド)　映像：上田大樹(&FICTION!)
衣裳：三大寺志保美　ヘアメイク：武井優子　演出助手：相田剛志　舞台写真：引地信彦　宣伝美術：横須賀拓

#35 『2番目、或いは3番目』

不条理の内に反権力

朝日新聞2010年7月2日　扇田昭彦

昨年初演の秀作『神様とその他の変種』に続き、劇作家ケラリーノ・サンドロヴィッチがまた新しい試みを始めた。作・演出の新作『2番目、或いは3番目』は災害のせいか、廃虚同然となった町を助けようと、5人の救援隊（マギー、三宅弘城、小出恵介ら）がやってくるところから始まる。倒壊した柱。傾いた灰色の家。にぎやかだったアーケード街の面影はない（BOKETA美術）。『消失』（04年）などでKERAはこれまでも崩壊する世界を不条理劇風に描いてきたが、今回の約3時間20分の劇はかなり違う広がりを持つ。

救援チームの女性2人（緒川たまき、峯村リエ）の言動が違和感を与える。町の惨状に密かな満足感を覚え、「助けてさしあげる」ことに優越感を抱いている気配があるのだ。紋切り型の報道では見えない、「助ける」側の偽善が浮上する。

だが、町の住民たちの現実は救援隊の予想を覆す。老姉妹（犬山イヌコ、松永玲子）をはじめとする住民たちは自活し、したたかに生きているのだ。やがて救援隊の方が住民に寄生するような形になっていく。

この作品には、KERAが敬意を寄せる別役実の劇世界、小津安二郎風のせりふ、デヴィッド・リンチの映画風の要素などが盛り込まれているが、劇の後半は国家権力と住民の全面対決という意外な展開をたどる。抑圧的な国の役人が着る赤い服は明らかに血と暴力のイメージだろう。KERAの内に潜む強い反権力意識を感じる舞台だ。

だが、劇がシリアスになっても、笑いがふんだんにあるのはいかにもKERAらしい。特に認知症気味の老人を演じる大倉孝二の、ナンセンスの大爆発とも言えるおかしさはすばらしい。

#36 『黒い十人の女〜version100℃〜』

空虚な愛
KERAの毒と冴え

朝日新聞2011年5月26日　山本健一

ドンファンの辣腕テレビプロデューサー風松吉（みのすけ）と、彼を取り巻く女たちとの空虚な愛のミステリー、ではある。しかし不毛な愛の砂漠の中に、絶望と生を回復しようとするうめきが聞こえる。加えて不条理劇タッチやポップのノリ、フェリーニの映像を思わす幻想場面、テレビへの悪意。市川崑・和田夏十コンビの同名映画をもとに上演台本を書き、演出したケラリーノ・サンドロヴィッチらしい毒と冴えが見られる。

半世紀前のテレビ業界が舞台。分秒刻みで働く放送人を、滑稽に痛ましく造形する。風は仕事による疎外や孤独感で壊れ、女たちとの恋愛で穴埋めしようともがく。みのすけは、思い入れを抑えて根なし草人間を軽やかに演じる。すべてを失い、孤独の中で放心する人間味も最後に見せた。芸能局長役の藤田秀世も絶望を戯画化する。空っぽで傷だらけ、我らの隣人たちだ。

女たちを書き込んだだけに脇筋が長く、求心力をそいではいる。本妻役の峯村リエは、風を見抜く母的存在として動じない。松永玲子が中年俳優役の倦怠感と焦燥感を巧く出す。村岡希美が一途。中越典子、緒川たまき、新谷真弓がドライな感覚だ。

皮膚が崩れていくアナウンサー（小林高鹿）や女たちに仕返しをされる風は、イヨネスコやカフカ劇の住人を連想させる。公と私を混同させるニュース場面は、テレビ批判として今に生きる。

登場人物を人形に見立て倉庫から出し、過去と現在を重ね、切り替える冒頭の人の動きが新鮮だった。半世紀前の作品がKERA風味で蘇った。

#34 『世田谷カフカ〜フランツ・カフカ「審判」「城」「失踪者」を草案とする〜』

不条理を軽やかに

朝日新聞2009年10月2日　藤谷浩二

劇作家ケラリーノ・サンドロヴィッチが、敬愛する作家フランツ・カフカにささげた舞台だ。

とはいえ、カフカにつきまとう難解という一般的なイメージとは無縁。草案とした3長編『審判』『城』『失踪者』の主人公3人が彷徨の末、なぜか現代の世田谷で一堂に会するナンセンスな設定が、まず面白い。＜中略＞虚構混じりの評伝劇『カフカズ・ディック』（01年）がすでにあるKERAにとって、本作はカフカの特異な創作手法を演劇で追体験する試みなのだろう。小官吏の仕事と持病の結核、家族や恋人に日常を支配されたカフカは深夜、睡眠を削って小説を書いた。その手稿版を訳した池内紀は自著『カフカの書き方』で「『暗いトンネル』を行くようにして書く」と記している。つまり、作者ですらどこへ向かうかわからない物語。この劇も、現代人の夢とも妄想ともつかない生態がランダムに点描される。

部分的に即興から作られた舞台には粗削りな面もある。小説の引用場面では、先行して3作を舞台化した松本修の演出の影響を感じる場面もある。だが、『失踪者』の少年カール・ロスマン（三宅弘城）、『審判』の銀行員ヨーゼフ・K（喜安浩平）、『城』の測量士K（吉増裕士）、カフカ（中村靖日）の4人のKが居並ぶ情景を生み出したもう1人のK（KERA）は、日常に潜む不条理を軽やかに笑う感覚がカフカ的で、それがこの舞台の魅力になっている。

劇評

Influences and Inspirations

ナイロン100℃の作品は、古今東西のマスターピースを「引用＆編集」しながら、ＫＥＲＡがシームレスにつむぎあげる技巧も大きな魅力となっている。ここでは、ナイロン100℃の「シリーワークス」に潜んでいるモチーフやテーマの影響・着想源について、ＫＥＲＡが師と仰ぐ「匠たち」をリストアップするかたちで一挙紹介。

ウディ・アレン

1960年代から活動を始め、現在でも作品を発表する映画監督。代表作に『アニー・ホール』『マンハッタン』『マッチポイント』。

ウディ・アレンの戯曲『漂う電球』の演出（オリガト・プラスティコvol.3：2006）や、映画『カイロの紫のバラ』を換骨奪胎した『キネマと恋人』（KERA・MAP#007：2016）など、ウディ・アレン作品をダイレクトに継承しているものにとどまらず、KERAの作品の随所に見られる洒脱さと軽妙さとは、都会的に洗練されたアレンの作品に由来するところが大きい。ギャグ作家として頭角を現わし、そこからニューヨークを舞台とした秀作を続けて発表するうちにハリウッドを代表する監督に上り詰めたウディ・アレン。その軌跡は、劇団健康を率いて笑いを追求しつづけるうち、名実ともに演劇界の中心に位置することとなったナイロン100℃を主宰するKERAと重なる。

バスター・キートン

喜劇俳優。1920年代から自らも製作、出演する作品で活躍し、現在ではチャップリン、ロイドと並ぶ喜劇王の一人として知られる。

バスター・キートンの「見猿聞か猿言わ猿」
© Arthur Rice

『シャープさんフラットさん』（2008）の冒頭では、壁に『キートンの探偵学入門』が映し出される。「最初に観たのはバスター・キートンだ……。1973年、小学校5年の時だった」と語りだす男。「なにしろそこには胸を打つペーソスも、人生における教訓も、甘いロマンスも何もなかったからだ。あるのは悪夢のような笑いだけだった」と続く、KERAの分身とも思える人物の独白。それはまさにキートンが映画によって実現した「悪夢のような笑い」を演劇によって生み出し続ける、KERAのモチベーションの原点だ。当時10歳だったKERAは、キートンの『セブン・チャンス』『海底王キートン』『キートンの蒸気船』などによってサイレント・コメディの虜となる。自主映画を撮影し、中原弓彦（小林信彦）の『日本の喜劇人』や『世界の喜劇人』を愛読する少年となり、「喜劇映画研究会」の会長として自ら上映会も主催するようになる。サイレント・コメディの俳優たちの中でも、無表情のままで人間技とは思えないことをやってみせる俳優としてのキートン。その姿は、KERAの高い要求に舞台上で見事に応えてみせるナイロン100℃の俳優たちを想起させる。そんなKERAとナイロン100℃の俳優たちにより生み出されてきたのは、悪夢さえ超えるような、誰も見たことがない笑いだ。

マルクス兄弟

チコ、ハーポ、グルーチョ、ガモ、ゼッポの5人の兄弟からなる喜劇俳優グループ。1929年、ガモを除く4人で映画に出演、その後ゼッポが脱退し3人で活躍。

上からチコ、ハーポ、グルーチョ、ゼッポ

KERAが少年時代に主催していた上映会では1937年に製作された『マルクス一番乗り』を戦後国内初上映（！）したという快挙からもわかるとおり、マルクス兄弟マニアとしても筋金入り。代表作『我輩はカモである』（原題 Duck Soup）の舞台となった王国フリドニアは、KERAの『フリドニア～フリドニア日記#1～』（1996）と『薔薇と大砲～フリドニア日記#2～』（1999）において、架空の都市としてその名を轟かしている（原題のダックスープは、KERAの立ち上げた俳優マネジメント事務所の名前としても採用されている）。マルクス兄弟の体現するアナーキーな笑いによって育まれた、KERAの反骨精神や反権力の精神。それは、ナンセンスな笑いを追求していた劇団健康の作品群から『ちょっと、まってください』まで、KERAの演劇活動に一貫して存在する核となっている。

ルイス・ブニュエル

1920年代から1970年代にかけ、フランス、スペイン、メキシコなどで映画を製作した映画監督。代表作に『アンダルシアの犬』（1928）、『ブルジョワジーの秘かな愉しみ』（1972）。

ブニュエル作品に度々みられる、上流階級の人々がいつの間にか陥る混沌と狂気。それはKERAの作品における、突然表出する暴力と殺人に通底している。時に理由もなく起こるそれらの出来事はシュルレアリスム的でありながら、現実に起きる唐突な事件も表象するものだ。ブニュエルの『ビリディアナ』や『皆殺しの天使』における、神父や修道女ら聖職者の卑俗さや無力さは、KERA作品の『薔薇と大砲～フリドニア日記#2～』（1999）や『祈りと怪物～ウィルヴィルの三姉妹～』（Bunkamura：2012）にも描かれる。また、『消失』の悲劇的な結末には、ブニュエル作品が持つ強い不条理性の影響も感じられる。

モンティ・パイソン

イギリスを中心に活躍したコメディグループ。1969年にBBCで開始したテレビ番組『モンティ・パイソンズ・フライング・サーカス』により人気を獲得、舞台作品ではミュージカル『モンティ・パイソンのスパマロット』が有名。

モンティ・パイソンのようなナンセンス・コメディを専門に行うチームを目指して、劇団健康は結成された。健康時代に2度上演された『スマナイ。』（1989、1992）は、映画『モンティ・パイソン・アンド・ホーリー・グレイル』を下敷きに、ガンビー（＝コント）をつないで物語を構成した作品。『ザ・ガンビーズ・ショウ』（1998）では、「モンティ・パイソンズ・フライング・サーカス」のキャラクターであるガンビーをタイトルに冠し、同様の手法でナンセンス・コメディを繰り広げた。同年上演された『吉田神経クリニックの場合』は、モンティ・パイソンと別役実の戯曲『受付』をリミックス！ 2002年には、モンティ・パイソンと菊田一夫の『雲の上団五郎一座』に因んだ「空飛ぶ雲の上団五郎一座」を、いとうせいこう、井上ひさし、筒井康隆、別役実らと旗揚げしている。モンティ・パイソンの名作スケッチ「シリーウォーク」（馬鹿歩き）を劇団の制作事務所名として採用したことからもわかるとおり、マルクス兄弟と並んでKERAの笑いを形作ってきた、ナイロン100℃にとってもまさに欠かせない存在。

別役実

劇作家。早稲田大学在学中から学生劇団に参加し、1966年早稲田小劇場を結成、1968年『マッチ売りの少女』『赤い鳥の居る風景』で岸田國士戯曲賞を受賞。

高校で演劇部に所属していたときに読み、吹き出してしまうくらいおもしろかったという別役実の戯曲。KERAが初めて別役実の作品を演出した『病気』(1994)は、戯曲に内在する「くだらなさ」を存分に生かしたナンセンス・コメディとして演出し、多くの人々が抱いていた「不条理」な劇への印象を一新させた。それ以後、KERAにとって同一作家の作品としては最も多い4本の別役戯曲を演出し、それらの作品群はKERAの演出家としての試金石となった。『フローズン・ビーチ』(1998)で岸田国士戯曲賞を受賞したさい、別役実は当時の同賞選考委員としてKERAの力量を高く評価している。『神様とその他の変種』(2009)や『2番目、或いは3番目』(2010)など、別役実からの影響を感じさせる作品は多い。『ちょっと、まってください』(2017)は、別役戯曲のパスティーシュの到達点である。

フランツ・カフカ

小説家。1910〜20年代にかけてドイツ語で書かれた作品『変身』『城』は不条理文学、実存主義文学という側面から、彼の死後に世界的な評価を受けた。

『変身』における突然の変貌と周りの人々の戸惑い、『城』における集団の閉鎖性と外部に対する排他性。これらのカフカ作品で提示されたテーマは、KERAの作品ではそれぞれ『カラフルメリィでオハヨ〜いつもの軽い致命傷の朝〜』(1997)、『2番目、或いは3番目』(2010)に見て取れる。また、カフカの作家人生をもとにしながら虚実皮膜の評伝劇を描いた『カフカズ・ディック』(2001)、カフカの小説世界をなぜか東京都世田谷区を舞台に展開した『世田谷カフカ〜フランツ・カフカ『審判』『城』『失踪者』を草案とする〜』(2009)、カフカが友人のマックス・ブロートに死後自分の原稿を破棄するよう頼んだ逸話を引用した『ノーアート・ノーライフ』(2001、2011)など、多くの作品においてカフカとその作品や逸話を扱っている。

宮沢章夫

劇作家。80年代から「ラジカル・ガジベリビンバ・システム」の作・演出を手掛け、1990年「遊園地再生事業団」の活動を開始し、1993年『ヒネミ』で岸田國士戯曲賞を受賞。

1980年代、最も影響を受けていたとKERA自身が公言しており、「僕は一時期松尾スズキさんと宮沢さんくらいしか観てなかったけど(笑)」と宮沢との対談で冗談交じりで語るほど。ラジカル・ガジベリビンバ・システムの『スチャダラ』と出会い、「モンティ・パイソン的な笑い」をライブでやっている人たちを初めて観たという印象を受けた、とも語っている。同世代の松尾スズキともども、宮沢の「かっこいい笑い」という方法に鋭く感応している。劇団健康時代には、宮沢章夫作・演出の『アルタード・ステーツ』(1990)をプロデュースして上演。また、KERAは、ラジカル・ガジベリビンバ・システムから遊園地再生事業団にひきつがれた宮沢の『砂漠監視隊』シリーズをリミックス上演したいと語ってもいる。

フェデリコ・フェリーニ

映画監督。1950年代から『道』(1954)、『甘い生活』(1960)などでイタリアのネオレアリズモ運動における主要な一人となる。

『テイク・ザ・マネー・アンド・ラン』(1999)に登場する避難船は、フェリーニの『そして船は行く』の客船グロリアN号を思い出させる。音楽面では、ニーノ・ロータによる印象的なサウンドトラックを『下北ビートニクス』(1996)や『フリドニア〜フリドニア日記#1〜』(1996)などで用いており、『薔薇と大砲〜フリドニア日記#2〜』(1999)では、たまによる歌とニーノ・ロータによるサウンドを同居させた独自の音楽が印象に残る。明るさと暗さが同居する祝祭感覚にみちたフェリーニの作風はKERAにも相通じる。『黒い十人の女〜version100℃〜』(2011)は、市川崑の映画を原作に、テレビプロデューサーの現実離れした女性関係をめぐって、テレビ業界に対する皮肉交じりの幻想が描かれた。フェリーニにはハリウッドのミュージカル映画を代表する名コンビ(ジンジャー・ロジャースとフレッド・アステア)に捧げた『ジンジャーとフレッド』という作品があるが、フェリーニが彼らの往年の姿を当時のテレビに対する批判を交えて再現してみせたように、KERAもまた、過去の偉大な先人たちの作品に敬意を払いながら、それを現在における意味を持った表現として再構築することをもくろむ創作者である。

ガルシア=マルケス

小説家。ラテンアメリカ文学を代表する作家の一人として、1982年ノーベル文学賞を受賞。

ガルシア=マルケスの『百年の孤独』など複数の作品において舞台となるマコンドという架空の街や、その魔術的リアリズムを意識した作品は、フリドニアという街を舞台に、そこに生きる人々を描いた『フリドニア〜フリドニア日記#1〜』(1996)や『薔薇と大砲〜フリドニア日記#2〜』(1999)の着想の源となっている。『祈りと怪物 ウィルヴィルの三姉妹』(Bunkmura:2012、2013)においては、トビーアスやローケといった登場人物の名前がマルケスの作品と共通する。また、その影響がタイトルからも分かる『百年の秘密』(2012、2018)という作品もある。多数の登場人物による壮大で叙事詩的な世界観は、KERAの作品の醍醐味でもある。

ポール・オースター

アメリカの小説家。代表作に『孤独の発明』(1982)、『ガラスの街』(1985)、『幽霊たち』(1986)、『鍵のかかった部屋』(1986)、『最後の物たちの国で』(1987)、『偶然の音楽』(1990)。映画の脚本や監督も手がける。

カフカやベケットに影響を受け、ポストモダン的な作風によって「華麗なる前衛」を体現してきたオースターは、KERAが演劇において切り拓いてきた姿勢と重なる。オースターの『孤独の発明』は父親の死をきっかけとして書かれた自伝的な作品だが、KERAも同様に、『カラフルメリィでオハヨ』という「私戯曲」を代表作としている(劇団健康で1988年に初演されて以後、1991、1997、2006と再演を重ねている)。また、『偶然の悪夢』(1998)のオムニバス中の一本である「死」は、亡くなって大学病院で解剖される父と残された家族を描いており、オースターの『孤独の発明』と大江健三郎の『死者の奢り』(大学の医学部における死体洗いアルバイトという都市伝説のネタ元として有名)がモチーフになっている。オースターも、映画の脚本や監督もつとめ、小津安二郎の映画を愛好している。

小津安二郎

映画監督。『東京物語』(1953)などで「小津調」と呼ばれる独自の作風を確立し、世界に知られる。

1990年代に日本でブームとなった「静かな演劇」の流れのなかで、小津映画はしばしば参照された。KERAにとって小津からの影響は、小津映画の静けさとは裏腹に、そのシーンや台詞の持つある種の「違和感」が効果的に用いられている。KERAが自らの作品のなかで明確に意識して小津作品を引用したのは、『消失』(2004、2015)における兄弟の会話だ。映画『晩春』では嫁に行く直前の娘が父親に幸せになることを誓う台詞が、『消失』では、お互いを思いやりながらも奇妙な依存関係にある兄弟の会話として引用される(「うん。だけど俺、結婚しても兄ちゃんが一番好きだ」)。また、『2番目、或いは3番目』(2010)では、映画『麦秋』において館パンを勧めるシーンは、災害に遭った町の住人にやってきた支援隊がカビだらけのパンをすすめるシーンとなっている。

イングマール・ベルイマン

スウェーデンの映画監督。代表作に『野いちご』(1957)、『処女の泉』(1960)

『薔薇と大砲〜フリドニア日記#2〜』(1999)では、ベルイマンの「神の沈黙三部作」における神を失った人間について言及される。またその姿は、『祈りと怪物　ウィルヴィルの三姉妹』(Bunkamura：2012、2013)に登場する背徳的なグンナル神父とも重なりあう。KERAの作品に登場する聖職者たちは、普段人々が隠している人間の弱さをあらわにするゆえに、ふしぎな魅力的な輝きを見せる。そして、ナイロン作品に見られる不気味なまでの静謐さにも、ベルイマン映画の影を感じることができる。

植木等

俳優、コメディアン。1957年、バンド「ハナ肇とクレージーキャッツ」に参加、テレビ番組、映画など多方面で活躍。

『社長吸血記』(2014)は、当初、東宝の植木等主演の無責任シリーズや森繁久彌主演の社長シリーズを意識して作られたが、その枠組みに収まらない怪作に仕上がった。そして、『犯さん哉』(2007)、『奥様お尻をどうぞ』(2011)、『ヒトラー、最後の2000年』(2016)など、KERAが古田新太と組んで上演してきた作品群にも、無責任シリーズの無鉄砲さを上回る暴力的なナンセンスが感じられる。犬山イヌコが演じた『ライフ・アフター・パンク・ロック』(1997)の元ヒッピーや『怪奇恋愛作戦』(2015)の唄子、松永玲子が演じた『わが闇』(2007、2013)の飛石などのキャラクターが持つ身勝手さと自由さにも、俳優としての植木等の片鱗が見られる。また、幼いころからの植木等への憧れを語り、植木等のスピリットを受け継いでいるとする星野源も、実は一時期KERA・MAPに演出助手として参加していた。

ロシア・アヴァンギャルド

ロシアで1900年代初頭から30年代にかけて隆盛した芸術運動。その範囲は文学、演劇、美術、映画など多岐にわたり、過去の理論や手法の革新を目指した。

宣伝美術のデザインやオープニング映像など、ヴィジュアル面においてロシア・アヴァンギャルドの意識的な引用が見られる。特に『ノンストップサクセスストーリー　ビフテキと暴走』(1996)、『労働者M』(Bunkamura：2006)などにおいて、その影響は明らか。美術面でも高く評価されるナイロン100℃のイメージの源泉の一つである。

水木しげる

漫画家。1958年にデビューして以降、『ゲゲゲの鬼太郎』をはじめとした妖怪漫画で知られる。

水木しげるの漫画を原作とした特撮テレビドラマ『悪魔くん』の奇妙でナンセンスな世界観を、ラブコメとして実写化しようという発想から生まれたのが『怪奇恋愛作戦』(2015)である。ナイロン100℃にゆかりある俳優たちの出演を得て、KERAは、現代の日常に妖怪が跋扈する世界を現出させ、水木しげる作品のエッセンスをみごとに描きだしている。

赤塚不二夫

漫画家。『天才バカボン』『おそ松くん』などで一躍ギャグ漫画界の寵児となる。

赤塚不二夫は、1970年代前半、週刊少年マガジンで『おそ松くん』、週刊少年サンデーで『レッツラゴン』を同時に連載していた。その多作ぶりと内容の充実ぶりは、1990年代後半にKERAが年間4〜5本の作品を上演していたのを彷彿とさせる。KERAの舞台上における自由さやナンセンス精神は、赤塚不二夫の作品たちと分かちがたく結びついている。『天才バカボンのパパなのだ』という作品も書いている別役実、そして宮沢章夫や松尾スズキにも多大な影響を与えてきた赤塚の作品が、日本の現代演劇(の笑いの方法論)に進化を促したことは間違いない。

平沢進

音楽家。1979年にP‐MODELを結成しテクノポップ／ニューウェーヴの中心として活躍、1989年にソロ活動を開始。

音楽家としてのKERAが大きな影響を受けた存在。ナイロン100℃の名前の由来となり、KERA自身も「あの看板を引き継ぎたいって想いがあった」と語るニューウェイヴ・サロン「ナイロン100％」にて演奏したこともある。作品名のみ共通するかたちだが、『フローズン・ビーチ』(1998、2002)と『ハルディン・ホテル』(2003)の2作は共に平沢のソロアルバム『時空の水』の収録曲に、KERA・MAP#2『青十字』(2003)はP‐MODELのアルバム『ポプリ』の収録曲に、それぞれ同名の作品がある。

ムーンライダーズ

日本のバンド。1969年、アルバム『火の玉ボーイ』でデビューし、鈴木慶一を中心に活躍している。

『東京のSF』(2002)のオープニングでは、出演者全員がムーンライダーズ「マニアの受難」を歌う。そして、その曲が収録されたアルバム『DON'T TRUST OVER THIRTY』は、KERA初のミュージカル公演『ドント・トラスト・オーバー30』(2003)のタイトルとなった(音楽監督は鈴木慶一が務め、劇中における生バンドのベースをムーンライダーズの鈴木博文が担当)。『怪奇恋愛作戦』(2015)の音楽も手掛けた鈴木慶一は、No Lie-Senseという音楽ユニットをKERAと結成して活動もしている。

ロバート・アルトマン

映画監督。1970年、『M★A★S★H』でカンヌ国際映画祭パルムドールを受賞したのを皮切りに、ハリウッドで多数の作品を発表。

『ナッシュビル』に代表される優れた群像劇を生んだアルトマンは、同じく群像劇を得意とするKERAにとってお手本のような存在だろう。『ナイス・エイジ』(2000、2006)や『ハルディン・ホテル』(2003)など、KERAが手掛けてきた群像劇は数えきれないが、ナイロン100℃の公演に登場する魅力的で個性的なキャラクターの造形や緻密な物語設定は、アルトマンをはじめ見事な群像劇を描く作家の系譜にKERAが連なることを証明している。

レイモンド・カーヴァー

アメリカの小説家。ミニマリズム文学の第一人者。代表作に短編集『頼むから静かにしてくれ』(1976)、『大聖堂』(1983)など。

カーヴァーの短編小説をもとに、ロサンゼルスを舞台に群像劇としてまとめたのが、ロバート・アルトマンによる傑作映画『ショート・カッツ』だ。この作品が、岸田國士の戯曲をコラージュして再構成した『犬は鎖につなぐべからず〜岸田國士一幕劇コレクション〜』(2007)、『パン屋文六の思案〜続・岸田

國士一幕劇コレクション〜』(2014) の発想の源となった。なお、息子が彼の誕生日に突然亡くなった夫婦と、その日にバースデー・ケーキを頼まれていたパン屋の一日を描く、カーヴァーの短編「ささやかだけれど、役に立つこと」は、『ショート・カッツ』が公開される2年前に劇団健康『愛と死』(1991) において取り上げられ、KERA・MAP#005『あれから』(2008) でも引用されている。

| 岡崎京子 | 漫画家。大学在学中に活動を始め、『東京ガールズブラボー』(1993)、『リバーズエッジ』(1994) などで人気に、2003年出版された『ヘルタースケルター』で手塚治虫文化賞を獲得。|

同世代であるKERAと岡崎は、同時期に若くして80年代の刺激的な文化の洗礼を受けてきた同志のような存在といえる。1993年、北海道から東京にやってきた少女の姿を通じて80年代の文化と空気を鮮烈に切り取った『東京ガールズブラボー』を岡崎が発表。その10年後に公開となった、KERAの初監督映画『1980』の最後には岡崎京子の名前がスペシャルサンクスとしてクレジットされている。近過去劇と銘打たれ、日替わりで上演された『カメラ≠万年筆』『ライフ・アフター・パンク・ロック』(ともに1997) では、それぞれ1980年の夏と1985年の夏が舞台として選ばれた。岡崎京子は、ナイロン100%での顔見知りとして、ナゴムレコードの筋肉少女帯のコーラスガールとして、ツバキハウスではロンドンナイトの常連として、まさに、KERAと同じ時代を共有したクリエイターである。

| エルンスト・ルビッチ | 映画監督。最初ドイツで映画を製作していたが、その後ハリウッドで活躍、「ルビッチ・タッチ」と呼ばれる独自の表現で人気を集めた。|

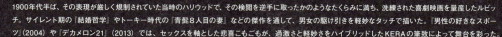

1900年代半ば、その表現が厳しく規制されていた当時のハリウッドで、その検閲を逆手に取ったかのようなたくらみに満ち、洗練された喜劇映画を量産したルビッチ。サイレント期の『結婚哲学』やトーキー時代の『青髭8人目の妻』などの傑作を通して、男女の駆け引きを軽妙なタッチで描いた。『男性の好きなスポーツ』(2004) や『デカメロン21』(2013) では、セックスを軸とした悲喜こもごもが、過激さと軽妙さをハイブリッドしたKERAの筆致によって舞台を彩った。

| ジャック・タチ | フランスの映画監督、俳優。1952年、『ぼくの伯父さんの休暇』でカンヌ国際映画祭国際批評家賞を受賞。喜劇の枠に収まらない独創的な映画表現を生み出した。|

ロシア人の父親をもち、本名はタチシェフであるというところからも、KERAことケラリーノ・サンドロヴィッチとの類縁が妄想されもするが、フランス流の洒脱なコメディの名手として1990年代に再評価が進んだという点においては、ナイロン100℃スタート時の伴走者でもある。淡々とした日常を描くタチの作品の裏には、映画への妥協を許さないスタイルが感じられる。その精神は、ナイロン100℃の演劇作品にも同様にして刻まれ、KERAは妥協のない作品を生み出しつづけている。

| ティム・バートン | 映画監督。アニメーターとして活動した後、多数のヒット作を製作、その芸術性により作家としての評価も高い。|

『ビートルジュース』や『シザーハンズ』から『ダークシャドウ』に至るまで、バートン映画には白塗りの人物たちが印象的に登場する。『ちょっと、まってください』(2017) においても、登場人物みなが白塗りであることによって、舞台上の奇妙さを増幅させていた。ナイロン100℃の『アリス・イン・アンダーグラウンド』(1996) においては、バートンの『アリス・イン・ワンダーランド』(2010) と同じテーマが選ばれている。ファンタジーとホラーが融合したバートンの作品は、フリドニアシリーズや、『祈りと怪物 ウィルヴィルの三姉妹』(Bunkamura：2012、2013) で描かれる世界にも通じている。

| デヴィッド・リンチ | 映画監督、美術家。1978年、最初の長編映画『イレイザーヘッド』を公開。唯一無二の作品を多数発表し、世界中にファンを持つ。|

地面に落ちてる耳に蟻がたかっている『ブルーベルベット』のシーンは、手に蟻が群がるブニュエルの『アンダルシアの犬』のシーンが原型だが、そもそもはダリの絵画に見られるモチーフとしての蟻や、ゴッホの絵画の耳を引用している。KERAもまた、様々な作品からの引用を独自の表現に昇華させる作家であり、『2番目、或いは3番目』(2010) にも耳のモチーフを登場させている。グロテスクなイメージを見る者の前に投げ出しつつもポップさを兼ねそなえたヴィジョンを構築するのがデヴィッド・リンチの映画であり、KERAの演劇だろう。

| 江戸川乱歩 | 小説家。ミステリー、ホラー、サスペンスなどにまたがる多数の作品を発表し、大正から昭和にかけて活躍。1954年、江戸川乱歩賞を制定するなど新人作家の発掘にも尽力。|

『D坂の殺人事件』『屋根裏の散歩者』『陰獣』など乱歩の猟奇的な推理小説の持ち味は、『東京月光魔曲』(Bunkamura：2012) に受け継がれている。また、昭和37年を舞台にした『東京のSF』(2002) に登場する作家・海野十三郎の名前は、乱歩と同時代の作家・海野十三からとられている。KERAが少年時代に愛読していたという、乱歩をはじめ、小栗虫太郎、夢野久作、久生十蘭によって書かれた怪奇と幻想にあふれた作品群は、創作者としてのKERAの血肉となり、サブリミナルな参照項として絶えず蠢いている。

| 参考文献・出典 | 『ウディ』(デイヴィッド・エヴァニアー著、大森さわこ翻訳、キネマ旬報社) / 『モンティ・パイソン・アンド・ホーリー・グレイル』(テリー・ギリアム監督、Blu-ray、ソニー・ピクチャーズエンタテインメント) / 『天才バカボンのパパなのだ―別役実戯曲集』(別役実著、三一書房) / 『牛への道』(宮沢章夫著、新潮文庫) / 『そして船は行く』(フェデリコ・フェリーニ監督、DVD、紀伊國屋書店) / 『ユリイカ 2014年7月号 ガルシア＝マルケス特集』(青土社) / 『現代作家ガイド ポール・オースター』(柴田元幸他訳、彩流社) / 『晩春』(小津安二郎監督、デジタル修復版 Blu-ray、松竹) / 『冬の光』(イングマール・ベルイマン監督、DVD、キングレコード) / 『ニッポン無責任時代』(古澤憲吾監督、DVD、東宝) / 『悪魔くん(全)』(水木しげる著、ちくま文庫) / 『レッツラ・ゴン』(赤塚不二夫著、小学館文庫) / 『ナッシュビル』(ロバート・アルトマン監督、パラマウント) / 『レイモンド・カーヴァー傑作選』(村上春樹編・訳、中公文庫) / 『エッジ・オブ・リバーズ・エッジ＜岡崎京子＞を捜す』(新曜社) / 『THE ART LIFE』(ジョン・グエン、リック・バーンズ、オリヴィア・ネールガード＝ホルム監督、デヴィッド・リンチ出演、DVD、Import) / 『結婚哲学』(エルンスト・ルビッチ監督、IVC,Ltd.) / 『タチ ぼくの伯父さん』『ジャック・タチの真実』(マルク・ドンデ著、国書刊行会) / 『ダーク・シャドウ』(ティム・バートン監督、DVD、ワーナー・ホーム・ビデオ) 核 P-MODEL『гипноза Gipnoza』、TESLAKITE、2013 / ムーンライダーズ『T・E・N・Tレーベル 30th ANNIVERSARY MOONRIDERS IN T.E.N.T YEARS 19851986』、ポニーキャニオン、2016 |

現代演劇の世界を広げ続けた
ナイロン100℃の四半世紀

高橋豊（演劇評論）

　「ナイロン100℃」を主宰するケラリーノ・サンドロヴィッチ（以下、KERAと表記）の肩書きは、劇作家・演出家・ミュージシャン・映画監督と多才にして多彩。1963年1月3日、東京生まれ。本名が小林一三（かずみ）。ジャズミュージシャンだった父の命名だが、阪急電鉄・宝塚歌劇・東宝映画など創立の大物経営者・小林一三（いちぞう）を意識した遊び心もあったのかもしれない。

　KERAは子供のころから喜劇映画にのめりこんだ。父の麻雀仲間に由利徹や南利明ら喜劇人がいたほか、小学四年でチャールズ・チャップリン、五年でバスター・キートンの無声映画のリバイバル上映に夢中になり、作家・小林信彦の名著『世界の喜劇人』や『日本の喜劇人』まで読破している。小学校の卒業文章の「自分の希望する将来」の寄せ書きには「喜劇映画の監督」と記した。

　中学二年のときに「喜劇映画研究会」を設立、会長となって、マルクス兄弟の『マルクス一番乗り』など、戦後国内初上映を果たす。恐ろしいほどの行動力だ。

　高校では、演劇部、軽音楽部、映画研究会の三つに掛け持ち所属。ライブハウスに通い詰めるようになり、初めてのバンド「伝染病」（何という命名！）を組んだ。

　横浜放送映画専門学院（現・日本映画大学）に進んだが、長い助監督を経て監督に上りつめる日本独特のシステムに絶望、コメディ映画専門の監督になる夢は不可能と感じ、音楽の方へ軸足を移したのだ。

　19歳のときにニューウェーブバンド「有頂天」を結成し、ボーカリストに。メンバーの半分がまだ高校生だった。有頂天のレコードを自主製作しようと、自主レーベル「ナゴムレコード」を立ち上げた。折からの"インディーズ・ブーム"に乗って注目を浴びるようになる。

　KERAは85年、22歳のとき、「劇団健康」を旗揚げした。「映画をやるよりも劇団の方が現実的だと思い、バンド活動の傍ら、年2回の公演を打つようになった」。当時、宮沢

『ヒトラー、最後の20000年』撮影：引地信彦

223

「グッドバイ」撮影：引地信彦

章夫の作・演出でスタイリッシュな笑いのステージを繰り広げていた「ラジカル・ガジベリビンバ・システム」に大きな影響を受ける。英国のコメディーグループ「モンティ・パイソン」に通じる世界を感じたのだ。

けれど、「健康」は92年に解散。30歳となった93年、「ナイロン100℃」が結成されたのである。

「ナイロン100℃」に達するまで、KERAの半生を手短に振り返ったが、感じられるのは、彼は自分が「演劇の中のカウンターカルチャーだ」という気持ちをずっと持ち続けていたことだ。ロシアや東欧を思わせるカタカナだけの名前を選んだことも、その一つだろう。演劇大学や大劇団の養成所育ちの演劇人とは違い、自分が関心のあることをぶれずに掘り下げていき、挑戦を恐れない。

さて「ナイロン100℃」の四半世紀である。劇団の公演を「セッション」と称し、劇団員に加え客演を招き、コメディー、サスペンス、SF、ホラー、西部劇など多様な作品を発表し続けてきた。そのほか、劇団メンバーと異なる俳優をそのつど集め、自らの新作を上演する「KERA・MAP」、女優・広岡由里子と二人でプロデュースする「オリガト・プラスティコ」など複数のユニット活動も行っている。後述するように外部プロデュース公演への参加も多く、これまで150本近い戯曲を書いているという。多才、多彩にして多作であるのだ。演技する場がたくさんあることは、劇団員を鍛え俳優の自立性を高めることにつながっている。劇団健康から所属する犬山イヌコ、みのすけのベテランに、三宅弘城、大倉孝二、松永玲子、村岡希美、廣川三憲ら実力ある個性派がそろい、外部出演も多い。

KERAの作・演出作品で忘れ難いものをあげていくと切りがない。「健康」時代の代表作『カラフルメリィでオハヨ』（88年初演）は、「ナイロン100℃」でも再演を重ねた。病院を舞台に馬鹿馬鹿しい冒険を繰り広げる少年は、実は死の床に着く老人の分身だった。実父の病死が背景にあり、看病しながら書き上げた台本だが、しっかりとした「喜劇の風」が吹き渡り、涙を乾かしてくれた。

『フローズン・ビーチ』（98年初演）で、KERAは岸田國士戯曲賞を受賞した。南の孤島にある別荘で登場人物は女性4人だけ。それぞれが殺意を持っているが、殺しあうことはなく、ラストでベランダから海に飛び込む。微妙な明るさのあるエンディングだ。女性心理を描くことにKERAは長けている。

結成25周年記念として、今春に『百年の秘密』が6年ぶりに再演が決まったのはうれしい。ヒロインのティルダと親友のコナという二人の女性の物語だ。12歳で出会い、78歳で亡くなるまで、時間が錯綜しながら描かれる。小さな嘘・悪戯から誤解が生まれ、壮絶な死も待ち構えている。けれど、一つの町の年代史の目撃者になった感じがして余韻は深い。

KERAは、ナンセンスなギャグに人間の不条理をにじませる。渇いた笑いのナンセンス・コメディーは日本で難しいが、2011年夏、俳優・古田新太と組んだ『奥様お尻をどうぞ』はその極北か。その年、3・11の東日本大震災でお笑い"自粛"ムードが高まる中で、KERAは敢然と笑いに徹しながら、原子力発電所を「実はそんなもの意味がない」と言い切ってみせた。

演劇界でKERAの演出力を高く買う声が多い。

「空飛ぶ雲の上団五郎一座（モンティ・パイソン＋エノケン一座）」を井上ひさし、別役実らと立ち上げ、『アチャラカ再誕生』の作・演出に参加したKERAについて、作家・クリエーターのいとうせいこうはこう語る。

「役者への演出がものすごく丁寧。『語尾をちょっと上げて言ってみてくれますか』『伸ばしてくれますか』と細かなやり取りをしているうちに、役者が自分の中にある新たな感情に気付いていく。もしかしたら、最初は音（声）で芝居させているのかなと思うくらいにそれをやる。音的な芝居を直して共有できたものは、役者の脚本の理解度が上がるんです」

シス・カンパニーは2006年、KERAに翻訳劇初演出としてエドワード・オルビーの代表作『ヴァージニア・ウルフなんか

論考

こわくない？』を依頼、二組の夫婦に起きた夫婦喧嘩から真実の関係まできっちり描き出した舞台で、小気味いい展開が高く評価され、読売演劇大賞最優秀作品賞を受賞した。

さらに、シス・カンパニーは、チェーホフの四大戯曲をKERAの上演台本、演出で上演する「KERA meets CHEKHOV」シリーズをスタートさせ、これまでに『かもめ』『三人姉妹』『ワーニャ伯父さん』の3本を上演、残りは『桜の園』だけとなっている。

かつて日本の新劇で、チェーホフ作品、特に四大作品を演出することは大変、心を締めて取り掛からなければならないもので、現地の文献に当たり、調査しなければならない重い戯曲と考えられてきた。だが、そうやって創られたチェーホフ劇が本当に人々の心を掴んでいたのか。

KERAがこう振り返っている。「私は別役実氏の戯曲をこれまで4本演出させてもらったが、どうやら私が『唯一無二』と感じていた別役氏最大の面白さを、多くの創作者が語っていた別役戯曲の魅力とは別のところに見ていたらしい。そのことが上演のたびに明確になってきた。さて、チェーホフである。『自分が感じるチェーホフ戯曲の面白さ』、それは例えば悲劇性と喜劇性の調合具合、哀しみと可笑しみが互いを補完しあう絶妙のバランス感覚を、しっかり形にしてみたかった。3本目にして、ようやくある程度の目的達成を実感した次第」

2017年秋『ワーニャ伯父さん』を発表した2カ月後、KERAはナイロン100℃で3年ぶりの新作となる『ちょっと、まってください』を作・演出した。25周年が目前ということもあって、上演時間が3時間近い力作。劇団で初めて「不条理喜劇」を目指したもので、これまでの「ナンセンス・コメディ」とは、手触りや作り方、志が異なっていると言う。

劇作家の別役実の書かれたテキストの引用や文体の模倣はもちろん（台本の後ろに引用・参考文献として『やってきたゴドー』など別役の12冊の戯曲名が掲載）、別役世界に欠かせない電信柱、夕暮れ、ジャンケン、飛行船、リヤカー、受付などのアイコンがちりばめられている。金持ちの家族と乞食の家族が入れ替わっていく話だけれど、不条理喜劇だから会話は錯綜しストーリーは前へ前へと進まない。これだけ歯応えのある不条理劇を今やることができる劇団は、ナイロン100℃だけかもしれない。微妙なトーンの違いを表現することを役者は求められ、その転調をKERAが厳しくリードする。稽古に時間が掛かったと想像する。別役作品へのリスペクトが、今回の新作となったのだろう。

新劇絡みで言えば、岸田戯曲賞の劇作家・岸田國士について、KERAは一幕劇を集めて構成した『犬は鎖につなぐべからず』（07年）と『パン屋文六の思案』（14年）と2本も上演している。

2015年に各種の演劇賞に輝いた『グッドバイ』は、太宰治の遺作となった未完の小説を基に、一人の男の何人もの愛人との別れを描いたもので心楽しい芝居だった。

16年、またも各種の演劇賞を受けた『キネマと恋人』をKERAは発表した。敬愛し熱烈なファンのウディ・アレンが監督した映画『カイロの紫のバラ』に触発された舞台作品だ。KERAは昭和11年の日本の架空の港町に移し変え、マルクス兄弟の喜劇映画が好きな薄幸の女性（緒川たまき）へ、映画のスクリーンから武士役（妻夫木聡）が出てくるというロマンチックなファンタジー劇だ。KERAと緒川は09年に結婚。インタビューに「女優としてだけでなく、緒川さんは劇作家としての僕にとっての有能なアシスタントというか、ドラマトゥルクと言っていい存在でもあります」と答えている。ミューズ的な存在と言っていいのだろう。

『ワーニャ伯父さん』撮影：加藤孝

225

COLUMN

作品を支えるクリエイターたちに訊く II

ナイロン100℃作品の方向性に大きく影響を与えている、クリエイティブスタッフたち。
映像作家、照明家、音楽家、もう一人の演出助手にも「I」と同様に多数の質問を投げ掛けて、回答をいただいた。
彼らの言葉から、ナイロン作品、KERA演出の本質が浮き彫りに。
また、ここでは公演製作者の想いも紹介する。

映像 上田大樹

うえだ・たいき｜＆FICTION！代表。劇中映像、MVやCM、TVや映画のタイトルバック、ショートフィルムなどを手掛ける。第25回ぴあフィルムフェスティバル・PFFアワード2003グランプリ受賞。ナイロン100℃公演には『ナイス・エイジ』（00）より多数参加。

ナイロン100℃公演、KERA作品と他作品との進め方の違い

あまりないですが、暗黙の了解で進めている部分が多いかも。

ナイロン100℃公演、KERA作品のスタッフワークの特徴

色々大変なので、時々ちょっと愚痴りながらも、何だかんだみんなKERAさんとその作品を愛している。互いに垣根なくアイディアを出せる雰囲気と、どんな状況でも初日を開けられるタフさ。

ナイロン100℃公演、KERA作品でしか通用しない決まり事

台本がなくても焦らないこと。

ナイロン100℃公演、KERA作品を創作するにあたって自身がこだわっていること

25th『ハルディン・ホテル』

創作へのKERAのこだわり

決して揺らがないトーンがある一方で、毎回、変化し続けることを恐れない姿勢に、いつも圧倒されます。時々、好みに合わなかった舞台への苦言的な内容の話をしているのを聞くのですが、そういういい意味で大人気ない所も含めて、巨匠になっても同業者全員をライバルだと思っていたという手塚治虫的な、生涯アップデートし続ける気なんだな的な凄みも感じます。

34th『世田谷カフカ』

34th『世田谷カフカ』

調和とか楽しさはもちろん大切だけど、それよりも何か、逸脱とか飛躍とか、圧倒的だったりする瞬間を作りたいと思っています。ナイロンに限らずそう思っていますが、KERAさんの作品は特にそれをアリにする豊かな世界観があるし、ある種、共犯的に攻めていけるので、貴重な場を与えられていることに感謝しています。

ナイロン100℃公演、KERA作品と他作品との自身の表現や発想の違い

本質的には変わらないですが、KERAさんの台本・演出には、他にはない、とてもよい意味での余白と広がりがあって、それが映像を作る上ですごく特別です。KERAさんからものすごくいい球が投げられてきているので、必死で打ち返すみたいな。任されている部分も大きいです。試されている恐怖もありますが、その時自分がよいと思ったものがナイロンらしい映像だと思い込むことにしています。KERAさんや、キャスト・スタッフからすごく理解のある環境でやらせていただけるのが大きいです。その環境が表現とか発想自体を広げてくれるというか。

38th『百年の秘密』

34th『世田谷カフカ』

プランに掛ける期間や時間

ずっと考えてるとも言えるし、10分くらいしか考えてない場合もある。でも、初日開けるまでずっと、もっと何かできないかな…とも思っている。

ナイロン100℃だからできた作品

毎回ナイロン以外では成立しにくい映像の使い方になっていると思います。KERAさんの作品の世界観と役者・スタッフの協力があって出来ることが多いです。特に『百年の秘密』(初演)で俳優が動かすパネルとプロジェクションマッピングを同期させたりというのは、劇団としての力と理解があってこそ出来ることだったと思います。

困惑したKERAの要求

台本のト書きに"ここですごい映像が流れる"みたいなことが書かれていることがある。

最も印象に残っている参加作品

『ノーアート・ノーライフ』の初演は、初めて自分なりに手応えがあったし、まだ大学在学中だったので、これからどうしていこう…みたいな自分の状況が、作品のテーマと近い部分もあり。あと、ツアーにもいくつか付いて行ったのですが、冬の北海道にものすごい薄着で行ったのでよく覚えています。

37th『ノーアート・ノーライフ』

参加を後悔したこと

『すべての犬は天国へ行く』の仕込みが、大学のテスト期間と被っていて戦慄した記憶があります。もちろん大学ではなく劇場に行きました。

ナイロン100℃公演に参加したことで自身の仕事に影響したこと

KERAさんにセンスを試されてる感じがして、特に最初の頃は命懸けで作ってた感があります。色々な手法で、作り方から模索しながら映像を作っていたので、アニメーションからCGまで色々なトーンで作れるようになりました。時々、センスがいいと言われますが、もしそうとすると、当時、KERAさんにダサいと思われたくないと必死だった結果だと思います。

ナイロン100℃の劇団としての特徴

恐ろしくハイスペックかつ素敵な役者さんたちが、驚くほど献身的に作品に向かっていて、稽古を見ていると、その姿勢に感動して震えることがあります。

劇団員の特徴

ほぼ同上ですが、みなさんものすごく素敵で、恐ろしく高いスキルを持っている上に、作品に対する献身さや集中力がものすごくて、稽古を見てると圧倒されます。

ナイロン100℃、個人的ベストアクト

多すぎて選べません！すいません。

今後もナイロン100℃に関わりたいか

毎回これで最後にしようかなと思ってる一方で、もちろんずっと関わっていたいとも思っています。ここで出来ることはもうこれ以上ないんじゃないかと思うこともあったり、もちろんそれは特別に思ってきたからでもありますけど、逆にずっと続いていてかつ面白さも更新し続けているナイロンをすごいと思います。

ナイロン100℃公演で挑んでみたいこと

映像以外をやってみたいです。

照明
関口裕二

せきぐち ゆうじ｜有限会社バランス代表。演劇やダンス以外にも企業イベント、商業施設まで幅広いジャンルの美術・照明デザイン、テクニカルディレクションを手掛ける。ナイロン100℃公演には『4 A.M.』(95) より全作品に参加。『すべての犬は天国へ行く』(01) で2002年日本照明家協会賞新人賞を、『黒い十人の女』(11) で2012年同協会賞優秀賞を受賞。

創作へのKERAのこだわり

KERAさんは執筆の段階から特別にイメージがあるようで、予算的にも技術的にもどんなに状況が悪くとも、そこだけは確信をもって譲らないですね。照明に関してはたくさんあって具体的なことは忘れてしまいましたが、「あの時のあの役者の表情を絶対見せたい！」とよく言われます。稽古中でも場当たりでも初日が開けてもツアー中でも、思い出した時にすぐ(笑)。照明的に空間の雰囲気を優先してわざと暗めに落としていたところだったりすると、「え？」とか「ドキッ！」とかしますが、何とか工夫して見えるようにするとやはり良い方向に全体の照明構成も向いていくんですね。

KERAさんからはいつも、役者の細かい表情の変化をしっかりとお客さんに伝えたいという気持ちが熱く伝わってきます。その"こだわり"は、役者愛が元にあるからでしょうか。

KERAからの提案や要求で驚いたこと

『社長吸血記』で、映像だけで魅せる長いシーンがあったのですが、照明打合せの時に「上田くん(映像)と考えといて〜」と軽く言われた時にびっくりしました。もちろん、「光り物チームでビジュアル的に素晴らしいものを作って…」という意味なのですが、私なりに照明ではなく、すっごく真剣に映像コンテンツを考えて(笑)「雨が逆さにスローモーションで降る」というアイデアを上田くんに出したのです。すると、出来上がった上田くんの映像が劇的でとても綺麗で、彼にお手柄全部持って行かれました(笑)。

KERAからの提案や要求で困ったこと

困ったことではないのですが、「稽古をたくさん見に来て！」と切望されることでしょうか。KERAさんは稽古場で思いついたことすぐに確認して試したい方なので、常にスタッフは稽古場に一緒に居て一緒に考えて欲しいのだと思います。演出部や音響部は稽古場に早くからいるのですが、照明というのは稽古の途中を見てもプラン設計に繋がりにくく…

それで、ついつい遅くなってしまいます…スミマセン。

劇団公演と、劇団外作品とのKERAの要求の違い

要求は同じだと思います。やりたいことは必ずやりたいと、はっきりしていると思います。ただナイロン公演のほうが、より実験的な試みが多いかな。ナイロンだからやってみよう、みたいな。今では流行の映像効果も昔からやっていましたね。ナイロンでは、要求というより「違った何かない？」という試す姿勢があるような気がします。

ナイロン100℃公演、KERA作品のスタッフワークの特徴

舞台監督の福澤さんチームを中心に、とても丁寧に緻密に進められる点ですね。そして、みんな先々を読む想像力が抜群です。特に美術のBOKETAさんは台本が無い時点でも、先を読んだ鋭いプランをされるので、照明のイメージも膨らみます。演出助手の美紀ちゃんや相田くんは、KERAさんの性格や行動を読み取る才能があるようで、KERAさんが稽古場に居なくても、二人に相談すると解決することもあります。やや曖昧な先々のことを各々が想像して進め、最後に1点に集まる、みたいな凄いことをしていて、ナイロンにとっては強力な武器となる「特徴」だと思います。

ナイロン100℃公演、KERA作品でしか通用しない決まり事

「決まり事」は無く、各セクションの創作がとても自由なところが良いところだと思います。思いついたことは何でもやってみよう的な。強いて言えば「劇場内に響くノイズ音を無くす」というのが暗黙の「決まり事」かな。照明で言えば最大の武器であるムービングライトを使いづらいというのが涙です。使う時は事前にKERAさんに了承していただきます。どうしても効果的に使いたいので、少々我慢を…と。会社所有のムービングライトはナイロン音対策で、全て超静音設計なのですが、それでもKERAさんはファンノイズを聞きつけてしまいます。別の方の演出の公演を観た時、開演前からムービングライトのファンノイズがブンブン鳴っていて、本番では細かい台詞が聞こえない。ああ…こんなに違うのか…と唖然としたことがあります(笑)。

ナイロン100℃公演、KERA作品を創作するにあたって、自身がこだわっていること

作品の世界観の増幅です。照明の表現力でより世界に深みを出すことにこだわっています。世の中には

普通の作品も普通の照明もたくさんありますが、ナイロン、KERAさんには普通の照明は通じない。常に斜に構えてプランを立て、頭の中を常にぐるぐる回転させています。考えては壊しの連続で…。シーンに合った美しい照明は簡単なのですが、実は汚い照明(いい意味で)は難しいんです。けれども、その汚い照明の中に「あれ？ もしかして…これは？」という奥深い美しさもあったりして、そんなすれすれのところを行ったり来たりして、不思議なプランの可能性を考えています。それがはまると、とても嬉しくなったり。それを探求できるのが、ナイロンかなと思います。

自身のアイデアが活かされた公演

ふと思いつくのは『フランケンシュタイン』のオープニングです。大音量で曲がかかる間に、舞台上は大転換。「その1曲中、かっこいい照明で！ タイトルとの構成は関口さんに任せた！」と言われ、かなり焦りました(笑)。当時は今のように映像を駆使したオープニングではなく…。「転換の人を見せられない＝照明を点けられない」という悪条件で、閃いたのはストロボ照明ショー。時間をかけてプログラムして、当時の照明技術では衝撃的なかっこいいシーン(笑)になったと思います。そのお陰でストロボのプログラムがとても上手になりました。その後もストロボ効果を利用した作品があるのですが、青山円形劇場での『偶然の悪夢』は6編からなるオムニバスで、それぞれ一話の終わり際に舞台全体を白くフラッシュさせました。普通ならゆっくり暗転〜…なのですが、「セリフ終わりに強引に一瞬フラッシュして暗転してみます」とKERAさんに提案したところ、やってみようということになりました。実際にやってみたらなんとも表現できない悪夢の不思議感が増して面白かったです。KERAさん作品では、音響の水越さんが本物と間違えるくらい凄くリアルな雷を鳴らすことがあり、それに合わせてストロボなどでフラッシュ効果を使うのですが、今思うとあの時の経験がとても活かされているなと思います。

ナイロン100℃だからできたこと

『世田谷カフカ』で、照明効果として初めて映像プロジェクターを使ったことかな。当時はまだプロジェクターを照明機材として使うことがなかったけれど、光を使って表現するという意味では、行き着くところは同じだったりするわけです。『世田谷カフカ』はナイロンの中でも実験的要素が強い演出だったので、照明効果として劇場のフロントから2台の映像プロジェクターを思い切って導入してみました(もちろん正面からの映像は上田くんチームがやっているのですが)。ナイロンの実験的な試みだから思い切れたのですが、その後の私の照明プランに多大なる影響がありました。

COLUMN

自身が後悔した公演

後悔ではないですが、『ウチハソバヤジャナイ』をやってみたかったです。

最も印象に残っている参加作品

最初に関わった『4 A.M.』と、その次の『アリス・イン・アンダーグラウンド』です。前者は少人数のストイックなストレートプレイ、後者は大人数の芝居も歌もダンスも出てくる派手なお祭りのような。そのギャップに「ナイロンとKERAさんってどうなってるんだ???」と面食らいました。『アリス〜』は四方を舞台で囲んだオールスタンディングだったのですが、指揮者に扮装したKERAさんが満員のお客さんを押し分けながらフロア中央へ移動し、前舞台の役者の芝居と、後舞台のバンドに指揮していたのは、強烈な印象です。再演なんて不可能な伝説の公演ではないでしょうか（笑）。

参加を後悔したこと

後悔したことはありません。むしろ演劇を勉強させていただき感謝です。

ナイロン100℃公演に参加したことで自身の仕事に影響したこと

ナイロンの役者さんやKERAさんの演技指導を長く見てきたことで、少しながら役者の演技力を見抜けるようになったと思います。稽古を見ながら、照明が点いた舞台空間をたくさん妄想するのですが、その時の頼りは役者の演技から生み出される空間の「気」。妄想の根源となる役者の演技力が見抜けるようになったことは、他の様々な仕事でプランを立てる上でもとても役に立っています。

劇団員の特徴

不思議なサッパリした関係に感じます。80年代からの劇団は熱くて仲間的な集団が多いように思うのですが、温度は低いように見えます。普段ほわっとしているようで、新しい台詞を翌日までにビシッと覚えてくる、という凄い方々です。

ナイロン100℃作品、個人的ベストアクト

『カラフルメリィでオハヨ』ですね。KERAさんがお父さんの病室で書かれたとのことですが、笑いと悲しみが表裏一体になっていて。昨年、父が他界したのですが、死の直前の病床の父が誰かと話しているんです、よく聞き取れないんですけどね。苦しいだ

ろうけど、楽しそうにも見える姿に、『カラフルメリィ〜』な気持ちになりました。歳を重ねてふと、後からじわっと思い出す作品です。

25年間でのナイロン100℃の変化

以前はプロデュースユニットでしたが、現在は劇団色が強くなり、役者・スタッフみんなで作るという要素が濃くなった気がしますね。

今後もナイロン100℃に関わりたいか

気がつけばとても長い付き合いをさせていただいておりました。その間、ナイロンから演劇や演技というものを学ばせていただいたと思います。これからもいろいろ実験的で楽しいことをしたいです。今後もよろしくお願いします！

ナイロン100℃、KERAへのお願い

ひとつだけお願いすると、ラストまでの通し稽古を劇場入り前に数回見たいです。より良い照明が準備できると思います。

ナイロン100℃の今後に期待すること

やはり常に尖っていて欲しい。クールに演劇を裏切り続けて欲しいです。

音楽
鈴木光介

すずき・こうすけ｜2000年より劇団「時々自動」に参加、全作品に出演し、作曲・演奏を担当。ナイロン100℃公演には『神様とその他の変種』（09）『2番目、或いは3番目』（10）に助手として参加、プランナーとしての参加に『百年の秘密』（12・18）『デカメロン21』（13）『パン屋文六の思案』（14）『ちょっと、まってください』（17）がある。

創作へのKERAのこだわり

なんでしょうね？　まずはやっぱり「笑い」への探求かと思います。稽古場で、笑いを生むことをみんなで真剣に考えているのを端から見ると、すごいなって思います。大人が一生懸命考えて舞台に凝縮させていく、そこには大きなKERAさんのこだわりを感じています。あと、「稽古場」ですかね。本当に、稽古場で出来上がっていくのですよね。台本が稽古初日に20ページくらいしかないのに、稽古場で稽古されたことをKERAさんが持ち帰って続きを書く。「俺はこのやり方しかできないんだよー」とKERAさんは言いますが、それほんとまじですごいっす。僕

ら連載小説を楽しみにしてるみたいな無責任な感じで読んでます。

稽古場といえばもう一つ。KERAさんは音楽家になるべく稽古場にいて欲しい人です。たぶん、自身と同じく、稽古場で何か感じ取って欲しいのではないかと思います。そして、僕もわりと稽古場にいたい人です。僕は、感じ取るというほど敏感にやれているかはわかりませんが…稽古場はとっても楽しいです。

ナイロン100℃公演、KERA作品と他作品との進め方の違い

KERAさんの作品にはほぼ必ず、いわゆる「大オープニング」というものがありまして、これが作品でも、僕の作業でも、大きなウエイトを占めることになります。なので、KERAさんとの話し合いもまずそこをどうしようか、という話から始まります。作るのか、既存の曲のアレンジなのか。

例えばKERA・MAP『グッドバイ』のときは、その少し前に雑談で、僕ゲルニカ好きなんですよーなんて言ってたのをKERAさんが覚えてて、それで『復興の唄』にしよう、ってなことになったのです。ちなみにその前日にはショパンの『別れの曲』のビッグバンドアレンジにする？　とか言ってました。よかった、そっちじゃなくて。僕がゲルニカをリスペクトしつつすごいぐっちゃぐっちゃにいろいろ詰め込んだアレンジをしたら、すんなり決まって。あれはテンションあがりました。

オープニングの僕の仕事はわりとアレンジが多いかな？　オリジナルは『百年の秘密』（初演）『ゴドーは待たれながら』『ちょっと、まってください』、アレンジは『デカメロン21』、KERA・MAP『グッドバイ』『キネマと恋人』などなど。まーとにかく、大オープニングがすんなり作れるか難航するかで進め方が大きく変わってきます。他のスタッフもここぞといろいろ出してくるので、完成した大オープニングを舞台で観るといつも、ああーいい時間だなあと思っています。特に映像の上田大樹さん！　振付の小野寺修二さん！　素敵です！

ナイロン100℃公演、KERA作品を創作するにあたって自身がこだわっていること

できるだけ詳しく打ち合わせしないで作ること。僕、言葉に弱いんです。人の言葉にすぐ影響されちゃうし、演出家がこういう感じ、って言ったところからなかなか離れられない。もちろんそれがいい時もありますけれど、特にKERAさんの言葉は説得力ありますから、どうしたって忖度しちゃう。だから、あえてあまり話さない！　その方が自由に作れて良いのです。この身の軽さが音楽のいいところですね。美術は作っちゃったらもう後戻りできないし、照明は舞台稽古っていう厳格なスケジュールでやってるからやはり入念

な打ち合わせが必要でしょう。が！ 音楽は僕が作ってKERAさんに聴いてもらえればよいので、超深夜にメールを送ったりちょろっと電話したりして進めていけます。

話し合うなかで、
思いも寄らず結実した表現

『デカメロン21』における合唱曲ですね。寝ている娘の性器を夫の同僚が触っていたという衝撃の事実が発覚したことに憤る妻が歌う曲で、バックには出演者全員の合唱がつきます。ヘンデル風のオーケストラが流れる中、以下のように歌が始まります。妻「あ〜のこ〜のたいせつな」全員「マンコ！（ハモリ）」妻「しんぴ〜ん同然の」全員「マンコ！（ハモリ）」妻「売れない女優の」全員「オーマーンーコー！（ハモリ）」（以下略）

まさか自分が作った曲にこんな歌詞がつくとは、思いも寄りませんでした。しかし、すごい僕は好きなシーンでした。この夫役がみのすけさんなんですが、曲終わりで「バカバカしい！」って吐き捨てて付け髭を投げ捨てるのです。ああ、思い出し笑いしてしまいます…。

自身が挑戦をした公演

『ちょっと、まってください』でチューバの多重録音を転換BGMのメインのサウンドにしようとしたことですね。と言ってもこのプラン初めからあったわけではなかったのです。全体のサウンドのデザインをどうしようかずっと悩んでいまして、なかなかアイデアが出ないまま稽古は進んでいき、こりゃやばいなーというタイミングで思いついたのです。本番まで2週間あまりだったと思います。チューバ三重奏とか、このトボけた不条理の空気に合うのでは？ 適度にヘンテコに、適度に狂って、いけるかも…と稽古場で思いつき、すぐに10曲くらいのスケッチを作り、それをKERAさんにプレゼンし、でも返事を聞いている暇はない、もうすぐ録音に動かなければいけない！ と、チューバ奏者の高岡大祐さんに連絡を取り、5時間くらいかけてだーっと録音しました。一曲に5本くらいチューバ重ねたりしてうわあ、楽しい！ってやけにハイな録音でした。でまあいろいろあって中にはボツになった曲もあったのですが、小オープニング（冒頭）や二幕頭にはしっかりとチューバアンサンブルが採用されました。フゴフゴしててなかなか気に入ってます。

自身が後悔した公演

ダバダコーラスの歌唱指導ですねこれは！ 犬山イヌコさん・峯村リエさん・坂井真紀さんの三姉妹でダバダを歌う『わが闇』の名シーンですが、今考えると、三人のパートの音を変えても良かったかなー。その

方がやりやすかったかもしんない。お三方にはものすごい練習していただいたのになかなか気持ちいいところまでいけなくて、我が力及ばず感が物凄かったです。今だから言っちゃいます、イヌコさん、リエさん、まきさん、すみませんでしたー！！ 次回の再演ではリベンジしましょうね！ あるかな一再々演。

最も印象に残っている参加作品

初めて音楽助手で参加した『神様とその他の変種』かな？ 『神様〜』には僕にとってとても印象的なシーンがあります。ラストシーン間近の時間、みんなの芝居がそれまでとは異質なドッタンバッタンした芝居に変化するのです。そうするとほどなくしてそのシーンは少年を演じているみのすけさんが見ている夢だったのか？ ということがわかって、どわっと舞い上がった空気の泡がフワーンと沈殿していくような優しい雰囲気に包まれるんです。僕はそこでなんだか泣きたくなるような感動を味わって、うわー、お芝居ってこういうことができるんだ、凄いなー！ って思ったのでした。

ナイロン100℃公演に参加したことで
自身の仕事に影響したこと

ナイロンの音楽やってるぜー！ ってなったら、ものすごいオファーが殺到するんじゃないかと思っていた時期が僕にもありました。んですけど、残念ながら影響ないですね（笑）。それで、欲を出してもろくなことはない、地道に真摯にやるのが一番いいのだ、と思うようになりました。いや、思い込む、かしらん。

劇団員の特徴

『ちょっと、まってください』のパンフレットに小園さんが書いててまさしく我が意を得たり！ と思ったのですが、みなさん演劇モンスターだと思います。稽古場でみなさんのお芝居見るのはほんと楽しくて、見てるつもりがついつい観ちゃってます。彼らと彼らではない役者との差はなんだろうか？ 誰か教えて！

ナイロン100℃作品、個人的ベストアクト

ベストを選ぶのは難しい！ ◎『ゴドーは待たれながら』の大倉さん＝大倉さん凄いなー。 ◎『2番目、或いは3番目』の大倉さん＝大倉さんがジャンプする老人なんですけど可笑しすぎるんです。 ◎『わが闇』のみなさん＝泣きました。写真のとこで、もーぼろぼろと。 ◎『ちょっと、まってください』の三宅さんと犬山さん＝みなさん凄かったんですけど、特に三宅さんのあの台本を体現する能力、そして犬山さんのこれ以上なく的確なお芝居に惚れ惚れしておりました。◎『百年の秘密』の犬山さん、リ

エさん＝子供時代のお二人が反則的に可愛くて、そして残酷なんです。ミミズを細切れにするシーン、大好きです。 ◎『デカメロン21』のみのすけさん＝みのすけさんの「馬鹿馬鹿しい！」っていう音楽へのツッコミセリフがありまして、それがあまりに鮮烈で。

今後もナイロン100℃に関わりたいか

はい、ぜひお願いします。理由は…面白そうだから。楽しいから。ほかの誰かががナイロンの音楽やるとなんか悔しいから。なんかナイロンとあってる気がするから。ナイロンの役者さんが素敵過ぎるから。もちろんスタッフの皆様も素敵過ぎるから。稽古見るの勉強になるから。ケータリング美味しいから。お弁当美味しいから。

演出助手
相田剛志

あいだ・こうし｜KERAをはじめ、野田秀樹、千葉雅子、倉持裕、福原充則など様々な演出家の舞台作品で演出助手を務める。ナイロン100℃には『ナイス・エイジ』（00）より多数参加。

創作へのKERAのこだわり

【場の空気感とその密度】でしょうか。多くの演出家はあまりこういったことを意識されていないような気がします。KERAさんは【立ち位置】も【台詞回し】もそんなに気にはしていないような気がします。乱暴に言えば、求める【空気】さえ成立させられれば、キャストがどこに立っていようが、どんな発語をしようがかまわないのかもしれません。そして【空気】という目に見えないものを成立させるためのアプローチとして、目線、台詞の立て方、意識の向け方などは稽古中から非常に細かく役者に伝えていると思います。例えば、稽古中、それまでは普通の台詞のやりとりだったのが、演出により「目線のやりとり」一つ足すだけで、場の空気がガラリと変わることがあります。それがシリアスになることもあるし、逆に一気に笑えるようになる場合もあります。どちらにせよ、同じ台本でも目線一つでこんなに変わるのかというほど印象が変わります。そしてこういったことが、役者さんの中に落とし込められれば込められるほど、「空気の密度」は上がってゆくような気がします。

KERAからの提案や要求で驚いたこと

冬の公演で、スイカを消え物として使いたいと言われたこと。

KERAからの提案や要求で感心したこと

曲の選択・入れ方。映像の使い方。

KERAからの提案や要求で困ったこと

「手がヘビになるやつ」という情報だけで、KERAさんが昔観たという映画のタイトルを調べまくった。ネット検索が出来る前の話です。

劇団公演と、劇団外作品とのKERAの要求の違い

スタッフワークに関しては基本的には違いはないと思います。またキャストに関しても、外部公演とはいえ、KERAさんも目安をもってキャスティングしていると思うので、要求に大きな違いはないと思います。ただ隣にいて思うのは、劇団公演だと演出家と役者の間で共通言語があるので阿吽の呼吸で正解にたどり着きますが、外部公演で初めてのキャストさんに対しては通常以上に言葉を尽くして演出意図を伝え、自分の持って行きたい方向に最短で導いていくと思います。その伝え方が非常にうまいです。

ナイロン100℃公演、KERA作品と他作品との進め方の違い

基本的に違いはないと思います。私の気持ちの問題だけでしょうか。「ナイロン」は緊張します。

ナイロン100℃公演、KERA作品のスタッフワークの特徴

台本の上がりが遅いためどうしても全てが後倒されて行くので、各人が先を読みながら動いていくという点と、出て来た情報を出来るだけ早く各所で共有するという点でしょうか。例えば、前者で言うと、「現段階では台本にないが、今後出て来そうな小道具」などを先んじて用意しておくとか、後者で言うと、朝イチで上がってきた台本に「新たな音」が出てきた場合、それを当日の稽古に間に合わせるとか。

また私の仕事としては、作家から台本の先の展開を聞いて、そこから拾った断片情報を逐次各所に投げるようにしています。作家にとっては構想の段階で手の内をさらすことになるので、度毎に嫌がられますが突っつきながらやっております。

ナイロン100℃公演、KERA作品でしか通用しない決まり事

「決まり事」というわけではないですが、劇場内の音には気を遣います。客席の空調音・照明機材・映像機材の音（通常の作動音なのですが）等、他の演出家が気にしないような音も気にする方なので、そういった音への対策には各セクション相当気を遣っ

ていると思います。

自身のアイデアが活かされた公演

「特に」ということはないですが、稽古中に仮に当てていた曲がそのまま本番で使用することになったり、劇中で気になった照明の当たり方を伝えるとその通り修正されたり、というようなことはしばしばあります。そういった意味では自分のアイデアが活かされたということなのでしょうか。

話し合うなかで、思いも寄らず結実した表現

今はいろんなところで定着した、プロジェクションマッピングと言われる手法を、劇中に取り入れたこと。

ナイロン100℃だからできた作品

基本的には、新作は全て、「ナイロン100℃だからできた」と思っていますが、いくつか上げるとするなら、

『シャープさんフラットさん』＝二本立てで稽古時間も少ない中、台本の上がりもかなり遅かったので。それぞれの主役（三宅さん、大倉さん）への負担が過大で、稽古最終盤で大量に上がってきた台本に「頭が沸騰する」と言いながら必死で台詞を入れていました。

『世田谷カフカ』＝全体予算が厳しく稽古場の確保もままならない中、作品を成立させるために私物を持ち寄ったりしながらキャスト・スタッフ全員の力を集結して作った公演だったので。

『2番目、或いは3番目』＝台本の上がりが最も遅かったので。劇場入り後の脱稿になってしまい、本多劇場で仕込みをしつつ、キャストは近くの本多スタジオで稽古をしていました。深夜まで劇場作業をさせてもらい、どうにか初日に間に合いました。

『百年の秘密』（初演）＝時系列がバラバラの構成で全体像が見えにくい中、台本はその都度その都度上がってくるので、キャストの皆さんは役作りが相当たいへんだったと思います。また、稽古の佳境でも台本執筆のため演出家が不在の時もあったので、そういった時はキャスト同士で芝居を合わせながら形にしてゆき、演出家に見てもらうというようなこともありました。オープニングクレジットのマッピングは、役者間で動きをつけていったと記憶しています。若手の劇団員が稽古の合間をぬって必死で稽古していたのを覚えています。

自身が挑戦をした公演

その都度挑戦だと思っています。

自身が後悔した公演

そして、その都度「もっと少しうまくやれたな」と思います。

自身が苦戦した公演

『ノーアート・ノーライフ』（初演）。演出家と一時連絡が取れなくなるなど、イロイロなことが起こり、キャリアもなかったので稽古場で何も出来なかった。今なら、もう少しうまく立ち回れると思うのですが、当時はまだまだ右も左も分からなかったので…。

自身が困惑した公演

『ナイス・エイジ』（再演）。急病によるキャスト降板のため、代役で出演することになったので。

最も印象に残っている参加作品

『すなあそび』。私が「ナイロン」に関わり始めたころに劇団員になった若手たちが中心となった公演で、同志的な気持ちで携わっていました。実際の砂を大量に使用した装置だったので、撤去の際にトラックいっぱいの砂を運び出さねばならなかったのですが、キャスト・スタッフ以外にも劇団の先輩達が数多く集まってくれ、階段を何往復もしながら砂袋を手運びしたのを思い出します。

参加を後悔したこと

「参加したこと」に後悔はありません。…稽古中、刹那々々に「今回やらなきゃよかった」と思うことはありますが…。

ナイロン100℃公演に参加したことで自身の仕事に影響したこと

「ナイロン」に関わっていなかったら、舞台スタッフをやっていなかったのではないでしょうか。今に至るまでの様々な出会いや機会は「ナイロン」に参加したことから繋がっていると思います。

ナイロン100℃の劇団としての特徴

KERAさんの作劇とそれに相対する劇団員各人との「力の拮抗」だと思います。多くの劇団は、作・演出家の力が強い一方で劇団員がそれに追いついてないか、またその逆のケースのようにパワーバランスがどちらかに寄っていることが多い気がしますが、ナ

イロンの場合はそれがどっちにも寄らず、力が拮抗している感じがします。しかもそれが高次元で拮抗している。KERAさんが劇団に書き下ろす作品の劇世界は、劇団員でないと体現出来ないと思いますし、また劇団員の魅力を最大限に引き出すのはKERAさんでないと出来ないと思います。稽古は両者の格闘の場になるのですが、その格闘が非常に高いレベルで行なわれていて、時々追いつけなくなる場合があり、そんな時この劇団のスゴさを改めて感じます。

劇団員の特徴

圧倒的な演劇能力の高さ。センス、技術、台本読解力、現場対応力など、いろいろな劇団に関わっていますが、これほど劇団員のアベレージが高い集団はないと思います。特に台本の理解力と台詞を入れるスピードは本当にスゴいと思います。また、「笑い」を取りに行くスキルには、関わるたびにいつも感心します。だからこそ、多くの方が劇団外で演劇にとどまらず、テレビ、映画などいろいろな現場に呼ばれているのだろうなと思います。

ナイロン100℃作品、個人的ベストアクト

『テクノ・ベイビー～アルジャーノン第二の冒険～』。「デタラメ」の度合いが最も高いので。最近、こういうタイプの作品がないので、久々に劇団公演でこういったテイストのものを観てみたいです。そして携わってみたいです。

25年間でのナイロン100℃の変化

公演数が少なくなり、その分新作にかける労力の度合いが大きくなったこと。

今後もナイロン100℃に関わりたいか

はい。たいへんですが、その分、鍛えられる現場なので。演劇体力をつけるには持ってこいの現場です（…必要にかられて、結果体力がついてしまうわけですが）。「ナイロン」のような痺れる現場を経験すると他の現場に関わった時にいろんなことに対応出来ます。何より稽古場がおもしろい。作品によりテイストは様々ですが、劇作の巧妙さ、演出の的確さ、役者の上手さ。未だ稽古場ではイロイロなことに気付かされ、感心させられます。

今後、改善を求めること

以前に比べて公演数が減っている中、若手が出る機会をもっと増やしてゆくべきだと思います。

ナイロン100℃ならではだと思うこと

何より「笑える」現場だと思います。ナンセンスでもシリアスでもそうじゃなくても。「笑い」への感度が非常に高い。KERAさんが元々「笑い」の志向が強い人なのと、劇団員の方々も「笑い」を取りにいける方たちばかりなので。

製作
北牧裕幸

きたまき・ひろゆき｜キューブ（97年設立）代表取締役社長。『シャープさんフラットさん』（08）よりナイロン100℃全公演の製作を担う。KERA＋古田新太による企画公演、BunkamuraシアターコクーンでのKERA作品などの演劇公演のプロデュースも多数。KERA、大倉孝二をはじめ、一部劇団員のマネジメントも。また、2011年より劇場「CBGKシブゲキ!!」を運営。

KERAと初めて会ったのは今から三十数年前、僕がキャニオンレコードの新人ディレクターとして大学時代からの友人いとうせいこうのデビューアルバム『建設的』の制作に取りかかっていた時でした。その当時、KERAは飛ぶ鳥を落とす勢いのインディーズ御三家の一角「有頂天」のヴォーカルにしてナゴムレコード主宰者。その「有頂天」がキャニオンからメジャーデビューすることになり、だったらということで『建設的』の中の1曲、大竹まことさんに歌っていただくパンクナンバー『俺の背中に火をつけろ！！』を「有頂天」にお願いしたことが最初の出会いでした。いやあ、最初に会ったKERAはニューウェーブバンドらしい衣装とメイクがよく似合い、ともかく細くて高く飛んでいました。

それから二十数年が経ち、お互い劇団主宰者と事務所の親爺と立場も変わり、何よりお互い体型が大きく変わったそんなある日。これもまた、いとうが縁で、自分で立ち上げた事務所を飛び出してうちの事務所にやってきた彼に、KERAが「居心地どう？」と訊ねたことから、あれよあれよという間にKERAもナイロン100℃もお引受けすることになりました。

今のKERAは音楽活動もさることながら、押しも押されもせぬ劇作家ケラリーノ・サンドロヴィッチです。彼が描く人物の、繊細な心情を紡いだ台詞の数々はまさしくこの時代を映す鏡。筆が遅いのを作品で有無を言わせなくする、遅筆堂先生もかくやと思わせる存在です。

制作の立場としては毎回ヒヤヒヤです。しかし、毎回そのヒヤヒヤを大きく上回る期待と興奮で初日の幕が開きます。1日でも長く、そして1行でも多くKERAが作品を作り続けられるよう祈りつつ、そして僕らもまた体力をつけなければと思う毎日です。

是非、また次回作をご期待ください。

作品を支えるクリエイターたちに訊く Ⅱ

A. 25th SESSION「ハルディン・ホテル」ポスター

A. 19th SESSION「絶望居士のためのコント」ポスター　**B.** 21st SESSION「すべての犬は天国へ行く」ポスター　**C.** 32nd SESSION「シャープさんフラットさん」フライヤー
D. 23rd SESSION「フローズン・ビーチ」フライヤー　**E.** 34th SESSION「世田谷カフカ」フライヤー　**F.** 33rd SESSION「神様とその他の変種」フライヤー

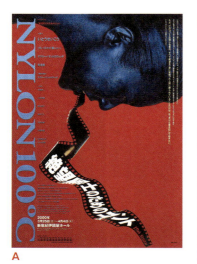

A

B

C

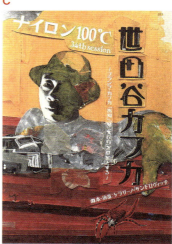

E

F

D

A.27th SESSION「消失」ポスター　B.20th SESSION「ナイス・エイジ」ポスター　C.22nd SESSION「ノーアート・ノーライフ」ポスター
D.30th SESSION「犬は鎖につなぐべからず」ポスター　E.24th SESSION「東京のSF」ポスター　E.29th SESSION「ナイス・エイジ」ポスター

A

B

C

D

E

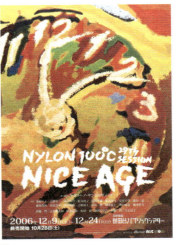

F

SANSHIRO INOMATA

GAMU IYOSE

MEIMEI KIKUCHI

YUKI KONOE

KORON MIZUNO

MANA OZONO

KANRO MORITA

MASAHIRO OHISHI

25周年を迎えたナイロン100℃における私的展望
猪俣三四郎

2017年12月現在、僕にとってのナイロン100℃は、「『ちょっと、まってください』を生み出せるような集団」、これに尽きます。

先日観たばかりの現時点でのナイロン最新作は、面白くて・ユニークで・刺激的で、学生のころ何かフツーではない面白いものはないかと小劇場やミニシアターに足を運んだ時の、何とも言えないドキドキ感を与えてくれました。書いている人も演じている人も見知った人達なのに、です。25年続けてなお身内の人間にも新鮮な刺激を与えられる、前進を続けることが出来る。ナイロン100℃はそんな希有な集団だと感じます。

さて、『ちょっと、まってください』のパンフ原稿じゃないんだからと解っちゃいるんですが、もう少しこの作品への思い入れを書かせていただきますと、これまでKERAさんの作品にはナンセンス色が強いもの、性や暴力の要素が強いもの、寓話性の強いもの、など色んな系統のものがあったと思うんですが、『ちょっと、まってください』はそれらの要素がベストマッチした作品ではなかったかと。会話だけ切り取ればとてもくだらない、所謂ナンセンスなやりとりが続いていたと思います。ただ普通ナンセンスなやりとりをしばらく観続けるとナイロン内でよく「脳が痺れる」と言われる状態になり、「どうせ意味不明なことしか言わないし重要な事も起こらないんでしょ」と受け流されるようになることも多いんですが、この作品ではそうなる手前で必ず暴力的なものがちらついたりして不穏な空気が流れ、「いよいよ重要な何かが起こりそうだ」とより前のめりに観客の皆さんが観られていたような気がします。さらに、時折訪れる不穏なシーン以外にも、会話がとても示唆に富むというか、色々に受け取れる言葉で語られている部分が多く、そういう意味で瞬間瞬間が寓話的でハッとさせられる、くだらない会話なのに脱力して見られない、捨て置けない、そんな魅力があったように思います。そしてそれは戯曲の魅力を余すことなく伝えられる、成熟した俳優の力があったからだとも。

ところで、こんなに『ちょっと、まってください』のことばかり書くのは何故かと申しますと、これを機に25周年から30周年くらいまではこういう作品が増えるんじゃないか……増えてほしいな……と思っているからでして。

僕がKERAさんの舞台に初めて参加したのはKERA MAP #004『ヤングマーブルジャイアンツ』というだいぶナンセンス寄りな作品で、自分は中でもナンセンスなパートを担当させてもらいました。その思い出はとても強烈で、自分の貴重な財産です。数年後ナイロンに入団することになった時も、ナンセンスな会話部分で戦力になりたい！　という思いを強く持っていました。入団して8年ほど、未だそうなれていませんが、『ちょっと、まってください』のように脳を痺れさせることなく不毛なやりとりが成立し得るとなれば、今後またくだらない会話の分量が増えてくるんじゃないか、とすれば自分もそこに絡む機会がやってくるんじゃないか……。

そんな秘かな野心を持ちつつ、25周年以降やっていこうと思う今日この頃です。

猪俣三四郎（いのまた・さんしろう）
愛知県出身。2008年、ナイロン100℃オーディションに合格し、研究生を経て2010年劇団員に。近年の主な出演に舞台『三人姉妹』『あくびび』『H12』『in my Life』など。テレビ『怪奇恋愛作戦』『民王』『ゆとりですがなにか』『花子とアン』『瞳』『どんど晴れ』など。映画『ガンクレイジー』『死に花』『それでも僕はやってない』『青天の霹靂』など。

私がKERAさんから教えてもらった気でいる感覚
水野小論

今年の秋で、私が研究生としてナイロンの作品に関わり始めてから10年なんですね。この歳になって振り返ってみると、元々が「ナンセンス」とか「笑い」を意識せず芝居をしていた自分が 今ナイロン100℃にいるというのは不思議なもので…。

演劇学科のある大学に入学したのをきっかけに舞台を始めて、その頃は所謂新劇や翻訳劇を見ることが多く、それに逆らって学生演劇をやったり、卒業してからは小劇場のアウトローな劇団にいたりしました。色々ちょっとずつ齧ったものの、やはりナンセンスからは程遠かった私に「不条理」という価値観を教えてくれたのはKERAさんだった気がする。

それは09年『世田谷カフカ』の時のこと。この公演はカフカの三作品をコラージュしていく過程で、演者からのアイディアも多数必要ということで稽古中にいくつかの宿題が出されました。その一つに「(自分の事でも他人から聞いた事でも良いので)不条理だなぁと思ったこと」の話をして、というもので。

記録用にカメラが回っている中、一人ずつ話をしていく。私はあらかじめ考えていた話があったんですが、自分の番がくるとそれを捨てて何故か全く準備していなかった別の話をしていました。

私の家族の話で初めて他人に話すものでした。うちは長年家庭がちょっと？ 複雑な状況だったんですが、そんな水野家の暗闇不穏時代の序章、私が中学生の時の或る一夜についての話で。簡単に言うと、母からそこそこショッキングな話をされてダメージを受け弱ってる私が、その後 母と姉により更に散々な目に遭うという内容でした(かなり要約)。

発表が終わり、ひと息ついたのもつかの間……。なんと、後日稽古場で配られた台本にその時話したことが一言一句そのまま書いてあって、しかも役名も水野顕子(本名)。まさか芝居のセリフになるなんて思ってもいないし、そのために話したつもりも無い私は唖然としました。その時稽古場で撮っていた映像のDVDを渡されて「実際にこの話をした時の自分を再現してほしい」とのこと。帰宅して見てみると……発表の時には気付かなかった事が…。

カメラは神妙な顔で話す私を映してるんですけど、その間メチャクチャ笑ってる声が入ってるんですよ。
私「母親が笑いながら『あんた、お姉ちゃんとお父さん違うのよ』……」
声「アハハハハハ!!」
私「姉にひっぱたかれて……」
声「ギャハハハハ!!!」

なんとKERAさんの声でした(笑)。周りの人達はただただ聞いていた、という記憶だったんですが、映像を見るとKERAさんだけめっちゃ笑ってて。それはもう、笑い袋か?! と思う程に低い美声を震わせながら清々しい程の笑い声。その上、その話を「水野顕子」という役名であるつまり私！が話す事にされてしまい、知られたくない痛い話を劇場で何百人(何千人?)という人達の前で披露(暴露?)しなくてはならないという……。確かに稽古場では話しましたがね、ソレトコレトハチガウ……云々

その時に「不条理」ってこういう事なんだなぁ、と身をもって知りました(笑)体得しました。獲得、しました。

でもここで大事なのは……別に嫌な気持ちになったわけじゃないんですよね、私。自分では「不条理な目にあった」と思って一生懸命話したわけだけど、それを他人(KERAさん)が笑ってるのを見た時に、そういう視点もあるんだと初めて気付けた。で、驚いたと同時にホッとした自分もいて。まあでも、それを劇場で話さなくてはならないのは(家族を呼べないとか、バレたらどうしようと怯えたり)正直辛い部分もあったけど、なんというか……新しい価値観を貰えたわけです。その話の中で、母も姉も決して私を痛めつけてやろうと思って行動したわけではなく、目的は別にあったりもしくは全く無かったり、でもとにかく「そうなっちゃった」っていう状況が不穏やオモシロを生むし、KERAさんはそういうの巧いなと思います。

『百年の秘密』(12年)の時もそれは感じました。私の役について「この役は何かを変えようとしたり、真実を伝えに来た天使では無いじゃないですか」って言われたのを覚えています。あ、そうだよねって思いました、確か。メソッド的な演劇って役に目的を持たせたがるところがあると思うんですが、KERAさんはそういうのが柔軟と言うか。

だからKERAさんにしか出せないドライさやクールな部分が作品に現れるのかな、って思うんですよね。

水野小論（みずの・ころん）
東京都出身。2008年、ナイロン100℃オーディションに合格し、研究生を経て2010年よりナイロン100℃劇団員に。近年の主な出演に舞台『THE GAME OF POLYAMORY LIFE』『エリコ・オブ・ザ・デッド』など。映画『紙の月』『恋人たち』『ピンカートンに会いにいく』『東京ウィンドオーケストラ』『グミ・チョコレート・パイン』、テレビ『Mother』『デート』『さば』『怪奇恋愛作戦』『砂の塔』『私結婚できないんじゃなくて、しないんです』など。

ナナサンゴーゴー
伊与勢我無

　ナイロン100℃、25周年おめでとうございます。いえいえそんな、ありがとうございます。一人で勝手に祝辞も謝辞も述べてしまったワケだが、正直、気持ちとしては7：3で祝辞を述べたい方が強い。私はちょうど10年前、2008年度オーディションに合格して入団した。25年というナイロンの歴史における、半分にも満たない時間をKERAさんと諸先輩方と同席させてもらったのだ。

　今回この作文を書くにあたって、全員に与えられたテーマは「ナイロン100℃とわたし」
　どこかで聞き覚えのあるテーマだとは思っていたが、それこそオーディションの一次審査、作文テーマが「ケラリーノ・サンドロヴィッチとわたし」だった。関西の大学で演劇について勉強していた私にとって、ナイロン100℃とKERAさんは近代演劇史で習った板上のものでしかなかった。当時確か「KERA氏と私の最初の出会いは、大学の図書室で日本人作家の棚に並べられているのを見て、職員さんが間違えているな、と思った」という様な内容だったと記憶している。今思うとホントよく受かったな。バカなのかと。その節は本当にありがとうございました。

　ダメ元で受けた前述のオーディションに合格するも、バタバタの上京劇であった。合格通知が届き、その後のことは追って連絡すると言われて大阪にて待機中の5月頃、封書にて「7月に行われる、『シャープさんフラットさん』の顔合わせに参加してほしい」との旨。えーと、はいはい。今が5月で、7月の顔合わせ……。2カ月しかないじゃないか！と焦りまくった私は、当時のバイト先に急遽の辞意を伝え、親戚もいない東京での部屋を探し、どうにかこうにか間に合わせのように上京してきたのだ。顔合わせ当日、届いた封書に記載されていた稽古場の住所に向かっている途中も、心のどこかでこれが嘘だったり手違いだったりする可能性について考えていた。当然そんなことはなかったので今ここにいさせてもらっている訳だが、顔合わせに参加してまず最初に思ったことは「何故私はここにいるのだろう」だった。つい1週間前までは、大阪の都会とも田舎とも言えない中途半端な街に住んでいた、大学を卒業したての私が、舞台上やTVの中で観ていた錚々たる面々がいる場所に同席しているのだ。オーディションに合格した以上、堂々としていていいはずだが、2カ月前から考えて、自分の生活の怒濤のごとき変化に、頭がついて行かなかった。そしてそのまま公演の裏方としてお手伝いすることになったのだが、先輩方は（私の生来のガリガリ具合のせいもあるだろうが）ちゃんと飯を食っているのか、大変なことはないかなど、まるで親のように見守ってくれた。大丈夫です。それから10年も私は東京に、ナイロンにいさせてもらえていますので。

　私はホンが書けない。なので私は作家や劇作家、ホンが書ける人のことを無条件に尊敬しているし、羨ましいなと思う。今はなき青山円形劇場で、『黒い十人の女』を上演している時のこと、出演メンバーでなかった私は、同劇場に対する憧れを抱きつつ、手伝いのため足を運んでいた。ある日、ロビーでKERAさんと2人きりになる機会があり、以前から聞いてみたかったことをぶつけてみた。ホンを書くにはどうすれば良いか、何かコツはあるのか。すると一言「書ききること」だと教えてくれた。面白いか面白くないかは書ききってから考えればいい、そのためにも締切は作った方がいい、とも。それは真理だ。私など今まさにこの作文を書くのでさえ、提出期限ギリギリでうんうん唸りながら書いている始末。頑張って書ききるので少しでも面白く思ってもらえれば幸いだ。

　今回は25周年の記念にこうやって私の拙い文などを載せていただくが、もし次に何か祝い事があるとすれば、30周年記念だろうか。その時には私は在籍15年。私の知らないナイロンが15年。ようやく5：5になっている。もちろん欲を言えば30年などと言わず35年、40年と続けばいいと思うが、とりあえずは、また30周年記念にお祝いしましょう。その時には私は5：5の気持ちで皆様にこう言いたい。
　おめでとうございます。そして、ありがとうございます。

伊与勢我無（いよせ・がむ）
大阪府出身。2008年、ナイロン100℃オーディションに合格し、研究生を経て2010年よりナイロン100℃劇団員に。近年の主な出演に舞台『有毒少年』『春は夜来る』『エメラルドの都 -sentimental happy days-』『俺は大器晩成、四十までに大輪を咲かせる予定』など。テレビ『逃げるは恥だが役に立つ』『神様のベレー帽～手塚治虫のブラック・ジャック創作秘話～』『越後純情刑事 早乙女真子』など。

10年間を振り返って
小園茉奈

『ちょっと、まってください』の稽古中に三宅さんやマギーさんが昔のセリフやあの時こんなことがあったと話して盛り上がっていた。お二人は物凄い記憶力だ。それに対して私はとても記憶のメモリが少ない。すごく嫌なことだったり辛かったことも数年経つとほとんど忘れていて、ある意味都合のいい性格なのかもしれない。入団して10年、辛くてやめたい時もあったが、当時の状況をエピソードで具体的に書こうと思っても出てこない。

では、逆にとても嬉しかったことではどうだろう。あの場所で食べたアレがおいしかったとかならすぐ出てくるのだが……。私のナイロン在籍10年はそんなものなのか！ いや、そんなことあるはずがない。この機会に少しずつ色んなことを思い出したいと思う。

私が初めてナイロンを生で観たのは『わが闇』の初演。同じ年に演劇キックプロデュース『レミゼラブ・ル』にて廣川さんと共演したのがきっかけだ。KERAさんの作品はそれまでテレビでしか見たことがなかった。（学生時代はお金がなかったのでよくテレビで舞台を観ていた）満席の本多劇場、前方上手補助席で観た初めてのナイロンは全てが衝撃的だった。プロジェクションマッピング、最後には大きな家のセットが傾き、舞台でこんなことができるのかと驚きの連続だった。運がいいことに、この公演で新人劇団員オーディションのチラシを見つけた。当時20歳で大学生だった私は、舞台はやりたいものの具体的な今後の進路を決めておらず衝撃を受けたナイロンへ就職だ！ とその日のうちにオーディション用紙を出した。

一次審査は作文「私とケラリーノ・サンドロヴィッチ」。急いで書いたので正直内容は何を書いたのか覚えていない。二次は面接。一列でズラリと劇団員が並び質疑応答。緊張で何を聞かれたかは忘れてしまったが同じ高校出身です、とみのすけさんと話したことだけは覚えている。三次審査はワークショップオーディション。エチュードと、ダンス審査、女子は『すべての犬は天国へ行く』の一部、男子は『ノーアート・ノーライフ』の一部をやることに。個性的な人ばかりだったが、私も若かったのでどうせこの人達とは二度と会わないんだ！ という思い切りがあったように思う。そして無事に合格。その合格通知が届いたときは本当に嬉しくて、いまだにその用紙をとっておいてある。

私たちが最初に関わることになったのは『シャープさんフラットさん』という記念公演。出演ではなく裏方の仕事だ。人数が多かったので日替わりで稽古場を見学したり、掃除、小道具製作など、何もわからない私たちにスタッフさんは今後どんな現場にいっても恥ずかしくないようにと、色々なことを教えてくださった。

『2番目、或いは3番目』では若手3人のシーンをガッツリ書いてもらった。しかし、シーンがうまくいかず本番中にセリフが何個もカットになる、という悔しい思いをした。改めて芝居の難しさ、厳しさを痛感した公演だった。ナイロンという劇団は本当に厳しい。稽古初日はどの現場よりも緊張する。でもその厳しさがあるからこそ、本当に面白い作品はうまれるし、自分がその作品に出ていない時は本当に悔しくなる。

私が産まれる前から「劇団健康」を旗揚げし、大変な時期を経て現在のナイロンを作り上げた先輩たちとあとから入った私たちでは歴史が違うし、思いも違うと思う。それでも同じ劇団員として面白い作品を一緒に作り、立ち止まることなく、なんなら猛ダッシュで先輩たちを追い抜いて驚かせなければ。今後のナイロンに刺激を与える存在にならなければと思う。

この10年、本当に多くのことを学び経験した。やはりKERAさんの作品が一番好きだし、尊敬する先輩や同期と長い時間を共にできたことは私の宝物だ。ナイロンに入団できて本当に良かったと思う。最初に「記憶のメモリが少ない」と書いたが過去の台本を見たりしていると色々と思い出して入団前半のエピソードまでしか書ききれなかった。辛いことや嬉しかったこと全て忘れていたのではなく、引出しにしまっていただけなのだろう。

最後に、ナイロン100℃25周年おめでとうございます。KERAさん、劇団員の皆様、スタッフさん、応援して下さっている方々、これからもどうぞ末永くよろしくお願いします！

小園茉奈（おぞの・まな）
東京都出身。2008年、ナイロン100℃オーディションに合格し、研究生を経て2010年劇団員に。近年の主な出演に舞台『SEX, LOVE & DEATH』『ピンクスカイ』『ワンマン・ショー』『スタディー・イン・ニュージーランド』など。テレビ『怪奇恋愛作戦』『孤食ロボット』『悪夢ちゃんスペシャル』『世にも奇妙な物語』など。映画『愚行録』など。

NYLON100℃ AND ME
菊池明明

わたしにとってナイロン100℃は、アルミ缶をぺしゃっとする機械のようなものだ。アルミ缶はわたしであって、公演に参加するたびにぐしゃりと潰されてしまうのだ。植えつけられた苦手意識はなかなか払拭できず、外部の公演でつけた自信もことごとく潰される。「萎縮してて、一緒にやっててもお互いのためによくないと思うんですよ、萎縮しないでって言うとさらに萎縮しちゃうしさ」、「外ではのびのびやってると聞くのに、俺の前だと萎縮しちゃって俺は悲しいよ」、その通りだと思うのに改善する方法もわからなかった。そんなような時間の積み重ねである。

けれども、今まで辞めなかったのには理由があって、とても矛盾するのだけれど、ナイロン100℃が好きだからであった。そしてその理由は、主に二つだと思う。

一つは、KERAさんの言葉と物語である。KERAさんは、ひとつのことを千の言葉を使って伝えることができる。だから演出もとてもわかりやすいのだが、気をつけないと言葉の渦に呑み込まれてしまいそうになる。そのくらい言葉の威力があると思う。また稽古場で作品の説明をする言葉も琴線にふれてくる。憶えているのは『シャープさんフラットさん』の時のことだ。脱稿した日、KERAさんがラストシーンのことを「自分の決意表明」と言ったことが忘れられない。作家辻煙が、たとえ誰にも理解されなくとも己の道を進んでゆくラスト。誰も笑えない状況で笑っている煙が笑いながらも泣いているラストシーンはわたしの中でもずっと特別なシーンだ。あと、スズナリで上演した新人公演でKERAさんが演出しにきた時のこと。KERAさんの来れる日があまりなく、それまでは自主稽古をしていて、まぁ可もなく不可もなくなシーンがあった。それがだ、KERAさんが来て一回観てチョロッと演出しただけで、100倍面白くなってしまったのだった。魔法!? と思った。なぜこんなおかしくなるの。客演の方々に、ウチのボスやばくない! と心の中で自慢した。あとから電話したとき木乃江も「思った!」と言っていた。KERAさんの演出は俳優の教則本としてまとめて出してほしいなぁと思う。

次に物語。たくさんのジャンルを描けるKERAさんの中で、わたしが一番好きなのは群像劇の部分だ。先程の辻煙の話もそうだが、それぞれの人物が違ったドラマを抱えてるわけなのだけれど、『百年の秘密』の大倉さん演じるエースの設定が一番心に残っている。よくあるのは優秀な兄ばかりを溺愛する父親をもつ妹の苦悩だと思うのだけれど、KERAさんは、自分ばかりを贔屓する父をもつ兄の方の苦悩も描いていた。そしてそれを母の台詞で語らせたりする。松永さん演じる母のその台詞を初めて聞いた時、心を揺さぶられたのを憶えている。あと萩原聖人さん演じるカレルの好きだった先生の物語。舞台には出てこない誰からも忘れられてしまった人の物語が人の台詞だけでささやかに語られる。幸せにならなかった人の物語。主役にならない側の生きづらい誰かを掬いとるように描かれるのを観ると、わたしは少しだけ救われたような気持ちになるのだ。KERAさんの物語にはそういうところがある。

次に、ナイロンを好きな理由のもう一つは、ずばり先輩たちであった。上手になって、この人たちと一緒にお芝居がしたいという想いがいつもあった。うちの先輩方というのはどこかクールだ。後輩をひとえに可愛がったりするタイプではない。けれどやることはちゃんと見ていてくれていて、外での活動も気にしてくれているのを知っている。今は違うけれど、昔は確かに見てくれてはいるのだが「ふーん」という感じで、本音はしまっておくような印象だった。聞けば親身に答えてくれたりアドバイスをくれることを当時は知らず、真意のわからないわたしはただただ怖がっていたように思う。けれど怖がりながらも、先輩たちの芝居と芝居に対する心意気がとても好きだった。それぞれ違った個性があるからまとめて言うことではないのだけれど、共通しているところを書くと、何がいいって、見ていてわくわくする、出てくると何をしてくれるんだろうと期待しちゃう、そしてやってくれる! それは笑うより感嘆の溜息をついてしまうほどだった。コメディセンスが抜きん出てるところ、なんでもないシーンでもおもしろを見つけて笑いにするところ、笑いに貪欲なところ。おもしろいやつが一番かっこいいと思うのは、先輩たちの影響を直に受けているんだと思う。あとはクールなのに、芯がとてつもなく熱いところがいい。芝居ができないやつを許せないところがいい。この先輩たちに認めてもらいたくて、レベルの意味での同じ舞台に立ちたくて、やってきたところがあったのだ。

菊池明明(きくち・めいめい)
千葉県出身。2008年ナイロン100℃オーディションに合格し、研究生を経て2010年に劇団員に。近年は劇団以外に、サンプル、イキウメ、マームとジプシー、東葛スポーツ、ナカゴー、ほりぶん、箱庭円舞曲、ジョンソン&ジャクソン、コノエノ!などの舞台作品に精力的に出演中。映画『はめられて Road to Love』など。テレビ『戦力外捜査官』『怪奇恋愛作戦』など。

魔球
森田甘路

　ナイロンの稽古を見ていると、「野球のピッチング」に似ているなぁって思うことがあります。KERAさんが「監督」で劇団員が「ピッチャー」、セリフが「球」だとすると、毎回KERAさんに「この球をこのコースで投げてみろ」って球種やコースを指定されて球を渡されるんですが、当然、その渡される球が毎回、「形」や「大きさ」「重さ」が多種多様で、一緒のものがないことの方が多いんです。だから実際どう飛んでいくかわからないんですよね。でも先輩方の凄まじい所は、一回試しに投げてみる、で、二回目にはもうKERAさんが指定したコースでストライクを出してしまうという化け物揃いなんですよ。そしてそれを見て静かに頷くケラリーノ監督。「なんなんだよこの球団！」って毎回見るたんびに思ってました。

　で、いざ自分がマウンドに立ってみると、全然うまく投げられないんですよこれが。先輩方のピッチングを見てたはずなのに、先輩方の様に投げてみるけど、全然上手くいかない。でもよくよく考えてみたら、そりゃ当たり前ですよ、なんせピッチングフォームのことしか考えてなかったんですから。

　KERAさんが「こう投げて（ストライクゾーンのこのポイントにこのコースで投げて）」という演出を、自分はなぜか履き違えて、

僕「（オーバースローのフォームで）こうですか？」

KERAさん「いやそうじゃなくて、（スライダーでインコースに）こう投げて」
僕「（今度はサイドスローのフォームで）あ、こうですか？」
KERAさん「いやだから、そうじゃなくて……」

の繰り返し。

　なんせ自分はKERAさんに言われていることがピッチングフォームのことだと思っていたばっかりに、肝心の「球をストライクに入れる事」を完全に無視してましたからね。そりゃ伝わらないわけですよ。例えば大倉さんのピッチングフォームがアンダースロー、みのすけさんがまさかり投法だとすると、それは何回も球を投げてきた結果行き着いた「洗練された投法」であって、それを自分が真似してやっても、全然できてないわ、そもそもキャッチャーミットまで届いてないわで、もはやピッチャーが投げた球がどういう放物線を描いて、どういうスピードでキャッチャーミットに収まっているのかという事には目もくれず、当時の僕は日々ピッチングフォームを仕上げることだけに必死こいてたという、今考えたらなんとも本末転倒で恥ずかしい行為をしておりました。その上恐ろしいことにどんなピッチングフォームがいいのかをKERAさんに相談したり。でも当然のごとく全然伝わらず「それはお前が考えろ」って言われて……そりゃそうですよ、相手は監督であってピッチングコー

チではないのだから。おそらくKERAさんは、当時（今も）全く芝居ができない自分に対しても優しく言ってくれていたと思います。「とりあえずストライクに入れてみろ」って。でも当の本人はというと「わかりました！野茂並みのトルネード投法ですね！」って……ぞっとしますね。でもピッチングフォームを全然見てくれてないかというとそうでもなく、成立した上で結果的にそうなってしまったフォームに対しては面白がってくれる印象があります。他の劇団の演出もこういうイメージなのかどうかは、僕はナイロン以外で舞台に立ったことがあまりないのでよくわかりません。でも初めて他所の舞台に立って、もう一つ気付いたことがあるんですが、ある先輩ともそのことについて話してて、ナイロンでずっと「ストレート」だと思っていた球種が、どうやら他所では「変化球」だったということ。初めて他所の舞台で劇団以外の役者さんが投げているボールを見て「これ何ていう球種なんだろう？」って思っていたら、「どうやらこれが世でいうストレートなのか！？」ってことに気づき、「じゃあ、今まで劇団で見てきたアレは……なんだったんだ……」って軽いカルチャーショックを受けました。でもその球種が我が球団オリジナルの魔球「ナイロンボール」なのかもしれません。

　あと今更ですが、僕全然野球知らないです、すいません。野球詳しい方間違ってたらゴメンなさい。

森田甘路（もりた・かんろ）
東京都出身。2008年ナイロン100℃オーディションに合格し、研究生を経て2010年に劇団員に。近年の主な出演に舞台『七人ぐらいの兵士』『SEX,LOVE&DEATH』『パーマ屋スミレ』など。映画『イニシエーションラブ』『チーム・バチスタFINAL　ケルベロスの肖像』など。テレビ『モテキ』『でぶせん』『釣りバカ日誌』『突然ですが、明日結婚します』『孤食ロボット』『アキラとあきら』『フリンジマン』『ブラックペアン』など。

祝・ナイロン100℃25周年!!!
木乃江祐希

　この作文を書くのは2回目だ。
　何故なら、1回目で私は書いてはいけないことを無許可で書いてしまい、多方向からそれはダメですとお叱りを受けたからだ。私ってやつは……ご迷惑をおかけした皆様、本当に申し訳ありませんでした。幾つになったら物事の分別がつくんだ……人として当たり前のことを怒られてしまった。ご指摘、ありがとうございました。危なかった。馬鹿！　バカ！　ばか！
　自分の軽薄さを反省しながら、さぁ、では何を書こうか？　いや、このエピソードこそ、私が初めに作文で書きたかったことを、象徴するものではないか。
　御察しの通り、自分には全く社会性がない。就職をしたこともなければ、体育会系の部活動に勤しんだ10代の経験もない。入団当初、KERAさんにタメ口をきいて色んな人から怒られたものだ。ナイロン100℃は初めて参加した大きな組織だった。
　そう、とても大きかった。やや、大きすぎた。既に大きな劇団であったナイロン100℃に途中から入ったため、どうしても、自分の劇団だと言うのは心苦しい。だから、私にとってと、先輩にとっての劇団への思いは全く別物だと思う。初めの作文大半に何を書いていたかザックリ言うと、先輩、ナイロン、愛してて、羨ましい、だ。羨ましいよ。きっと色んな苦労をして、今、記念本を出版するまで辿り着いたんだもの。KERAさんと先輩の愛し愛されといったら、もう、そりゃあ、劇団たる劇団だ。
　じゃあ、私は？　私にとっての劇団は？　まぁ、そう難儀なことは言わないで、ナイロン100℃とは……「KERAさんの作品に一つでも多く出演したい人、且つ、KERAさんが必要としている人だけがいられる団体」なんだと思う。
　前記したものと反するが、この劇団はドライだ。面白くないと判断されたら、途端に居場所がなくなる。ボロクソに言われてクビになる。だから、仲良しこよし、なんてことは全くない。面白いというお互いのリスペクトだけで繋がっているのだ。ナニソレ、チョーコワイ。
　だけど、参加して、十年経った今、私にだって、個人的な感情がある。私にとって、ナイロン100℃とは？　と問われると、それは、社会そのものだ。
　パイセンがオモロイ。それは、どれだけ希望になるだろう。大好きなお芝居をやっていて、でも、もう、呼吸するだけで辛い時がある。こっちは、誰にも頼まれないのに、何かできるんじゃないか？　と、勘違いして、乗り込んでいるのだ。「お呼びじゃない！」と全人類に言われてる気がして、土下座して回りたくなる時がある。バイトしている時の方がよっぽど楽しかったりなんかして……もう、消えてなくなりたい。
　そんな時に、KERAさんが喫煙所で私に尋ねる。
　「木乃江、最近面白いことあった？」
　もう、この質問を何回されたのだろう？　当然、執筆に苦しむKERAさんが、私との話題なんてなくて、それでも、せめてコミュニケーションを取ってやろうとの配慮だと思うのだが、私はその憔悴しきった姿を見て、とっても勇気が出る。おもしろい会話が永遠に書けるんじゃないかと思われる、モンスター・ケラリーノ・サンドロヴィッチが目の前で苦しんでいる。そりゃそうだ。お茶の子さいさいなんてことはないのだ。人間なのだから。人間じゃん！！！　同じ人間じゃないか！！！　そう、私にとって、尊敬する先輩たちが、同じように悩んで、食べ物を食べて、税金を払って、隣で生きているのがとっても勇気になる。年を取ることが1ミリも怖くないのは、それがスーパーカッコイイからだ。
　あの化け物も、この化け物も同じ人間。ならば、私だって、共に戦えるだろう。同じ人間なのだから。劇団にいながら、社会を感じる。ダメなことをしたら怒ってもらえる。（本当に申し訳ありませんでした）。
　ヒトとはこうして生きていくのですね……これは長い年月を同じ組織で、真剣に、過ごさないと感じられないことだと思う。そして、そうまで思う劇団でも、「面白くない！」の一言で、退場させられるという、ヤバい場所。でも、そうじゃなくっちゃ。私も、熱い個人的な思いはぐっとここで飲み込んで、ただ、この劇団で。自分の劇団で。めちゃくちゃにやれるように、精進したいと思います。社会性を持って。

木乃江祐希（このえ・ゆうき）
神奈川県出身。2008年ナイロン100℃オーディションに合格し、研究生を経て2010年に劇団員に。2016年には自身の主宰する劇団コノエノ！を旗揚げ。ニュージーランド留学を経て、第2回公演『スタディー・イン・ニュージーランド』を上演。近年の主な出演に舞台『スケベの話〜オトナのおもちゃ編〜』など。映画『モーターズ』『夏ノ日、君ノ声』など。テレビ『闇金ウシジマくんSeason3』『アイアングランマ』など。

わたしの知らないナイロン100℃
大石将弘

　大石将弘と申します。この本を手に取ってくださっているうちのほとんどの方、はじめまして。2014年入団、存在感の薄い新入りです。劇団公演の出演作は2014年の『社長吸血記』のみ。ナイロン100℃結成25周年の記念本の貴重なスペースに、自分の文章がまあまあのボリュームで載るなんて未来を、わたしは想像できたでしょうか、いえできるわけがありません。

　例えば時を遡って。ナイロン100℃結成3年目の頃。中学時代のアニメばかり見ているわたしに、このマキバオーの人と君は将来同じ劇団に入ってお芝居するんだよって言っても、中学時代のわたしは、お前何言ってんのと言うでしょう。いやいや、演劇の稽古期間中にね、スーツケース一つでゲストハウスなどを転々とする生活をしていてろくに服を持っていない君を見かねて、暖かいジャージやスウェットを譲ってくださるのだよと言うと、なんでおれはそんな生活をしているの演劇とかやってて大丈夫なのと心配になります。

　劇団結成6年目の頃。高校時代、『ケイゾク』という刑事ドラマにはまってひとりで渡部篤郎のモノマネを誰に見せるでもなく練習しているわたしに、この背の高い婦警役の方と君は同じ劇団に入ってお芝居するし、君が新宿の居酒屋で財布からクレジットカードから家の鍵から何から全部入ったカバンを置き引きされて目の前真っ暗になっているときに、返すのはいつでもいいからとお金の入った茶封筒をそっと握らせてくれるんだよと言うと、げげ東京ってこわいんだな気を付けよ、背の高い婦警さんいい人なんだねと思います。

　さらに数年後。劇団結成9年頃。大学入って演劇やりはじめて、映画『ピンポン』を見て窪塚洋介唯一無二だわと思っているわたしに、このアクマ役の人と君は同じ劇団に入って、あそうそう、さっきの置き引きのときの話だけど、そのとき真っ先に自転車であたりを探しに行ってくれるのがこの人だよと言われても、さっきから先輩にめちゃくちゃお世話になってるけど大丈夫なの15年後のおれ、そんなんでやっていけんの？　と不安にかられます。

　えーと。今この劇団にいるという事実以上に、先輩方に迷惑をかけすぎている事実に恐縮と反省しきりです。その節は本当に申し訳ございませんでした。ありがとうございました。

　ナイロン100℃をはじめて観たのは、劇団10周年公演『ハルディン・ホテル』。大学生のわたしは、今はもうなくなってしまった近鉄小劇場で、3時間を超える演劇をはじめてみます。その時間はあっという間で、話の内容は正直もうあやふやだけれど、とにかくずっと面白くて、この時間がずっと続けばいいのにと思ったことを鮮やかに覚えています。

　その演劇をつくった人をはじめて見かけたのは、それから7年後、劇団結成17年。わたしがある若手劇団に出演して、横浜の、数十人しか入れない小さな劇場の客席に、窮屈そうに座る金髪のその人の目立つ頭部を見つけます。本番中に見つけてしまって、ただならぬ動揺が走ります。

　はじめて仕事をご一緒したのは、その数年後。劇団結成20年。『SEX,LOVE&DEATH』という公演で。出演者スタッフが揃う稽古初日の顔合わせ、に向かう道中、人生で一番緊張して胃がひっくり返るかと思います。

　その数カ月後、ナイロン100℃をつくったその人は、下北沢の居酒屋でわたしの隣に座っています。カウンターにふたりでいて、劇団に入らないかと声をかけてくれるのです。

　ナイロン100℃とわたしの今までを振り返ると、だいたいそんな感じで、だいたいそれで全部。振り返ってもにわかには信じがたい不思議な巡り合せで、今わたしはここに、劇団員として、います。

　2018年で入団はや5年目。劇団の一員となるということがどういうことなのか、摑めずまごついているうちに5年目です。いつまでも実感がないなどと言っていられません。どうにか、劇団50周年記念本の出版時くらいには、自分が劇団員だと胸を張って言えるよう、粉骨砕身がんばりたいと思っています。

大石将弘（おおいし・まさひろ）
奈良県出身。2010年よりままごとに、2014年よりナイロン100℃にも所属。二つの劇団の他に、マームとジプシー、範宙遊泳、ロロ、木ノ下歌舞伎など現代演劇の気鋭演出家の舞台に出演。近年の主な出演に舞台『朝がある』『エッグ』『SEX,LOVE & DEATH』『義経千本桜─渡海屋・大物浦─』『夏の夜の夢』など。小中高校や地域で行われる演劇ワークショップのファシリテーターとしても活動。

38th & 45th SESSION

38/45 百年の秘密

　『わが闇』と並んで、ナイロン100℃家族劇の代表作として高い評価を受けた『百年の秘密』。『わが闇』と大きく異なるのは、約80年という長いスパンで、一つの館に出入りする人々を描き出すことだ。なぜKERAはかくも長いスパンで物語を描いたのか。初演時の彼の言葉からは二つの目的が見えてくる。

　一つは、子供が大人になって老いて死に、そのサイクルが次世代へと繋がっていくさまを書くということ。もう一つは、時系列を前後させることで、「登場人物より観客が知る情報のほうが多い状態」で物語を完結させること。そうすることで、観客は登場人物に寄り添う視点から、世代をまたぐ物語を俯瞰することになる。

　ちなみに作劇にあたってKERAが参照したのは、テネシー・ウィリアムズ、アーサー・ミラー、ソーントン・ワイルダー、ハロルド・ピンターなどの現代翻訳劇だったという。ディストピアや寓話的な設定ではなく、地域や時代を観客が想像できる範囲に設定し、荒唐無稽な事件とは無縁の平凡な日常を描くことで、観客はさらに登場人物との心理的な距離を縮めることになる。そこには個人の人生を軽んじることなく、連綿と続く人間の営みを描こうとするKERAの意図がある。

　象徴的なのが、舞台の中央に配置された巨大な楡の木だ。人間以上に長いスパンですべてを見つめるこの楡の木と、ベイカー家のメイド・メアリー（長田奈麻）の語りによって、観客はこの物語に引き込まれる。長い時間の流れをすべて追うのではなく、いくつかの場所でカメラを回すように登場人物の姿を切り取ることでKERAは、彼らの人生を一方的にジャッジすることなく淡々とスケッチしていく。

　昔のよき時代、狼に狙われた少年が、大きな楡の木の枝に救い上げられて窮地を脱する奇跡が起きる。少年の話を聞いた父は、その楡の木を取り囲むように館を建てた――。そんなメアリーの語りをプロローグに、物語の幕は上がる。

　楡の木に救われたウィリアム・ベイカー（廣川三憲）は成長して銀行家となり、妻パオラ（松永玲子）との間に長男のエース（大倉孝二）と、長女のティルダ（犬山イヌコ）を授かる。その後、ベイカー家の向かいには弁護士ブラックウッド（山西惇／客演）の屋敷が建ち、家にはエースの親友カレル・シュナイダー（萩原聖人／客演）、ティルダの同級生チャド（みのすけ）やリーザロッテ（村岡希美）が訪れるように。そしてティルダ12歳の冬。彼女は転校生のコナ（峯村リエ）と出会い、無二の親友となった。

　舞台上では、そこから26年後、66年後、36年後、11年後、再び66年後と時代は変わり、最後は再び2人が12歳だった時代へ戻る。もちろんその間、ティルダとコナ、そして彼女たちの周囲にいる人々は、ただ平穏な日々を過ごすわけではない。

　ティルダはブラックウッドと結婚し、息子フリッツ（初演：近藤フク／客演、再演：泉澤祐希／客演）を出産。初めての小説を出版し作家としての第一歩を踏み出すが、エースは父親の浮気を目撃したショックで、大学への推薦が懸かったバスケットボールの試合を欠場。その後は刑務所に収監されるなど転落の一途をたどり、ブ

ラックウッドも女癖の悪さが原因で弁護士の職を失う。ブラックウッドと一夜の過ちを犯したコナは、宿した子の父親がわからないままカレルと結婚。娘のポニー（初演：田島ゆみか／客演、再演：伊藤梨沙子／客演）を産むが、長じてポニーはフリッツと恋仲となってしまう。そして幼い日にティルダとコナが共有したある秘密が、カレルの人生を大きく狂わせることになる……。

小説家への夢に胸を膨らませた少女時代。暗転する人生にも希望を捨てず、前向きに立ち向かった中年期。認知症に侵されながら楡の木を守るため、チャドに最後の頼みごとをする最晩年。恵まれた家庭に生まれながら、幸福から転落していくように見えるティルダを、犬山は、揺れながらも芯を失わず、自己憐憫に陥ることのない女性として、自在に演じる。

事情のある家庭環境。親友を裏切ることに罪悪感と甘い気持ちを覚えた若き日。中年となって現実に打ちのめされ、過去の罪の報いで大事なものを失ってしまう無力さ。老いて感情が枯れはてたような表情で、同じく老いた親友と向き合う夜。自身が選んだ人生とその結果から逃げない女性を、峯村は圧倒的な存在感で表現する。

ティルダとコナが「生きる痛み」を重ねれば重ねるほど、初めて秘密を共有した幼い日は、切なく輝きを増す。最後に「お互い様だ」とこれまでの人生を笑い合う姿には、喜びも悲しみも等しく思い出となった境地が浮かび上がる。そしてティルダとコナがこの世を去ったのち、同じく犬山と峯村が演じる、ティルダのひ孫ニッキーとコナのひ孫ドリスの姿には、繰り返しながら果てなく続く、絆の形が描き出されるのだ。

確かに生きた人間を表現したという点では、大倉が演じるエース、そして萩原が演じるカレル、山西が演じるブラックウッドも素晴らしい。3人の男に共通するのは、繊細ゆえに悲劇的な末路をたどるということだろう。父親の浮気を目撃して以降、エースは次第に露悪的に振る舞うようになるが、その下にある弱さを隠し切れない。ポニーが自分の娘なのかがわからなくなったカレルは、抑え込んできた過去の恋愛へと暴走する。ブラックウッドも、自分では制御できない性的嗜好に苦しみ、最後にはアルコールと自嘲的な態度を取ることでしか自分を保つことができなくなる。

彼らは自分を弱者だと哀れみ、それに酔う。それはティルダに懇願されて彼女を射殺するチャドにも、現実のエースを直視せず、有望なバスケットボール選手としての姿しか見ようとしないウィリアム、そして同じく老いたポニー（松永玲子）に支えられ、館の売却を迫られる日々を過ごしている老年のフリッツ（廣川三憲）にもいえることだ。劇中の男たちは見たいものしか見ようとはせず、生きることにまとわりつく罪と秘密に押しつぶされていくばかり。追い込まれるほどに内面的な強さが立ち上がるティルダやコナとは対照的で、そこにもKERAの男性観、女性観が表れているように感じられる。

また、リーザロッテ（村岡希美）とその夫カウフマン（藤田秀世）、館を買いに来た一家と息子の彼女（藤田秀世、安澤千草、伊与勢我無、木乃江祐希）、フリッツの足下を見る不動産屋（猪俣三四郎）、エースの恋人ヴェロニカ（初演：水野小論、再演：菊池明明）という世間の酷薄さを象徴する人々を、ナイロン100℃の劇団員がドライかつシンプルに演じ、世界観を支え

249

ている。そしてメアリー役の長田奈麻は、少々おっちょこちょいで心根のやさしいメイドの役柄をまとうことで、観客へのガイド役を違和感なく果たした。

　主要な登場人物たちの描き方には、死を迎えた人物が幸福だったかどうかを他人が判定し、否定したり哀れんだりすることに異議を表明するKERAの人生観が反映されている。人生の幸福、それは他者が決めることではないというKERAの思いが、この物語の根底に流れているのだ。

　特殊な事件や人物を描かずに、それでも面白い芝居を作ること。小津安二郎や岸田國士にインスパイアされて、「面白さのための面白さ」を付け加えることなく、それでも面白いものを作ってきたKERAの試みはいったん、ここで完成したといっても過言ではない。この作品はそれほど圧倒的な表現を達成している。

　この作品は2018年に再演されるが、若き日のフリッツとポニー、ヴェロニカ以外はオリジナルキャストでの上演となる。6年という時間が出演陣の演技と作品に、どのような変化をもたらすのか。余計なものをより削ぎ落とす時期に突入し、理由がなくても「居る」ことができる（とくに劇団員には、『ちょっと、まってください』での経験が反映されるかもしれない）オリジナルキャストたちによって、初演以上に夾雑物のない、純度の高い世界が広がるので

はないだろうか。また、人生を俯瞰できる年齢に達したキャストたちが、それぞれの役に対してどのような解釈・アプローチを行って役を深めてくるのかにも期待が高まる。　［小杉厚］

> この公演の初演と、その直後に上演したBunkamuraとキューブのプロデュース公演『祈りと怪物』の2本で、精根尽き果てた感があった。現在再演の稽古に入らんとしているが、初演時の自分に恥じぬよう、心して臨みたいと思う。（KERA）

▶初演　38 th SESSION
2012年4月22日〜5月20日　本多劇場　5月26日　大阪・シアターBRAVA！　5月29日　横浜・KAAT神奈川芸術劇場小ホール　6月2日〜3日　北九州芸術劇場中劇場
6月9日〜10日　新潟・りゅーとぴあ市民芸術文化会館劇場
作・演出：ケラリーノ・サンドロヴィッチ
出演：犬山イヌコ、峯村リエ、みのすけ、大倉孝二、松永玲子、村岡希美、長田奈麻、廣川三憲、安澤千草、藤田秀世、水野小論、猪俣三四郎、小園茉奈、木乃江祐希、伊与勢我無／萩原聖人、近藤フク、田島ゆみか、山西惇
音楽：朝比奈尚行、鈴木光介　舞台監督：菅野將機、福澤諭志（Stage Doctor Co.Ltd.）　舞台美術：BOKETA　照明：関口裕二（balance, inc. DESIGN）　音響：水越佳一（モックサウンド）
映像：上田大樹（&FICTION!）　衣裳：宮本宣子　ヘアメイク：武子優子　ステージング：長田奈麻　演出助手：相田剛志　舞台写真：引地信彦　宣伝美術：坂尻健次

▶再演　45th SESSION　25YEARS ANNIVERSARY
2018年4月7日〜30日　本多劇場　5月3日〜4日　兵庫・兵庫県立芸術文化センター 阪急 中ホール　5月8日〜9日　豊橋・穂の国とよはし芸術劇場PLAT 主ホール
5月12日〜13日　松本・まつもと市民芸術館 実験劇場
作・演出：ケラリーノ・サンドロヴィッチ
出演：犬山イヌコ、峯村リエ、みのすけ、大倉孝二、松永玲子、村岡希美、長田奈麻、廣川三憲、安澤千草、藤田秀世、猪俣三四郎、菊池明明、小園茉奈、木乃江祐希、伊与勢我無／萩原聖人、泉澤祐希、伊藤梨沙子、山西惇
音楽：鈴木光介　舞台監督：竹井祐樹、福澤諭志（Stage Doctor Co.Ltd.）　舞台美術：BOKETA　照明：関口裕二（balance, inc. DESIGN）　音響：水越佳一（モックサウンド）　映像：上田大樹（&FICTION!）
衣裳：宮本宣子　ヘアメイク：宮内宏明（M's factory）　ステージング：長田奈麻　擬闘：栗原直樹（WGK）　演出助手：相田剛志　宣伝美術：榎本太郎

39th SESSION

39 デカメロン21
～或いは、男性の好きなスポーツ外伝～

　「外伝」とは、ある物語から派生したアナザーストーリーを指すことが多いが、サブタイトルに『男性の好きなスポーツ外伝』と銘打たれたこの作品は、2004年に上演された『男性の好きなスポーツ』の脚本に大きく手を入れ、ほぼ改作といえる形で上演されたもの。

　『男性の好きなスポーツ』は、複数のエピソードをリンクさせることで、セックスと人間を巡る一つの物語へと収斂する手法を採っていた。だがこの作品では一つになった物語を、個別のエピソードに還元。還元したエピソードを大幅にカットした上で、新たな書き下ろしを追加。それらをサンプリングして、大胆にコラージュしてみせた。「(映画)の予告編集をイメージしてもらえばいいかな」とKERAが語る通り、シーンの間にある程度の関連性は持たせているものの、そこに囚われず、理屈より感覚を優先した自由な構成となっている。

　劇中には、廣川三憲演じる「偉い人」と、喜安浩平演じる「反論する人」が登場し、メタ的な立ち位置で語り手を務め、お笑いで言うところの「ツッコミ」的な役割を果たしている。また、パネルを使用した場面転換や時間経過の表現、映画『狂った果実』(56年)をモチーフにした映像や、千葉哲也演じる警察官の逸脱ぶりを表現する映像など、多彩なギミックが小気味よいテンポで繰り出される。

　そして、小学生向け雑誌のセックス特集に反対する特攻隊(?)指揮官役の廣川三憲が、布施明の『君は薔薇より美しい』を軍歌調の身振りで熱唱。さらに、上司の娘に性的いたずらをした眼鏡太郎演じる村瀬が合唱で糾弾されるなど、インパクトのある歌ネタも導入。それらの工夫がセックスと人のありようをライトかつポップに見せている。エロティックではあるが『男性の好きなスポーツ』以上にからりとした空気が漂う。

　このような形態になったのには、この作品の前に『百年の秘密』、『祈りと怪物』(12年)など、物語性の強い作品が続き、KERAが「物語はお腹いっぱい」だったかららしい。そのため『世田谷カフカ』で行われた演劇のコードを無効化する試みが再度、クローズアップされることになった。

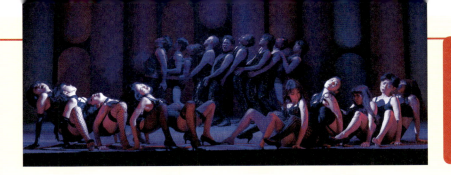

> 若者を中心に大挙してくれた客演陣と共に力を抜いて楽しく創作できた。メインディッシュの後のデザートのような公演だが、デザートにはデザートにしかないおいしさがある。（KERA）

　コードを無効化する意図は「偉い人」と「反論する人」が俳優たちの演技に注文をつけたり、反対に2人の指示に出演者が逆らったり、エンディングに文句をつけたりすることにも表れている。作・演出家KERAの分身である「偉い人」や「反論する人」と、俳優本人や劇中人物が会話を交わすことで、役と俳優、舞台と客席という明確な枠組みが曖昧になり、観客はどちらともつかぬ世界へ巻き込まれる。ちなみに、本作はKERA作品にはめずらしく2時間程度の上演時間。「ストーリーなしで観客が気持ちよく観られるのは2時間が限度」というKERAの実感により設定されたと聞く。

　劇中のエピソードに話を移そう。ベースになっているのは三つのエピソード。中年男（みのすけ）の日常と、芙美（松本まりか／客演）との不倫（ただし、冒頭で彼は妻とともに火事で焼け死んだと語られていて、その後のエピソードを繋げることの無意味さも明示されている）。警察官（千葉哲也／客演）と女優（松永玲子）の性的な関係。この2本は『男性の好きなスポーツ』が元になったもの。

　そして新たに書き下ろされた、映画『ハピネス』（98年）の中の名エピソードからの流用、少年フィリップ（新谷真弓）が友達の父親（藤田秀世）に性的いたずらをされるスケッチ（単なる被害者というよりも、彼自身の『ヰタ・セクスアリス』的な要素も含まれる）が、四つのパートに分割されて挿入される。

　それらの中で交わされる台詞を追ってみれば、たとえば中年男と芙美の会話やフィリップと父の会話の中には、KERAが常々影響を公言する小津安二郎や岸田國士が描く日常性が潜むことに気づくだろう。『男性の好きなスポーツ』は俳優陣の露出度の高さもあり、エロティックな圧が強く感じられた。だが、この作品では肌を露出してエロスを具体化するだけでなく、日常会話の端々に見え隠れするセックス、谷崎潤一郎的な隠微なエロスにも目が向けられている。

　そして、セックスという個人的体験を「引きの視点」でサンプリングし、コラージュした集合体を作り上げることで、人間が存在として愛おしく感じられるような笑いを生み出した。

　古家優里による振付も、個性を目立たせず、誰もが同じこと（＝セックス）をしているのを「引きの視点」から俯瞰し、地上にうごめく人間を集団として表現している。

　また、客演の内田滋が孝平、安藤聖が由衣、松本まりかが芙美、千葉哲也が警察官と、軸となる役（とそれ以外の役）を演じるとともに、注目を集める若手劇団から4人の女優（熊川ふみ、徳橋みのり、望月綾乃、森本華）が客演。新たな風を吹き込んだ。　　　　　　　　［小杉厚］

▶39th SESSION　20 years Anniversary 1
2013年2月22日〜3月24日　渋谷・CBGKシブゲキ‼
作・演出：ケラリーノ・サンドロヴィッチ
出演：みのすけ、松永玲子、新谷真弓、喜安浩平、廣川三憲、藤田秀世、長田奈麻、安澤千草、吉増裕士、植木夏十、眼鏡太郎、皆戸麻衣、猪俣三四郎、水野小論、伊与勢我無、野部青年、小園茉奈、白石廿日、菊池明明、森田甘路、木乃江祐希／熊川ふみ（範宙遊泳）、徳橋みのり（ろりえ）、望月綾乃（ロロ）、森本華（ロロ）／内田滋、安藤聖、松本まりか、千葉哲也
振付：古家優里　音楽：鈴木光介　舞台監督：福澤諭志（StageDoctor Co.Ltd.）　舞台美術：BOKETA　照明：関口裕二（balance inc.DESIGN）　音響：水越佳一（モックサウンド）　映像：上田大樹（&FICTION!）
衣裳：十川ヒロコ　ヘアメイク：宮内宏明（M's factory）　演出助手：相田剛志、陶山浩乃　舞台写真：引地信彦　宣伝美術：横須賀拓

S10 亀の気配

side SESSION#10

5年ぶりに上演されることになった10回目のside SESSIONでは、KERAは監修・脚色・演出協力として参加。本人曰く「脚本にわずかに手を加え、稽古を見て喜安に耳打ちする程度」とのことで、基本的には喜安浩平が作・演出を担当。

そしてKERAの言葉をもじるなら、「三代目若手劇団員」である猪岐英人(現・猪俣三四郎)、水野顕子(現・水野小論)、伊与顕二(現・伊与勢我無)、野部友視、斉木茉奈(現・小園茉奈)、白石遥、菊地明香(現・菊池明明)、森田完(現・森田甘路)、田中祐希(現・木乃江祐希)が出演。そこに眼鏡太郎と、外部から海老澤健次、上田結が加わっている。

この公演は社団法人日本劇団協議会の次世代を担う演劇人育成公演にもなっており、同じside SESSIONの『すなあそび』同様、ナイロン100℃の若手に出演する場を増やすことも企図されていたようだ。

上演された『亀の気配』はもともと、喜安が主宰するブルドッキングヘッドロックの第11回公演として上演された作品だ。ただ、このside SESSIONで、初演のままに上演されたわけではない。ブルドッキングヘッドロックの公演ではオープニングとラストは同一だが、それ以外のパートはカップルの彼女の視点から物語が展開する「おなかバージョン」と、彼氏の視点から物語が展開する「せなかバージョン」で上演されたのだが、ここでは喜安の手により一つにまとめられたバージョンが上演された。

舞台となるのは東京から車で4時間ほどの地方都市。狗森サイコは、父のアキラが勤めるおもちゃ工場で大怪我をしたと聞き、彼氏の枯木田フミオを連れて東京から実家に戻ってくる。フミオは映像関係の仕事をしていたのだが、うまくいっておらず、アキラに代わっておもちゃ工場で働き始めることになる。

おもちゃ工場で働くのは、サイコの姉ミズエの夫で、実はゲイの双葉シンタロウのほか、怪しげな内容の話をしている主任の宅間ユキオ、ひどく無愛想でとっつきにくい事務員の阿武川セリ、常軌を逸した言動が目立つ山田スズヒコと、一癖ある人物ばかり。そこに東京で秘密の仕事をともにしていたニムラがフミオを追ってくる。そして工場の秘密を知ったフミオは、田舎の闇に巻き込まれることに。

一方、サイコの高校時代の恋人・畑田ツノルの実家で、今は姉・シノブが経営している喫茶店「裏窓」(ここではサイコの高校の同級生・田原クリコも働いている)を訪れたサイコは、そこで高校時代の旧友・鬼久保カガミと再会。カガミから、ツノルが千葉かどこかの海で遺体で発見されたという話を聞く。そしてサイコは高校時代、そしてフミオと出会ってからの出来事を回想していく。

若手公演とはいえ、濃密な設定と情報量、そしてハードな暴力シーンなどが含まれている戯曲ゆえに、出演陣は緊張を切らすことなく長丁場を駆け抜けることを求められたという。そのベースを作るため、稽古では喜安のもとで徹底した読み合わせを繰り返して配役を決定。立ち稽古に入ると喜安からは、細かな演出を大胆かつ繊細にくぐり抜けるような演技が求められた。

『すなあそび』とはまったく異なる難しさがある戯曲だが、この公演を経て出演者たちはコンスタントにナイロン100℃公演にも出演。さらに若手公演のコンセプトは、2013年に上演された、日本の演劇人を育てるプロジェクト新進演劇人育成公演『SEX,LOVE & DEATH 〜ケラリーノ・サンドロヴィッチ短編三作によるオムニバス〜』などへと引き継がれた。

[小杉厚]

▶ side SESSION #10
2010年9月15日〜20日　新宿・サンモールスタジオ
作・演出：喜安浩平　監修・脚色・演出協力：ケラリーノ・サンドロヴィッチ
出演：猪岐英人、水野顕子、伊与顕二、野部友視、斉木茉奈、白石遥、菊地明香、森田完、田中祐希、眼鏡太郎／海老澤健次、上田結

side SESSION #11

S11 持ち主、登場

現在までにナイロン100℃のside SESSIONは、SPECIALを含めて13公演が上演されているが、その方向性にはいくつかの種類がある。一つ目は、本公演に近いが客演やコラボレーションなど、本公演とは異なる要素が含まれたもの。二つ目はKERAの戯曲ではなく、なにかしらの原作を使ってKERAが構成・潤色・演出を行うもの。そして三つ目は、KERAはそれほどタッチせず、劇団員が主導する公演。

この『持ち主、登場』は、三つ目の劇団員主導の系譜に属する公演で、ナイロン100℃からは大倉孝二、峯村リエ、村岡希美が参加。そこにKENTARO!!とブルースカイが客演として加わり、出演者全員での作・演出が行われている。KENTARO!!以外のメンバーは、1998年に上演された#7『イギリスメモリアルオーガニゼーション』にも参加しており、実質的にはその続編と捉えることもできるだろう。

物語序盤はオムニバスで進行する。ビストロ『トゥモロー』のシェフ（大倉孝二）とウェイトレス（村岡希美）。シェフは先代の味を再現しようとしているのだがうまくいかない。そこに現オーナーの先代の娘（峯村リエ）が登場。客の減少とオーナーの弟の逮捕を理由に店を閉めると言うが、シェフはせめてトイレに忘れられた手袋を、持ち主が取りに戻ってくるまでは店を続けようと提案。オーナーがその提案を受け入れた瞬間、手袋の「持ち主」として学生・リゲル（KENTARO!!）が登場。

舞台は変わって警察の取調室。尻尾を出さないならず者（ブルースカイ）を10年間、追い続ける警部（大倉孝二）だが、今回も証拠不十分で釈放せざるを得ない。だが、アパートの大家の部屋から金の首飾りを盗んだところを部下（KENTARO!!）があっさりと逮捕。だが警部はならず者をわざと逃がす。そこへ首飾りの「持ち主」として大家（村岡希美）が登場し、家賃収入生活がテーマのコントが展開。さらに騎馬戦の馬に乗った主婦・宮本（峯村リエ）が落とした野菜の「持ち主」として登場する。

こうして現れた3人の「持ち主」たち。その中からリゲルと宮本に、尿道結石で余命1ヵ月の老富豪から、若き日をともに過ごした女性を探し出し、女性からもらったリンゴを届けるよう命令がくだされる。リゲルと宮本は船に乗って出発するが嵐に遭って、とある漁村へ漂着。そこでリゲルは、女性探しを命じられずに漁村の女となっていた大家に絞め殺されてしまう。

相棒を失った宮本は、船頭となって様子を見にきた老富豪の執事・林田（ブルースカイ）に自分を与え、「持ち主」にして旅を続ける。一方、殺したリゲルの幻影に悩まされる大家（ミス・アンダーソンに名前が変わっている）は、言い寄る八百屋のモグラ（大倉孝二）を殺害。どちらが真の「持ち主」か決着をつけるべく宮本を追う。そして最後にこれは演劇ではなく「大化の改新」であるという事実が明かされる――。

ブルー＆スカイが得意とするナンセンスコメディに、KENTARO!!の振付によるダンスとThe Dublessの音楽が加わった本作。このあと大倉とブルー＆スカイは、2014年にナンセンスかつくだらない笑いを追求する演劇コンビネーション、ジョンソン＆ジャクソンを旗揚げ。『窓に映るエレジー』（14年）、『夜にて』（16年）を上演するなど、独立した活動を展開している。　[小杉厚]

▶ side SESSION #11
2012年2月16日〜26日　渋谷・CBGK シブゲキ!!
作・演出・出演：大倉孝二、峯村リエ、村岡希美、KENTARO!!、ブルースカイ
音楽：The Dubless（魚澄直希、原田亮）

side SESSION #12

S12
ゴドーは待たれながら

　この作品は、side SESSIONの中でも特殊な部類に入る公演だろう。特定の劇団員をフィーチャーした点は、1995年の『三宅弘城ソロ・レイトショー 悟空先生対アメリカ先生』に近いが、その際のKERAの立場が監修に留まったのに対し、この作品では演出を担当。さらにナイロン100℃20周年記念企画第2弾として地方公演も行われている。つまり出演者が大倉孝二1人というだけで、ほぼ劇団本公演に準じるものとなった。

　戯曲『ゴドーは待たれながら』は、1992年にいとうせいこうが発表したもの。いとう本人としては「舞台のためでもなく、読む戯曲みたいなつもりで書き始めた」ものだったとか。そして同年にラフォーレミュージアムにて、いとう本人の演出ときたろうの出演で上演されている。

　KERAといとうの間では、KERAの演出でこの戯曲を上演するプランが10年以上前からあり、大倉自身はここで出演を決めた理由を「なりゆき上、やらなきゃいけなくなったから」と冗談交じりに語っているが、ナイロン100℃が20周年を迎えた2013年こそが、KERAと大倉にとって新たな挑戦を行うのにふさわしい時期だったように思える。

　待ち合わせ場所に向かうべく、準備を整えた大倉演じるゴドー。だが、誰と待ち合わせをしているのか、待ち合わせ場所がどこなのかを忘れたため、出かけることができなくなる。待っている相手のことを考えると気が気でないが、今日がいつの何日かもわからないため、待ち合わせの時間を思い出しても意味がないことに気づく……。

　出かけたくても出かけられないことに焦燥していたはずが、ゴドーの思考と行動は別のところへと飛躍していく。演劇的な台詞をひとくさり語ったのち、マンダラゲを食べようとして手を伸ばした拍子に脇がつって大騒ぎ。かと思えば、待ち合わせに遅れて電車に乗るときの焦りを情感たっぷりに語り始める。

　そして、会えるかどうかもわからないのに、待ち合わせに早く着き、邪険な扱いを受ける様子をシミュレーションして大憤慨。誰が行っ

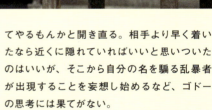

てやるもんかと開き直る。相手より早く着いたなら近くに隠れていればいいと思いついたのはいいが、そこから自分の名を騙る乱暴者が出現することを妄想し始めるなど、ゴドーの思考には果てがない。

　そして、ついには神や宇宙についての、ナンセンスかつ哲学的な自問自答が展開。「誰かに待たれている」という苦しみの中で、ゴドーの内面は大きく揺れ続ける。そのゴドーの揺らぎを大倉は、独特の身体性、台詞のテンポや間を駆使することで、1人の人物に集約して演じてみせた。

　分裂気味の人物を重くなりすぎず、面白く演じる上手さに定評のある大倉だが、この作品のゴドーでは人間の脳内で行われている思考を、言葉と身体を使って表現。大倉の演技の振り幅がゴドーの内面の振り幅にマッチして、人間の思考に潜むおかしみを浮かび上がらせる。

　KERAはを役作品など不条理劇を演出する際、「暗いトーンで始まりただただ真面目に

公演フライヤーより

進行する」ような演出を避け、戯曲に込められた笑いを丹念に読み解く演出を行ってきた。この作品でも戯曲の中にあるナンセンスなロジックを読み解き、大いに笑える作品へと昇華させているが、一方でゴドーの描き方には『消失』以降の、劇中人物に寄り添うような眼差しも感じられる。だからこそ観客はゴドーを俯瞰しながらも、共感を持ってその姿を眺めることになった。

「稽古でここまで細かく大倉に演出をつけたのは久しぶり」とKERAは語っていたが、稽古では、一幕までの段階でお互いの引き出しをすべて開けた状態になったため、そこからはお互いに新局面を引き出さなければならない事態となったとか。

そういう意味でこの作品は、KERAと大倉がこれまでナイロン100℃で積み重ねてきた ものの集大成となっただけでなく、その先を切り拓く作品になったといえるのではないだろうか。そして、この経験はこのあとの『社長吸血記』や『ちょっと、まってください』など、ナイロン100℃本公演での不条理劇に活かされているように思われる。　　　　　　［小杉厚］

▶ side SESSION #12　20 years Anniversary 2
2013年4月6日～14日　東京芸術劇場　シアターイースト　※4月5日プレビュー公演　4月21日～23日　大阪・ABCホール　4月25日　名古屋・テレピアホール　5月1日　仙台市民会館　小ホール
5月3日　盛岡劇場　メインホール　5月4日～5日　水戸芸術館ACM劇場
作：いとうせいこう　演出：ケラリーノ・サンドロヴィッチ
出演：大倉孝二
声の出演：野田秀樹

257

条理なき笑いの彼方に

佐々木 敦（批評家、音楽レーベルHEADZ主宰）

　そこはどこか異国のようなのだが、舞台の真ん中には、あろうことか一本の電信柱が突っ立っている。これだけで勝手知ったる者はついニヤニヤしてしまうわけだが、なぜならそれは、これから始まる『ちょっと、まってください』という芝居が、あの「電信柱のある宇宙」の系譜に属するものだということを、ぶっきらぼうなまでに鮮やかに宣言しているからである。

　「電信柱のある宇宙」とは、別役実のエッセイ集の題名である。言うまでもないだろうが、電信柱とは、別役戯曲ではお馴染みというか、必須アイテムというべき装置である。別役が電信柱を好んでフィーチャーしたのは、そこに日本の戦後〜高度成長期の象徴を見出したからである。電信柱とは「昭和」と呼ばれた時代の共同的・匿名的な日常性を端的に表したモノであり、日々の風景の中に溶け込んで、人々の視界の中でサブリミナル的な存在感を湛えていた。実際どこまで出来るのかは知らないが、平成も終わりに差し掛かった今、いわゆる「電線地中下＝無電柱化」があちこちで進められつつあるという。遠からず「電信柱のある宇宙」はノスタルジーさえ喚び起こさない完全なる過去の風景となるのかもしれない。もうそうなっているのかもしれないが。

　ケラリーノ・サンドロヴィッチは、過去何度となく、別役実への敬愛の念を表明してきた。1997年に『病気』（私はDVDでしか観ていない）、2014年に『夕空はれて〜よくかきくうきゃく』（書き下ろし戯曲『雨の降る日は天気が悪い』の初演となる予定だったが別役の体調不良により1985年の作品に変更された。残念ながらその後も『雨の降る日は

天気が悪い』は陽の目を見ていない）と、別役戯曲の演出を手掛けているし、彼自身のオリジナル作品においても、別役からの強い影響を感じさせるものが近年とりわけ多い。近年とりわけ、とは言っても私がKERA氏の舞台をコンスタントに観るようになったのは、ここ5〜6年のことなので（「ユリイカ」2015年10月臨時増刊号「総特集KERA／ケラリーノ・サンドロヴィッチ」の拙稿「かつて不条理と呼ばれたもの」を参照）、乏しい経験値に基づく単なる印象論でしかないのだが、少なくとも2014年のナイロン100℃『社長吸血記』と、この『ちょっと、まってください』は、「別役実的なるもの」をケラリーノ・コンプレッサーによって徹底的に圧縮し、サンドロヴィッチ・トランスフォーマーによって過激に変容させたかのような作品になっている。先の『夕空はれて〜よくかきくうきゃく』も加えると、おおよそテン年代後半のKERA氏が「別役実的なるもの」にかなり拘ってきたのだということが見て取れるのではないかと思う。

　では、「別役実的なるもの」とは何なのか。『ちょっと、まってください』の劇場パンフレット掲載の市川安紀によるインタビューで、本人は本作で狙ったのは「別役実さんの作品を指標とする不条理劇のパスティーシュ」だったと述べている。また、これは「ナンセンスコメディ」ではなく「不条理喜劇」なのだとも。「ナンセンスコメディは奔放で、爽快さみたいなものがある。一方の不条理劇の根っこはよりシリアスで、最終的にはある地点に収束していくイメージ」。ここで比較対象の「ナンセンスコメディ」とされているのは、2016年のキューブ・プレゼンツ『ヒトラー、最後の20000年〜ほと

― 論考 ―

44th SESSION『ちょっと、まってください』

んど、何もない〜』なのだが、作り手自身によるこの違いは非常に興味深い。

「ナンセンスコメディはコントの集積のようなもので、コントがそうであるように、人物の内面を埋める必要をほとんど感じません。そういうものは、脳ミソをコント脳に切り替えられさえすれば、まるで遊んでいるかのように、もっと言えば自動書記のように書けちゃうんです。あくまでも〝笑わせるための手段〟なんですね。どれだけハイブロウなデタラメで笑いを作れるか、という。でも不条理劇は、人を笑わせるつもりで書かないほうがいい、ということは思いましたね。笑いは副次的なもので、むしろなにがしかの情緒とか、得体のしれない緊張感みたいなものを支えに書いている」。

そして「ナンセンスコメディ」がモンティ・パイソンだとしたら、「不条理劇」はルイス・ブニュエルなのだとKERA氏は続けているのだが、この喩えはきわめて明快である。この「ナンセンス」と「不条理」の違いとは、私なりに言い換えると、

前者は文字通りの「無意味（＝意味の不在）」であり、だが後者では何らかの次元で「意味（のようなもの）」が問題にされている。だが「不条理」というのだから、そこには「条理」は存在しない。つまり「意味」はあるのに「条理」が欠落した世界こそ、KERA氏が別役実に見出し、そこから受け継いだ「電信柱のある宇宙」としての世界観だということになる。それは「デタラメ」であってはならない。ある意味では筋が通り過ぎるほどに通っており、そうであるがゆえにこそ条理が失われてしまうような状況／状態。私は2018年1月、ルイス・ブニュエル監督の名作『皆殺しの天使』のリバイバル・ロードショーの劇場でKERA氏とトークをしたのだが、あの映画こそまさしく「意味」はあるが「条理」を欠いた世界が描かれている。突然、ある屋敷の広間にいた全員が、そこから出られなくなる、という物語は、ナンセンスではない。むしろそこには過剰なほどの「意味」の生産性がある。それはあらかじめ、ありとあらゆる解釈に対して無際限に開かれている。だが同時に、そこには唯一無二の「理由」というものもない。この「理由（reason）」が「条理」である。「理由」は存在

論考

せず、なのに「意味」だけは矢鱈目鱈と溢れかえっている世界。『ちょっと、まってください』は、屋敷に住む金持ち（だが実はすでにほとんど破産している）の家族と、その前庭に居ついた乞食の家族という、いかにもわかりやすいコントラストをベースとして、両者がさまざまな意味で順次入れ替わってゆくのだが、段々入れ替わり自体もどうでもよくなって、最後はわけがわからなくなる、という物語である。富める者と貧しき者の交換可能性は、電信柱はあるもののどこか異国であるらしいそこで巻き起こっているらしい政治的な運動ともども、この作品のテーマらしいものを暗に匂わせている。しかし二組の家族の交換劇がなし崩しにされるように、その「運動」もまた、賛成派と反対派の対立をなし崩す中立派が登場してきて、どうでもよくなり、わけがわからなくなる。むしろそんな顛末こそ作者からのメッセージだと考えるべきだろう。賛成も反対も条理の範疇である。だがどっちつかずであり、どっちでもよく、どっちでもないということを高らかに宣言して一歩も譲らない中立は、中途半端なのでも曖昧なのでもなく、不条理なのだ。

ケラリーノ・サンドロヴィッチが別役の「電信柱のある宇宙」を、どのように変化／進化させたのか、の答えのひとつがここに覗いている。別役戯曲において、不条理な人間や事件に遭遇する主人公は多くの場合、少なくとも劇の前半においては受け身であり、紛れもない被害者である。彼らはおうおうにして酷い目に遭う。ところが『ちょっと、まってください』では、不条理は一種の武器に転じているのだ。もっと精確に言うならば、もはや不条理は世界を全面的に覆っているのであって、だからこそ不条理には、より強度の不条理で対抗しなくてはならない。不条理競争であり、不条理合戦なのだ。一方的に不条理に見舞われる主人公がもはやいなくなった世界、不条理以外が存在しないがゆえに不条理のエスカレーションがいつまでもどこまでも展開していく世界、それが『ちょっと、まってください』の舞台＝世界なのである。

さて、そこで「意味」が登場する。これから起こることがすでに起こったこととして書き記されている手紙が今、読まれてしまうというアイデア（それは「それから起こったことがあらかじめ書き記されていた手紙」ではない）に顕著だが、そこでは因果律が失調、というかほとんど破壊されてしまっている。因果律が壊れているということは、時間も壊れているということだ。だが、この点がきわめて重要と言えるのだが、時間が壊れていることがわかるには、一方に正常な時間が設定されていなくてはならないし、因果律が壊れていることを知れるのは、正しい因果律がどこかに担保されているからである。ナンセンスではない、というのはこのことである。言葉遊びめくが、ナンセンスはセンスの領域だが、因果律＝時間性はロジックの問題であり、テクニックの問題なのである。「意味がわからない」と「理由（ワケ）がわからない」は違うのだ。

『ちょっと、まってください』パンフレットの岡室美奈子との対談の中で、KERA氏はこんなことを語っている。

「観客でも評論家でも、とりあえず格好良く仕上げられた作品や、理論武装されたもの、また逆に、わかりやすく大暴れしたりする人に対しては、コロッと崇めてしまう。（中略）難しいですけど、誠実に過激か、誠実にくだらないか、誠実

『夕空はれて』撮影：引地信彦

に不条理かといった、つくり手がたどった選択を想像できる人が増えてくれると、誠実であろうという信条で劇作しているつくり手にとって、すごく励みになるんですけど」。

ここでいわれる「誠実」とは精神論ではない。それはあくまでも技術によって達成されるものである。一連の別役実インスパイア系と並行してKERA氏が発表してきた他の幾つもの舞台、太宰治原作のKERA・MAP『グッドバイ』（2015年）や、世田谷パブリックシアター＋KERA・MAP『キネマと恋人』（2016年）、また遂に三本まで来たチェーホフ四大戯曲の演出などを観てみれば、そこに職人肌と言ってもいいような劇作のテクニシャンの姿を見出す筈だ。『ちょっと、まってください』の戯曲もまた論理と言語の高度な技術に支えられている。ウェルメイドを極めることが出来るからこそ、条理なき世界を立ち上げることが出来るのだ。『ちょっと、まってください』に限らないが、KERA氏の演劇の多くは3時間を超える長大な上演時間を必要とする。だがそれは、他の演劇作家たちの同じ時間とは根本的に異なっている。いわゆる「大作」とはまるで違った、台詞の応酬と場面展開の超絶技巧が、そこには詰まっている。

ところで、この文章では、はじめに「ナンセンスコメディ」と「不条理劇」の区別をしておいたのだった。そして、その区別はKERA氏自身によるものである。しかしながら、実のところ『ちょっと、まってください』には「ナンセンス」のその先をやろうという野心も感じられる。先のパンフ対談で、KERA氏はこう語っている。

「結局、なぜわざわざこんな大変なことをしているかと言うと、何もない演劇をつくってみたいからです。去年、『ヒトラー、最後の20000年〜ほとんど、何もない〜』という芝居をやりましたが、ほとんど何もないところまでは、ある程度、行けたかもしれない。でも、本当に何もないのが、別役さんであり、ベケットじゃないですか。『ゴドーを待ちながら』だと、待つという行為に対する批評でもあるけど、何もしないことを演劇で描くって。普通に考えたら相当リスキーなことですよね。そういう、剥ぎ取って剥ぎ取っていった先に興味があ

るし、自分も行ってみたい」。

「ほとんど、何もない」とは、それでも「まだ何かは、ある」ということである。『ヒトラー』は出たとこ勝負と伏線の未回収と支離滅裂が猛速力で延々と続くという驚異的な作品だったが、それとはまた別の方法で「何もない」に至ろうとするアプローチが『ちょっと、まってください』であったとも考えられる。「何もない」とは要するに「無」のことである。端的に言えば、ベケットは減算的な思考／試行によって「無」に漸近しようとした。そこでは世界が、主体が、どこまでも消尽してゆく。だが、だからといって完全な「無」になるわけではない。それは常にいつまでも「ほとんど、何もない」にしかならない。それでもベケットはそこまで行こうとしたし、そこまでは行った。だとすればベケットよりもずっと遅れてやってきた者は、いったいどうすればいいのか。減算ではなく、加算か乗算によって「無」を表現するしかない。それはつまり、確かに或る時間の観劇体験が遂行されたにもかかわらず、結果として何も観なかったのと同じことになってしまう、ということではないだろうか？

『ちょっと、まってください』でケラリーノ・サンドロヴィッチは、別役実の「電信柱のある宇宙」をラディカルに更新しまくることによって、このことに挑んだのだ。舞台が進行する間、観客であるわれわれは、何とかそこで起こっていることを理解しようとし、幾らだって汲み取れる「意味」で安心しようとし、因果律も時間軸もまるで当てにならないストーリーについてゆこうとする。だが、そんな努力の果てに待っているのは「無」なのだ。それはまるで精確かつ完璧に作動した結果、自らをパタンパタンと畳み込んでいって、しまいにはそこから消え去ってしまう、一体の機械を見るようでさえある。何度となく笑いの発作が生じもするし、確かに死ぬほど笑っていた筈なのだが、ふと気づいてみると頬を震わせていた笑いは凍りついており、その代わりにかつて一度も感じたことのない恐さが、怖さが、おそろしさがやってくる。それは「意味」がぎゅうぎゅう詰めになった、なのに「条理」だけがどこにも存在していない、あの「電信柱のある宇宙」の成れの果てとしての、われわれが生きるこの世界そのもののおそろしさである。

論考一

KERAさんの楽屋

大岩正弘（本多劇場チーフ）

386席。 本多劇場の客席数。2015年に全て新しくしたこの座席が、ひとつ残らず埋まることを、我々劇場スタッフはいつも願っています。劇団や制作、舞台に立つ役者さん達は更に強く、切実に願っていると思います。しかし、386席を毎日満席にするのはそう簡単なことではなく、力尽きてしまった演劇人達も少なくない現実があります。

そんな中でも、ナイロン100℃の公演は、1カ月30ステージといった長い公演にもかかわらず、満員御礼が続きます。まず観客の支持を得て、それをブームのように通過させるのではなく、支持され続けるために地道な努力をし続けた劇団が生き残れる――25年、四半世紀を生き残ったナイロン100℃を、35周年を迎えた劇場として、戦友のように感じています。

そんな関係になれたのも、KERAさんが「本多はいいよね〜」と言い続け、使い続けて下さったからに他なりません。公演本番が始まると、当たり前のように劇場事務所の応接室に入ってきて、座り慣れたソファーで当たり前のように過ごすKERAさんと、個人経営ならではの自由な当劇場の空気との相性が良かったのかもしれません。作家や演出家は往々にして、初日の幕が開くと劇場での居場所が定まらず、ロビーをうろうろしたり、役者さんの楽屋にいたりするのですが、KERAさんは応接室という専用楽屋を確保しています。「本多はいいよね〜」

の一番の理由は、もしかしたらそこなのでは……。

いつものソファーで他の仕事をしたり、取材を受けたり。何もすることがない時は、私を相手に世間話。もちろんその間に本番中の舞台では、KERAさんが生み育てた大事な作品が進行しています。応接室の音声モニターをオンにしておけばその様子は聞けるのですが、KERAさんはオフにしておいて、気になってくるとオンにして聞き、またオフにして……を繰り返します。モニターのスイッチの場所がソファーから少し離れているので、立ったり座ったり、芝居が終わるまでソファーとスイッチの間を行ったり来たりしています。一人立ちさせた我が子を物陰からチラチラ覗く親のようなKERAさんは、失礼ながらとてもかわいらしいです。

演劇愛、作品愛、劇団愛。そんな言葉はKERAさんの口からまず出ませんが、溢れているのがわかります。だからこその25周年だと確信しています。

25周年の記念撮影が、当劇場の客席で行われました。KERAさんを中心に、今では映画、ドラマでも活躍する人気俳優となった劇団員の皆さんが並んで座る姿を、カメラマンのうしろから見つめていた時の幸せな感覚は忘れられません。演劇界に生まれ、生きて、生き残った劇団と、劇場と。共にある喜びを 実感させてくれたナイロン100℃、そしてKERAさん、ありがとうございます。またいつもの楽屋で、お待ちしています。

41 パン屋文六の思案
～続・岸田國士一幕劇コレクション～

2007年の『犬は鎖につなぐべからず』から7年。「岸田國士一幕劇コレクション」の第2弾となったこの作品でKERAは、7本の岸田戯曲をリミックス。中心となるのは、私立小学校を経営する女性と歳下夫のすれ違いを描く『ママ先生とその夫』。パン屋の一家が地球の滅亡騒ぎに巻き込まれる『麺麭屋文六の思案』、『遂に「知らん」文六』の3本。

上記の3作品の間に展開するのは以下の4本。失業中の夫とその妻の家庭に、夫の友人たちが出入りする『かんしゃく玉』。互いに憎からず思っているのに、恋愛に踏み出せない男女の会話から始まる『恋愛恐怖病』。倦怠期を迎えた夫婦が、夫婦関係を一時中断する『世帯休業』。失業中の男とその友人、男の家の大家が、金銭を巡り騒動を起こす『長閑なる反目』。

第1弾と同様に豆千代モダンのコーディネートによる和装、井手茂太の振付、イラストなどのビジュアル映像に加え、ニオイシート（指定されたシーンで、こすって香りを嗅ぐシート）を導入するなど、多彩な趣向を凝らしながらも、キッチュさが前面に出すぎぬよう、抑制の利いた演出が施された。

それは7本の戯曲の繋げ方にも表れている。『犬は鎖につなぐべからず』では、KERAのコラージュセンスにより8本の戯曲が溶け合いまとまった印象だったが、『パン屋文六の思案』は、7本の戯曲それぞれの味わいを生かす方向にシフト。いわばリプロダクトに近かった前作に対し、今作は原曲を生かした繋ぎ方で聴かせるDJプレイのような印象だ。

一幕終盤には、それまでのにぎやかな流れからうって変わり、静かにお互いの思いを探り合い、しかし成就することはない男女の会話がもどかしい『恋愛恐怖病』が、他の戯曲を挟まず一気に展開されるのも『犬は鎖につなぐべからず』とは異なる味わいを生み出している。

コラージュされた各作品にも触れておこう。歳上の妻・町子（松永玲子）に養われる鬱屈から逃れんと旅に出る朔郎（萩原聖人／客演）。自分の意志で人生を選択することを避ける彼は、再び町子のもとに戻るが、最後には彼がちょっかいを出していた道代（小野ゆり子／客演）、ともども、学園から追放されてしまう『ママ先生とその夫』。

失業中の夫（みのすけ）が、友人の渋谷（廣川三憲）、多田（植本潤／客演）、小森（志賀廣太郎／客演）に妻を働かせるよう勧められるも拒絶し、貧乏はつらいが妻（村岡希美）に食わしてもらうのはなおつらい、と嘆く『かんしゃく玉』。

　両作品に登場する夫は現代的なようでいて、「男が妻を養うべき」という古い考えから抜け出せない。また自分で人生を選べない朔郎の姿には、『恋愛恐怖病』の「好意を寄せる女（緒川たまき／客演）に告白できず、いたずらに心理戦を続けるだけの男（植本潤）」が重なる。そこには、自由なはずなのに、それをどう生きればいいのかがわからず戸惑う、現代人の姿が浮かび上がる。

　『世帯休業』では、倦怠期の夫婦（廣川三憲、緒川たまき）が、現代的な思想に則って夫婦関係を一時休業するが、思想が彼らを変えることはなく、倦怠を打破するのに必要なのは結局金だという身も蓋もない結論にたどり着いてしまう。『長閑なる反目』でも、金を巡るいざこざが友情にひびを入れるし、『ママ先生とその夫』でも、夫婦間での金を巡る会話が関係に陰を落としている。

　そして『麺麭屋文六の思案』と『遂に「知らん」文六』の主人公文六は、人類滅亡の危機を回避して、あたかも人生の真理を掴んだ気になっている廉太や梶本の言葉に、生活者の感覚から胡散くささを感じ取る。だが、それを言葉にする術を持たない文六は、ただ「知らん、知らん」と連呼して拒否するのみ。その姿には長い人生で積み重ねた実感の重みが表れている。

　恋愛、夫婦、近代的理性、因習、金、そして大衆を一時的に突き動かす熱狂。KERAの演出によって浮かび上がるものは、今も変わらず人々を縛るものばかり。岸田戯曲の先見性と、それをすくい上げるKERAの的確な演出には感嘆するしかない。

　『犬は鎖につなぐべからず』に続き、本作でも萩原、植本、緒川と、準劇団員といっても過言ではない面々が客演。萩原は、自分勝手だが人生を選ぶ強さに欠ける朔郎や、気のいい書生のような詩人・鳥羽と、タイプの異なる若者を伸びやかに演じ分ける。植本は友人の留守に家に上がり込む多田や地獄の赤鬼など、コミカルな役どころを演じたかと思えば、恋愛を恐れる男の孤独を静かな情感で表現。緒川はその男に心理戦を仕掛ける女のしたたかさと、その陰にある想いを丁寧に立ち上げる。そして倦怠期にある妻の物憂さ、それでいて少女のようにはしゃぐ愛らしさを表現してみせた。

　新たにこのシリーズへ参加した客演陣も活躍している。『ナイス・エイジ』でも圧倒的な存在感を放った志賀が演じる文六は、重心の低さで作品世界に落ち着きをもたらした。また、小使の角さんや、やたらと情熱家ぶる男・小森を演じる際には、おかしみとともに生活感を醸し出している。小野は、町子を尊敬しながら朔郎にときめいてしまう道代の二面性を表現しながら、道代が読んでいる本という設定になっている『世帯休業』や『恋愛恐怖病』へ場面を繋げる役割も果たした。

▶41st SESSION
2014年4月10日～5月3日：青山円形劇場
作：岸田國士　潤色・構成・演出：ケラリーノ・サンドロヴィッチ
衣裳監修：豆千代　振付：井手茂太
出演：みのすけ、松永玲子、村岡希美、長田奈麻、新谷真弓、安澤千草、廣川三憲、藤田秀世、吉増裕士、眼鏡太郎、猪俣三四郎、水野小論、伊与勢我無、菊池明明、森田甘路、木乃江祐希／萩原聖人、緒川たまき、植本潤、小野ゆり子、志賀廣太郎
音楽：鈴木光介　舞台監督：福澤諭志(StageDoctor Co.Ltd.)　舞台美術：加藤ちか　照明：関口裕二(balance inc.DESIGN)　音響：水越佳一（モックサウンド）　映像：上田大樹(&FICTION!)
ヘアメイク：宮内宏明(M's factory)　演出助手：山田美紀　舞台写真：引地信彦　宣伝美術：坂村健次

『百年の秘密』『祈りと怪物』での過労の後遺症からまだ立ち直れぬ自分のために、再び巨匠岸田國士の力を借りることにした。不思議なことに、助けてもらえたばかりでなく、大きな活力を頂戴できた。恐るべし岸田國士。（KERA）

　そしてナイロン100℃の俳優陣の好演は言わずもがな。振れ幅が豊かなキャラクター、町子を演じる松永。子供を失い若い男に入れ込む篠子と、失業中の夫を支える妻を表情豊かに演じた村岡。失業中でもプライドを捨てられない夫を演じるみのすけなど、温度も湿度も異なる作品をコラージュし、一つの流れとして構成するために、彼らの力量が欠かせなかったことがわかる。
　非常な好評を博した「岸田國士一幕劇コレクション」シリーズだが、青山円形劇場が閉館したため、今後、岸田國士作品を演出する可能性はあっても、このような形で続編を作ることはないとKERAは明言している。　　［小杉厚］

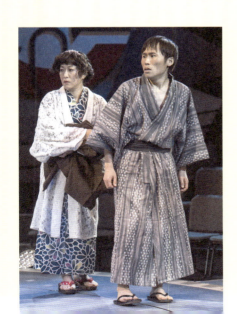

公演フライヤーより

42nd SESSION

42 社長吸血記

　この作品のような「会社もの」をやろうと思った理由について、KERAは森繁久彌主演の喜劇映画『社長シリーズ』を観直したのがきっかけだと語っている。同シリーズは源氏鶏太の原作小説とその映画化である『三等重役』(52年)を源流に持つサラリーマン喜劇。ここからインスピレーションを得たKERAは、わかりやすくイノセントなサラリーマン喜劇を構想。同シリーズの定番タイトル『社長○○記』に引っ掛けて『社長吸血記』というタイトルになった。

　しかし、わかりやすくイノセントなサラリーマン喜劇を作りたい気持ちは早々に萎え、本作の内容は、当初の構想から大幅に変更される。構想は練り直され、リアルと不条理という2パートを組み合わせたものになった。

　舞台となるのは、日本のどこかにある低層ビルディングの屋上。この場所で、ある金融会社での出来事を描くリアルパートと、以前、その場所で営業していた会社のOBたちのやり取りを描く不条理パートが、交互に展開していく。

　リアルパートで展開するのはKERAの『労働者M』(02年)の変奏だ。『労働者M』でも二つのパートに分かれて物語が進行したが、片方のパートが「いのちの電話」を装いながら、実はネズミ講の会社という話になっており、責任者が行方不明になるなど、この作品のリアルパートに重なる部分が多い。ちなみにKERAは『労働者M』に深い愛着がある旨を公言しており、『社長吸血記』のリアルパートに登場する人物の名(すべて頭文字がM)は、ほとんどが『労働者M』から取られている。

　そのリアルパートには、生々しく殺伐とした空気が漂う。室長・目崎(三宅弘城)は、タガが外れるとすぐに暴力を振るうし、黛(大倉孝二)は、常に苛立ち近寄りがたい雰囲気を漂わせている。黛の妹・ミミ(鈴木杏/客演)も、契約を取るためなら手段を選ばず、自殺した元社員益子の、妻(皆戸麻衣)に対して平然と罵倒を浴びせる。若手社員の毛利(槙尾ユウスケ・かもめんたる/客演)は、呵責などみじんも感じずに老人を食い物にするし、同じく若手社員の道下(岩崎う大・かもめんたる/客演)は常に挑発的で、人を食った態度を取り続けている。指導係の望月(犬山イヌコ)は「金のためにできるだけ多く(客の)弱みを握れ」と若手社員に教え込み、森(みのすけ)は、笑顔のまま人間性を疑うような言葉を吐き、ときには自身の暴力性を露わにする。益子の妻も、自分を助けてくれている友人・桃代(水野小論)の赤ん坊を悪しざまに言うなど、とても善良な人間とはいえない。

　それに対して不条理パートでは、以前、リアルパートの金融会社のフロアにあった会社のOBたちが、「集合の日」に屋上に集まるという別役実的な設定(台本上の役名も男1、男2……と別役調)になっている。リアルパートとは正反対に、善良極まりない人々が集まるだ

けで大きな事件は起こらない……というよりも、起きても人々が大きな事件にしないのだが、それでもそこはかとなく不穏な空気が流れている。そこにKERAならではのナンセンスの要素が混入し、リアルパートとは異なるカオティックな世界が展開する。

ここでは、三宅は実直で滑稽な男、大倉は世間とズレた視点と感覚を持つ老人、みのすけはピュアで天然系の男を演じている。また、犬山と峯村は息の合ったコンビネーションを見せながら、喜安浩平演じる警備員を煙に巻く女2と女1を掛け合いで表現。そして、村岡希美は自分のこだわりや世界を持っている女3を、独特のリズムの台詞回しで演じて、不条理パートの中にアクセントを与えている。

リアルと不条理の両パートを繋げるのは良い探偵（山内圭哉／客演）だ。良い探偵はどちらかのパートでもストレンジャーとして扱われるが、彼が語り部を務めることで観客は両パートに対する観察者の視点を獲得するとともに、別ものに見える二つのパートが、実は繋がっていることに気づく。

山内は良い探偵のほかに、隣のマンションに住む曲役を演じ、社長失踪を巡る謎の一端も担う。またマンションのシーンでは、曲の姉マサヨとして峯村がリアルパートに登場し、関西弁をしゃべる蓮っ葉な女を演じた。

探偵がリアルと不条理の双方に関わるのは、社長の失踪が両方のパートにまたがるトピックだからなのだが、KERAはリアルパートで張り巡らせた伏線を、不条理パートでは、失踪した社長の死体を（死んでいないのに）天から降らせるなどして、ナンセンスな形で大胆に無効化する。きれいに組み上がるピースを揃えておきながら、それに飽き足らないKERAは不条理という毒で、組み上がりつつあるパズルを破壊。その手法には、KERAの人生や世界に対するドライな視点が覗いているかのようだ。

精密に理論で組み立てられた世界と、矛盾を超えて感覚から立ち上がっていく世界。ところどころで溶け合う二つの世界を行き来する観客は、なにかをわかっているようでいて、実は確かなものなどない現実をそこに見る。それはミミの最後の台詞にも表れている。

「わかるわよ、お兄ちゃんの言いたいこと。苦しいとき、泣けばいいんでしょう？ 笑うんじゃなくて。泣けば、そいつは真面目に悩んでるんだとわかる。そういうことでしょう？ でも残念ながら私は、どうせ泣くわけにいかないのよ。なぜだかはわからない。きっと知られなくないからよ、自分が苦しいなんてことを。大体、自分が苦しいかどうかもわからないし」

KERAが描く不条理劇は、同年に外部作品として別役作品の演出を手がけた『夕空はれて』（この作品が、KERAが青山円形劇場で演出した最後の作品となった）を挟んで、次の新作『ちょっと、まってください』で、さらなる深化を遂げることになる。

［小杉厚］

> この芝居と次の『ちょっと、まってください』は、観客のことを微塵も考えずに好き勝手書いた。清々しい気持ちだった。（KERA）

▶42nd SESSION
2014年9月26日〜10月19日 本多劇場 10月25日〜26日 北九州芸術劇場中劇場 10月28日〜29日 大阪・梅田芸術劇場シアタードラマシティ
11月1日〜2日 新潟・りゅーとぴあ新潟市民芸術文化会館劇場
作・演出：ケラリーノ・サンドロヴィッチ
出演：三宅弘城、大倉孝二、みのすけ、喜安浩平、犬山イヌコ、峯村リエ、村岡希美、皆戸麻衣、水野小論、猪俣三四郎、小園茉奈、大石将弘／鈴木杏、岩崎う大（かもめんたる）、槙尾ユウスケ（かもめんたる）、山内圭哉
舞台監督：菅野將機(StageDoctor Co.Ltd.) 音楽：和田俊輔 舞台美術：BOKETA 照明：関口裕二(balance inc.DESIGN) 音響：水越佳一（モックサウンド） 映像：上田大樹(&FICTION!)
衣裳：三大寺志保美 ヘアメイク：宮内宏明(M's factory) ステージング：KENTARO!! 殺陣指導：明樂哲典 演出助手：相田剛志 舞台写真：引地信彦 宣伝美術：雨堤千砂子(WAGON)

44th SESSION

44
ちょっと、まってください

2015年の『消失』再演から2年の休止期間を挟み、ナイロン100℃の新作としては3年ぶりの作品となった『ちょっと、まってください』。この作品は「今のナイロン100℃でなければ作れないものを」とKERAが考えた際に「ナンセンスコメディより不条理喜劇と呼ばれるのがしっくりくる作品を作ってみたい」という思いが生まれたことから執筆されたものだ。

物語は洋館に住む金持ち一家のパートと、その洋館の庭に住み着いた乞食一家のパートに分かれて展開。二つのパートが交互に進行する中、次第に金持ち一家と乞食一家の家族が入れ替わっていく。

「別役実作品で構成されたルイス・ブニュエルを目指した」と語るKERAは、ブニュエル作品の特徴である世界観の更新(KERA曰く「転調」)を導入。更新され続ける劇中世界は、時間が経過しても不確かなまま進行していく。

思考、表現、コミュニケーションの道具としての「言葉」の不確かさも劇中に不条理な状況を生み出し、登場人物たちも絡め取られていく。そこには別役作品のテイストが反映され、さらに乞食パートには電信柱やリヤカー、おままごと、飛行船など、別役作品の象徴的アイコンが登場。別役作品のパスティーシュ要素も感じられるものとなっている。

登場人物の会話は噛み合わず、話題は混線して話し手の意図からズレ続け、結論に辿り着くことはない。とくに男5・使用人(マギー/客演)は、まったく前後と矛盾するような内容を観客に語りかけ、その前にあった事実さえも大胆に更新してしまう。KERAは別役作品の言語感覚をパスティーシュすることによって、言葉による世界観の更新をも実現しているのだ。

女4・金持ちの妻(犬山イヌコ)と男5が、実在しない仕立て屋を巡って、互いの言葉の前提を破壊していくやり取り。男1・乞食の息子(大倉孝二)と女2・乞食の娘(水野美紀/客演)の兄妹が、絵ハガキについて交わす会話が示す言葉と本心のズレ。原因と結果の順序があべこべになった時間の流れ。これらの場面を観るとKERAは、言葉の不確かさと不確かさゆえの自由を楽しんでいるように見える。

別役作品からの引用は別として、KERAはこの作品で特定の時代や国を示す記号を慎重に排除している。これまでのKERA作品には、自身の趣味嗜好を反映した登場人物の設定(『わが闇』の柏木信彦など)や、舞台美術(映画『未来世紀ブラジル』(85年)のニュアンスが感じられる『消失』の舞台美術や小道具など)が少なくなかったが、この作品には趣味性の強い記号が見当たらず(それは別役作品にも共通する)、そのことが作品の寓話性を高めてもいる。

そして登場人物は、戦前のドイツ映画のような白塗りで現れる。重要なのはこの白塗りが誰かを装うためのメイクではないということだろう。白塗りで役の背景は漂白されるのに、出演陣は説得力ある演技を見せ、そこから生まれるギャップにより彼らの表情や声、身体の動きは奇妙に増幅されていく。それが笑いに繋がるとともに、どこか不気味で不穏な空気を醸成。観客は安易な感情移入を妨げられ、目の前にいる登場人物という「他人」の姿を、心理的な距離を保ったまま俯瞰することになる。

KERAは『ちょっと、まってください』公演パンフレットに掲載された岡室美奈子氏との対談で「いろいろなものを剥ぎ取った、なにもない演劇を作りたい」という意味のコメントをしている。そういう意味では、脚本に書かれている役の情報もかなり少ないのだが(しかも脚本は稽古の進行とともに、少しずつ配布される!)、それでも説得力のある人物像を作り上げたナイロン100℃劇団員、そして客演のマギーと水野美紀による構築力は見事というよりほかない。これがナイロン100℃初客演の遠藤雄弥も健闘している。

彼らが演じる二つの家族に感じられるのは、家族という集団には、論理的な整合性をもって説明できない部分があるということ。たとえば『わが闇』では、それが物語として描かれているが、この作品では物語性をできるだけ排し(それでもにじみ出るドラマ性がKERAの作家性を示してもいるのだが)、ミニマルな手法で描かれた結果、家族関係の根底に横たわる不条理が生々しく浮かび上がる。それは結婚(脚本上の表記は「ケッコン」)という制度の描かれ方や、乞食一家が実は赤の他人同士で、じゃんけんで誰が

どの立場をやるかを決めていたらしい、というエピソード（それが明かされることで藤田秀世が、女3・乞食の祖母を演じたことに論理的整合性が生まれるのも面白い）にも表れている。

そこからは、「居る」ことが人間の営みの本質であり、家族とは、血縁や結婚で同じ場所にいることになっただけの、しかし逃れることのできない関係だということが伝わってくる。入れ替わった金持ち一家も乞食一家も、結局最後は元の顔ぶれに戻り、金持ち一家は今まで通りに洋館に住み、乞食一家は妹の（まだ出会っていない）ケッコン相手がいる別の街へ旅立つ。そこに新たな展開はなく、この先もただ同じことが繰り返されることが暗示される。

そんな人間の営みから脱出しようとしたのが男5だ。男5は自分を元ペテン師だと語っているが、ペテン師の最大の武器が言葉であ

ることは言うをまたない。彼は言葉を駆使して金持ちパートと乞食パートを行き来し、男3・金持ちの父親（三宅弘城）をニセの署名で罪人にする。そして金持ちと乞食の家族が入り乱れるカオスから脱出しようとするのだが、身体に変調をきたして動けなくなる。

さらに女7・使用人（小園茉奈）にナイフで刺される夢から目覚めた後、ピストルの弾が当たって屋敷の庭に横たわりながらラストシーンを迎える。その姿は、人は家族、ひいては社会という関係から、死ぬまで逃れられないことを暗示するかのようだ。そして、男8・会社員（藤田秀世）と最後に交わす会話の中で、男5は自身の言葉の限界——ペテンもまた不完全かつ不確かであること——を改めて実感したのだろう。

その様子は実際に存在してしまっている現

実の社会と人間に対して、言葉を武器に立ち向かった表現者が敗北する姿にも見える。そして穿った見方をするのなら、男5とは世間一般の評価とは別の部分で、実は敗北を感じている（のかもしれない）、しかし、それでも創作を続けるKERAその人なのかもしれない。

もっとも、そう考えてしまうということは、すなわちKERAのペテンにまんまとひっかかっている、ということなのかもしれないのだが。

［小杉厚］

> 「別役さんのパスティーシュ」路線の中では最もうまくいった公演だと思う。思いがけず観客の反応も良く、一同びっくりした。（KERA）

▶44th SESSION
2017年11月10日〜12月3日　本多劇場　12月6日　三重県総合文化センター　中ホール　12月9日〜10日　兵庫県立芸術文化センター　阪急　中ホール
12月12日　広島・JMSアステールプラザ　大ホール　12月16日　北九州芸術劇場　中劇場　12月20日　新潟・りゅーとぴあ新潟市民芸術文化会館　劇場
作・演出：ケラリーノ・サンドロヴィッチ
出演：三宅弘城　大倉孝二　みのすけ　犬山イヌコ　峯村リエ　村岡希美　藤田秀世　廣川三憲　木乃江祐希　小園茉奈／水野美紀　遠藤雄弥　マギー
音楽：鈴木光介　舞台監督：竹井祐樹　福澤諭志(StageDoctor Co.Ltd.)　舞台美術：BOKETA　照明：関口裕二(balance inc.DESIGN)　音響：水越佳一（モックサウンド）
映像：上田大樹(&FICTION!)　衣裳：宮本宣子　ヘアメイク：宮内宏明(M's factory)　演出助手：山田美紀　舞台写真：桜井隆幸　宣伝美術：はらだなおこ

#42『社長吸血記』

笑い・恐怖 未体験の高揚感

読売新聞2014年10月8日　冨野洋平

笑いと恐怖は紙一重だ。日常に潜む非日常性が、受け止め方次第で笑いにも恐怖にもなる。観客が作品のジャンルを気にするのはおそらく、その非日常性と心地よく向き合うためなのだが、劇団「ナイロン100℃」の新作はそれを嫌うように突き放していく。

舞台は古いロッカーなどが雨ざらしに放置された低層ビルの屋上。突然姿を消した社長を心配する社員ら（三宅弘城、みのすけ、大倉孝二）と探偵（山内圭哉）の騒動。なぜかこの屋上に集まってくる会社のOBたちと警備員（喜安浩平）とのやりとり。2つの物語が交互に展開し、交錯する。

＜中略＞興味深いのは構成だ。現役社員のパートはブラックコメディ、OBは不条理劇に近い。日常に起こった非日常的事態を描くコメディと、非日常そのものをとらえる不条理劇と。作・演出のケラリーノ・サンドロヴィッチは質の異なる2つの笑いを巧みに操り、観客の先入観をマヒさせていく。いつしかコメディと不条理劇、笑いと恐怖の垣根が取り払われ、悪夢のような残酷な世界に迷い込む。何とも不思議な芝居だが、観劇後は、未体験の高揚感が確かに残った。それも役者陣の力量と、演出の一部ともいうべき仕掛けを手がけた美術スタッフらの技術があってこそ。劇団としての総合力の高さを見せつけられた。

#41『パン屋文六の思案 ～続・岸田國士一幕劇コレクション～』

岸田戯曲をポップに再構成

朝日新聞2014年5月1日　山本健一

男と女の恋心を苦くコミカルに描いた岸田國士の近代劇7本を、ケラリーノ・サンドロヴィッチがコラージュして1本に仕上げた。状況喜劇の笑いを強調した構成と、スピード感あふれるポップなノリ。書かれた時代を意識したレトロなロマンの味わい。引用に伴う大胆な解釈より、岸田戯曲の喜劇性をリスペクトした古さを新しさに変える達者な衣替えと、戯曲選択の目が光る。

全17場を7本の戯曲の断片で構成する。パン屋の主人文六をめぐる表題作と続編『遂に「知らん」文六』の家庭劇が6場を占める。娘の不倫からSFもどきの展開へと飛躍する。文六役の志賀廣太郎が温厚な父の家庭劇が6場を占める。娘の不倫からSFもどきの

分別と、パニックで心が壊れていく残酷さを突っ込んで演じる。

『ママ先生とその夫』は、3場面を占める。学園を経営するママ先生（松永玲子）が、年下の夫（萩原聖人）とその恋人の教師（小野ゆり子）に復讐する。松永が裏切られた妻の憎しみを、純真な子どもたちの前であっけらかんと見せる最後が怖い。

すれ違う恋心をごっこ遊びでおしゃれに描く『恋愛恐怖病』では、緒川たまきと植本潤が繊細に別れを演じる。『長閑なる反目』のみのすけと藤田秀世の笑いはペーソスがある。喜劇は深いかなしみから生まれる、とする岸田の持論を、演出家・KERAは吸収し、共鳴する。

家庭を出入りする男と女の心の揺れで場面でゆるくつなげる構成だが、テイストは現代。近代の台詞が、スピード感覚の中で弾む。井手茂太が振り付けたブレイクする群舞、豆千代の新古典風な和服ファッション、玩具箱をひっくり返したような美術（加藤ちか）と音楽（鈴木光介）だ。

#38『百年の秘密』

ナイロン100℃『百年の秘密』の衝撃が、何日経っても薄れない。

『テアトロ』2012年8月号　林あまり

5年に1本あるかどうかの傑作である。＜中略＞『百年の秘密』のスケールの大きさ、そして緻密さにはとにかく圧倒される。百年、六世代にわたる人々の物語が大胆にとらえられている。同時に、なんでもない場面が、細密画のように描きこまれている。KERAの名作『わが闇』以来の、そしてそれ以上の衝撃だ。

ティルダ（犬山イヌコ）とコナ（峯村リエ）という女2人。ティルダの一家が中心に進む。いま、中心と書いたけれど、本当の中心は、ティルダの家の庭にある大木だ。この木は百年の家のすべてを目撃している。＜中略＞この木は百年のすべてを目撃している。＜中略＞ティルダとコナは老人になって、揃って同じ日に銃で死ぬことになる。普通に考えれば悲惨な最期だ。しかし2人の人生全体から見れば、または2人の子・孫世代から見れば、死に方だけで「不幸」とは言えない。

老人の孤独死が社会問題となっている。しかし、「死に方」が「孤独」だったからと言って、その人生が孤独だとか不幸だとか決めつけることは出来ない。そんなことも、2人の人生から感じた。＜中略＞古い洋画や欧米の名作戯曲の記憶がどっとよみがえる。日本人作家のものとは思えない。翻訳劇のようなKERAの新作。難しい作品を支えた2女優。犬山イヌコと峯村リエの演技に魅せられた。庭にも室内にもなる舞台の美術・照明もいいし、今回も映像（上田大樹）が素晴らしい。オープニング、白い壁や扉に人物の映像が重なってイキイキと動くシーンは、芝居の質の高さを予感させるのに充分なものだった。

劇評

#38 『百年の秘密』

女の友情、家族の愛情 繊細に

産経新聞2012年5月12日　飯塚友子

劇作家ケラリーノ・サンドロヴィッチが、2年振りの新作で、2人の女性を軸にした家族の物語で真っ向勝負した。舞台中央にはやがて大きくなすれ違いに発展し、不幸を生む。だからこそ終幕、2人が幸福だった23歳の頃が再現されると切ない。陽光を浴びながら語られる、実らなかった夢や子供への期待──。

女性同士の友情や家族の愛情を繊細に描き、もろくもかけがえのない関係を繊細に描き、3時間半という長さを感じさせない。米劇作家ソーントン・ワイルダー『わが町』へのオマージュでもある作品は、北杜夫『楡家の人々』で描いた一族の年代記の読後感にも似たユーモアと哀感が漂う。

その渾身の一作を、犬山らナイロンの常連俳優が、誇張とデリケートさを併せ持った演技で立体化。映像を効果的に使い時折うなりを上げる楡が、人間の営みに温かく寄り添う存在に見えたのが印象的だった。

と。ティルダの夫となるブラックウッド（山西惇）とのコナの一夜の過ち。小さな秘密はやがて大きくなすれ違いに発展し、不幸を生む。

舞台は近代米国らしき屋敷。ベイカー家のティルダ（犬山イヌコ）とコナ（峯村リエ）は12歳で出会って親友となり、結婚して子を育て、仕事に励み、ままならぬ人生に悩み死んでいく。その平凡な営みが、時間軸を前後し再現される。彼女らはわれわれ自身でもある。周囲を傷つけず、平穏な日々を維持するため、小さな秘密を秘めている。

秘密を知っているのは楡だけだ。コナの夫となるカレル（萩原聖人）のラブレターを、届けず2人で楡の木の根元に植えたことにより、その平凡な観客はいつしか楡と同化し、物語を天空から俯瞰していることに気づく。

根を張る楡の巨木は、100年にわたりベイカー家を見守る"主役"。観客はいつしか楡と同化し、物語を天空から俯瞰していることに気づく。

#44 『ちょっと、まってください』

舞台に再現された悪夢

読売新聞2017年11月28日　浅川貴道

ケラリーノ・サンドロヴィッチ率いるナイロン100℃の3年ぶりの新作は、作・演出のKERAの好みを突き詰めた、真っ向勝負の不条理劇だ。

立派な屋敷に住み、2人の使用人がいる金持ちの家族と、屋敷の外にやってきたホームレスの一家。この2つの家族が入れ替わるというのが物語の大筋だが、「何がどうしてこうなる」と、因果関係で説明できない。不条理たるゆえんだ。

登場人物がかみ合わない会話を続けるうち、いつの間にか枝葉が本筋になっている。そして、家族が入れ替わっている。KERAが敬愛する別役実の作風を色濃く感じさせる戯曲だ。

ともすれば分かりにくい作品だが、劇団を支えてきた個性派の俳優たちが演じると、奇妙にゆがんだ世界が立ち上がる。金持ちの父親（三宅弘城）と母親（犬山イヌコ）、ホームレスの父親（みのすけ）と息子（大倉孝二）、さらに客演のマギー演じる使用人らは、客席と呼吸を計り合うかのような独特のテンポで、不条理を笑いに変えていく。

しかし、笑いだけでは済まない。強烈な毒気も含まれている。町では市民運動が盛り上がり、空には人々を見下ろすように飛行船が浮かぶ。そして、唐突に死刑を宣告される金持ちの父親。カフカの小説のように、不安な世界観でもある。

そこに現代社会への批評を読み取ることも出来ようが、分かったつもりで解釈するよりも、これは舞台上に再現された悪夢だと思った方がいいかもしれない。こんな世界を高い完成度で実現できるのは、この劇団ぐらいではないか。まさに面目躍如だ。

未来にたちこめる暗雲
ナイロン100℃とケラリーノ・サンドロヴィッチ

長谷部 浩（演劇評論）

44th SESSION『ちょっと、まってください』

成熟期のただなかにいる。

ケラリーノ・サンドロヴィッチとナイロン100℃の近作『ちょっと、まってください』を観て、44th SESSIONを迎えたこの集団が、紛れもない成熟期を生きていると感じた。

この作品は劇作家別役実へのオマージュであると明らかにされている。演劇界の最長老となった別役実は不条理劇の作家であると考えられている。

不条理演劇といえば、ベケット、イヨネスコ、ピンターの名が思い浮かぶが、あえて共通項を探せば、世界は人間にとって理解不能である。そんな断念といったらいいのだろうか。論理や常識や法によって律することができない不可思議な出来事が不意に人間を襲い、あらがうことはできない。やがて、人間の孤独と絶望があらわになる。このとき人は、おかしみを感じる。いや、思いがけない出来事をやりすごすには、笑ってしまうより他にすべがないのだった。

不条理演劇の系譜に属する別役は、漂流する家族が、ある家に侵入するとき、その家の人間関係が唐突に変質、予測不可能な事態へと横滑りしはじめる構成を好んで書いた。人間の共同体とはいかにもろく、崩れやすいか、その危うさを乾いた笑いにくるんで語っていたように思う。KERAの『ちょっと、まってください』は、別役の特質を踏まえつつ、換骨奪胎している。

立派な邸宅を所有する家族は、すでに倦怠の極みにある。金持の父親（三宅弘城）はじめ母（犬山イヌコ）、息子（遠藤雄弥）、娘（峯村リエ）とお互いの話を聞き飽きている。

一家に仕える使用人（マギー、小園茉奈）らを巻き込んで、家の経済状況を含め嘘に嘘を重ねている。ここでは他の家族が侵入する前から、この家の共同体がすでに崩壊しているとまず、明らかにされる。

それに対して、乞食の父親（みのすけ）とともに漂流する息子（大倉孝二）、娘（水野美紀）、祖母（藤田秀世）、母親（村岡希美）らには、血縁関係はなく、ただ家族を偽装しているらしいと次第に明らかになる。

この二つの家族が交錯するとき、何が起こるのかが焦点となる。

家や金や血縁関係がなにかを保全するのではない。すでに崩れかけた家族関係は、むしろ他者が侵入することによって活性化する。不条理は負の概念ではなく、むしろ現実をきりぬけるための唯一の方策ではないかとこの劇は語りかけてきた。

七十年代から八十年代にかけて竹内銃一郎や山崎哲は、家族の崩壊を突きつける劇を数多く書いた。別役の影響を受けたこの世代の作家達の仕事も踏まえて、KERAが行ったのは、ある問いかけである。不条理が日常となった現在、むしろ不条理を積極的に認めることが、出口のない世界を生き延びるための方法でははないか。そう問いかけていた。

かつて文学座や木山事務所などで頻繁に上演された別役の舞台を支えていたのは、老練な新劇俳優のリアリズムに基づいた技藝であった。数多くの舞台のなかでひときわ記憶に残るのは、中村伸郎が出演した舞台である。中村と楠祐子が共演した『眠っちゃいけない子守歌』（一九八四年）

論考

や中村の『街角の事件』（八四年）、中村と三津田健が同じ舞台に立った『諸国を遍歴する二人の騎士の物語』（八八年）が思い出される。

今回、四十四回公演を迎えた『ちょっと、まってください』では、三宅弘城、大倉孝二、みのすけ、犬山イヌコ、峯村リエ、村岡希美らの劇団員たちは、今ここにいる人間を描き出すだけの力を備えているとよくわかった。

劇団健康の時代や初期のナイロン100℃では、舞台の笑いは、それぞれの役者の独特な個性によりかかっていたように思う。KERAの劇作もまた、役者の個性を活かすことに力を注いでいた。あれから時が過ぎ、劇団公演のみならず、他のプロデュース作品などでの活躍もあって、役者の技藝もまた成熟期を迎えている。

極めて基礎的な技術。台詞回しの巧みさや受けの芝居、間のとりかた、身体の表情が、それぞれの個性を際立たせている。固有の癖が癖に終わらず、表現となるだけの積み上げがある。不条理演劇を独得のリアリズムで演じるだけの力量が劇団員に備わってきたのである。

私はこれまでに何度か、KERAについて長い文章を書いている。この稿をまとめるにあたって読み返すと、その当時の舞台が思い出された。そればかりではない。KERAの独自性は、すでにこの当時から際立っていたとわかる。「二〇〇二年に論創社から出版された『室温〜夜の音楽〜』の巻末に収められた解説で私は「ケラリーノ・サンドロヴィッチ（KERA）は、すでにナンセンス・コメディの第一人者として独自の地位を築いたかに見える」と始めている。この時期、洗練された台詞と俳優の身体のおかしみ、そして独自の間によって客席は湧いていた。『フランケンシュタイン』（九七年）、『薔薇と大砲〜フリードニア日記#2〜』（九九年）『カフカズ・ディック』（〇一年）そしてこの『室温〜夜の音楽〜』（〇一年）をたどると、笑いに重点を置きながらも、作品全体としては、悪夢のような物語を舞台上に成立させることをめざしていた。こうした作品群は、ナンセンス・コメディから、ブラック・コメディへと向かう道筋ではないかと当時の私は考えていた。

KERAの作る劇世界には、未来に対する漠然とした暗雲が常に立ちこめていた。しかも登場人物のそれぞれが罪の意識に苛まれている。この未来への不安が、集団の無意識と結びあって、奇矯な事件が起こる。けれども、登場人物のだれひとりとして、この事件の合理的な解決を見つけ出せない。あたかも、ケラリーノ・サンドロヴィッチは、じぶんじしんがつくりだした悪夢から、決して醒めまいと決心しているかのようだ。

その偏執のあまりの強烈さに巻き込まれるのが、KERAの舞台に立ち会う快感なのだった。KERAの作品の多くは、下北沢の本多劇場や渋谷のBunkamuraシアターコクーンで上演されてきたが、はじめは正しく方形を描いていたプロセニアム・アーチが劇が進むとともに、歪み、ついには溶けていくような幻影を味わってきた。九十年代後半以降、私たちの生活を侵食してきた現実世界の静かな狂気と寄り添って、この劇作家・演出家は、悪夢のような世界を構築してきた。

この評言は二〇〇〇年頃のKERAについて書かれたものだけれども、近作『ちょっと、まってください』にも、そのまま当てはまるところに驚く。結局のところ、独自の世界観を持つ表現者は、モチーフを変えつつも、繰り返し同じテーマを語り続けるのであった。

KERAの舞台に観客は何を期待しているのだろうか。近年の舞台を観るにつけても、劇が始まる前から、「観客席が暖まっている」と感じる。KERAは笑わせてくれるはずだ。そう信じて観客は劇場に詰めかけてくる。笑いを待ち構えている状態の観客席がそこにある。

つかこうへいの登場以来、現代演劇にとって、笑いは欠かせない要素となった。つかが逆説によって論理による笑いを突き詰めたとすれば、野田秀樹は、言葉に多重な意味を負わせ、その言葉を上回る身振りの過剰さによって、ノンセンスな速度感を獲得した。三谷幸喜はシチュエーション・コメディの枠組みを活用することで、緊張と弛緩が交錯する時空を創り出した。

ケラリーノ・サンドロヴィッチは、こうした現代演劇における笑いの展開を踏まえている。言葉によりそって身体表現があるのではない。身体言語が台詞を裏切って笑いと生み出す。また、笑いを畳みかけるように炸裂させるよりは、観客が笑っていいのか、いけないのか、そんな迷いをも創り出す。ケラリーノ・サンドロヴィッチの笑いは、爆笑や哄笑ではない。断続的に連なる波のような笑いといったらよいだろうか。

それにしても笑いを待ち構えている観客に対して、期待に応え続けるのはいかに至難なことだろう。KERAの戦略は、「ここまでついてこれますか」と、笑いの閾値を上げつつあるように思う。そう強く感じたのは、一六年、『ヒトラー、最後の20000年〜ほとんど、何もない〜』と『キネマと恋人』と性格の異なるふたつの舞台を立て続けに発表した頃だった。ブラックで、ナンセンスで、お下品なコメディの『ヒトラー……』と、ウッディ・アレン監督の佳品映画『カイロの紫のバラ』のほぼ忠実な翻案の『キネマと恋人』が、同じ年に発表された。KERAの劇世界が万華鏡のような変化を見せたのである。

『ヒトラー、最後の20000年〜ほとんど、何もない〜』では、ヒトラー、イコール悪、アンネ・フランク、イコール善とする常識が、根底から疑われていた。善悪の区分を徹底して破壊する。そればかりか美と醜の境目、現実と虚構の線引きを横断している。観客に対して、あなたの良識はいかに不安定であることか、自分を安全地帯に置いて、客席で笑い転げていてよいのですかと挑発していた。

一方、『キネマと恋人』は、一見すると映画をめぐるロマンティックな夢想の産物に思える。

映画に魅せられた女性が、現実と虚構のはざまを泳ぎ渡る。夫との不毛な関係。映画の中の登場人物が、現実の世界へと出てくる。これは彼女の妄想なのか。仮に妄想だとしても、映画館の隅で、暗闇に身をゆだね、唾棄すべき現実を忘れ、物語に心を遊ばせる孤独な魂を救う。映画の本質がここにはある。

けれども、一方、この作品の根底には、人工言語と笑いの問題が横たわっている。この作品の特色は、どこにもない方言をKERAが作り上げて全編を覆ったところにあると思う。日本の架空の港町を設定しつつ、現実にある方言を参照しながら、新しい言葉を誕生させている。

緒川たまき、妻夫木聡、ともさかりえ、三上市朗、佐藤誓、橋本淳らによって駆使されるこの独特の言語は、柔らかい表情を持ち、愛嬌にあふれる。標準語で語られては、しらじらしい、絵空事だと恥ずかしくなるような褒め言葉やコケットリーも許されてしまう。

言葉尻をいじったり、既成の言葉に別の意味を持たせたり、イントネーションを変化させるような操作に、笑いを生み出す秘法が隠されている。その変幻自在な言葉のありようを、私は楽しみ、笑い、考えさせられたのだった。

『ヒトラー、最後の20000年〜ほとんど、何もない〜』『キネマと恋人』『ちょっと、まってください』と三作を振り返りつつ、KERAはいったいどこへ行こうとしているのかを考える。

悪夢をあてどもなく彷徨う劇作は、おそらくは変わらない。KERAはこれからも、善良な市民のつまらぬ良識を疑い続けていくに違いない。

恋愛と残酷、暴力と差別、怨念と復讐、呪術と奇想、祈りと背徳が交錯する世界を構築するにあたって、ケラリーノ・サンドロヴィッチは記憶と想像力を総動員していくのだろう。

『ヒトラー、最後の20000年』撮影：引地信彦

『キネマと恋人』撮影：御堂義乗

―論考―

A. 36th SESSION「黒い十人の女」ポスター　B. 40th SESSION「わが闇」ポスター　C. 31st SESSION「わが闇」ポスター
D. 38th SESSION「百年の秘密」ポスター　E. 36th SESSION「黒い十人の女」フライヤー

A

B

C

D

E

A.35th SESSION「2番目、或いは3番目」フライヤー　B.43rd SESSION「消失」フライヤー　C.42nd SESSION「社長吸血記」フライヤー
D.45th SESSION「百年の秘密」ポスター　E.44th SESSION「ちょっと、まってください」ポスター　E.39th SESSION「デカメロン21」フライヤー

A

B

C

D

E

F

▼30th SESSION、41st SESSION「岸田國士一幕劇コレクション」シリーズ
上製本型パンフレット

▼22nd SESSION「ノーアート・ノーライフ」
丸型パンフレット

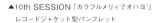
▲10th SESSION「カラフルメリィでオハヨ'」
レコードジャケット型パンフレット

▲37th SESSION「ノーアート・ノーライフ（再演）」
パンフレット

▲side SESSION #5
「吉田神経クリニックの場合」パンフレット

▲29th SESSION「ナイス・エイジ」
プラモデル箱型パンフレット

NYLON100℃
GALLERY

撮影：原田ヒロシ

COLUMN

宣伝美術を担う
アートディレクターたちの胸中

ポスター・フライヤーといった宣伝美術、公演パンフレットという印刷物も作品の一部だと公言するKERA。
KERAの趣向を実際に展開するアートディレクターたちは、作品が芽吹いた瞬間に始動。
作品立ち上げの口火を切るという大役を担う彼らの証言から、ナイロン100℃という劇団と印刷物の特徴を探る。

雨堤千砂子
(WAGON)

昔々のシリーウォーク時代はひとつの作品に複数のデザイナーさんが関わっていたこともあって（同じ公演でもフライヤー、グッズ、パンフレット、VHSパッケージなどデザイナーがバラバラだった）、修行中の身でお手伝い程度の『1979』に始まり、いくつかデザインしましたが……初めて宣伝美術としてフライヤーからパンフまでフルセットで一作品を担当したのは『フローズン・ビーチ』初演になります。

KERAさん自身も度々発言されていますが、印刷物がお好きでフライヤーやパンフも作品の一部と重視していらっしゃることは周知のとおり。そんなKERAさんと"ものづくり"をしてこられたのはとても幸運だと思います。

ナイロン100℃は様々な形状のフライヤーやパンフがありますが、最初のオーダーは仕様から始まることも多いです。例えば「大判で100ページくらいあって雑誌『CUT』みたいなインタビューいっぱいのパンフにしたい！」（『消失』初演）、ウディ・アレンの映画のビジュアルを持参して「こういう絵画と写真がつながった感じがやりたい！」（『ノーアート・ノーライフ』再演）など。それを具現化していきます。

内容について、新作の場合は台本が無いのでいくつかのキーワードを元にアイデアを広げていきます。こちらが提案したものに対してとても的確に返答をされ、時に伝えづらい漠然としたイメージの場合も色んな言葉や例えで丁寧に伝えようとしてくださるので、さすが演出家だなぁと思っています。

"ものづくり"には愛情をかけたいし、どのような状況でも面白がる気持ちを持っていたい。だからKERAさんはどんなに多忙でも外せない大事なポイントでは必ず連絡をくださるし、こちらの熱意にも応えてくださる。そういうところにKERAさんのこだわりや誠実さを感じます。そしてナイロン愛に溢れるスタッフさんとの熱意の相乗効果をダイレクトに感じることができて、ナイロンのお仕事は産みの苦しみはあっても楽しさが上回ります。もちろん産みの苦しみは相当苦しいですが！

ナイロン100℃は身内のような親しみを感じている大好きな劇団です。それは家族や友だちへの愛情に少し似ているかも（照）。なんと25周年、年々魅力を増し続けるナイロンの役者さんたちを効果的に見せられる大きな器を自分も持ち合わせていなくちゃと気を引き締めて、今後またナイロン100℃の魅力の一部をお届けできたら最高です。

『フローズン・ビーチ』初演
パンフレット

初演のパンフレットに付随した『フローズン・ビーチ』台本。ギリギリの入稿だったため、制作部がホチキスで留めて製本。

『フローズン・ビーチ』再演
パンフレット

浮き輪部分がくり抜かれているケースをスライドさせてイエローのパンフレットを収めると、浮き輪の色として際立つ仕組みになっている。

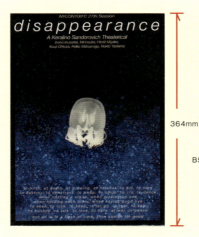

364mm
B5サイズ

坂村健次

「ナイロンのデザインができれば何でもできるね」と、やはりナイロンを担当するデザイナーと話した記憶がある。KERAさんのビジュアルイメージを具現化しようと日々精進しているうちに、自分でも驚くようなデザインができていたりする。それは当然様々なスタッフが支えてくれてのことだが。ここではいくつか思い出に残っている制作現場のいくつかをご紹介する。【 】内はKERAさんの発言。

『1979』仮フライヤー

シリーウォークが梅ヶ丘にあった時代。デザイン経験がないに等しい素人みたいな人間が、有り余る情熱だけで売り込みに行き、恐れ多くも依頼いただいた。拙い技術で四苦八苦して作り上げたものは、テクノ活劇なのになぜかロシア・アヴァンギャルド風だった。相当面食らわれたのだろう。実家の黒電話に連絡が入り、緊張しきりの僕に自ら丁寧にデザインの方向性を正してくださった。「KERAさんが自家の電話に！」と暫く興奮冷めやらぬ、だった。

『百年の秘密』（初演）フライヤー、パンフレット

【両側に高い塀がそびえる道。時間の経過を表すように赤ん坊、若者、老人になった役者が並ぶ。その後ろに別の人物の列が道の奥までずっと続いている。塀にはカラスが止まっている】とかなり具体的なビジュアルイメージがあった例。高い塀の参考に富岡製糸場までカメラマンの江隈麗志さんとロケハンにも行った。空に浮かんだ地球の皮がリンゴのように剥けているのは自分のアイデア。実際にリンゴの皮を剥き表面に地球の画像を貼り付けた。最初からCGではなく土台はアナログなものから加工する方が性に合っている。比較にならないが、ビートニクの作家のコラージュは洗練されているのに、その手はインクや糊で汚れている、みたいな。KERAさんもそういう手法は好きなのかなと思う。

パンフレット

『世田谷カフカ』フライヤー、パンフレット

【表紙は三宅で、ザックリとした勢いのあるコラージュを。文字は全部手書き、もしくは活版で、とことんアナログ感を出して欲しい】と世界観が明確な発注。【坂村さん、とことんやってくれるから】といつかKERAさんに仰っていただいたにも関わらず、あまりの文字量にスケジュール内で収め切れず、「全て手書き」は実現できなかったのが悔やまれる。活版も神田まで見学に行ったが予算に見合わなかった。コピーで出力した原稿をファックスで送信して汚すなどしたのでそれなりに手間は掛かった。入稿前の赤字にはゾッとした。ちらしの撮影時に犬山さんが一言「坂村くんが担当ならちょっと変わった舞台なんだね」。

『世田谷カフカ』フライヤー

『パン屋文六の思案』パンフレット

『世田谷カフカ』パンフレット

『パン屋文六の思案』フライヤー、パンフレット

【シリーズ物だから『犬は鎖につなぐべからず』と同じ方のイラストで】というご要望だったが、作家のスケジュールの都合で叶わなかった。こちらで10人程チョイスし、そこからKERAさんに選んでいただいた。鉄板などを切って加工するあずみ虫さんのイラストの世界観に随分助けられた。撮影では、着付けの豆千代さんがオランダからスカイプで指示を出すという大変だが記憶に残る撮影になった。

横須賀 拓

『黒い十人の女』パンフレット

『デカメロン21』パンフレット

最初に参加した作品は『黒い十人の女』です。それまで舞台の仕事は門外漢だった僕にとって、台本のないところから作品のイメージを左右する、言わば看板のようなものを作ることがいかに困難であったか。スタッフ皆が僕のディレクションを待っているというプレッシャー。冷や汗が止まりませんでした。

しかし幸いにも作品は過去の映画のリメイクだったこともあり、KERAさんと共有出来るイメージがすでにあったので、それをナイロン色にどう変換するかという作業を話し合いながら進めていったように思います。

『黒い〜』のパンフレットでは「隠し撮り」をテーマに、渋谷の住宅街へ俳優さんたちを連れ出し、物語の舞台でもある昭和らしい建物や壁などを背景に即興で役柄を演じてもらい（配役だけは決まっていた）、それを遠くから盗撮するという手法で撮影しました。フィルムのざらっとした感じが出るようにと、写真家・平野太呂さんによる一発撮り。現像するまでちゃんと撮れているかどうか分からないドキドキがありましたが、ナイロンの役者さんたちのおかげでドラマティックに仕上がりました。

また普段は書籍デザインの仕事を主にしているので、ならば得意なところでやってみようと『デカメロン21』では、344ページものボリュームある文庫サイズのパンフレットを企画しました。短期間での制作なのでデザインはもちろん、編集や進行の方も大変でしたが、写真家・米原康正さんによるポップなエロ本仕立ての面白い一冊になりました。

KERAさんとの物作りは、こちらが出すイメージに対して「ちょっと違う」の「ちょっと」の部分を自分なりに咀嚼しながら軌道修正していき、よほどズレたことをしない限りは「いいね」と楽しんで受け入れてもらえるので、その言葉を頼りに自分の世界を作り出せたように思います。またいつか僕の得意なところで参加出来るとうれしいです。

ナイロン100℃以外の舞台公演について
ケラリーノ・サンドロヴィッチ

ナイロンと並行して、外部でも演劇を作ってきた。
外で作った芝居には少なからずナイロンで作る芝居にフィード・バックするものがあるし、その逆もある。
ナイロン100℃を25年続けてこられた要因のひとつには、外で作ったこれらの舞台のおかげもあるだろう。
共に創作した方々に謝意を表し、何頁だかを頂戴して、これら出稼ぎ仕事について少しばかり振り返りたい。
ただ、ナイロン100℃の本でナイロン以外の公演について語るなんて、
結婚式のスピーチでよその人の結婚について語るようなものなので、サラリと済ませようと思う。
詳しく知りたい方は然るべき文献をあたっていただきたい。

※表記がないものについては、すべてKERAによる作・演出

別役実作品
敬愛する別役実作品の上演。

『病気』
演出(作=別役実)
シリーウォーク・プロデュース　第11回青山演劇フェスティバル～別役実の世界97～
1997年10月17～26日　青山円形劇場
出演：小林克也、松尾貴史、今江冬子、大倉孝二、河田義市、宮本雅通　今津登識　廣川三憲　仁田原早苗、二瓶鮫

『夕空はれて～よくかきくうきゃく』
演出(作=別役実)
青山円形劇場プロデュース
2014年12月1～14日　青山円形劇場
出演：仲村トオル、マギー、山崎一、奥菜恵、緒川たまき、池谷のぶえ、犬山イヌコ、後藤英樹、大村わたる

オリガト・プラスティコ
KERAと広岡由里子によるユニット。2001年始動。

Vol.1『カフカズ・ディック』
2001年1月26日～2月4日　本多劇場　地方公演あり
出演：小須田康人、山崎一、田山涼成、三上市朗、正名僕蔵、廣川三憲、内田春菊、松永玲子、小沢真珠、広岡由里子

「カフカ関連」最初の一本。半分は史実に基づき、半分は捏造。カフカの人生や作品に踏み込み、自分なりに作品化するのは至福の作業だ。

Vol.2『西へ行く女』
演出(作=岩松了)
2003年9月12～21日　本多劇場　地方公演あり
出演：広岡由里子、宝生舞、長塚圭史、八十田勇一、安澤千草、鈴木リョウジ、矢沢幸治、渡辺いっけい

敬愛する岩松了氏に書き下ろしを依頼し、まず私の演出で上演。数週間遅れて岩松氏自身の演出で演劇集団円の公演としてシアター・トラムで上演された。そちらの出演は岸田今日子さんや平栗あつみさん。正直、よくわからないまま演出したことを告白する。

Vol.3『漂う電球』
演出(作=ウディ・アレン)
2006年9月28日～10月9日　本多劇場　地方公演あり
出演：岡田義徳、高橋一生、伊藤正之、広岡由里子、町田マリー、渡辺いっけい

ウディ・アレンが81年4月にニューヨークのヴィヴィアン・バーモント劇場のために書き下ろした戯曲。アーサー・ミラーやテネシー・ウィリアムズの影響下にあるシリアスな作風で、この作品を演出したことがナイロンでの『百年の秘密』執筆に繋がったような気がする。

Vol.4『しとやかな獣』
演出(作=新藤兼人)
2009年1月29日～2月8日　紀伊國屋ホール　地方公演あり
出演：浅野和之、緒川たまき、広岡由里子、近藤公園、すほうれいこ、佐藤誓、大河内浩、玉置孝匡、山本剛史、吉添文子

川島雄三監督の1962年製作のブラック・コメディ。脚本の新藤兼人さんが観に来てくださって、「エリア・カザン演出の舞台を観ているようだった」との感想を頂いたのがとても嬉しかった。エリア・カザンがどんな舞台を作ってるのかはまったく知らないが。この公演をやってなければナイロンで『黒い十人の女』を舞台化しようという着想も浮かばなかったと思う。

Vol.5『龍を撫でた男』
演出(作=福田恆存)
2012年2月3～12日　本多劇場
出演：山崎一、広岡由里子、緒川たまき、赤堀雅秋、大鷹明良、田原正治、佐藤銀平、猪俣三四郎

思えば、川島雄三やら福田恆存やら、次から次へと興味のある作品を上演できたのはまったく幸運だった。プロデューサーの大矢亜由美さんとユニットの相方、広岡由里子には深く感謝したい。こうした忘れられた小品を上演できる場は少ない。

KERA・MAP
2001年始動。
作品ごとに異なる出演者・趣向で企画されるユニット。

#001『暗い冒険』
2001年8月30日～9月16日　下北沢ザ・スズナリ
出演：<南プロ>中村まこと、杉山薫、永井秀樹、村岡希美、野間口徹、高木珠里、安沢千草、新井友香、湯澤幸一郎、森川佳紀、岡野裕、川田希、小村裕次郎、ノゾエ征爾、

『夕空はれて』撮影：引地信彦

『漂う電球』提供：M&Oplays

『しとやかな獣』提供：M&Oplays

松浦和香子、他

〈北ブロ〉廣川三憲、佐藤真弓、中込佐知子、小林至、加藤直美、新谷真弓、高井浩子、喜安浩平、大山鎬則、長田奈ламь、粕谷吉洋、立本恭子、横山彩、小松和重、中山祐一朗、吉増裕士、他

北と南の2チームに分かれて、同じ筋立てではあるが細部はかなり異なる台本のナンセンス・コメディを二本立て（入れ替え制）上演。自身のユニットの立ち上げとしては賑やかにやりたかった。演出助手はなぜか（まだ少年の面影残る）星野源だった。公演中に9.11のテロが起き、居酒屋のテレビに映る国際貿易センタービルを眺めながら、出演者一同と共に慄然とした。

#002『青十字』
2003年8月1日〜22日　三鷹市芸術文化センター星のホール
出演：市川しんぺー、今奈良孝行、植木夏十、河西健司、川用希、小村裕次郎、佐藤竜之慎、伊達暁、玉置孝匡、千葉雅子、野間口徹、旗島伸子、林和義、原金太郎、弘中麻紀、本間剛、町田カナ、皆戸麻衣、村上大樹、廻飛雄、山崎和如、湯澤幸一郎、依田朋子、鈴木芳、林聖子、深澤千有紀、山田真歩

ENBUゼミの卒業公演として書いた作品を、総勢27名の俳優と共に正式上演。さらにアナザー・バージョンとして、オーディションで選抜したキャストでの上演も行った。つまり『青十字』は計三通りのキャストで上演されたことになる。連合赤軍を思わせるコミュニティの崩壊劇で、ENBUゼミでの上演の前年に書いたナイロンの『すべての犬は天国へ行く』の変奏の趣がある。

#003『砂の上の植物群』
2005年5月1日〜14日　新宿シアターアプル
出演：筒井道隆、常盤貴子、渡辺いっけい、温水洋一、西尾まり、猫背椿、池谷のぶえ、赤堀雅秋、つぐみ、山本浩司、喜安浩平、ほか

タイトルは吉行淳之介の小説から借用（さらに吉行はパール・クレイの抽象画から借用）したが、内容に関連はない。無人島に不時着した旅客機の乗客とCAを描いたシリアス・コメディ。

#004『ヤング・マーブル・ジャイアンツ』
2005年6月25日〜7月3日　吉祥寺シアター
出演＝天野史朗、荒木秀行、荒巻信紀、井澤正人、いせゆみこ、市川訓睦、伊藤修子、猪岐英人、今井あかね、井本洋平、岩崎正寛、植木夏十、岡田昌也、緒川桐子、金崎敬江、眼鏡太郎、小林由梨、駒木根隆介、小宮山実花、近藤智行、主浜はるみ、鈴木里実、鈴木菜穂子、関絵里子、永田杏奈、音室亜甲弓、野部友視、初音映莉子、林雄一郎、三嶋義信、皆戸麻衣、宮本彩香、宗清万里子、横塚進之介、吉田真琴（五十音順）

吉祥寺シアターからの依頼で製作した青春群像劇。キャストは全員オーディションで選抜。ナイロンでの青春群像劇といえば『カメラ≠万年筆』『ライフ・アフター・パンク・ロック』があるが、もっとずっとむき出しの青春像。だからと言うわけでもないが、沢山の若者が舞台上で全裸になった。

#005『あれから』
2008年12月13日〜28日　世田谷パブリックシアター
出演：余貴美子、高橋ひとみ、萩原聖人、岩佐真悠子、柄本佑、金井勇太、赤堀雅秋、村上大樹、三上真史、植木夏十、山西惇、渡辺いっけい、高橋克実、猪岐秀人、菊池明香、伊与勢二、斉木茉奈、白石遥、田仲祐希、田村健太郎、野部友視、水野顕子

少女時代からの親友二人が中年となって再会し、過去の秘密が暴かれてゆく。物語も過去への郷愁に満ちた世界観も、4年後の『百年の秘密』を予感させる。好きな舞台。

#006『グッドバイ』
上演台本・演出（太宰治原作）
2015年9月12日〜27日　世田谷パブリックシアター　地方公演あり
出演：仲村トオル、小池栄子、水野美紀、夏帆、門脇麦、町田マリー、緒川たまき、萩原聖人、池谷のぶえ、野間口徹、山崎一

太宰の原作でラブコメを創る試み。ここまで楽しく、ハッピーなコメディはナイロンには無いし、今後も恥ずかしくて創れまい。外部ならではの公演だと思う。

#007『キネマと恋人』
上演台本・演出
世田谷パブリックシアター＋KERA・MAP
2016年11月15日〜12月4日　シアタートラム　地方公演あり
出演：妻夫木聡、緒川たまき、ともさかりえ、三上市朗、佐藤誓、橋本淳、尾方宣久、廣川三憲、村岡希美、崎山莉奈、王下貴司、仁科幸、北川結、片山敦郎

ウディ・アレンの『カイロと紫のバラ』を潤色して舞台化。映像の上田大樹くん、ステージングの小野寺修二くんとのコラボレートとしても総まとめ的な舞台となった。ファンタジーはナイロンでもいくつかやっているが、完全な自作とここまで優しくも感傷的にもなれない。ただ、「創作」や「創作物」への愛情の発露という意味では『シャープさんフラットさん』や『SLAPSTICKS』に通するものがあるかもしれない。

空飛ぶ雲の上団五郎一座
いとうせいこうらと共に2002年に結成されたユニット。

『アチャラカ再誕生』
共同脚本・共同演出
2002年8月24日〜26日　ラフォーレミュージアム原宿
脚本：いとうせいこう、井上ひさし、KERA、筒井康隆、別役実　総合演出：KERA、いとうせいこう
出演：いとうせいこう、くりぃむしちゅー（有田哲平・上田晋也）、住田隆、中村有志、深沢敦、三谷幸喜、みのすけ、三宅弘城、池谷のぶえ、YOU

みんなでコントを書いてガヤガヤと創った。この一作目は演出もいとうせいこうさんと共同だったから、なんか文化祭の出し物を創ってみたいに稽古も楽しかった。三谷幸喜さんの出演がどのようにして決まったかは憶えていないが、実はノン・クレジットで三谷さんも一本コントを書いている。キュリー夫妻が核廃棄物をこっそりゴミ出しして見つかりそうになるコントだったと思う。

『キネマ作戦』
2004年6月30日〜7月5日　新宿シアターアプル
作：いとうせいこう、井上ひさし、KERA、筒井道隆、ブルースカイ、別役実
出演：いとうせいこう、くりぃむしちゅー（有田哲平・上田晋也）、住田隆、原金太郎、三宅弘城、村杉蝉之介、池谷のぶえ、憩居かなみ、FLIP-FLAP（YUKO・AIKO）、エレキコミック

こちらは演出が私の単独だったので少し寂しかった。タイトル通り映像を多用した記憶があるが、細かいことは忘れてしまった。空飛ぶ雲の上団五郎一座のネーミングは「空飛ぶモンティ・パイソン（Monty Python's Flying Circus）」とかつてエノケンらが舞台や映画で演じた架空の劇団「雲の上団五郎一座」を合わせたものだ。指針とした「現代のアチャラカ」が具現化してきたのかもわからないが、こうしたお祭り騒ぎをたまにやるのは自分へのご褒美のようでとても楽しい。

『あれから』撮影：引地信彦

『グッドバイ』撮影：引地信彦

『キネマと恋人』撮影：御堂義乗

キューブプロデュース

CUBEが企画製作している作品。
一部は他社と共同製作。

『SLAPSTICKS』
(パルコ／キューブ提携公演)
2003年1月31日〜2月16日　パルコ劇場　地方公演あり
出演：オダギリジョー、ともさかりえ、古田新太、大谷亮介、山崎一、住田隆、金久美子、廣川三憲、村岡希美、峯村リエ、吉増裕士、中坪由起子、すほうれいこ、種子、眼鏡太郎、坪田秀雄

ナイロン100℃ 2nd SESSIONの再演。初演よりさらにウェットな仕上がりで、今DVDで観返すと少し恥ずかしい。オダギリはこれ以来舞台をやっていないことに、少々責任を感じている。

『犯さん哉』
2007年10月6日〜28日　パルコ劇場　地方公演あり
出演：古田新太、中越典子、犬山イヌコ、姜暢雄、大倉孝二、八十田勇一、入江雅人、山西惇

ナイロン100℃でナンセンス・コメディを創らなくなった理由は自分でもよくわからない。代わりに、古田新太を座長としたチームで三本のナンセンスを創った。古田とやる時は、ナンセンスであると同時に、ナイロンでやる時にはとくに意識しない、「己の中の凶暴さ」のようなものが、むくむくと目を覚ます。

『奥様お尻をどうぞ』
2011年7月30日〜8月28日　本多劇場／9月9日〜11日 CBGKシブゲキ!!　地方公演あり
出演：古田新太、八嶋智人、犬山イヌコ、大倉孝二、八十田勇一、平岩紙、山西惇、山路和弘

震災の年の観客は笑いに飢えていたように思う。よく笑ってくれた。日夜報道されるわが国の政府の隠蔽体質に対する怒りが原動力になっていた。稽古場ではよく「デモに行く代わりにこの舞台を作っている」と発言したが、もちろん、それ以上に、こうした笑いがやりたかったからやったのだ。

『ヒトラー、最後の20000年 〜ほとんど、何もない〜』
2016年7月24日〜8月21日　本多劇場　地方公演あり
出演：古田新太、成海璃子、賀来賢人、大倉孝二、入江雅人、八十田勇一、犬山イヌコ、山西惇

いつから三部作にしようと思ったのかも定かではないが、一応、シリーズ完結作。やり尽くした感はある。

Bunkamura シアターコクーンプロデュース

東急文化村製作の舞台シリーズ。
一部、CUBEとの共同製作。

『カメレオンズ・リップ』
2004年2月6日〜29日　シアターコクーン
出演：堤真一、深津絵里、生瀬勝久、犬山イヌコ、山崎一、余貴美子、ほか

今ではすっかり慣れてしまったが、キャパシティ747席のシアター・コクーンに初めて書き下ろすということで、そんな大きな劇場で果たして自分の世界観が伝わるか、おおいに緊張したし、不安だった。今でも自作の適正キャパは400席以内だと感じているものの、コクーンでの上演における演出は会得できたつもりだ。観に来たみのすけが「このぐらいの広さでも充分伝わることがわかった」と言ってくれて安堵したのを憶えている。

『労働者M』
2006年2月5日〜28日　シアターコクーン
出演：堤真一、小泉今日子、松尾スズキ、秋山菜津子、犬山イヌコ、田中哲司、明星真由美、貫地谷しほり、池田鉄洋、今奈良孝行、篠塚祥司、山崎一

キャパシティに対する自信が裏目に出たのかもしれない。自分としては商業演劇に対する挑戦のつもりで、「毎度わかりやすいものをやるつもりはない」との態度で臨み、仕上がりもそこそこ満足いくものだったのに、観客の反応は極めて冷ややかだった。「社長吸血記」のシチュエーションと登場人物はこの舞台を踏襲している。

『どん底』
上演台本・演出（原作＝マクシム・ゴーリキー）
2008年4月6日〜27日　シアターコクーン
出演：段田安則、江口洋介、荻野目慶子、緒川たまき、若松武史、大森博史、大鷹明良、池谷のぶえ、マギー、三上市朗、松永玲子、皆川猿時、山崎一、あさひ7オユキ、黒田大輔、大河内浩

『労働者M』の不評があってのことか、「一旦、他人の戯曲をやってみてはどうか」とプロデューサーも提言されたのではなかったか。ゴーリキーの原作というより、黒澤明の映画に刺激されて舞台化を申し出た。言うまでもなく、後にシス・カンパニーで始めるチェーホフの連続上演に繋がった公演である。松井るみさんの美術がすごかった。豪雪もすごかった。パスカルズと時々自動の演奏も素敵だった。思い出深い公演である。

『東京月光魔曲』
2009年12月15日〜2010年1月10日　シアターコクーン
出演：瑛太、松雪泰子、橋本さとし、大倉孝二、犬山イヌコ、大鷹明良、長谷川朝晴、西原亜希、林和義、伊藤蘭、山崎一、ユースケ・サンタマリア、長田奈麻、赤堀雅秋、市川訓睦、吉本菜穂子、植木夏十、岩井秀人、長谷川寧、ほか

ナイロンに書いた「昭和もの」は、当時の流行語や時代のアイコンを積極的に取り上げた。コクーンで上演した「昭和三部作」はまた別の試み。昭和4年（世界大恐慌）、20年（敗戦）、38年（東京オリンピック前年）を背景に、それぞれの時代の東京の「隙」の部分を、三作三様の異なるテイストで仕上げた。第一作は回り舞台を使ってパノラミックな東京をミステリー小説のように描こうと四苦八苦した。

『黴菌』
2010年12月4日〜26日　シアターコクーン
出演：北村一輝、仲村トオル、ともさかりえ、岡田義徳、犬山イヌコ、みのすけ、小松和重、池谷のぶえ、長谷川朝晴、緒川たまき、山崎一、高橋惠子、生瀬勝久

軍需工場の経営により財を成した一家が戦局の悪化〜敗戦によって斜陽してゆく様を陰うつなコメディに仕立てようとしたが、結果、明るい場面も多かった。そういうものだ。

『祈りと怪物〜ウィルヴィルの三姉妹〜 KERA version』
(Bunkamura／キューブ)
2012年12月9日〜30日　シアターコクーン
出演：生瀬勝久、小出恵介、丸山智己、安倍なつみ、大倉孝二、緒川たまき、大鷹明良、マギー、近藤公園、夏帆、三上市朗、久保酒吉、峯村リエ、犬山イヌコ、山西惇、池田成志、久世星佳、木野花、西岡徳馬、皆戸麻衣、猪俣三四郎、ほか

『祈りと怪物〜ウィルヴィルの三姉妹〜 蜷川version』
作（演出＝蜷川幸雄、Bunkamura／Quaras）

「SLAPSTICKS」撮影：加藤孝

「犯さん哉」撮影：田中亜紀

「奥様、お尻をどうぞ」撮影：引地信彦

2013年1月12日～2月3日　シアターコクーン
出演：森田剛、勝村政信、原田美枝子、染谷将太、中嶋朋子、三宅弘城、宮本裕子、野々すみ花、大石継太、渡辺真起子、村杉蝉之介、満島真之介、冨岡弘、石井愃一、橋本さとし、三田和代、伊藤蘭、古谷一行、ほか

自分で言うのもなんだけど、力作。二回の休憩を挟んで4時間強あったと記憶するが、ウィルヴィルの町のクロニクルなら10時間でも20時間でも書ける。いつか、もっともっと長くした完全版を書いてみたい。ナイロンで「フリドニア」二作を書いた経験が下地となった。

『8月の家族たち　August:Osage County』

上演台本・演出（原作＝トレイシー・レッツ、Bunkamura／キューブ）
2016年5月7日～29日
出演：麻実れい、秋山菜津子、常盤貴子、音月桂、橋本さとし、犬山イヌコ、羽鳥名美子、中村靖日、藤田秀世、小野花梨、村井國夫、木場勝己、生瀬勝久

「またそろそろ他人の戯曲を」と言われ、演出したい台本を探すのに苦労した。「百年の秘密」との共通項が多く、少し躊躇したけれど、やってよかったと思っている。

『陥没』

（Bunkamura／キューブ）
2017年2月4日～26日　シアターコクーン
出演：井上芳雄、小池栄子、瀬戸康史、松岡茉優、趣里、山内圭哉、近藤公園、緒川たまき、犬山イヌコ、山西惇、高橋惠子、山崎一、生瀬勝久

これも「昭和三部作完結編」として、もう少し暗い作品になるかと想像して書き始めたのに、かなり陽気にはずんだエンタメ作になった。そういうものだ。

シス・カンパニープロデュース

シス・カンパニーの北村明子氏の企画による作品。

『ヴァージニア・ウルフなんかこわくない?』

演出（作＝エドワード・オールビー）
2006年6月5日～30日　シアターコクーン
出演：大竹しのぶ、稲垣吾郎、ともさかりえ、段田安則

シス・カンパニーの北村明子プロデューサーとの共同作業は、様々な意味で特別なのであるが、何が特別かは長くなるので

ここには書かない。ともかく大切な関係で、大切な舞台がいくつも生まれた。いきなりオルビーというのも難敵だったし、四人の俳優と共に随分悩んだ。

『禿禿祭』

構成・演出（原作＝岸田國士）
2007年1月16日～21日　世田谷パブリックシアター
出演：高橋克実、八嶋智人

『2人の夫とわたしの事情』

上演台本・演出（原作＝サマセット・モーム）
2009年4月17日～5月16日　シアターコクーン
出演：松たか子、段田安則、渡辺徹、皆川猿時、水野あや、池谷のぶえ、西尾まり、皆戸麻衣、猪岐英人、新橋耐子

サマセット・モームの洒落たコメディ。松たか子ちゃんが抜群に魅力的だった。彼女とはまたやりたい。

『かもめ』

上演台本・演出（チェーホフ作）
2013年9月4日～28日　シアターコクーン　地方公演あり
出演：生田斗真、蒼井優、野村萬斎、大竹しのぶ、山崎一、梅沢昌代、中山祐一朗、西尾まり、浅野和之、小野武彦、ほか

そしてついにチェーホフ四大戯曲を「やる」と言ってしまう。チェーホフとの格闘は岸田國士とのそれとは違って、決してリラックスさせてくれない。とても鍛えられたと感じるし、一方的な思いだが、作者とも随分仲良くなれた。「かもめ」はもう一度、キャストも劇場も変えて挑戦してみたい戯曲だ。

『三人姉妹』

上演台本・演出（チェーホフ作）
2015年2月7日～3月1日　シアターコクーン　地方公演あり
出演：余貴美子、宮沢りえ、蒼井優、山崎一、神野三鈴、段田安則、堤真一、今井朋彦、近藤公園、遠山俊也、猪俣三四郎、塚本幸男、福井裕子、赤堀雅秋

チェーホフ・マニアのエラい評論家から随分不評を買った。曰く、「わかりやす過ぎる」「チェーホフ劇の本質を理解していない」「最も大切な要素を欠いている」。知ったことかと思った。

『ワーニャ伯父さん』

上演台本・演出（チェーホフ作）
2017年8月27日～9月26日　新国立劇場小劇場

出演：段田安則、宮沢りえ、黒木華、山崎一、横田栄司、水野あや、遠山俊也、立石涼子、小野武彦、伏見蛍（ギター演奏）

チェーホフ劇も三作やって、かなり自分なりにレシピを会得した。空間が狭いのも良かった。相変わらず「子どものためのチェーホフ」とか言う馬鹿者もいたが、知ったことかと思った。

その他

『去年マリエンバードで』

脚本（ワハハ本舗　佐藤正宏、柴田理恵プロデュース『ラブ・ストーリー』第3話、演出＝喰始、1989年）

『もう一歩』

演出（品行方正児童会番外公演、作＝前川麻子、1991年）

『地球を7回半廻れ』

作（フロント・ホック、演出＝堤ユキヒコ、1992年）

『13000/2 (にぶんのいちまんさんぜん)』

（ENBUゼミ第1期生KERAクラス、1999年）

『昔、佐藤がいた。』

（ENBUゼミ第1期生ケラリーノ・サンドロヴィッチクラス、1999年）

『ガール ミーツ ガール～愛と幸福の害について～』

（ENBUゼミ第2期生KERAクラス、2000年）

『Happy Days』

演出（流山児★事務所、作＝鐘下辰男）
2000年2月17日～27日　本多劇場
出演：篠井英介、ラサール石井、塩野谷正幸、海津義孝、山中聡、今江冬子、新谷真弓、小林高鹿、若杉宏二、青木砂織、井沢希旨子、ほか

鐘下辰男のホン（書き下ろし）を私が演出するなんて、一体誰が考えるだろう。流山児さんはそうした無謀な組み合わせを易々とお膳立てしてしまう。父親の急死で久々に集まった家族の話、と書くと「8月の家族たち」のようだが、こちらは三姉妹ならぬ三兄弟（塩野谷正幸、ラサール石井、篠井英介）の物語。いかにも鐘下さんらしい重苦しいドラマを、ヘヴィー

『東京月光魔曲』撮影：谷古宇正彦

『黴菌』撮影：谷古宇正彦

『陥没』撮影：細野晋司

でありながらたまにクスクス笑えるような舞台に仕上げるのは楽しい作業だった。

『スモーク』
(ラフカット、2000年)

『夢ならいいのに』
演出(ラフカット、作=矢口史靖、2000年)

『PLAY IT AGAIN,C.B』
作(Cherry Bombers project、演出=手塚とおる)
2000年12月13日〜17日　ザ・スズナリ
出演:峯村リエ、長田奈麻、新井友香、種子

『青十字』
(ENBUゼミ第4期生KERAクラス、2002年)

『室温〜夜の音楽〜』
(青山円形劇場プロデュース)
2001年7月5日〜21日　青山円形劇場
出演:佐藤アツヒロ、中嶋朋子、近藤芳正、三宅弘城、内田紳一郎、村岡希美、たま、ほか

外部で上演された舞台の中では最初の代表作といえるかもしれない。「生演奏を使ったホラーを」と依頼してきてくれたプロデューサーの能祖将夫氏に感謝。最初は『ロッキー・ホラー・ショー』のような舞台をイメージしていたが、まるで異なるものになった。たまの音楽の効力は計り知れない。大根仁氏の監督で、脚本はほぼそのままに、深夜ドラマ『少年タイヤ』(02年)においてオンエアされた(全6回)。

『さくら』
演出(明治座、作=田渕久美子)
2002年3月2日〜23日　明治座
出演:高野志穂、小澤征悦、野口五郎(特別出演)、中村メイコ、麻丘めぐみ、熊谷真実、笹野高史、奥村公延:沼田孫作、大塚道子、河西健司、江成正元、飯泉征貴、荒木優騎、他

NHKの朝ドラの舞台化。社会勉強のつもりで受けた仕事。大衆演劇の何たるかを知った。つまり、私の全キャリアの中で、最もコントロールの利かない世界だった。

『パンタロン同盟SP 〜夏が来れば重いだス!〜』
コント提供(ラサール石井プロデュース、2002年)

『13000/2(にぶんのいちまんさんぜん)』
作(ラフカット、演出=堤康之、2002年・2014年)

『唐辛子なあいつはダンプカー!』
共同脚本(竹中直人の匙かげん、2002年)

『狐狸狐狸ばなし』
演出(トム・プロジェクト、作=北條秀司)
2004年5月29日〜6月6日/2007年9月1日〜9日　本多劇場
出演:篠井英介、ラサール石井、板尾創路、六角精児、真山章志、大出勉、廣川三憲、野間口徹、小林俊祐、皆戸麻衣、植木夏十、サチコ、小林由梨

トム・プロジェクトの岡田潔プロデューサーからのオファーで実現。徹底的に軽演劇然とした舞台を作りたかった。

『コミュニケーションズ　―現代作家たちによるコント集―』
コント提供(新国立劇場、2005年)

『仮装敵国〜Seven 15minutes Stories〜』
脚本提供(AGAPE Store、2005年)

『The Cherry Bombers Strikes Back』
(Cherry Bombers project、作=KERA、吉増裕士/演出=吉増裕士)
2005年10月19日〜23日　笹塚ファクトリー
出演:峯村リエ、長田奈麻、新井友香、種子、リン・ホブディ、井上貴子

『SMOKE 〜Long Version〜』
作・音楽(流山児★事務所、演出=天野天街)
2005年11月26日〜12月6日　下北沢ザ・スズナリ

『3』
脚本提供(親族代表、演出=吉増裕士、2006年)

『志村魂』
脚本提供(志村けん一座旗揚げ公演、演出=ラサール石井、2006年)

『噂の男』
共同脚本・演出(パルコ・プロデュース、作=福島三郎)
2006年8月11日〜9月3日　パルコ劇場
出演:堺雅人、橋本じゅん、八嶋智人、山内圭哉、橋本さとし

「悪人しか登場しない舞台を作ろう」という企画だったが、福島三郎氏が提出した台本が「いい人しか登場しない」台本だったので原型をとどめぬ程に「潤色」させて頂いた。

『☀(発電所)』
コント提供(親族代表、演出=福原充則、2007年)
出演:竹井亮介、野間口徹、犬飼若博、植木夏十、小村裕次郎、三浦竜一　声の出演:嶋村太一

『アンドゥ家の一夜』
作(さいたまゴールド・シアター、演出=蜷川幸雄)
2009年6月18日〜7月1日　彩の国さいたま芸術劇場小ホール

蜷川幸雄さんとの仕事は『祈りと怪物』とその前のゴールド・シアターに書き下ろしたこの作品のふたつ。こちらの方が俄然強く印象に残っている。毎日、その日の稽古のビデオを届けて頂き、それを観ながら台本のつづきを書いた。例によって台本の遅れで多大なる御迷惑をおかけしたし、42人の「55歳以上の俳優」達へのあて書きは苦しい作業だったが、極めて刺激的でもあった。いつか、自分の演出、自分のキャスティングで再演したい戯曲である。

『渋々』
脚本提供(親族代表、演出=福原充則、2009年)

『第三次性徴期』
脚本提供(親族代表、演出=佐々木充郭、2013年)
出演:嶋村太一、竹井亮介、野間口徹、峯村リエ

『親族旅行記』
脚本提供(親族代表、演出=福原充則、2015年)

『2人の夫と私の事情』撮影:谷古宇正彦

『かもめ』撮影:谷古宇正彦

『ワーニャ伯父さん』撮影:加藤孝

2001年以降、ナイロン100℃の公演に2作品以上ご出演いただいた皆様からご寄稿いただいた。

セッション
水野美紀

　ナイロンの作品を劇場に追いかける様になったのは、多分、初演の『ノーアート・ノーライフ』前後あたりだと思う。KERAさんの描くシュールなドラマと鋭く細やかな笑いは、その頃から今も変わらず傑出していると思う。最近ようやく、私の頭が追いついてきた気がする。

　初めて客演したのは2009年『神様とその他の変種』。ナイロンに客演できることが嬉しくない役者なんていないと思うから客演が決まった時の喜び云々は割愛。この時、稽古初日には数ページしか戯曲がなかった。そこから稽古場で毎日数ページずつ配られる。考えてみるとこれ、客演の役者にとっては、その状況はまるで、毎日オーディションされている様なものなのだ。最初に与えられたシーンで提示する演技で、いかにKERAさんにインスピレーションを与えることができるかもしくはできないか。大枠のプロットや構想はKERAさんの頭の中に最初からあるにせよ、演じる姿を見て、資質を感じとって、その上で多少出番が増えたり減ったりはあると思うから。「そんなことないよ」とKERAさんには言われてしまいそうだけど。そのくらいの緊張感は常に稽古場にある。

　長年KERAさんとセッションしている劇団員の皆さんからも、その緊張感を感じる。KERAさんと劇団員の皆さんとの間には独特の距離感がある。ある種の緊張感というか。相互のリスペクトを感じる。つい先月終えた「ちょっと、まってください」の現場でもその距離感は全く変わっていなかった。

　馴れ合いの「な」の字もない。KERAさんが全霊で創り出すセリフたちに、挑む役者たち。建設的でシンプルな戦いがそこに。それしかない。シーンを繰り返すたびに何を持ち寄って間合いを探り、微調整しながら組み立てて行くか。演出においてKERAさんは「微細な」という言葉を多用する。「とても微細なことだけど」「微細なんだけど」

『神様とその他の変種』

準劇団員の称号

マギー

「もっと微細なことを」「微細なことを大切に」。この、微細な、セリフのトーンであったり、距離感であったり、気持ちの揺れであったり、スピードであったりが、シーンの濃密な「状態」のおかしみを生み出す。行間にある見えないものが立ち上がる。そういったことを私は、犬山さんや大倉さんはじめとするナイロンの劇団員の方々、そしてKERAさんから学ばせていただいた。微細なズレさえ許されない、「笑い」の間合いやリズムについても。KERAさんはこのあたり、曲の音程を合わせる様に細やかに指揮してくれる。

劇団公演は、まさに、KERAさん指揮のもとに奏でられる「セッション」だ。演者は精密な楽器でなければならない。

で、そんな緊張感漂う、『神様とその他の変種』の稽古後半で、ある日私にかなりの長セリフが書かれた戯曲が手渡され、その夜になぜか高熱を出したことから、（翌日には下がった）水野の知恵熱事件としてみなさんに記憶されることとなり、共演のたびに「今回は大丈夫?」と心配される様になってしまったのでありました。

その後、KERAさんには外部公演『グッドバイ』そして『ちょっと、まってください』とでお世話になり、ちゃんと心配されましたがあれ以来熱は出しておりません。その点においては少し成長しているのです。多分。

ともあれ、私はこの「ナイロン100℃」という劇団と同じ時代に生きて関われたことを、とても幸せに思います。自身の創作においても多大な影響を受けている。許されるならばまだまだまだまだ、みなさんとセッションさせて欲しい。そしてまだまだ続くKERAさんの挑戦を、しかと目撃したいと思うのです。

水野美紀（みずの・みき）
三重県出身。1987年デビュー。ドラマ、映画、CM、舞台と幅広く活躍。2007年、演劇ユニット「プロペラ犬」主宰、2015年より「かくたすのいるところ」共同主宰。『アンダードッグ』『珍渦虫』では作・演出・出演。KERA作品には舞台『神様とその他の変種』『グッドバイ』『ちょっと、まってください』に出演。最近の出演に映画『あん』『おじいちゃん、死んじゃったって。』、テレビ『黒い十人の女』『奪い愛、冬』『FINAL CUT』など。

----マギーは準劇団員みたいなもんだから。

昨年の『ちょっと、まってください』の取材で、KERAさんが客演の俺について語った言葉である。"ナイロン100℃の準劇団員"。なんと甘美な響きだろう。初めてナイロンに客演したのが96年『ビフテキと暴走』。そっから20余年、ナイロン及び、KERAさん演出の作品に参加すること9回、地道に積み上げた信頼と実績、故にいただいた称号だと勝手に拡大解釈している……させて欲しい。

準劇団員。そもそも漢字は"準劇団員"で良いのだろうか。"准劇団員"だとやや二軍感が出るが。或いは"潤劇団員"かもしれない。確かに稽古場の潤滑油的な役割を買って出る節もあるし。"劇団員淳"だとうっすらゴールデンボンバー感も出てくるぞ。まーいい、おそらくKERAさんは"準劇団員"として語ってくれたはずだ。英語で言えばサブレギュラー、サザエさんで言えば三河屋のサブちゃんだ。

ジョビジョバの結成が93年なので、ナイロンも俺も25周年ということになる。俺が東京に出てきて、初めて観た演劇が92年4月、劇団健康の『ウチハソバヤジャナイ』だ。度肝を抜かれた。面白くてオシャレでカッコよくて、なんだかトンガってた。「俺もこんなんやりたい!」

「シャープさんフラットさん」

上京一週間たらずの俺にそう思わせてくれた、憧れの兄さん姉さんたち。その4年後、ナイロンへの初客演。その頃のナイロンは若手を募り"ユニット"から"劇団"へとメタモルフォーゼしていく過程だった。若手から大倉がグン！と頭角を現し、ドリフに荒井注さんに代わり志村けんさんが登場したときのような新しい息吹を感じた。

08年、10年に客演した頃、ナイロンは15周年を迎え、役者それぞれの活動のフィールドも広がり、劇団として"思春期"を迎えた時期だったように思う。稽古後の飲み屋ではよく「このままでいいのか」的な答えのない会話が繰り広げられていた。翌日、稽古場に行くと、昨夜の会話が嘘のように、お菓子を片手にニコニコ牛乳を飲んでる三宅さんと、それを笑っているリエさんがいた。「このままでいい」そう思った。憧れの兄さん姉さんたちの天真爛漫な幼児性、それがナイロン100℃を形成する大きな要素なのだ。

そして昨年の『ちょっと、まってください』。兄さん姉さんたちもアラフィフとなり、幼児性はさらに進行し、頑固な部分はより頑なに、そんな自分たちを開放しきっていた。そしてそんなちょっと厄介な部分も含め、全員がそれぞれを愛おしんでいた。思春期を経て、"劇団"はいつしか"家族"になったんだなぁと感じた。"純劇団員"にとってナイロンは実家であり、だからこそ、最も尖った挑戦の出来る場所なのだと思う。もうホントにずっと「このままでいい」と思う。ひとつ望むなら、大倉以降の若くない若手たちからひとりでも、新たに志村けんさん登場的な息吹を感じたい、というくらいだ。

準劇団員は決して家族にはなれない。でも"仲間"にはなれる。"仲間"、なんなら"友達"。俺にとってこの距離感が心地よい。この仕事をしていると、だいたいが三ヶ月限定のチーム。どんなに仲良くなっても"かりそめのユニオン"それはそれでいい。でもナイロンの面々とはこの先、どんなに年月が空いても「ちわー三河屋ですぅ！」とサザエさんちに現れるサブちゃんの如く、一瞬で仲間に戻れるだろう。仲間として、家族の挑戦に加担し、友達として、本番後に飲みに行ってガハハと笑い、旅公演の夜には羽目を外したい。いつまでもそんな関係でいられるのが"準劇団員"だと思っている。

"終身名誉準劇団員"。次に欲しい称号はそれだ。

マギー

兵庫県出身。1993年お笑い集団「ジョビジョバ」結成。リーダーとして作・演出も手掛け、最近では『Keep On Monkeys』を手掛ける。ナイロン100℃作品では『ノンストップサクセスストーリー ビフテキと暴走』『ザ・ガンビーズ・ショウ（作家としても参加）』『シャープさんフラットさん』『2番目、或いは3番目』がある。最近の主な出演にテレビ『嘘の戦争』『99.9 刑事専門弁護士 seasonⅡ』、脚本には『臨床犯罪学者 火村英生の推理』『カンナさーん！』など。

たまに出たい
山内圭哉

　KERAさんのことは、14歳の時から知っていた。
　自分の意思ではなかったものの児童劇団に所属し、子役として映画に出たりするうち中学生になり、あれが思春期というものなのか、突如子役をやってることがごっつ恥ずかしくなってドロップアウト。パンクロックやヘヴィメタルといった親や教師が眉をひそめそうな音楽ばかり聴き漁り、バンドも始めたあの頃に、有頂天というバンドを知り、ナゴムレコードも知り、そしてその中心にKERAという毎秒爆発してるみたいなヘアスタイルの人がいることを知った。
　自分が高校に上がった頃だったか、音楽雑誌でKERAさんが劇団作って演劇をはじめたことも知った。「バンドやってレーベル運営しながら劇団結成するやなんて、なんとも人を喰ったような生き方をしている人よなぁ。はっ、そうか。これがパンクということか。なにもモヒカンにしてトゲトゲつけることだけがパンクではないのだ」と、パンクとは何たるかをKERAさんから勝手に教わったりしていた。
　時はぐーんと経って、2002年。私、齢31。私は結局役者になっており、初めてPARCO劇場に出ることになった。それが『ダブリンの鐘つきカビ人間』という芝居で、そこで出会った大倉孝二に衝撃を受けた。なんとのびのびと演技するのだろと。聞けば年も下だという。なのに、堂々と、のびのびと、実に生き生きと稽古場で演技しよる。こんな年下知らんわ、えらい役者がおるもんやと私は慄いた。そしてKERAさんのとこの子やと知って「ははー、なるほど」と、なにが「なるほど」なのかよくわからんのだが思った。
　以降、様々な現場でナイロン100℃の役者さんと御一緒させていただいた。皆、それぞれ個性の強い方々であった。廣川三憲さんと御一緒した時、廣川さんがナイロン100℃の人ときいて驚いた。こんな汚ったないおっさんが都会的なあのナイロン100℃に居るのかと。劇団員バラエティに富んどるなと。
　ナイロン100℃の方と御一緒させていただいて感じたのは、

「社長吸血記」

ナイロン100℃の皆さんのこと
坂井真紀

皆様一様に、こと演技に関しては安定されていて、上品なアプローチをされる方々ばかりであったこと。パンクの人のとこの人やのに、全然乱暴さないやん。みたいな。

そして2006年に、いよいよケラリーノ・サンドロヴィッチ氏の演出作品に出させていただくこととなる。PARCO劇場の『噂の男』という作品で。

この稽古初日まで、やはり私の中でのKERAさんは、有頂天のKERAさんであった。パンクスとしてのKERAさんであった。しかし、稽古が始まって演出家としてのKERAさんを体験し、私は心の内で悲鳴をあげることになる。

体勢、角度、声量、トーン、目線、タイミング等、全てにおいて調整を施す、実に細やかな演出家であった。もっと無茶苦茶な方かと思っていたら、めっさ演劇のめっさ演出家やーんと悲鳴をあげたのだ。心の中で。

自分の勝手なイメージで勝手に振り幅大きくしただけであったのだが、KERAさんの至極演劇的な細やかな演出を受け、「そら毎回KERAさんの演出うけてるナイロン100℃の役者さんは上手いわけや」と得心した。

その後、ナイロン100℃の劇団公演に呼んでいただくようになった。

KERAさんとの芝居作りを重ねていくうちに、KERAさんと芝居を作る時は、精度と強度が要ることに気づいた。だから劇団員も強いのだ。観客としてナイロン100℃の公演を観てても、「劇団力、半端ないな」と思うもの。楽屋ではへらへら〜とした人たちがいざ芝居やりだすと精度と強度の人になる。なんと楽しい人たちなのだろうか。

とにかく、ナイロン100℃を観続けたい。ほんで、たまに出たい。

山内圭哉（やまうち・たかや）
大阪府出身。1992年から99年までリリパットアーミーに所属。2001年よりPiperに参加。プロデュース公演をwat mayhem名義で展開し『パンク侍、斬られて候』で脚本・演出・主演。「人々」「hate77」のバンドメンバーとして音楽活動も行なう。KERA演出作品では『噂の男』、ナイロン100℃作品では『神様とその他の変種』『社長吸血記』に出演。近年の主な出演に舞台『王将』『髑髏城の七人〜Season風〜』など。映画『Miss ZOMBIE』『花戦さ』など。テレビ『民王』『あさが来た』『植木等とのぼせもん』などがある。

『わが闇（再演）』

この度は、25周年、1世紀の4分の1だ、四半世紀だ、すごい！ おめでとうございます。そして、大好きなナイロン100℃について書く、なんていう機会を頂きまして誠に光栄です。何度か仲間に入れて頂き、お芝居をご一緒させて頂いた私から見た、ＫＥＲＡさんや劇団員の皆さんについて思い付いたことを書いてみようと思います。

最初に、ＫＥＲＡさんのこと。ＫＥＲＡさんの、物事の感じや味わいを微妙な点まで悟ってしまう感覚が大好きです、舞台も映像も。そして、意味のないこと、ばかげたこと、つまらないことが、非常に愛おしくなるのです。ルールなんてなくて、気持ちのいい音楽と一緒に、どこかに連れて行ってくれて、冷たかったり、暖かかったり、心が揺らされて、最後の最後は、うわ、やられたーって思うのです。ＫＥＲＡさんはカレーがお好きなようで、稽古終わりで、みんなでカレーを食べに行く時は「カレーなら行く」と来てくださった記憶が。好きなカレーのタイプは欧風カレーだったかな。

犬山さんのこと。少年からおばあちゃんまで縦横無尽に演じてしまう、すごい方。普段の犬山さんは、のんびりした空気で場を包んでくれて、一番女性らしい方だと思っています。

みのすけさんのこと。みのすけさんにしか出せない引き出しをたくさん持っていて、自由という文字がぴったりな方だと思っています。その声、その存在にいつも癒されています。

リエさんのこと。リエさんは、いつもそっと人を観察してニヤっと笑い、そして、その瞬間に目が合うことが多い……ですよね？（笑）近くにいると思ったら遠くにいたり、リエさんは猫みたいです。繊細な心情から、大胆なキャラクターの表現まで、なんでも来いのリエさんです。

三宅さんのこと。三宅さんとは、他の舞台でも共演する機会が多く、ご縁があると、勝手に思っています。準備体操で汗をかくのが好きなこと、「こう思わないっすか？」と同じふうに思うことが多いこと、男同志なのか女

同志なのか、三宅さんとは同志だと、勝手に思っています。三宅さんが舞台に出て来た瞬間嬉しい気持ちになるのです、三宅さんの魅力で。そういう風に思う人は多いはずと、勝手に思っています。

大倉君のこと。大倉君が舞台の上で天才的に面白いのは皆さんよくご存知のことなので、普段の大倉君のことを少し。頭の中も体の中もスパイスでできているのかと疑うほどのスパイス好きで、南インドカレーとロックを愛して止まない方です。カレーの話とロックの話とバラカン・モーニングの話をする時は優しい笑顔が見れます。

松永さんのこと。松永さんについてのことを耳にする時、天才という言葉をよく聞きます。本当にそう思います。お芝居にかける熱い情熱とクールな距離感に痺れます。松永さんは、北島マヤです！

ああ、松永さんまでしか書けていないのに、文字数が！！！まだ、大好きな村岡さんのことも、吉増くんのことも長田さんのことも書いていない。全員のことを書きたかった。この続き、いつかやらせてください！ 何より、気ままに書いちゃってすみません。こんな計画性のない私ですが、ナイロン100℃がＫＥＲＡさんが皆さんが大好きです。また仲間に入れてもらえるよう頑張ります。今後ともどうぞよろしくお願いいたします。

坂井真紀（さかい・まき）

東京都出身。1992年にテレビドラマ『90日間・トテナム・バブ』でデビュー。映画、テレビ、舞台と幅広く活躍。主な最近の出演にテレビ『怪奇恋愛作戦』『植木等とのぼせもん』『監獄のお姫さま』、映画『中学生円山』『KANO～1931海の向こうの甲子園～』『TOO YOUNG TO DIE！若くして死ぬ』など。最新出演作として『友罪』が2018年5月25日（金）に全国ロードショー。ナイロン100℃作品には『わが闇』『シャープさんフラットさん』に出演し、46th SESSION『睾丸』への出演が決まっている。

プロの殺し屋集団

萩原聖人

　今から11年前、『犬は鎖につなぐべからず』（2007年）で初めてナイロン100℃の公演に客演しました。それは僕にとって間違いなく人生におけるターニングポイントです。当時、自分の中で「表現する」ということについて迷っている時期で、ナイロンの稽古に真っ白な気持ちで飛び込みました。自分がこれまで積み上げてきたものとは関係なく、KERAさんの世界でどう生きるかが重要で、すべては自分次第。プライドもかなぐり捨て、できないものを何とか表現したいという気持ちで必死。そんな自分に対してKERAさんは、僕が何に戸惑い何が苦手なのかビビッドに感じて、とことん応えてくれました。僕のことを見抜いて、今まであった「萩原聖人」のイメージを壊して新たな面をKERAさんは引き出してくれたんです。

　そしてKERAさんが生み出す作品の登場人物を演じることによって養われた感覚がたくさんあります。役を生きることを通して「こういうのもあるから役者は楽しいでしょ」と気づかせてくれた。今までになかった感覚や感性をもらえた気がします。

　稽古嫌いだった僕が、稽古の楽しさに目覚めたのもナイロン100℃からです。「楽しくなる」というと楽観的に聞こえますが、毎回期待を感じずにいられない稽古場。僕は自分のことを「ナイロン100℃の準劇団員」と言っていますけど、作品に出てくる登場人物は主役や準主役がいても平等で、客演でも「ゲスト」という気持ちにさせない。劇団員のみなさんも大人で、よくも悪くも客演慣れしている。それは僕にとって居心地がよかったし「俳優力」を持っている劇団員と表現力で張り合ってもしょうがない。あの人達には敵わないですから。

　劇団のイメージを言葉で表現すると「プロの殺し屋集団」という感じで、客演するときは身が引き締まります。殺し屋を仕切っている大ボスがKERAさんで、殺し屋が揃っている。僕は準劇団員なので、殺し屋見習いとして修行に行く感じです（笑）。殺し方にもいろいろあって、正面から刺す場合もあれば暗闇で撃つ場合もある。25年間も殺し屋をやっている人達ですよ。僕なんか、なかなか殺し屋になりきれない、人は殺せないという感覚になります。

　劇団員のみなさんは、劇団員同士は仲がいいのに癒着してなくて、それぞれが等間隔に存在しているように感じます。不思議な距離感をお互いで保っている。僕にとってのKERAさんは、父親でもない、先生とまで行かない、兄貴というほどでもない。KERAさんは俺のことをどう思っているんだろう……甥かな（笑）。弟というほど近いわけでもない。僕はKERAさんには恥ずかしい話から何でも話しちゃいますけど、たくさん会話をするかというと、そういうわけでもない。でもナイロン以外の舞台に出演したときもKERAさんは観に来てくれて、宝物のようなメールをくれたこともある。それは今でも大切にとってあります。内容は秘密ですけど（笑）。

　僕の事務所の社長は、いつも僕が出会うべき人を考えてくれていて、KERAさんについて「いつかお前と出会うべき人」と言っていて、本当にそうだった。運命論で言えば、いいタイミングで出会うべくして出会えた。その後の役者生活の3分の1は密度高くKERAさんとご一緒してきました。これからもKERAさんに頼まれたら、物理的に可能な限りは参加することが自分にとっても刺激になると思っています。ナイロンが25周年を迎えて、30周年、40周年とこの先続いても、僕はずっと準劇団員の殺し屋見習いとして、ついて行きたいです。

萩原聖人（はぎわら・まさと）
神奈川県出身。1990年『はいすくーる落書2』で人気を博す。93年映画『学校』『月はどっちに出ている』『教祖誕生』、95年『マークスの山』、97年『CURE』で数々の映画賞を獲得。KERA作品には『犬は鎖につなぐべからず』『あれから』『百年の秘密』『パン屋文六の思案』『グッドバイ』に出演。映画『この世の外へ〜クラブ進駐軍』『樹の海』『BOX〜袴田事件』『ナミヤ雑貨店の奇蹟』、舞台『東京タワー』『夜光ホテル』『すうねるところ』『ART』など。

ケラっぴの
おかげ

植本純米

自分が出てないナイロンは正直あまり観たくない。面白ければ面白いほど悔しい気持ちが湧いちゃうから。部外者でしかも他の劇団に所属してる奴が何言ってんだよって自分でも思うけど、でもそう思う劇団てナイロンくらいだから許して。いやちゃんとね、ケラっぴのオリジナルは勿論、『黒い十人の女』とか『キネマと恋人』とかも観てるし大好きなんだよ。でもやっぱりモヤモヤは残る。「あ、またヤマニン出てる」とか「これも一（ぴん）さんかぁ……」とか。

自分がナイロンに出た3作品は全て青山円形劇場。絶対何らかの力がはたらいてると思う。日本一好きな劇場なんだけど、復活するまで自分のナイロン出演もお預けなの？って複雑な心境になる。

そもそもケラっぴは俺の何を観て最初にオファーしてくれたんだろう。だって意外な役ばっか振ってくるから。20年前に初参加した『偶然の悪夢』、あれ俺ちゃんとできてたのかなぁ。オムニバス形式だったけど、走行中の列車に閉じ込められてる話とか、セットも無くて成立させるの難しかったわぁ。次の『犬は鎖につなぐべからず』とその次の『パン屋文六の思案』はまぁ姉妹作品だから両方出られてよかったけど、これまたどっちもひねくれた面倒臭い男の役で。萩原聖人が得意そうな。「俺が現代劇の女形だって知ってる？」って心の中でずっとケラっぴに問うてたさ。だけど他でそんな冒険させてくれる演出家とかプロデューサーいないしね。自分の中で大きな財産になってるのでとっても感謝してる。ケラっぴ的にはそんなつもりは更々ないのかも知れないけど。

そういえば自分は主に原作のある作品にしか出てないので、本のあがりが遅いってのを経験してない。劇団員のみんなから「それは一人前じゃないわ」って突っ込まれそう。外部でナイロンの連中と共演すると、みんなホント台詞覚え早いからね。でも結果的には繊細かつ骨太な、とんでもない本が誕生するわけで。しかも何作も何作も。毛色も様々だし。

今後はオリジナル作品にも是非呼んでもらいたいけど、

『パン屋文六の思案〜続・岸田國士一幕劇コレクション〜』

「パン屋文六の思案〜続・岸田國士一幕劇コレクション〜」

「これケラっぴに演出してほしい」って思う戯曲もいっぱいある。『砂の女』なんかはこっちが言わなくてもいつかやるんだろうけど、『至福-レイン技師の夢-』とか『アダムとイヴ』とかブルガーコフ作品やる時は絶対出たい。……興味あるかなぁ。

劇団てやっぱり主宰者のカラーで決まるでしょ？　うち（花組芝居）は座長がお母さんみたいな人だから男だけなのに上下関係は全然厳しくないし。ナイロンの人達は外から見るととってもドライな関係に見えるし、実際そうなんだけど、でもだからこそ時々見える熱さがいいんだよねぇ。ベタベタしてないけど、お互いの信頼はちゃんと見える。何よりナイロンには上手い役者がゴロゴロいる。トップの絶対的な才能と後は幾人かの看板俳優ってのが劇団だとしたらナイロンは稀有なんじゃない？

あ、そうだ、25周年おめでとうだった。でもさ、音楽や映像も大好きなケラっぴがよく四半世紀も劇団やってきたよね。うちも昨年30周年だったけど、ともに「健康」と「加納幸和事務所」時代があるから更に長い。表現の仕方が全く違うのにこうやって交流があるのも面白い。今後ナイロンの連中が演じる人物がますます深化していくのも楽しみだなぁ。特におじいちゃん、おばあちゃんの役。ケラっぴに関しては早世かもと思ってた時期もあったけど、もうここまで来たから100くらいまで生きて。あなたがいるおかげで演劇は相当豊かだよ。ありがとう。

植本純米（うえもと・じゅんまい）
岩手県出身。1989年に花組芝居に参加。ナイロン100℃作品では『偶然の悪夢』『犬は鎖につなぐべからず』『パン屋文六の思案』に出演。近年の主な出演に舞台『丸茂芸能社の落日』『イヌの仇討』『リチャード三世』『黒蜥蜴』『東海道四谷怪談』、映画『日本のいちばん長い日』『大舞台は頂いた！』『たんたかたん』、テレビ『平清盛』『ぼんくら』『真田丸』『無用庵隠居修行』に出演。2017年6月27日の50歳の誕生日を機に「植本潤」から改名した。

観たことのない底

緒川たまき

25周年おめでとうございます。記念すべき時に寄稿させていただける機会を頂きましたので、恥を忍んでお話しますと、私はナイロン100℃に関して、本当に無知でした。

まず第一に、音楽のほうのKERAさんも、演劇界のケラリーノ・サンドロヴィッチという人の存在も知ってはいましたけれど、まったくの別人だと思っていたくらいですから。

2001年に岩松了さん演出の『三人姉妹』で共演した手塚とおるさんから、「同じ人だよ」と稽古場で教えてもらい、驚きのあまり何度も聞き返したときの事を今でも鮮明に覚えています。そしてその手塚とおるさんは、かつて『劇団健康』の主要メンバーだったわけですが、当時の私は劇団健康とナイロン100℃が地続きにあった事もよく分かっていませんでした。

ようやくナイロン100℃の舞台を観劇したのは2006年の『ナイス・エイジ』（再演）でした。これが私の強烈なナイロン100℃の演劇体験となり、心を鷲掴みにされました。真剣に観ていても頭の働きが追いつかず、物語を半分取りこぼしてしまっているのに、冷めるどころか、もっと先へ、もっと遠くへ！ と、遥か先を飄々とゆく世界観に魅了されました。この作品は、時空も役者も入り乱れるスペクタクルな群像劇でしたが、その時は劇団員のお一人お一人をインプットするまでには至りませんでした。

そしていよいよ、2007年、『犬は鎖につなぐべからず』で客演させて頂くことになり、この作品が私にとってのナイロン100℃元年となりました。

戯曲が、岸田國士の大正時代に書かれた作品群を基にしていることもあり、劇中の衣裳も着物ということで、毎日の稽古もキャストはみんな浴衣姿でした。今思えば、多分その為もあったとは思うのですが、私は廣川さんの事を新劇出身の超大御所俳優だと思い込んでいました。他の男性キャストが不慣れな感じで浴衣と格闘している中、自前の浴衣を悠々と着こ

『パン屋文六の思案〜続・岸田國士一幕劇コレクション〜』

ナイロン100℃
25周年に寄せて

山崎 一

なし、テノールとアルトを行き来する貫禄のあるお声で話されている姿は、どこから見ても大御所としか思えませんでした。私の不勉強でこの方の存在を知らなかっただけで、もしこの方に失礼があっては大変なことになるに違いない。そのような方がどういう経緯でナイロン100℃の劇団員になられたのか、廣川さんにもナイロン100℃という劇団にも底知れないものを感じて緊張していました。この公演では、他の客演の方も含め、キャスト全員と初対面だったので、この辺りの事を聞くことも憚られ、誤解に気付くのはずっとずっと後の事になりました。

次の参加となった2010年の『2番目、或いは3番目』では、劇団員の方々の座組みが前回とはまるで違いましたので、また改めて新たにナイロン100℃に出会った気がしました。

客席から観劇している時にも感じている事ですが、ナイロン100℃という劇団には、座組みによって少なくとも4つ、或いはもっとたくさんの全く別の顔があるように思います。それは面子が変われば当たり前というような次元の話ではなく、明らかに色合いが違う、発する空気が違う、飛び交う言葉も違う。そういう興味からも『シャープさんフラットさん』の2チームに分かれての交互公演は観ていて、とても刺激的でした。当て書きを信条としているKERAさんの戯曲の中で、2通りのキャストが筆を進めさせる成り立ち自体もかなり珍しいのではと思いました。

その後『黒い十人の女』『パン屋文六の思案』とご縁をいただき、益々感じているのは、この劇団はいつまで経っても知ったつもりにさせては貰えない、ナイロン100℃は本当に底知れない、という事です。これからもたくさんの顔を楽しみにしています。

緒川たまき（おがわ・たまき）
映画『PUプ』で女優デビュー。TV、映画、舞台のほか美術番組などのナビゲーターとしても活躍。1997年に舞台『広島に原爆を落とす日』でゴールデンアロー賞演劇新人賞、98年に映画『サムライ・フィクション』で高崎映画祭最優秀助演女優賞受賞。KERA作品では舞台『犬は鎖につなぐべからず』『どん底』『しとやかな獣』『2番目、或いは3番目』『徽菌』『黒い十人の女』『龍を撫でた男』『祈りと怪物』『パン屋文六の思案』『夕空はれて』『グッドバイ』『キネマと恋人』『陥没』、テレビ『怪奇恋愛作戦』に出演。最近の主な出演作にテレビ『隠れ菊』『全力疾走』『ハルさん』など。『日本遺産物語SP』ではナビゲーターを務めた。

ナイロン100℃ 25周年おめでとうございます。

私がナイロン100℃ の公演に初めて出たのは第2回目の『SLAPSTICKS』だったと思います。93年のことでした。そのあとナイロンの芝居には再演も含めて5、6本出ているでしょうか。『カラフルメリィでオハヨ』『テイク・ザ・マネー・アンド・ラン』『ノーアート・ノーライフ』『神様とその他の変種』等々。

KERAさん作・演出の作品となると何本出ているのか分かりません。その為私がナイロン100℃ の劇団員だと思っていた人も多かったようです。まあ出演作品の半分ちかくがKERAさんの芝居なのですからそう思われても無理はないかもしれませんが……。(笑)

その中で一番印象に残っている作品、或いはセリフとなるとこれが決められないのです。どれも思い出がありますからね。でも、その中でも一番最初に頭に浮かぶのはやはり『カラフルメリィでオハヨ』ですかね。ナイロン100℃ では2回再演してますが、私が思い浮かべているのは実は劇団健康時代の『カラフルメリィでオハヨ』なんです。ナイロン100℃ 25周年記念とは関係ないじゃないかと言われそうですが、でも私が初めてKERAさんの芝居に出た作品であり、この芝居に出たことでナイロン100℃ の人たちとも深く関われたのです。だから91年の『カラフルメリィでオハヨ』はやはり私にとっては外せない芝居なのです。実は我が家にその時のチラシが残っておりまして、劇場は本多劇場で公演日は7月17〜22日でした。何と6日間しか公演してないのです! いまでは考えられない短さですが、お客さんは連日満員だったのを覚えています。手塚とおるくんや秋山菜津子さん、大堀こういちくん、今江冬子さんなどが共演者でした。もちろん、犬山さんやみのすけや峯村リエちゃんや藤田くんも。そうそう、三宅くんがまだ新人でした!(笑)

そして、『カラフルメリィでオハヨ』で一番印象に残っている台詞はやはり、おじいちゃんの一人台詞ですかね。「月の明るい八月の晩のことじゃった。」ではじまるこの長台詞をその後何年も忘れなかったことを覚えています。この長台詞の間中、孫のなつこ役の秋山菜津子さんが後ろでずっとピアノを弾いていました。そう、この時のキャストの名前がそのまま役の名前になったのです。私の息子で父親役の手塚とおるくんは「とおる」と言う役名でしたし、奥さん役の今江冬子さんは「ふゆこ」でした。居候役の大堀こういちくんは「こういち」でした(笑)。みんなそれぞれが本名で呼び合ってることがなんだかとっても新鮮に感じたものでした。

この公演で私が今でも心に残っている一つのエピソードがあります。

それは場当たり(照明作り)の日でした。舞台上でちょっと休憩をしていた時、犬山さんが私の隣にちょこっと座って「ふんどしは大変?」と聞いて来たのです。実は私の役は認知症になったおじいちゃんが赤ふんどし一枚で舞台上を走り回るという場面がありました。私は当時そのふんどし姿がとても恥ずかしかったのです。それを彼女は察して気遣ってくれたのでしょう。私は彼女に「いや、大丈夫だよ。」と答えました。犬山さんは私の顔を少し見ていましたが、にっこり笑って自分の場所に帰って行きました。この時私は彼女の、犬山さんなりの優しさを感じてとても嬉しかったことを今も覚えています。

そんなこともあり、91年の『カラフルメリィでオハヨ』は私にはやはり外せない宝物のような芝居なのです。

山崎 一(やまざき・はじめ)
神奈川県出身。早稲田小劇場ほかを経る。1995年出演したCMにてACC賞タレント賞を受賞。ドラマ、映画でも幅広く活躍している。近年の主な出演に舞台『グッドバイ』『三人姉妹』『ブルームーン』『火のようにさみしい姉がいて』『太陽2068』『月・こうこう、風・そうそう』『ワーニャ伯父さん』『作者を探す六人の登場人物』『シャンハイムーン』、映画『駆け込み女の駆け出し男』『風に立つライオン』、ドラマ『かぶき者慶次』『花子とアン』など。

『カラフルメリィデオハヨ〜いつもの軽い致命傷の朝〜(四演)』

CHRONOLOGY

4月、500円硬貨発行	1982	KERA、19歳。バンド「有頂天」の初代ドラマーみのすけ、ガールズバンド「世間」のギターを弾いていた犬山犬子（現・犬山イヌコ）と出会う。
8月、日本航空123便墜落事故	1985	KERA、22歳。犬山、田口トモロヲ、みのすけらと劇団健康を旗揚げ。1992年の解散までに14本の本公演と10本の番外及びプロデュース公演を行う。
	1986	2月、ハレー彗星が76年ぶりの地球接近 峯村リエ、藤田秀世、劇団健康に参加 ※何もかもが怖くておびえていました。（峯村）
9月、ソウル・オリンピック 三宅弘城、オーディションにより劇団健康に参加 水越佳一氏（音響）、劇団健康『ホワイトソング』（再演）にて初参加	1988	
	1989	1月、昭和から平成へ 7月、劇団健康第1回サウンド公演『出鱈目的』CD、アナログ盤でリリース（アポロン）（2002年、テイチクインペリアルレコードより再発） 10月〜12月、NTV「ギグギャグゲリラ」内ドラマ「オルタネイティブ・ブルー」の脚本・監督をKERAが担当。劇団員が総勢で出演。 他に秋山菜津子、大河内浩、伊集院光、ふせえり等のキャスト。
今江冬子、劇団健康に参加	1991	
3月、ボスニア・ヘルツェゴビナ紛争	1992	8月、劇団健康解散
2月〜4月、月一枚のペースで、LONG VACATIONプロデュースの企画盤3枚をアポロンから連続でリリース。（現在、ブリッヂから再発中）1枚目は数ヶ月後にナイロンを旗揚げするメンバーでの、コントとジャズのセッション。2枚目は犬山のソロ・アルバムだった。4月には渋谷のON AIR EAST（現.O-EAST）でシリーズ完結記念のリリースイベントを開催。ナイロン100℃の前哨戦のような位置づけになった。	1993	6月、皇太子・雅子さま御結婚 8月、ナイロン100℃旗揚げ #1 予定外 ※手塚とおると三宅弘城が笑い合うシーンで、笑い過ぎた手塚が肋骨を骨折。 ※手塚さんにボケの楽しさ、ツッコまれる気持ち良さを教わる。（峯村） ※私は不参加でしたが、初期ナイロンは慰安旅行が何度か催されてました。（松永）
藤田、脱退		12月 #2 SLAPSTICKS ※本番、自分の思い通りにいかなかったのか、三宅が悔し涙を流してた記憶がある。（みのすけ） ※本番中に劇場の電気ケーブル不具合で音がまったく出なくなった事件。（犬山）
5月 #3 1979 ※多くの方に喜んでもらえた作品。（峯村） ※この頃はずっとファミレスで台本を執筆していた。24時間営業だから、閉店がない。気がつくと40時間ぐらい同じ店にいたりした。最高7、8食を、帰らぬまま済ませたのではなかったか。（KERA）	1994	ミナミ玲子（現・松永玲子）、安澤千草が入団

78年〜86年に渋谷で営業していたロック喫茶「ナイロン100％」。詳しくは犬山の寄稿を参照（p.26）。写真提供：加藤賢崇

6月、オウム真理教によって松本サリン事件発生

7月
喜劇 箸の行方
※多くの方に怒られた作品（私たちはすごい楽しかった）。（峯村）

手塚とおる、脱退
ミナミ玲子→松永玲子　に改名

11月
#4 ネクスト・ミステリー
※『ネクスト・ミステリー』を観て大倉がオーディションに来たのではなかったか。（みのすけ）

1月、阪神淡路大震災　　1995

※1月17日、阪神淡路大震災の日はナイロンの劇団員たちと慰安旅行で長野だかどこかの旅館にいた。部屋のテレビに映し出される空撮映像と被害報道に、一同愕然とするしかなかった。（KERA）
※2月、KERA、犬山、三宅、ドイツに映画を撮りに行く。お蔵入り。（三宅）

3月、地下鉄サリン事件

5月
#5 ウチハソバヤジャナイ
※本番中にハイヒールで舞台裏を走り回り、清水宏さんに怒られる。（新谷）
※大倉君がものすごく怒られていて「あー、この子やめちゃうな」って思った作品。（峯村）
※7月、ナイロン100℃、『東京ギャグコレクション』にゲスト出演、出番前まで会場裏で猛稽古（松永）

大倉孝二、新谷真弓、村岡希美、廣川三憲、澤田由紀子がオーディションで入団

8月
カメラ≠万年筆

悟空先生対アメリカ先生
※一人はもういいかと思った。（三宅）

関口裕二氏（照明）、『4 A.M.』にて初参加

11月
#6 4 A.M.
※公演中日替わりで新人劇団員が演出部スタッフを務めていましたが、自分が入った日、スクリーンを降ろさなきゃならないのにインカムでの舞台監督からの指示がよく聞こえずタイミングが遅れ、映像の明かりが入ってしまった。そこには前のシーン終わりで全裸の状態だったみのすけさんがハケようとしてる姿が。（廣川）
※三宅が峯村をなぐるシーンで本当になぐってしまった。峯村の目からは涙が。（三宅）
※「これ、私出られますか！？出られませんか！？」ってKERAさんに詰め寄った記憶。（峯村）
※稽古場は浅草だった。本番で、最後の方に大きな玉がソデから浮き上がって出てくるシーン。なかなか上手くいかなくて、舞台監督の海老澤さんが、本番中袖で謝っていた。（みのすけ）

3月
アリス・イン・アンダーグラウンド　　1996
※開演前にロビーや場内のあちこちですでにいろんな余興？が行われていた。自分と新谷真弓はお客さんをつかまえて似顔絵書きを。ただただ場内を開演まで歩き回るというストリッパー（本職）さんもおられました。（廣川）
※Tシャツをただただ脱いでいくシーンが好きだった。（峯村）
※当時小学生の森田、アニメ「みどりのマキバオー」を観て、マキバオー役の犬山さんの声を初めて聞く（森田）

長田奈麻入団

5月
#7 下北ビートニクス
初めて観客動員1万人を突破
※大阪公演仕込み中に貧血で倒れる。（新谷）
※大阪公演で阿部サダヲ、長田、三宅他マージャンパイを拾い徹マン。（三宅）
※打ち上げで客演の清水宏さんが財布を紛失して騒いでいた気がする。（犬山）

7月、O-157による集団食中毒
福澤諭志氏（舞台監督）、『フリドニア』にて初参加

7月
#8 フリドニア
※シアタートップスという小さな劇場で大勢の出演者、楽屋は5人くらいしか居られないスペースなので、ほとんどの出演者は背中を折らなければ歩けないような舞台下の奈落が楽屋がわりでした。（廣川）
※犬山とトップスの調光室で観た。自分達の出ないナイロン公演は、2人はじめてだった。「面白いねー出たかったねー」と言いあった。（みのすけ）
※KERAも看護婦役で出演していたが、遅刻。出番まで楽屋が騒然となるもギリギリに到着。

9月
#9 ビフテキと暴走
青山演劇フェスティバル初参加
※「ボクはハート♡！ボクはスペード♠！ボクはダイヤ♦！私はクラブ♣のホステスよ」っていうコントが大好きだった。ヒゲを書いてパイプをくわえ舵を持った船長役をやった。台詞無し。いるだけ。お客さんにはスルーされた。（峯村）
※当時の中村勘三郎さんと大竹しのぶさんが観にいらしてたが、途中で帰っていったと聞く。（みのすけ）
※みのすけ小道具忘れて袖に引っ込む事件勃発。（犬山）

※3月だったか、『カラフルメリィでオハヨ '97』の稽古中、松永玲子からあることで抗議され、延々やり合う。（KERA）
※LONG VACATIONも前年に活動を休止し、演劇しかやることがなく、外部のプロデュース公演から声が掛かることもほとんどなかったので、御覧の通り、劇団公演を年に5本もやっていた。次から次へと湧くアイデアをカタチにできるのは楽しく、充実した日々だったが、人間関係はギクシャクしていた。劇作は、自分にとって現実逃避に他ならなかったような気がする。（KERA）

1997

4月
#10 カラフルメリィでオハヨ '97
※初めて千秋楽で泣いた。（三宅）

4月、消費税率を5%に引き上げ

301

1997

6月

インスタント・ポルノグラフィ
第7回ガーディアン・ガーデン演劇フェスティバルinフジタヴァンテ　参加作品
※制作やスタッフもできるだけ劇団員でやった公演。私も搬入のトラック運転を担当し、どういういきさつだか仕込み前日の晩から劇場近くに乗りつけ車中で朝を待った記憶があります。(廣川)

7月

#11　カメラ≠万年筆～1985 SUMMER～

#12　ライフ・アフター・パンク・ロック～1980 SUMMER～
※『ライフ・アフター・パンク・ロック』で女子大生をやりました。(峯村)
※当『カメラ≠万年筆』『ライフ・アフター・パンク・ロック』の2本とも出演したのは僕だけで、昼夜でメンバーが変わっていくなか、スズナリの主と化していた。(みのすけ)

8月、ダイアナ元妃、事故死

12月

#13　フランケンシュタイン

BOKETA氏(美術)、山田美紀氏(演出助手)、『フランケンシュタイン』にて初参加

※林和義さんが血糊監修に。秘密の調合が施された血糊を素手で混ぜる姿は正にリアルホラー。(新谷)
※当時劇団員の小林高嵩とのアクションシーンで拳をかわしそこね眼に直撃。片眼が腫れあがってしまった私は翌日からしばらくはアイパッチをして出演。(廣川)
※廣川が楽屋で一口ゲロを吐く。みのすけ、劇場に到着するなり本番の衣装に着替えみんなを驚かせる。(三宅)
※インガの「ブラジャーが…!」っていう台詞、好きだったのにカットされた。(峯村)

1998

※1月稽古中、松永からまたもやあることで抗議され、長電話してムチャクチャ言い合いになる。(KERA)

2月

#14　ザ・ガンビーズ・ショウ
※大阪公演の場当たりの時にふざけてて、KERAさんにめっちゃ怒られていた役者がいた。(峯村)

※3月、公演中に、三宅とみのすけに池袋の居酒屋に呼び出されて、酔った勢いもあっていろいろ文句を言われ、なんかもう辞めたくなる。主宰者には逃げ場がない。(KERA)

5月

吉田神経クリニックの場合
中野 ザ・ポケットこけら落とし公演
※はじめて別役さんの本をやれた喜びと、とてもやりがいのある役で楽しかった公演。逆に犬山は辛かったらしい。(みのすけ)

山脈
猫100℃(猫ニャー+ナイロン100℃)公演。ブルースカイ(現・ブルー&スカイ)氏作・演出。

6月

Φ(ファイ)
※三宅が吉増の背中に飛び蹴りをするシーンの稽古で吉増がアゴを床に強打。病院で何針か縫う。(三宅)
※『Φ』のオブジェ製作スタッフで今はイラストレーターの、ヨシタケシンスケさんに恋をした。(峯村)
※今思えば、こんなに面白い、破綻した公演はなかったのでは。出てない大倉が絶賛していた。(みのすけ)

7月、和歌山毒物カレー事件発生

雨堤千砂子氏(宣伝美術)、『フローズン・ビーチ』にて初参加
坂村健次氏(宣伝美術)、『偶然の悪夢』にて初参加

8月

#15　フローズン・ビーチ
※7月の稽古中、取材のひとつに出演女優全4名の座談会があり、そこで犬山が「岸田戯曲賞とってほしいなあ」発言している(p86)。まだ台本は1ページもなかった。「プレッシャーになること言いやがるなあ」と思ったが、おかげで本当に受賞できました。ありがとう。(KERA)
※お稽古中が濃密すぎて思い出しても吐きそう。今江さんもカビの生えたお茶を飲んでもわからない位集中していた。(峯村)

10月

偶然の悪夢
第12回青山演劇フェスティバル【悪の演劇1998】参加作品
※ナレーションの声が大好きだった。すぐにその世界に連れて行ってくれた。(峯村)

12月

イギリスメモリアルオーガニゼイション
※いやー!!若さの勢い!!若さって素晴らしい!!(峯村)

1月

1999

1月、欧州統一通貨ユーロ導入
喜安浩平、吉増裕士入団

ロンドン→パリ→東京

※2月『ロンドン→東京→パリ』ソワレ公演上演中に、調光室で観劇していた私の肩を制作が叩き、岸田戯曲賞受賞を伝えてくれた。劇団員がとても喜んでくれたことが何より嬉しかった。(KERA)

3月

KERA、『フローズン・ビーチ』で、第43回岸田國士戯曲賞受賞。
受賞パーティーでキャスト4名はブルースカイ氏作・演出のコントを披露。

#16　薔薇と大砲
※本番前のサウンドチェックで「たま」の皆さんが歌いだすとどこからともなく役者が集まり聞き惚れる。(吉増)
※村岡希美がかたつむりになってしまうという衝撃。(廣川)
※結果的によかったものの、稽古初日に「三宅、今回は犬の役だから」と言われ、ヘコむ。(三宅)
※たまとの共演が楽しかった。たまの曲が素晴らしかった。赤信号の小宮さんが大きな水槽に溺れるシーンは、本当に大変そうだった。(みのすけ)

劇団の存続危機を迎える

9月

#17　テイク・ザ・マネー・アンド・ラン
ナイロン100℃初めての全国ツアー
※東京公演の映像操作で参加。映像はまだスライド投射で、毎ステージ曲を聴きながら、カウントに合わせてフィルムを送っていた。(喜安)
※公演中、小道具で使っていたトランクに、大倉から「入れるんじゃない?」と言われやってみたら入れたので、トランクをカパッと開けたら私が出てくる、というドッキリをして遊んでいたら、次の芝居(テクノ・ベイビー)でトランクの中から出てくる「森の精」という役をいただきました。(村岡)
※広島公演本番中に突如停電。しばらく暗い中そのまま芝居は続行。(廣川)
※停電した広島公演中、裏でみのすけさんと一緒にスタンバイしてたわしが「ヤバい!照明おちた!」と言ったらみのすけさんは全く気づいてなかった(笑)まぁ一裏の小さい灯りはついてたけどー wそっちにびっくりした事件。(犬山)
※ツアー先でKERAさんとみんなが個人面談。重い。重くて暗い記憶。(峯村)

12月

#18　テクノ・ベイビー
※稽古中、バク転を求められ、居残りで練習をするも本番に間に合わず。(喜安)
※チラシに誤植が発覚、稽古場で手の空いてる役者が代わる代わる修正作業。池田成志さんにも凄い勢いと速さでご協力頂く。(新谷)
※大変だったという記憶と松永の歌う「タイルの歌」の記憶しかない。(峯村)
※客演の成志さんが酔っ払って財布を紛失したような気がする。(犬山)

KERA&ナイロン100℃ PRESENTS「東京ポーキュパインコレクション 1999-2000」
※本多劇場でのカウントダウンイベントは、皆酔っ払い状態でヒドかった。(みのすけ)

※12月稽古～上演には大変な苦難が待ち受けていた。一言で言うと、「制作が逃げた」のだ。この時期ほど芝居作りが辛かったことはない。詳しくは書かないが、私にも大いに非はあった。こういうことがあると、残された劇団員の結束は否が応にも固くなる。怪我の功名と言うべきか。とくに犬山とみのすけには個人的にまったく助けられた。今でも深く感謝している。(KERA)

シリーウォーク内が混乱

シリーウォークで劇団員全員の一括マネージメントを行っていたのをやめ、各々、異なるプロダクションに所属。

2000

3月
#19 絶望居士のためのコント
※公演中、KERAさんに、自分で本を書いて公演を打ってみたいと思いますと相談したが、やめといた方がいいと諭され、その後、結局そっvery。(喜安)
※峯村リエがセリフを忘れ、当時いっこく堂のマネが流行っていた三宅が小声の腹話術で舞台上でセリフを教える。もちろん腹話術はちゃんとできていない。(三宅)

9月
#20 ナイス・エイジ
東京都千年文化芸術祭優秀作品賞 受賞作品
※CCBみたいなカツラをつけさせていただいたら少し禿げた。(喜安)

上田大樹氏(映像)、相田剛志氏(演出助手)、『ナイス・エイジ』にて初参加
11月、ストーカー規制法公布

2001

4月
#21 すべての犬は天国へ行く
※オール女性キャストだったため、衣装に着替える際はKERAさんの方が外に閉め出された。(新谷)
※稽古中ギックリ腰を患いコルセットで本番に挑んだ所、お客様から長田妊婦説が浮上した。(長田)
※髪の毛をローズ色に染めた!!再演したーい!!(峯村)
※スタッフの資料に書かれていたタイトルが「すべての犬は全国へ行く」になってた(笑)。みんなに大ウケでした。(犬山)

眼 鏡太郎、皆戸麻衣、植木夏十入団
5月～澤田由紀子、休団

11月
#22 ノーアート・ノーライフ
※温水さんのデッサン画と、オケタニの壁画製作で参加。(喜安)
※この頃は、まだ役者も仕込みを手伝っていて、地方公演では慣れてかなり早くなった。(みのすけ)
※大分の居酒屋で廣川さんのお通しに小さいゴキブリが入っていた。(三宅)

9月11日、アメリカ同時多発テロ

2002

5月、日韓共催 FIFAワールドカップ開幕
※三宅と大倉、バドミントンが大流行。(三宅)

KERA、第1回朝日舞台芸術賞受賞(2001年の活動全般に)、
第5回鶴屋南北戯曲賞(「室温～夜の音楽～」)、
第9回読売演劇大賞優秀演出家賞(「室温～夜の音楽～」)受賞

『1979』に出演した伊藤俊人氏逝去

9月～今江冬子、休団
12月

7月
#23 フローズン・ビーチ(再演)
※大学在学中、初めて見たナイロンの公演(水野)
※仙台公演のアンケートに「私たちが演った「フローズン・ビーチ」の方が良かったと思う」ってのがあった。(峯村)

#24 東京のSF
※客演の渡辺えりさんに、優しくされたり、すっげえ怒られたりした。(喜安)
※復帰に向けて、参加。(藤田)
※千秋楽、上のコマ劇場で同時刻にライブが重なり、お客さんも役者も全く集中できない状況に。(三宅)

12月、眼 鏡太郎という芸名をもらう(眼)

3月、鳥インフルエンザ感染発生

2003

※初めて映画の監督をしたし、外部公演の仕事も増えてきた。が、外での仕事がこんなにもストレスを感じるものなのかと実感。劇団10周年。記念パンフレットで私は「絶対20周年はない」と豪語しているけれど、あっという間に、20周年どころか25周年がやって来た。劇団での人間関係にうんざりしての発言だったのだろう。(KERA)
5月
ドント・トラスト・オーバー30
※本番中、前十字靭帯を切った。ダンスシーンの着地で。その瞬間を同期の松永が舞台上で見たそうだ。膝が有り得ない方向に曲がっていたそうだ。見た松永もショッキングだったと思う。(安澤)

11月
#25 ハルディン・ホテル
劇団10周年記念公演
※通し稽古中セット2階から業務用扇風機が落下、額を4針縫う怪我。(皆戸)
※一度だけ高校生の団体がほぼ貸切のような状態で客席を埋め尽くした回が、ほとんどのシーンの反応がことごとく鈍い中、なぜか最演じるチンさんだけいつも以上に異様にウケたことは今もって謎。(廣川)
※モヤモヤしていて10周年記念公演欠席。(峯村)
※栗東公演で泊まったホテルの支配人が「ハルディン・ホテル」そのもののようなキテレツなおじいさんだった。(みのすけ)

藤田、劇団に復帰
犬山犬子が犬山イヌコに改名

※12月、今はなくなってしまった渋谷のホテルの一室に住み始める。最初は住居にするつもりなぞまったくなかったのだが、出たり入ったりしているうちに、いつの間にか荷物が増え、出るに出られなくなったのだ。このホテルには2008年までいた。(KERA)

2004

8月
#26 男性の好きなスポーツ
※イケてる茶髪にしたら少し禿げた。(喜安)
※ロマンチカのセクシーダンスに男優陣釘付け。(吉増)
※北海道公演翌日から有志による定山渓温泉へのレジャー旅行。温水プールやカラオケ等で盛り上がる。(松永)
※札幌公演終了後、定山渓温泉の温水プールで当時劇団員の大山の海パンが脱げる事故発生。その夜、真冬のキャンプファイヤーを決行した際には同じく大山が火のついた枝で空中に好きな人の名前を書いて告る。(藤田)
※札幌公演は演劇鑑賞会という、会費を払っていろんな公演を鑑賞するという会のお招きでしたが、性がテーマで放送禁止用語も連発する過激な内容に堪えられなかったのか、開始早々から退出されるお客様が続々。休憩後には客席が半分くらいになっていた。パンフレットの企画だったと思いますが、男性キャスト数人でストリップを鑑賞しに。個人的には後にも先にも唯一の貴重な体験でした。(廣川)

※当時高校生の森田、深津絵里さんファンの同級生・西田くんに半ば強制的に『カメレオンズ・リップ』のDVDを観せられて、KERAさんの存在を知る(森田)

11月、韓流ブームが起こる
12月
#27 消失
※観にきた森田が終演後、楽屋に来て号泣していた。(三宅)
※楽屋では、みのすけが客演の八嶋智人にずっと叱られていた。しまいには俺も「劇団員があんなで叱らないKERAさんがおかしい」と叱られた。(KERA)

2005

3月、「愛・地球博」が開幕

3月
すなあそび
※劇場にエレベーターがなかったため、大量の砂を詰めた麻袋を背負って階段で搬出。奴隷さながらだった。(皆戸)

8月『トーキョーあたり』(本多劇場)で13年振り、一度限りの健康復活公演

4月
#28 カラフルメリィでオハヨ
劇団健康時代の初演から通算4演目
※トシちゃんみたいなカツラを被らせていただいたら少し禿げた。(喜安)

2006

※グループ魂、まさかの紅白出場。(三宅)

※8月～パルコ・プロデュース『噂の男』にてKERAさんの作品に初めて参加(水野)

10月、北朝鮮が地下核実験

2007

12月
#29 ナイス・エイジ（再演）
公演中、当時劇団員の大山鏑則が虫垂炎で降板。
キャストの増員はせず喜安が二役を兼ねて代役を務めて続行。
※CCBみたいなカツラで少し禿げ、場当たりで左親指靭帯を切って少し禿げ、大山さんの代役もやることになりとても禿げた。（喜安）

5月
#30 犬は鎖につなぐべからず
※客演の緒川たまきと出会う（KERA）

7月、イスラエルがレバノン侵攻

12月
#31 わが闇
劇中で、プロジェクションマッピングを初めて本格的に導入
※観客に「晩年のはじまり」という文章を配布。（KERA）
※屋敷の舞台セットが傾く仕掛けを実行するも、それに気づいた客は少数。（吉増）
※たまたま東京にいた伊与勢、本多劇場の前を通りがかり当日券にて観劇、2008年度オーディションのことを知る。（伊与勢）
※北九州公演にジョビジョバの木下明水氏が、差し入れの晩白柚を裸のまま小脇にかかえて（あとは手ぶら）登場。皆驚愕。（三宅）
※「ダバダ～♪」っていうコーラスが合わなくて手こずった。（峯村）
※札幌公演で雪の中に、財布を落とし、2度と出て来なかった苦い記憶。（みのすけ）

2008

※2月、長年住居と化していたホテルが閉まるということで追い出される。（KERA）
猪俣三四郎、水野小論、伊与勢我無、小園茉奈、菊池明明、森田甘路、木乃江祐希、研究生として入団

劇団の制作がシリーウォークからキューブに
※自社「シリーウォーク」を閉社し、自身のマネージメントを劇団の制作ごと「キューブ」に移行することで、80年代半ばから続けてきた社長業から完全に足を洗う。（KERA）

9月、リーマン・ショック

9月
#32 シャープさんフラットさん
15周年記念公演、ダブルキャスト二本立て
※研究生として入団するも色んな人から色んな角度で怒られすぎて、ある日の帰り道「あと3回怒られたら辞めよう」と決心するも次の日11回ぐらい怒られて辞めるのを諦める。マチソワの間に、舞台上で当時同期だった田村健太郎とコントを披露し、死ぬほどスベる。（森田）
※木乃江と森田、劇中に使うラーメンに輪ゴムを使い、食べられるか！と怒られる。（木乃江）
※ツーブロックという髪型に見えるカツラをつけさせていただいたら少し禿げた。（喜安）
※初めてヒゲをはやしてみた。打ち上げで珍しく大倉さんとハグをした。その後あいさつで泣いた。（三宅）
※ホワイトチームとブラックチームの間に少なからず対抗心が生まれた……。自分の出てないバージョンを客席で観るドキドキ感を味わう。（みのすけ）

1月、オバマ大統領就任
3月、劇団健康時代より多くの公演を行った新宿THEATRE/TOPSが閉館

2009

3月、緒川たまきと入籍（KERA）

4月
#33 神様とその他の変種
※本番前に、舞台上で同期全員で合作コントを披露し、さらに死ぬほどスベる。本多劇場の壁に穴を開ける。初日が開ける直前、最終調整中の照明卓のコンセントに足を引っ掛け抜いてしまい、死にそうになる。その後何とか無事に初日は開いたが、本人にとって思い出すと吐きそうになる程のトラウマとなる。同期の木乃江と恵比寿のビール工場で口論になり泣かせる。（森田）
※マチソワ間に、当時研究生の水野、田村、伊与勢、小園、木乃江、森田、菊池で田村作のコント『大なわ』を発表する。（菊池、小園）
※左ひざ半月板負傷。（三宅）
※打ち上げで酔っ払った大倉さんに絡まれ口論。（水野）
※最後どうしても雨にぬれてびしょぬれになるんだけど、みのすけだけは上手い事雨から逃げてなるべくぬれない様にしていた。（峯村）
※全員で歌いながら移動しまくるシーン途中で音が落ち、アカペラのまま最後までやり切り、観客にはそういう演出にも見えた事件。（犬山）
※昼公演で大量に降らせた水を苦労して吸い出したかと思うと夜また大量に降らせては片付けるという日々に、賽の河原を連想した。（猪俣）

猪俣、水野、伊与勢、小園、菊池、森田、木乃江、正式に劇団員になる

2010

4月、井上ひさし逝去

6月
#35 2番目、或いは3番目
※いわき公演の仕込み日に二度寝してしまい遅刻。しかし小園より更に遅れたスタッフさんがいたため命拾いをする（スタッフさんは全員分のスタバを差し入れた）。（小園）
※初日の前の日もお稽古をしていて、私達はボロボロなのに街は日本サッカーの勝利だかなんだかで大うかれしていて静かに泣いた。（峯村）
※HPに新人の名前を載せてもらえることになった。伝達の行き違いでそのころ本名だった木乃江（田中祐希）の名前が「キック田中」という芸名でのっていた。（菊池）

7月、つかこうへい逝去

9月
亀の気配
※打ち上げの大入りで、なぜか号泣。（森田）
※喜安先輩の難しい言葉づかいが理解できず、喜安語録辞典を製作。（木乃江）
※KERAさんに台本を読んでもらった。緊張した。（喜安）
※すりガラスの奥で全裸になるシーンがあるも、すりガラスが薄すぎてほとんど丸見え。（伊与勢）
※喜安に大変助けられた。（KERA）

2011

※年明け、KERAさんから「あけましておめでとう、今日から君の名前は〇〇（芸名）だ！」とのメールが。2008年度オーディション組に芸名がつく。（伊与勢）

3月11日、東日本大震災。
※3月11日は会社で「黒い十人の女」のパンフレットの打ち合わせをしていた。大きな揺れに打ち合わせどころではなくなり、20時間かけて歩いて帰宅。日本がこんなになってしまって、果たして公演が無事に打てるのか、大きな不安に襲われた。（KERA）
※5月、鎧塚氏シリーズ1回目。稽古場が一緒で、ペンギンプルペイルパイルズの倉持裕氏の作品に三宅が出て、ナイロンの作品にペンギンの小林高鹿が出るという何だか変な感じに。（三宅）

横須賀拓氏（宣伝美術）、『黒い十人の女』にて初参加

5月
#36 黒い十人の女
※無事に幕が開き、芝居を打てる幸福をしみじみ嚙みしめた。（KERA）
※千秋楽でぎっくり腰になり、泣きそうになる。（森田）
※劇場で心霊体験をする。（小園）
※東日本大震災直後で大きな余震が頻発。スタッフ役者ともに激しい余震がきた場合の対応策を話し合い周知していた（演劇界全体的なことだったかと）。（吉増）
※二度目の離婚。シングルファザーとなる。（藤田）
※暗転中にウイスキー水割りセットを持ったまま舞台から落ちて、お客様のヒザの上にものすごくきれいに座った。（峯村）

11月
#37 ノーアート・ノーライフ（再演）
※稽古場が男だらけで寂しいから遊びに来てくれとのお達しが来る。（木乃江）
※被った絵具を落としてカーテンコールに間に合わせるのが地獄だった。毎日白目が青くなり、金髪もだんだん青く染まったし少し禿げた。（喜安）

2012

2月
持ち主、登場
※ツイストを踊った。（峯村）

2012

4月
#38 百年の秘密
※地方公演で帽子を脱いだらカツラまで一緒に脱げてしまうというアクシデントに見舞われる。(藤田)

鈴木光介氏(音楽)、『百年の秘密』にて初参加

2013

5月、東京スカイツリー開業

2月
#39 デカメロン21
※小屋入りしてからも転換の動線が仕上がらず、劇団員全員で知恵を絞っていた中、みのすけさんの口から「初日祝いのビールをどこの冷蔵庫で冷やせばいいのかやっとわかった!」という発言が飛び出し、喜安さんがほんのちょっと怒る。(森田)
※公演中に映画で賞をいただき、出演者、劇団員の皆様に祝っていただいた。(喜安)
※出演者が多いので楽屋を奈落にされそうになる。(水野)
※劇中でほぼ全員が下着姿というシーンがあったのですが、衣装あわせで最初に衣装さんから男性に渡されたのは白ブリーフ。さすがにそれはないんじゃないかと相談の結果、水色のボクサーになりました。(廣川)
※シブゲキで大勢の芝居はキツかった。(みのすけ)

4月、歌舞伎座が新開場

4月～ 植木夏十、休団

4月
ゴドーは待たれながら
※初日、はじまる前、楽屋に訪れた時の大倉の緊張感がハンパ無かった。1人立ち向かう大倉を尊敬した。(みのすけ)

6月
#40 わが闇(再演)
※本番何日目かで高熱を出す。吉増に投げ飛ばされるシーンでは、力が入らず簡単に投げ飛ばされた。(三宅)
※「ダバダ～♫」っていうコーラスが合わなくて手こずった。(峯村)

10月
SEX, LOVE & DEATH
文化庁委託事業 日本の演劇人を育てるプロジェクト 新進演劇人育成公演 俳優部門
※KERAさんの既存の台本からやりたい演目を見つけ、自分たちで企画書を書いて実現した公演。その上KERAさんが新作まで書いてくれた。(小園、菊池)
※KERAさん演出作品に初参加。短編3作のオムニバスであったが、3作品分の美術が劇場にひしめき、転換が大掛かりすぎてびびる。(大石)

2014

4月、消費税率を8%に引き上げ
大石将弘、ままごと所属はそのままにナイロン100℃に加入

4月
#41 パン屋文六の思案
※生まれて初めてってぐらいの長台詞をもらいテンパる。劇場で心霊体験をする。(森田)
※本番10日前ぐらいにアキレス腱を切り、降板。(吉増)
※稽古中みのすけさんが、ジャージのズボンから1メートル程のトイレットペーパーを引きずりながらトイレから戻ってくる。トイレに流し忘れたのか、そもそもちゃんと拭いたのか判別もつかず、皆ギョッとする。(水野)
※公演間近の稽古中、吉増裕士がアキレス腱を切ってしまい出演が不可能に。急遽その日の夜に彼の代役を言い渡されました。私は本来の役に加え早着替えなどで大忙しに。(廣川)
※劇団最後の青山円形劇場になると思うと感慨ひとしおだった。(みのすけ)

9月
#42 社長吸血記
※出演していない若手3人でDVD収録用に舞台のメイキング映像を撮ることになり、菊池、木乃江が吸血鬼の姿でリポートしたいという謎の案を推してきたことに森田が断固反対し、スーツ姿でリポートするという謎の折衷案に落ち着く。(森田)
※稽古後、新宿の居酒屋で大石がカバンの置き引きに遭う。翌日財布から現金のみ抜かれた状態で、発見される。(大石)
※客演のかもめんたるの槙尾氏がわざわざ女装道具一式を北九州に持ち込み、飲み屋にマキコとして現れ、女子大喜び。(三宅)
※関西弁の役を大阪でやるの、すごい緊張したー。(峯村)

11月、パリ同時多発テロ

KERA、第40回菊田一夫演劇賞受賞

2015

12月、青山円形劇場を含むこどもの城閉館

12月
#43 消失(再演)

2016

1月、SMAP解散
※木乃江、劇団コノエノ!を旗揚げしてみる。(木乃江)

3月、劇団健康時代より様々な公演に出演・振付で参加してきた横町慶子氏逝去

KERA、第23回読売演劇大賞KERA・MAP『グッドバイ』最優秀作品賞、優秀演出家賞受賞
平成27年度芸術選奨文部科学大臣賞(KERA・MAP『グッドバイ』の成果により)受賞

KERA、第51回紀伊國屋演劇賞 個人賞
(『ヒトラー、最後の20000年～ほとんど、何もない～』『キネマと恋人』)
第24回読売演劇大賞 最優秀演出家賞(『8月の家族たち August : Osage County』)
第68回読売文学賞 戯曲・シナリオ部門(『キネマと恋人』上演台本)
第4回ハヤカワ「悲劇喜劇」賞(『キネマと恋人』)受賞

2017

1月、アメリカ、トランプ大統領就任

11月
#44 ちょっと、まってください
3年ぶりの新作公演
※「ラーラ」という役が大好き! また「ラーラ」と出会いたい。(峯村)

2018

4月
#45 百年の秘密(再演)
25周年記念公演

7月
#46 睾丸
25周年記念公演

おわりに

I

1985年。22歳だった。

私の記憶ではそこは電車の中だった。しかし犬山イヌコは記憶にないと言う。「劇団を作らないか」と提言されたのだ。これ自体も犬山はやんわりと否定していて、もしも彼女が正しいのであるなら、「電車の中ではない別のどこかで、私の方から犬山に劇団の旗揚げを提言した」ということになる。どちらの記憶が正しいのか、わからない。ともかく、忘れてしまうぐらいの気軽なひと言で、ナイロン100℃の前身となる劇団の歴史は、ひっそりと始まった。

当時、『宝島』や『DOLL』、『フールズ・メイト』といった、非常に偏った読者層によって支えられていたサブカル誌と、パンク・ニューウェイブに特化したロック雑誌には、私がフロントマンとして立つバンドや、私が主宰する自主レーベルインディーズの名前が毎号のように載っていた。長かった（ように感じただけだろうが）下積み時代を経て、マニアの間でではあるが、ようやく自分の居場所を獲得したのだった。翌年にはバンドのメジャー・デビューがほぼ約束されていた。いわば前途有望なロック・ミュージシャンだったわけだ。犬山は安いギャラで私のバンド（の事務所）に雇われたヘアメイク係でもあった。

そんな大切な時期に、バンド活動と並行して劇団を立ち上げ、年に2回の公演を打つと宣言するなどということは、非常識を超えていたらしい。事務所からもバンドのメンバーからもいい顔をされなかった。翌年のレコード会社との契約でも問題になった。私は頑として引かなかった。「劇団を辞めろと言うなら、別にメジャーになんかいかなくても構いません」ときっぱりと言い放ち、大人たちは渋々、私の劇団活動を許可した。どうせすぐ辞めると思っていたのかもしれない。自分自身、そんなに長くは続かないだろうと思っていた。

そうでなければ、こんな奇妙で長いペンネームを名乗るわけがないじゃないか。

その時にやっていたバンドは6年後に解散し、劇団は残った。特段、音楽を捨てて演劇を選ぼうという意志があったわけではない。成り行きだ。バンドは一気に昇りつめ、レコード会社は期待するほどの高みには昇れないことを察し、時同じくして、5人のメンバー間にも（と書くと語弊があるかもしれない。主に私と4人のメンバーの間に、なのだろう）動脈硬化が起こっていた。一方劇団の方は、昇りつめるどころか昇る気配すらなかった。冷罵を浴びせられるのならまだいいが、批評の机上にすら上げてもらえなかった。無視だ。我々は良くも悪くも、誰にも何も言われぬまま、おそろしい程の時間をかけ、まったくの独学で演劇を会得していった。小劇場ブームと呼ばれる流行の渦中に、我々は入れてもらえなかったように思う。野田秀樹と鴻上尚史が人気を二分し、ピナ・バウシュが『カフェ・ミュラー』で初来日公演を果たし、「遊◉機械／全自動シアター」では高泉淳子がいきいきと山田のぼる君を演じ、つかこうへいが醜悪な復活を遂げ、転形劇場が解散し、銀粉蝶と片桐はいりが「ブリキの自発団」で懐かしい未来を体現していた頃。我々の指針となったのは、宮沢章夫率いる「ラジカル・ガジベリビンバ・システム」のみで、しかし我々のやれていたレベルは、彼らに較べれば児戯に等しかった。

旗揚げから8年後、「健康」という名の我々の劇団は「ナイロン100℃」へと更新された。

II

そして四半世紀が過ぎた。「あっけなく」とも思えるし、「目眩がするほど長かった」ようにも感じる。いずれにせよ、25年前の私も、15年前の私も、10年前の私だって、ナイロ

ン100℃の25周年を記念した本の完成をこんなにも幸福な気分で待つ時を迎える自分を、まるで想像できなかった。

25周年記念公演『百年の秘密』の初日を3週間後に控えた今、ナイロン100℃はこれまでで最も良好な状態にあるのではないだろうか。

バンドの解散から10年程遅れて、ナイロン内部も硬直した時期を迎えた。それ以降も幾度か、崩壊の危機に直面したと認識している。それでもナイロンは解散せずにもちこたえた。奇跡的なことだと思う。たくさん傷つけ合った。私は台本が遅いのだ。毎回遅い。新作の上演の度、つまりこれまで約50回、そのことで皆に迷惑をかけ続けたことになる。まったく自業自得なのは承知のうえで、それでも、多くの人に迷惑をかける度に己も傷ついてゆく。その傷を、作品と、作品への観客の反応が癒してくれる。そして作品は私が傷つけ続けた人たちが、それでも作り続けてくれたのだ。彼らひとりひとりが「それでもやろう」と思ってくれた。それでまた頑張れる。精一杯頑張る。それでも台本は遅い。いや、「もっと頑張れる」と思って粘ってしまうからこその遅筆なのだが、この場でこれ以上の言い訳はすまい。

ともあれ、そんな風にしていつの間にかここまできていた。ちなみにあの時解散したバンドは4年前に再結成され、以来、かつての緊張関係が嘘のように円滑な活動が継続している。めでたしめでたし。

とはいかないのはわかっている。清志郎も歌ってる。「いい事ばかりはありゃしない」。これから「よくない事」もあるだろう。これまでになくひどい状況に陥るかもしれない。しかし、何があろうと、もはやナイロン100℃は乗り切れる、というか、かわせるのではないかと思う。本当にひどい時はただひたすら時が過ぎるのを待ってやり過ごす。だから、しばらくなりをひそめることだってあるかもしれない。そんな時期、観客の皆さんは、どうかこの本でも眺めて帰還を待っていてほしい。

『百年の秘密』で語りべ役でもあるベイカー家のメイド、メアリーは、主人公のティルダとコナが亡くなった日のことを振り返りながらこんなことを言っている。

「この夜のことを振り返るのは私と致しましても大変つらい事でございます…ティルダ様とコナ様が共に78歳。しかしながら、この日だけがお二人の人生だったわけではございません…それに、この夜だって、多くの方々の目にそうは映らなくとも、お二人にとってそう悪くない一日ではなかったかと私には思えるのでございます…私も死んでから初めて思うようになりました…この地上の世界というものは、あんまり素晴らし過ぎて、誰も理解出来ないのだと…一刻一刻を生きている時には、到底わからないことでございました…。」

Ⅲ

これまでの様々な時期にナイロン100℃を支えてくれたすべての皆様に深い謝意を表します。

まずは出演者。劇団員のみんな、客演の皆様、辞めていって今は別の人生を歩んでいる元劇団員の諸君。次に感謝してもしきれない歴代の全スタッフの皆様、キューブのプロデューサー及び制作陣、パブリシティ・スタッフ。そして我々の芝居を紹介、批評してくださった編集部、ライター、評論家の皆様。それから劇場さん。本多劇場の本多さん、大岩さんをはじめ、ナイロン100℃の芝居を上演してくれた日本中の劇場の皆様(中野ザ・ポケット含む)。キャスト、スタッフのマネージャーさん及び関係各位。この本に(例によって劣悪な諸条件であるにも拘らず)執筆、撮影、編集、協力してくださったすべての皆様、とりわけ白水社の和久田さん。今は天国にいる、かつて応援、協力、叱咤激励してくださった方々にも。

最後に、一度でも観てくれた観客の皆様と、バンドメンバー、緒川さんと三毛猫のごみちゃん、亡き父と母、そして劇団員の御家族にも——。

ありがとうございました。まだ、もう少しやろうと思います。黙って俺について来い。

[監修者略歴]

ケラリーノ・サンドロヴィッチ

劇作家 演出家 映画監督 音楽家
1963年1月3日生 まれ、東京都出身。1982年、ニューウェイヴバンド・有頂天を結成。
1985年に劇団健康を旗揚げ、1993年にナイロン100℃を始動。
1999年『フローズン・ビーチ』で第43回岸田國士戯曲賞を受賞（現在は同賞の選考委員を務める）。

株式会社キューブ　ナイロン100℃　企画製作スタッフ　（2008-2018）

製作＝北牧裕幸
プロデューサー＝高橋典子
広報宣伝＝米田律子
制作＝川上雄一郎／仲谷正賞／佐々木悠／北里美織子／太齋志保／前田優希／青野華生子／川上美幸／瀬藤真央子
協力＝アクロス・エンタテインメント／アノレ／大人計画／オフィスPSC／キトキト／Ｋｒｅｉ／５５ｖｉｓｉｏ／シス・カンパニー／
ダックスープ／バウムアンドクーヘン／マッシュ
企画・製作＝シリーウォーク／キューブ

『ナイロン100℃　シリーワークス』編集運営スタッフ

企画・進行＝浅見亜希子（キューブ）／瀬藤真央子（キューブ）
アートディレクション＝はらだなおこ（プロヴィデンス）
編集＝今村麻子
編集主幹＝和久田頼男（白水社）
編集協力＝金田明子
協力＝小杉厚／小室明子／田中里津子／柏木健太郎／野田学　＊　本多劇場

ナイロン100℃　シリーワークス
2018年4月20日　第1刷発行
2018年4月30日　第2刷発行

監　　修　©ケラリーノ・サンドロヴィッチ
発 行 者　及川直志
発 行 所　株式会社白水社
　　　　　電話　03-3291-7811（営業部）／7821（編集部）
　　　　　住所　〒101-0052　東京都千代田区神田小川町3-24
　　　　　www.hakusuisha.co.jp
　　　　　振替　00190-5-33228
　　　　　乱丁・落丁本は、送料小社負担にてお取り替えいたします。

印刷・製本　図書印刷株式会社

本書のスキャン、デジタル化等の無断複製は著作権法上での例外を除き禁じられています。
本書を代行業者等の第三者に依頼してスキャンやデジタル化することはたとえ個人や家庭内での利用であっても
著作権法上認められていません。

Copyright © 2018 by Keralino Sandorovich
Japanese edition published by arrangement with CUBE. Inc.

Printed in Japan
ISBN978-4-560-09417-4